权威·前沿·原创

皮书系列为

“十二五”“十三五”国家重点图书出版规划项目

汽车蓝皮书

BLUE BOOK OF AUTOMOTIVE INDUSTRY

中国汽车产业发展报告（2018）

ANNUAL REPORT ON AUTOMOTIVE INDUSTRY IN CHINA (2018)

新时代的新能源汽车产业发展战略

国务院发展研究中心产业经济研究部
中国汽车工程学会
大众汽车集团（中国）
／编　著

社会科学文献出版社
SOCIAL SCIENCES ACADEMIC PRESS (CHINA)

图书在版编目（CIP）数据

中国汽车产业发展报告.2018：新时代的新能源汽车产业发展战略／国务院发展研究中心产业经济研究部，中国汽车工程学会，大众汽车集团（中国）编著.--北京：社会科学文献出版社，2018.10

（汽车蓝皮书）

ISBN 978-7-5201-3428-6

Ⅰ.①中… Ⅱ.①国… ②中… ③大… Ⅲ.①汽车工业-经济发展-研究报告-中国-2018 Ⅳ.①F426.471

中国版本图书馆CIP数据核字（2018）第209896号

汽车蓝皮书

中国汽车产业发展报告（2018）

——新时代的新能源汽车产业发展战略

编　著／国务院发展研究中心产业经济研究部
　　　　中国汽车工程学会
　　　　大众汽车集团（中国）

出 版 人／谢寿光
项目统筹／郑庆寰
责任编辑／张　媛

出　版／社会科学文献出版社·皮书出版分社（010）59367127
　　　　地址：北京市北三环中路甲29号院华龙大厦　邮编：100029
　　　　网址：www.ssap.com.cn
发　行／市场营销中心（010）59367081　59367018
印　装／三河市东方印刷有限公司

规　格／开　本：787mm×1092mm　1/16
　　　　印　张：27.25　字　数：411千字
版　次／2018年10月第1版　2018年10月第1次印刷
书　号／ISBN 978-7-5201-3428-6
定　价／98.00元

皮书序列号／PSN B-2008-124-1/1

汽车蓝皮书编委会

序
紧抓机遇、乘势而上，实现我国新能源汽车产业高质量发展

自2008年国际金融危机爆发以来，世界经济已在衰退与复苏中走过了极不平凡的十年。综观这十年，新工业革命的快速发展演进是贯穿其中的核心线索之一，新技术、新产业、新业态、新模式层出不穷，已经并将在更大范围、更深层次上影响人们的生产生活方式。汽车产业是公认的最早感受到新工业革命冲击和影响的代表性行业，近年来已经表现出电动化、智能化、网联化、共享化等发展新趋势，特别是电动化发展势头良好、规模初显。对我国而言，站在新的历史方位上，进一步紧抓机遇、乘势而上从而实现新能源汽车产业的高质量发展，对提升汽车产业国际竞争力至关重要，对实现城市交通、能源资源、环境协同高效发展至关重要，也对顺利实现“两个一百年”奋斗目标具有重要的支撑作用。

大约6年前，课题组撰写的《中国汽车产业发展报告（2012）》就针对我国新能源汽车产业发展问题开展了研究，并提出“把握趋势、认清差距、合作竞争、加快发展”的基本认识。回过头来看，当时提出的主要趋势性判断都是站得住脚的，一些政策建议也被实际采纳。既然如此，为什么在短短几年之后，就再次研究新能源汽车产业发展问题呢？主要还是因为产业发展的环境、形势等出现了很多新的重大变化。

从国际来看，近年来全球电动汽车（仅包括纯电动汽车和插电式混合动力汽车）销量实现了高速增长，2017年接近115万辆，是2012年销量的约10倍，电动汽车销量占汽车总销量的比重首次迈过1%的重要门槛值。考虑到电池成本持续下降、充电基础设施不断完善、消费者认同度继续提高

等因素的影响，电动汽车产业有望在不远的将来摆脱政策依赖，成为一个“真正的产业”。与此同时，“燃油车禁售”是一个近年来受到广泛关注的新话题，也与电动汽车发展有密切关联。出于提高本地环境质量的考虑，以挪威、荷兰、法国等为代表的一些国家已经明确提出了“燃油车禁售”中长期时间表，伦敦、汉堡等全球重要城市也已经对传统燃油车特别是柴油车上路行驶做出了部分限制。“燃油车禁售”的预期成为加快电动汽车发展的助推剂，也推动了全球主要汽车企业加速电动化转型。同时，电动汽车作为大型移动智能终端、储能单元和数字空间，将成为未来城市交通、能源体系重塑的重要基础要件。这更进一步凸显了电动汽车发展的重大价值。因此，我们提出，如果几年前发展电动汽车还是一个可选项的话，当前这已经变成了一个必选项。

从国内来看，我国新能源汽车产业发展近年来已经取得了突破性进展。新能源汽车销量自 2015 年起连续三年位居全球第一，累计推广量超过 180 万辆，约占全球新能源汽车累计销量的一半左右。与此同时，整个产业在技术创新、全产业链建设、推广应用、国际化发展等方面也取得了很多成绩，在一些方面已经处于全球领先地位，发展新能源汽车的经济、能源、环境效益也日益显现，比如推广至今已累计实现节油 900 多万吨。但我国新能源汽车产业的发展依然面临着不少突出矛盾和问题，包括核心技术领域积累不足、关联产业支撑不够等，特别是对财税支持等相关政策的高度依赖问题。在 2020 年的“后补贴时代”，如何避免一些国家曾出现过的因支持政策退出导致销量“大起大落”的不利局面，如何构建适宜的政策框架体系进一步推动国内新能源汽车产业接续稳步发展，是摆在我们面前一个迫切需要回答的重大问题。

有鉴于此，本年度课题组再次选择新能源汽车产业发展作为研究主题。通过研究，主要有以下结论及建议。一是对从当前到 2030 年这个时间段内代表性车型的纯电动技术路线和传统燃油技术路线进行了全生命周期经济性对比分析，预计 2025 ~2027 年这个时间段将会出现两种技术路线的竞争力转换。二是我国新能源汽车产业已经走过导入期，从当前到 2025 年将处于从导入期向成长期过渡的关键阶段。在这个阶段特别是2020~2025年，新能源汽车的竞争力依然会弱于传统燃油汽车，相关政策支持依然必不可少，只是力度、方式等需要适当调整。再经过几年时间到2030年前，新能源汽车将逐渐成为主流产品。三是提出了2020年后新能源汽车推广应用的主要思路和路径，包括实现限购城市与非限购城市的平衡发展，加快新能源汽车在商用领域、共享出行领域的推广应用，加快能源基础设施规模化、网络化、智能化发展和互联互通，积极探索“车电分离”新型商业模式等。此外，本书还总结了2017年我国汽车产业发展基本态势，分析了氢经济背景下燃料电池汽车产业发展的现状和前景，描绘了大规模普及背景下新能源汽车与资源、能源、交通和未来城市融合发展的愿景等。书中包含的大量数据、政策和重要事件梳理汇编等，也能够为广大读者全方位了解我国汽车产业发展脉络和现状提供线索。

本书是多位业内专家共同智慧的结晶。国务院发展研究中心的石耀东、王晓明、宋紫峰，中国汽车工程学会的付于武、张进华、侯福深、张旭明、张文杰、冯锦山、赵立金、吴胜男、郑亚莉、陈敏、姜建娜、王鹏飞、曹晓昂，大众汽车（中国）投资有限公司的张绥新、孙忱、任笑等为本书撰写付出了辛勤努力。中国汽车技术研究中心的赵冬昶、刘斌对本书给予了大力支持。清华大学汽车系博士王通、中国人民大学经济学院博士刘雅甜做了大量基础性工作。社会科学文献出版社也为本书出版付出了大量心血，在此一并表示感谢。希望这一连续出版了11年的成果，能够继续为政府部门制定政策、企业进行战略决策提供参考，为我国新能源汽车产业实现高质量发展做出贡献。

隆国强

2018年8月

摘　要

“汽车蓝皮书”是关于中国汽车产业发展的研究性年度报告，2008 年首次出版，本书为第十一册。本书是众多行业专家、企业高层顾问共同撰写的全面论述中国汽车产业发展的权威性著作。

本年度报告的主题是：新时代的新能源汽车产业发展战略。全书包括总报告、主题研究、发展综述、附录等主要内容。

当前，全球能源紧缺、环境污染和驾驶安全挑战日益加大，在新一轮科技和产业革命作用下，全球汽车产业正朝着电动化、智能化、网联化、共享化方向发展。特别是近几年，国际上主流汽车企业普遍加速向电动化转型，全球电动汽车产业发展掀起了一股新浪潮，挪威、荷兰、爱尔兰、法国、英国等国家相继提出燃油车禁售时间表动议并成为电动化加速发展的助推剂，以中国为代表的典型国家的新能源汽车市场规模发展速度超出普遍预期，在补贴逐渐退坡的背景下，保持新能源汽车产业健康可持续发展是中国面临的重要议题。同时，未来作为大型移动智能终端、储能单元和数字空间，新能源汽车大规模普及也将对资源、能源、交通和未来城市产生重大影响。新能源汽车如何实现与未来交通社会的协同发展，以及如何在保有量快速增长的情况下与资源、能源协同发展等，都是亟待解决的重大问题。

本年度报告以“新时代的新能源汽车产业发展战略”为主题，对国内外新能源汽车产业发展现状及趋势，后补贴时代中国新能源汽车发展新思路与新举措，氢经济背景下燃料电池汽车产业发展新机遇，新能源汽车与资源、能源、交通和未来城市的融合发展等内容进行了全面分析和系统阐述。在全球范围内，本报告围绕电动化新浪潮和燃油车禁售等热点话题，对主要国家和地区的重点整车及零部件企业的最新动向进行了系统阐述和展望。在产业最新进展评估和回顾方面，从政策效果、技术进步、产业链构建、市场应用、国际合作等维度，全面总结和详细论述了《节能与新能源汽车产业发展规划（2012－2020年）》发布以来中国新能源汽车产业进展，并结合产业生命周期理论，研判目前中国新能源汽车产业发展阶段。在后补贴时代背景下，报告从市场培育、产业核心竞争力和政策环境等方面客观总结2020年以后新能源汽车产业健康可持续发展面临的重大挑战，并基于学习曲线理论，量化分析了规模经济和技术进步带来的新能源汽车直接成本削减效应，选取典型乘用车产品，动态分析2020～2030年新能源汽车全生命周期成本盈亏平衡点变化趋势，有针对性地提出后补贴时代产业发展新思路、新路径和新对策。在氢经济背景下燃料电池汽车产业发展新机遇方面，基于氢经济背景对燃料电池汽车发展机遇进行系统分析，总结美国、欧洲、日本发展氢能和燃料电池汽车的经验和启示，并结合中国的有利条件，提出中国燃料电池汽车的发展蓝图及保障措施。在产业融合发展方面，本报告在考虑大规模普及新能源汽车的情景下，分析新能源汽车与资源、能源、交通和未来城市融合发展的必要性与可行性，并提出相关建议。最后，报告对新能源汽车步入新时代的发展战略做了系统思考，从总体思路、规划体系、远期目标、战略途径、战略重点、体制机制和政策保障等方面提出新能源汽车发展战略的基本框架和“三步走”计划。

纵观全书，2018年“汽车蓝皮书”以专业与通俗、定性与定量并重的方式，不仅全面介绍了新能源汽车产业发展情况，包含大量行业数据以及丰富的专栏分析，而且从专业角度对产业发展进行客观评估和科学推演，并提出面向后补贴时代的产业发展思路和对策建议，对汽车产业管理部门、企业规划和决策部门、行业研究机构和中外投资者具有重要的参考价值和借鉴意义。

关键词： 新能源汽车　后补贴时代　发展战略　经济性分析　融合发展

Abstract

Blue Book of Automotive Industry is an annual research report on the development of China's automotive industry, which was published for the first time in 2008. The book is the eleventh volume. This book is an authoritative book on the development of China's automotive industry, which is jointly written by many industry experts and enterprises' senior consultants.

The theme of the Annual Report is the development strategy of China's new energy vehicle industry in the new era. The book mainly includes a general report, subject research, development summary and appendix.

At present, the global energy shortage, environmental pollution and driving safety challenges are increasing. In the new round of science and technology and the industrial revolution, the global automotive industry is moving towards electric, intelligent, networking and sharing orientation. Especially in recent years, the international mainstream enterprises generally have accelerated the transformation to the electric, and there has been a new wave in the development of the global electric vehicle industry. Such countries as Norway, the Netherlands, Ireland, France and the United Kingdom have proposed the fuel vehicle sales ban schedule motion, which has become a catalyst for the accelerated development of electric vehicles. The scale development speed of the new energy vehicle market in such typical countries as China exceeds the general expectation. In the context of the gradual decline of subsidies, it is a significant issue for China to maintain the healthy and sustainable development of the new energy vehicle industry. In the meantime, as large mobile intelligent terminals, energy storage units and digital space in the future, the mass adoption of new energy vehicles will also have a significant impact on resources, energy, transportation and future cities. How to realize the coordinated development of new energy vehicles and the future transportation society, and how to coordinate the development of new energy vehicles with resources and energy under the condition of rapid growth of the car parc of new energy vehicles, are all the significant issues which urgently need to be solved.

Taking "New Energy Vehicle Industry Development Strategy in the New Era" as the theme, The Annual Report comprehensively analyzes and systematically elaborates the current situation and trends of new energy vehicle industry at home and abroad, new ideas and measures for the development of China's new energy vehicle industry in the Post – Subsidy Era, new opportunities for the development of fuel cell vehicle industry in the context of hydrogen economy, and integrated development of new energy vehicles with resources, energy, transportation and future cities. Focusing on the new wave of electric vehicles and fuel vehicle sales ban and other hot topics around the world, the Report systematically describes and looks forward to the latest trends of major countries, regions and key entire vehicle and component enterprises. In the assessment and review of the latest industrial progress, from the aspects of policy effect, technological progress, industry chain construction, market application and international cooperation, the Report comprehensively summarizes and discusses in detail the progress of China's new energy vehicle industry since the release of the *Energy Saving and New Energy Vehicle Development Plan* (2012 – 2020). The Report, combined with the theory of industrial life-cycle, studies the development stage of China's new energy vehicle industry. In the context of the Post – Subsidy Era, the Report objectively summarizes the major challenges to the healthy and sustainable development of the new energy vehicle industry after 2020 from the aspects of market cultivation, industrial core competency and policy environment. Based on the learning curve theory, the Report provides a quantitative analysis of the direct cost-cutting effects of new-energy vehicles brought about by economies of scale and technological progress. Through selecting typical passenger vehicle products, the Report dynamically analyzes the trend of the break-even point of the whole life-cycle cost of new energy vehicles from 2020 to 2030. New ideas, new paths and new measures for industrial development in the Post – Subsidy Era have been put forward pointedly. In the aspect of new opportunities for the development of fuel cell vehicle industry in the context of the hydrogen economy, the Report makes a systematic analysis on the opportunities for developing fuel cell vehicles based on the background of a hydrogen economy. The experience and enlightenment of hydrogen energy and fuel cell vehicle development in America, Europe and Japan are summarized. In addition, considering the favourable conditions in China, the Report presents the blueprint and safeguard measures for the development of fuel cell vehicles in China. In the aspect of the industry's integrated development, considering the mass adoption of new energy vehicles, the Report analyzes the necessity and feasibility of the integrated development of new energy vehicles and resources, energy, transportation and future cities, putting forward relevant recommendations. Finally, the Report makes a systematic reflection on the development strategy of new energy vehicles into the new era. From the overall thinking, planning system, long-term objectives, strategic approaches, strategic focus, institutional mechanisms and policy support, the Report puts forward the basic framework of the development strategy of new energy vehicles and the "three-step" plan.

Throughout the book, *Blue Book of Automotive Industry* comprehensively introduces the development of new energy vehicle industry in the way of both professional and popular, qualitative and quantitative. The Report contains a lot of industry data and a wealth of column analyses. Furthermore, the Report provides an objective assessment and scientific deduction of industrial development from a professional perspective. The Report puts forward ideas and measures for the development of the industry in the Post - Subsidy Era, which has significant reference value for the automotive industry administrative bodies, enterprise planning and decision-making divisions, industry research institutions and both domestic and foreign investors.

Keywords: New Energy Vehicle; Post - Subsidy Era; Development Strategy; Economic Analysis; Integrated Development

目 录

Ⅰ 总报告

B.1 新能源汽车产业发展
——新时代、新阶段、新方略 …………………………… 王晓明 / 001
一 燃油车禁售国际现状 …………………………………… / 002
二 中国新能源汽车产业取得突破性进展 …………………… / 004
三 后补贴时代新能源汽车产业发展 ………………………… / 008
四 氢经济背景下燃料电池汽车产业发展新机遇 …………… / 012
五 大规模普及情况下新能源汽车与资源、能源、交通和
未来城市的融合发展 ……………………………………… 015

Ⅱ 主题研究——新时代的新能源汽车产业发展战略

B.2 全球电动化新浪潮下燃油车禁售话题………… 宋紫峰 刘雅甜 / 019
一 全球电动汽车产业发展速度超出普遍预期 ……………… / 020
二 “燃油车禁售”——促进电动化新浪潮的助推剂 ……… / 025
三 全球主要汽车行业企业普遍加速向电动化转型 ………… / 035
四 汽车产业电动化发展 …………………………………… / 044

B.3 规划引导下中国新能源汽车产业取得突破性进展
…………………… 陈　敏　王鹏飞　姜建娜　吴胜男　赵冬昶 / 048
一　多措并举，中国新能源汽车产业整体发展良好 ………… / 049
二　政产学研协同发力，新能源汽车技术创新取得重大进展 …………………………………………… / 063
三　搭建产业四梁八柱，新能源汽车全产业链初步贯通 …… / 088
四　政策驱动、市场牵引，中国新能源汽车推广应用处于全球引领地位 ………………………………………… / 112
五　开放创新、融合发展，新能源汽车产业国际化发展富有成效 …………………………………………… / 135
六　综合政策效果显著，新能源汽车推广的经济、能源和环境效益日趋显现 ……………………………………… / 145

B.4 后补贴时代的新能源汽车产业发展…………… 冯锦山　吴胜男 / 151
一　新能源汽车产业发展阶段判断及主要标志 …………… / 152
二　新能源汽车产业健康可持续发展面临的重大挑战 ……… / 160
三　后补贴时代新能源汽车的规模经济、全生命周期成本及消费者选择 ………………………………………… / 168
四　新时代新能源汽车产业发展新思路 ………………… / 186
五　后补贴时代新能源汽车推广主要路径 ……………… / 187
六　新能源汽车产业竞争力提升新对策 ………………… / 221

B.5 氢经济背景下燃料电池汽车产业发展新机遇…… 郑亚莉　赵立金 / 231
一　能源革命与氢经济发展的重要意义 ………………… / 231
二　国际氢能发展愿景与近期实践 ……………………… / 236
三　中国发展燃料电池汽车产业的有利条件和愿景目标 …… / 263
四　燃料电池汽车大规模推广普及需各方共同努力 ……… / 272
五　保障措施 ………………………………………… / 279

B.6 新能源汽车与资源、能源、交通和未来城市的融合发展
…………………………………………………… 王晓明　王　通 / 282
一　新能源汽车与资源的融合发展 ……………………………… / 284
二　新能源汽车与能源的融合发展 ……………………………… / 293
三　新能源汽车与未来交通的融合发展 …………………………… / 304
四　新能源汽车与未来城市的融合发展 …………………………… / 309
五　总结 ……………………………………………………………… / 314

B.7 新时代、新思路与新举措 …………………………………… 石耀东 / 316
一　新时代面临新问题和新挑战 …………………………………… / 317
二　新时代呼唤新思路，实现从新能源汽车大国向新能源汽车强国的跨越 …………………………………………… / 320
三　在供求关系深刻变化的背景下塑造产业新体系 ………… / 322
四　限控和引导相结合，为汽车电动化开辟空间 …………… / 328
五　实现产业扶持政策的转型 …………………………………… / 332
六　涵养产业生态，让颠覆性技术走向产业化 ……………… / 337
七　加强顶层设计，提高领导力和执行力 …………………… / 341

Ⅲ　发展综述

B.8 2017年中国汽车产业发展综述 ……………………………… 曹晓昂 / 348
一　汽车行业销量微增长，长期增长空间看好 ………………… / 349
二　行业内外战略合作迈入开放、务实新阶段 ………………… / 358
三　财政补贴退坡，“双积分”奠定“后补贴时代”新能源政策基础，接力推动新能源汽车增长 ……………… / 362
四　智能网联汽车相关政策开始强化，各地方政府表现积极，但发展智能网联汽车面临挑战，仍需要持续高度关注 …………………………………………………………… / 363

五　自主品牌总体竞争力提升，典型自主品牌产品竞争力明显提升，自主品牌车企表现分化 …………………… / 370
六　产业开放度扩大，汽车产业管理进一步优化，更加科学合理 …………………………………………… / 373

Ⅳ 附 录

B.9　附录一　汽车产业相关统计数据 ……………………………… / 376
B.10　附录二　2017年度发布或开始实施的部分汽车政策法规 …… / 397

皮书数据库阅读使用指南

CONTENTS

I General Report

B.1 Development of new energy automobile industry--new era, new stage and new strategy / 001

1. International status quo of fossil fuel vehicle ban / 002

2. Breakthrough progress of China's new energy vehicle industry / 004

3. Development of the new energy automobile industry in the post-subsidy era / 008

4. New opportunities for developing the fuel cell vehicle industry in the context of the hydrogen economy / 012

5. Integrating new energy vehicles with resources, energy, transportation and future cities under mass adoption / 015

II Theme Research: Development Strategy for New Energy Vehicle Industry in the New Era

B.2 Topic of fossil fuel vehicle ban under the tide of global automobile electrification / 019

1. Faster-than-expected growth of the global electric vehicle industry in recent years. / 020

2. "Fossil fuel vehicle ban" to promote the new wave of automobile electrifcation / 025

3. Global major automotive companies accelerating the transition to electrification / 035

4. The automotive industry's electrification development from optional to mandatory / 044

B.3 Break through of China's new energy vehicle industry under the guidance of planning / 048

1. Overall success in the multi-method development of China's new energy vehicle industry / 049

2. Significant progress of new energy vehicle technology innovation in government, industry, university and research collaborations / 063

3. Laying the foundation for new energy vehicle industry, early establishment of industry chain / 088

4. Policy-driven, market-guided promotion of new energy vehicle in a global leading position / 112

5. Fruitful internationalization of the new energy vehicle industry with opening up innovation, integrated development / 135

6. Remarkable results of the comprehensive policy and increasingly apparent economic, energy and environmental benefits of new energy vehicle promotion / 145

B.4 Development of the new energy vehicle industry in the post-subsidy era / 151

1. Assessing the development stage of the new energy automobile industry and its main features / 152

2. Major challenges facing the healthy and sustainable development / 160

3. Economies of scale, life cycle costs and consumer choices of new energy vehicles in the post-subsidy era / 168

4. New ideas for the development of the new energy vehicle industry in the new era / 186
5. Main path of new energy vehicle promotion in the post-subsidy era / 187
6. New measures to raise competitiveness of new energy vehicle industry / 221

B.5 New opportunities for developing the fuel cell vehicle industry in the context of the hydrogen economy / 231
1. The significance of the energy revolution and the development of the hydrogen economy / 231
2. International visions for developing hydrogen energy and recent practices / 236
3. China's favourable conditions and visions of developing the fuel cell vehicle industry / 263
4. Mass promotion and adoption of fuel cell vehicles requiring the joint efforts of all parties / 272
5. Supportive Measures / 279

B.6 Integrating new energy vehicles with resources, energy, transportation and future cities under mass adoption / 282
1. Integrating new energy vehicles and resources / 284
2. Integrating new energy vehicles and energy / 293
3. Integrating new energy vehicles and future transportation / 304
4. Integrating new energy vehicles and future cities / 309
5. Summary / 314

B.7 New era, new ideas and new initiatives / 316
1. New problems and new challenges facing the new era / 317
2. The new era calling for new ideas to help China make the leap from a large new energy vehicle nation to a strong new energy vehicle nation / 320

3. Shaping the new industrial system in the context of profound changes in supply and demand / 322
4. Combination of limit control and guidance to open up space for vehicle electrification / 328
5. Achieving the transition of industrial support policies / 332
6. Fostering the industrial ecology and letting disruptive technologies move toward industrialization / 337
7. Strengthening top-level design and improving leadership and execution / 341

Ⅲ Development Overview

B.8 Overview of development: China's automobile industry in 2017 / 348
1. The sales volume of the automotive industry has increased slightly, and the long-term growth space is optimistic / 349
2. The strategic cooperation within and outside the industry has entered a new stage of openness and pragmatism / 358
3. The financial subsidies have retreated, and the "dual credits" have laid foundation for new energy vehicle policy framework in the "post-subsidy era" and is expected to continue promoting the growth of new energy vehicles / 362
4. The relevant policies for intelligent connected vehicles began to strengthen, and local governments performed actively. However, developing intelligent connected vehicles faces challenges and still requires attention / 363
5. Domestic brands as a whole have become more competitive, their products have improved, and their performances have diverged / 370
6. The opening up of the automobile industry is accelerating, and the management of the automobile industry more scientifically and reasonably optimizes / 373

Ⅳ Appendix

B.9 Appendix 1: Automobile industry statistics / 376

B.10 Appendix 2: Some automobile policies and regulations that were issued or began to take effect in 2017 / 397

总 报 告

General Report

B.1 新能源汽车产业发展

——新时代、新阶段、新方略

王晓明*

摘　要： 在全球汽车产业电动化发展新浪潮下，我国新能源汽车发展规模和速度超出预期并处于全球引领地位，本报告总结了中国新能源汽车产业重要进展，以及对经济、能源和环境产生的综合效果。同时，为实现后补贴时代新能源汽车产业的健康可持续发展，本报告从新能源汽车推广新路径、产业竞争力提升新对策、氢经济背景下燃料电池产业发展新机遇，以及新能源汽车与资源、能源、交通、城市的融合发展等方面提出对策建议。

* 王晓明，国务院发展研究中心产业经济研究部第一研究室主任、研究员，主要从事交通、环保、医疗、住房等公共领域的研究。

关键词： 新时代 新能源汽车 后补贴时代 融合发展

在全球汽车产业电动化浪潮下，一些国家相继提出燃油车禁售时间表，车企也纷纷发布电动化战略。在我国新能源汽车领域，随着新能源汽车财政补贴退坡，“双积分”政策奠定了后补贴时代新能源汽车政策的基础，接力推动新能源汽车增长，使得中国汽车产业电动化转型进程得以加速推进。自2012年国务院出台《节能与新能源汽车产业发展规划（2012—2020年）》以来，经过六年的发展，中国新能源汽车进入了新的发展时期，以电动汽车、氢燃料电池汽车为代表的新能源汽车不仅在技术上取得了重大突破，在产销量上也取得了不菲的成绩。未来新能源汽车的大规模普及，会给资源、能源、交通和城市带来巨大影响，因此新能源汽车需要与资源、能源、交通和城市融合发展。

一 燃油车禁售国际现状

近几年来，随着一些国家相继提出燃油车禁售时间表，一些企业发布了相应的电动化转型战略，汽车产业中的新进企业普遍以电动汽车为切入点，掀起了全球电动汽车产业发展的新浪潮。

1. 近年来全球电动汽车产业发展速度超出普遍预期

伴随着传统燃油汽车发展带来的能源、环境、交通等问题日益突出，并在可再生能源发电、电池等关键技术不断发展进步，充电基础设施日益完善，消费者认知度不断提高，车辆排放标准越来越严苛等因素的综合影响下，近年来全球电动汽车发展迅速，具体表现在以下几个方面。

首先，电动汽车的年销量和保有量实现高速增长，尤其是近三年连续迈过重要门槛值，年均增速接近60%。全球电动汽车保有量在2015年首次突破100万辆大关，实际达到123.945万辆；在2016年接近200万辆，实际达到198.204万辆；在2017年超过了300万辆，实际达到310.905万辆。

其次，电池成本持续快速下降，“平价竞争”有望在2025年前后实现。据彭博新能源财经预计，全球范围内锂电池组的成本在2025年、2030年会进一步下降到96美元/kWh和70美元/kWh。[①] 在这种大背景下，很多研究认为，在2025年前后电动汽车的价格就会低于传统燃油汽车。

最后，充电基础设施同步推进，电动汽车的使用环境已经得到明显优化。根据EVI估计，2015～2017年全球充电桩数量分别迈过100万个、200万个、300万个的门槛，到2017年底已经超过350万个。

2.“燃油车禁售”成为促进电动化浪潮的助推剂

在国家层面，已有一些国家明确提出了燃油车禁售时间表。2016年初，挪威四个主要政党一致同意，从2025年起禁止销售燃油车；2017年10月10日，新一届荷兰政府提出关于未来几年的发展计划，其中包括到2030年所有新车无废气排放，这也意味着届时几乎所有汽油车和柴油车将被禁售；爱尔兰政府新的国家发展计划提出，到2030年禁止购买所有传统燃油车；2017年7月初，法国能源部部长Nicolas Hulot宣布，作为履行《巴黎协定》减排任务的重要组成部分，法国将于2040年禁止销售任何使用汽油或柴油燃料的汽车，并于2050年前将碳排放总量降为零；英国政府决定于2040年起全面禁止销售传统燃油车。

此外，不少国家也将燃油车禁售计划提上日程。德国赋予城市自行禁止柴油车上路的权利，中国正在研究燃油车禁售时间表，印度政府以2030年不再出售传统燃油车为目标，以色列计划对进口燃油车施加限制。

在城市层面，近年来一些重要城市对燃油车上路行驶也做出了部分限制。巴黎计划于2024年限制柴油车上路行驶，伦敦已经禁止燃油车在特定时间段进入特定道路，汉堡已经禁止一些柴油车在部分道路上行驶，罗马计划2024年起禁止柴油车驶入市区，牛津计划2020年起禁止在市中心使用燃油车，中国的一些城市（北京等）已经对燃油车上路行驶进行了限制。

“燃油车禁售”代表着中长期发展的方向，这一决策的主要目的是提升

① http：//www. cbea. com/ldc/201804/439104. html.

城市环境质量，但目前全球主要的汽车强国并没有积极跟进“燃油车禁售”的浪潮。

3. 全球主要汽车行业企业普遍加速向电动化转型

全球主要整车企业已经把电动化转型摆在更加重要的位置，但不同类型整车企业的电动化转型力度有很大差异。大众汽车集团提出“TOGETHER - Strategy 2025”，计划2025年电动汽车年产量达到300万辆；宝马汽车集团预计2025年新能源汽车销量占比达到15%～25%；戴姆勒集团预计2025年左右纯电动汽车销量占比达到15%～25%；丰田汽车公司“2023～2030年的新能源车型挑战计划”提出，到2030年电动汽车和氢燃料电池汽车年销量之和超过100万辆，计划到2025年在欧洲销售的产品中2/3是新能源汽车；长安汽车集团预计2025年停售传统燃油车；北汽集团预计2025年在中国境内停止生产和销售自主品牌燃油乘用车；沃尔沃集团预计到2025年共销售100万辆电动汽车；福特汽车公司计划在5年内推出一款纯电动SUV。

除整车企业外，代表性零部件企业也在跟进电动化趋势，例如，博世将致力于为汽车制造商开发电气化解决方案，松下集团近年来电池业务增长迅速。

4. 汽车产业电动化发展从可选项变为必选项

电动化转型是多种因素影响下的必然选择，是城市交通、能源等体系重塑的起点，如此一来，电动汽车不再仅仅是交通工具，还成为整个城市能源体系的重要组成部分。对于已经建成的城市而言，需要不断朝着适应这种体系变革的方向做出相应调整；对于新建的城市而言，需要把电动汽车发展放在城市整体规划的重要位置来考虑。未来围绕电动汽车产业发展的竞争将会日益激烈，行业洗牌将不可避免。

二　中国新能源汽车产业取得突破性进展

当前，中国新能源汽车市场规模全球第一，全球影响力逐步提升，新能源汽车产业体系初步形成，关键技术水平大幅提升，整车和零部件企业综合竞争实力逐步增强。

1. 中国新能源汽车产业整体发展良好

发展新能源汽车已经成为国家战略，需要国家和地方协同推进。党中央、国务院高度重视新能源汽车产业的发展，新能源汽车产业的国家战略地位日益巩固提升；中央部委和地方政府积极贯彻落实党中央、国务院关于新能源汽车的战略部署，协同推进新能源汽车的普及应用。

新能源汽车政策举措实现由涉及单一环节向覆盖更多环节转变。中国新能源汽车政策经历了单一国家重大科技专项研发、规模化示范推广、产业化应用三个阶段。中国新能源汽车政策类型多种多样，涉及技术创新及产业化、车辆推广应用、基础设施建设、市场环境建设等多个方面，涵盖财税政策和非财税政策，贯穿新能源汽车研发、生产、销售、使用、回收利用及监管等各环节。

新能源汽车产业的发展取得了明显成效，具体表现为：新能源汽车产业规模全球领先，产品多样化；新能源汽车整车性能有较大提升，产品持续迭代升级；关键零部件技术水平不断提升，部分关键技术达到国际水平；新能源汽车产业链初步贯通，产业带动作用增强；标准体系架构逐步完善，加快推进国际化进程；基础设施配套环境不断改善，消费者培育初见成效。

2. 我国新能源汽车技术创新取得重大进展

新能源汽车整车产品持续迭代升级，技术水平显著提升，具体表现为：纯电动汽车续驶里程提升，产品代际更新周期逐渐缩短，电动化与智能化加速融合，纯电动乘用车平台化研发能力增强，纯电动商用车技术自主化程度高，设计开发水平持续提升；插电式混合动力汽车技术路线多样，自主品牌百花齐放，插电式混合动力专用零部件技术实现自主突破，专用零部件研发力度加大；氢燃料电池汽车从样车进入小批量量产车阶段。

关键零部件技术取得重大突破，技术水平快速提升。动力电池能量密度快速提升，电池材料技术储备加强；电机关键性能指标达到国际水平，但整体技术水平仍有提升空间；电控系统自主研发能力大幅提升；初步掌握电动空调、电制动等系统的关键技术；燃料电池关键零部件技术不断取得突破。

充/换电设施技术方面，整体充电技术向高功率、柔性化、智能化方向发展；充电设施互联互通技术逐渐成熟；电池更换技术在特定领域得到一定应用；无线充电技术尚处于试验示范阶段，推广应用进展缓慢。

新能源汽车标准体系架构完善，国际协调作用逐渐增强，团体标准工作有序推进，在增加标准有效供给、激发企业创新活力方面发挥了积极作用。

目前我国已经搭建了一批富有成效的产业技术创新平台，建立了可持续联合研发共同投入机制，推进了产品技术创新，组建了整车—关键零部件合作研发模式，促进了产业化发展，搭建了资源共享和跨行业合作研究平台，实现了成果共享。

3. 我国新能源汽车全产业链初步贯通

新能源汽车全产业链基本形成，产业链完整度较高。上游关键零部件、材料的支撑能力显著提升；中游新能源汽车整车制造企业持续发力，各大整车厂均发布了新能源汽车发展规划，部分企业提出了全面电动化时间表；下游新能源汽车运营及充电服务日趋活跃，形成以整车厂商主导和以专业运营商主导的不同发展模式。

战略环节重点企业快速发展，产业链带动和辐射效应显著。重点整车企业对动力电池产业的带动效应显著，动力电池企业进一步带动关键材料放量增长，共享出行生态体系有效带动新能源汽车规模化投放，国家电网、特来电积极推进充电设施互联互通。

新造车势力积极进入，新能源汽车产业链更趋开放。电动化、智能化、共享化融合发展，为新进入者提供了更多的市场进入机会，汽车产品被赋予新的内涵，汽车产业外延不断扩展，汽车由传统的运载工具向智能移动空间转变，汽车产业规模逐渐扩大，产业格局产生新变化。在政策和资本的助推下，以蔚来汽车、威马汽车、车和家、奇点汽车等为代表的大量造车新势力积极入局，以电动汽车 + 智能化为切入点，并融入互联网元素，不断探索不同的发展路径，正在成为改变汽车产业竞争格局的新力量，为产业发展提供了新思路和新模式。

产业投融资快速向新能源汽车领域集聚，包括先进制造产业投资基金和社会资本。先进制造产业投资基金是由中央财政资金和社会资本共同设立的产业投资基金，重点围绕新能源汽车等市场潜力大的领域进行投资，社会资本包括各类风险投资和私募股权投资。

4. 我国新能源汽车推广应用处于全球领先地位

我国新能源汽车市场总量居于国际引领地位，新能源汽车产品结构多元化。纯电动乘用车是市场推广主力，插电式混合动力汽车市场以乘用车为主，市场集中度较高，氢燃料电池商用车进入规模化示范阶段。

我国新能源汽车推广应用领域广泛且深入，具体表现为：新能源汽车推广应用效果明显，公共领域表现突出；纯电动公交车是新能源客车推广主导产品；新能源专用车市场发展迅速；新能源出租、租赁汽车逐渐成为热点；全国涌现出一批保有量达10万级别的新能源汽车推广应用先锋城市和地区。

我国充电基础设施配套逐步完善，全国各类充电桩保有量达到59万个，充电设施保有量全球领先。公共充电桩建设稳步发展，区域车桩比进一步优化，充电运营商市场集中度比较高；充电信息化平台建设加快，充电基础设施加快推进标准统一，加氢基础设施的发展开始加速。

5. 我国新能源汽车产业国际化发展富有成效

近年来，新能源汽车企业积极参与国际分工、充分利用国际资源、努力开拓国际市场，加速布局海外产业，深入开展国际合作。

新能源汽车市场国际化水平持续提升，合资合作进入新阶段，自主品牌积极引进国外先进技术和高端人才，提高合资合作水平，实现相关纯电动车型本土化生产。与此同时，外资企业加快在中国市场布局。

近年来，我国积极推进新能源汽车领域的国际合作，先后与中美能源中心、中德电动汽车战略伙伴等积极开展合作，成立了中美清洁能源联合研究中心、中德电动汽车联合研究中心，实现了互利共赢发展。在多边合作机制方面进行有益探索，例如中美在首届清洁能源部长级会议上共同提出的电动汽车倡议（EVI），得到法、德、日、英等近10个国家及国际能源署的积极响应，开展多边合作，选取上海嘉定建立功能完善的国际电动汽车示范区，并开展政策研究、数据采集、技术验证、标准规范等一系列国际合作研究。积极开展前瞻技术领域的国际合作示范，例如“促进中国燃料电池汽车商业化发展”项目、“中国新能源汽车和可再生能源综合应用商业化推广”项目等。

6. 我国新能源汽车推广的经济、能源和环境效益日趋显现

新能源汽车推广兼具经济、能源和环境效益。我国发展新能源汽车带动产业链投资超过万亿元；推广至今，新能源汽车累计节油 900 万余吨；新能源汽车具有一定的温室气体减排效应，可以显著减少 VOC 排放，NO_X 排放与汽油车相当或更低。发展小型化车型及优化电池容量选型、推行废旧电池回收利用，有利于进一步提升新能源汽车的节能减排效益。

三　后补贴时代新能源汽车产业发展

从补贴政策调整节奏看，新能源汽车补贴加速退坡是不可逆转的大趋势。总体来看，我国新能源汽车将在 2020 年进入“后补贴时代”。

1. 新能源汽车产业发展的阶段判断及其主要标志

2012 年国务院出台《节能与新能源汽车产业发展规划（2012－2020年）》后，经过六年的发展，中国新能源汽车进入了新的发展时期，当前中国新能源汽车发展阶段的特点为：市场参与者众多，市场增长率较高，多种技术路线并存，市场进入壁垒较低，产品价格尚不能与传统汽车产品竞争，行业标准体系基本形成。

综合来看，目前中国新能源汽车产业处于从导入期向成长期过渡的关键节点。预计 2018～2025 年，总体上仍处于从导入期向成长期过渡的关键发展阶段；2025～2030 年，属于后补贴时代的第二阶段，政策驱动效应进一步递减，税收优惠政策逐步退坡；2030～2050 年，纯电动汽车和插电式混合动力汽车会进一步快速扩大市场份额，并形成对传统汽车的颠覆性替代，燃料电池汽车在 2030 年之后发展速度加快，预计至 2050 年，燃料电池汽车市场份额在 20%～30%。

2. 新能源汽车产业健康可持续发展面临的重大挑战

当前新能源汽车的市场培育和进一步发展面临挑战，新能源汽车能否在限购城市和非限购城市之间平衡发展，如何创造市场新需求，如何在共享出行、城市物流等更多领域扩大推广，如何实现公共充电基础设施盈利性和可持续商业模式等，都是今后较长时间内的待解难题。

产业核心竞争力的形成面临挑战。在动力电池等核心技术领域尚未取得突破性进展，产业资源相对分散，集中度不高，存在产能过剩隐忧，产业链部分环节仍较薄弱，关联产业支撑不够，以及在汽车电动化、智能化、网联化、共享化四化叠加背景下，如何利用有限的资源发展汽车四化等。

在政策环境方面，如何构建适应后补贴时代新能源汽车产业高质量发展的政策框架体系，“双积分”政策等非财税政策能否作为主体性政策顺利接力和衔接财政补贴政策，能否形成统一、开放、竞争、有序的新能源汽车市场管理政策环境等，都是影响新能源汽车产业健康可持续发展的问题。

3. 后补贴时代新能源汽车的规模经济、全生命周期成本及消费者选择

规模经济和技术进步带来了新能源汽车直接成本的削减。相对于传统汽车来说，新能源汽车带来的主要是动力系统的变革，动力电池成本伴随着电池技术进步和生产规模扩大呈现下降趋势。

从经济性推演来看，纯电动乘用车在2020年仍不具备与传统汽车的竞争力，从使用价值来看，其使用价值比传统汽车高出1/7。2025～2027年，逐步取得与传统燃油汽车的竞争优势，此时其将迎来市场驱动占主导的快速发展阶段。2028～2030年，与同级别传统内燃机汽车的差距完全消失，在市场主导下对同级别传统燃油车形成快速乃至颠覆性的替代。

4. 后补贴时代新能源汽车推广的主要路径

推动限购城市和非限购城市新能源汽车推广的平衡发展。非限购城市发展潜力巨大，是实现新能源汽车产业由导入期迈向成长期的重要推手。在非限购城市进行新能源汽车私人消费市场的推广，需要推动产品的技术研发，丰富产品的需求结构，增强普惠产品供给能力。同时需要以地方政府为主体，优化新能源汽车使用环境，全力拉动私人消费市场。具体措施包括：加

快财税激励由购置阶段向保有和使用阶段的转移，突出交通出行的独特优势，重视环保及交通等非货币激励政策的使用，有序探索设置零排放示范区，进一步提高新能源汽车使用便利性，构建统一公平的市场环境，为消费者带来更多品牌选择空间和较高性价比产品。

在“蓝天保卫战”的战略部署下，重点领域重点突破，加快新能源商用车的推广应用步伐。新能源商用车的主要推广策略为：落实“蓝天保卫战”目标，加快存量电动化替换进程，明确商用车全面电动化发展节奏；建立激励和约束并存的长效机制，推动商用车节能环保、可持续发展；优势领域优先突破，加速推广新能源物流车。

加强新能源汽车在共享出行领域的推广。目前中国的共享出行市场广阔，共享出行领域新能源化趋势明显，新能源汽车共享出行经济性高，因而消费者对汽车共享的接受意愿逐步提升。为了促进新能源汽车共享出行发展，需要进一步明确汽车共享的内涵定义，明确产品定位；联合产业链打造真正为共享出行定义的新能源汽车；加快汽车共享和智慧城市、智能交通深度融合发展。要进一步完善配套政策，解决供给端发展瓶颈，拉动共享出行需求。各地方政府要尽快出台新能源汽车共享发展指导意见及管理办法，提高新能源汽车在共享出行中的占比，进一步开放停车资源，加大对新能源共享汽车的支持力度。要鼓励地方建立新能源汽车共享出行大数据信息平台，并制定相关奖励措施，开展新能源汽车共享示范项目。共享出行服务企业要强化自身的运营能力，积极联合产业链优势力量，共同推进新能源汽车共享出行规模化发展。共享出行要和汽车产业联动发展，鼓励出行平台企业积极整合汽车产业上下游资源，跨界创新，加快共享出行企业与充电企业、保险企业等的深度合作，提高后市场服务质量。

加快新能源基础设施规模化、网络化、智能化发展和互联互通。加大区域建桩推广力度，进一步解决好充电桩数量不足等问题；明确公共充电站定位，优化公共充换电设施建设布局；加快充电基础设施的互联互通；探索可持续发展的充电运营模式；推动充电基础设施智能化和共享化；加快加氢站设施网络化建设。

积极探索“车电分离”新商业模式。“车电分离”的新商业模式有利于解决新能源汽车推广过程中的难题，可以有效解决新能源汽车购置和使用成本“前高后低”的问题，破解新能源汽车充电不便和里程焦虑的难题；有利于促进新能源汽车与资源、能源协调发展，提高动力电池回收利用效率，提高充电智能化水平和可再生能源利用水平；“车电分离”模式需要统筹各方资源协调发展。

5. 新能源汽车产业竞争力提升新对策

以“双积分”政策为主体，构筑后补贴时代新能源汽车新政策体系的建议如下。

统筹协调，产学研深度协作推动动力电池等核心技术突破，持续提升新能源汽车性价比。创新产业投资基金，突出对优势企业、优势产品及关键技术创新的支持；重点支持整车集成、关键零部件技术突破和产业化；依托国家动力电池创新中心和龙头企业，开展动力电池核心技术研发，促进新能源汽车锂离子动力电池综合性能提升；超前布局研制下一代动力电池和新体系动力电池，加快下一代新体系电池研发应用。

全面推动电动化与智能化、网联化的融合发展，大幅提升新能源汽车的性能和产品品质，以供给创造需求。明确三化融合发展顶层设计，全面推动跨产业协同发展，依托国家智能网联创新中心，加强跨平台协同创新，提高新能源汽车智能化和网联化水平，进一步完善先进质量管理体系，加强对新能源汽车、智能网联汽车及关键零部件的全过程管控，全面提升产品和服务质量。

在更加开放的产业发展环境中，利用好国际国内两种资源、两个市场，提升国际化水平。鼓励和支持新能源整车和零部件企业“走出去”，积极参与全球竞争；加强政策支撑，提高国际化服务和保障能力；鼓励中外企业开展深层次、高水平合资合作，引导合资企业出口；逐步放宽外资股比限制，欢迎国际汽车企业“走进来”。

积极开展智能电动汽车、智能交通、智慧城市深度融合发展的前瞻示范和推广应用，结合当前新能源汽车、共享出行及智能交通等新模式和新技术，积极开展示范企业、示范工程、示范城市三位一体的综合示范，统筹推动智能电动汽车与智能交通、智慧城市协调发展，促进新能源汽车产业加快与智能电网、可再生能源等相关产业共融发展。

四　氢经济背景下燃料电池汽车产业发展新机遇

氢能作为二次能源，具有制取来源广泛、易于储存和运输、应用高效环保等特点，可以同时满足能源和环境可持续发展的要求。日本、美国、欧盟、德国等发达国家和地区，纷纷将发展氢能上升到国家能源战略的高度，我国也将发展氢能和燃料电池作为重要的战略方向。

1. 能源革命与氢经济发展的重要意义

氢能是未来能源结构转型的重要保障。在未来的能源结构中，可再生能源占比将大幅提升，达到30%以上，可再生能源制氢是化解目前电力行业结构性产能过剩难题和未来清洁能源转型的重要保障。

氢能和燃料电池技术是实现清洁能源消费的重要手段，燃料电池技术可以实现氢能的高效利用，工业、建筑、交通则是节能减排的三大领域。燃料电池的能效达到40%～60%，将氢能高效地应用于交通、建筑和工业等领域，是实现未来节能减排目标的重要手段。

氢能燃料电池汽车是中国能源战略、交通战略、汽车战略的重要组成部分。氢能与燃料电池既是中国新能源技术革命的方向，也是创新战略、交通战略、制造业及汽车产业发展战略的重要组成部分；燃料电池汽车是节能与新能源汽车的战略方向，是氢能和燃料电池产业发展的主要着力点。

2. 国际氢能发展愿景与近期实践

氢能是各国未来能源战略的重要组成部分，氢能与能源系统融合发展是各国共同的战略选择。日本、美国、欧盟、德国等发达国家和地区纷纷将氢能上升到国家能源战略的高度，将氢能作为未来能源系统的重要组成部分。

美国政府一直关注自身的能源安全问题，并以此为出发点，将氢能燃料电池作为实现能源安全的重要途径。日本推广氢能和燃料电池技术的战略重点是以能源安全为前提，致力于实现氢能社会。欧盟的战略能源技术计划框架中，氢能和燃料电池技术是提高能效和产业竞争力的技术之一。

在燃料电池固定式应用和燃料电池汽车方面，日本的市场规模处于领先地位，韩国和中国分别在电力系统和燃料电池系统方面有持续的政策支持。美国在交通领域尤其是叉车和燃料电池汽车领域增长迅速；欧盟从 2013 年开始支持开展燃料电池叉车和机场托运车示范，示范规模超过 200 台；日本关西国际机场宣布，计划开始运行 400 辆丰田生产的燃料电池叉车。在通信领域，据统计美国已有上千个通信基站将燃料电池作为备用电源；国内中国联通、中国移动已在少数省市开展了技术示范和应用。燃料电池在军用领域的应用包括：便携式电源，前线和偏远地区空军基地的电力供应，监视系统的备用电源，通信系统电源，长时间运行的无人机、水下无人机、非核潜艇的独立推进系统等。氢能可大规模消纳可再生能源的特性，使之成为中国、日本、欧洲等国家和地区能源绿色低碳转型的重要方向。

3. 我国发展燃料电池汽车产业的有利条件和愿景目标

在全球氢能经济发展趋势下，我国具备发展燃料电池汽车的有利条件：一是国家相关政府部门和地方政府将发展氢能和燃料电池作为重要的战略方向；二是中国氢能资源丰富，可有力支撑氢燃料电池汽车规模化发展；三是中国积累了丰富的新能源汽车研发基础、产业技术及推广经验，将有力支撑中国燃料电池汽车产业的发展；四是中国汽车市场容量巨大，易于率先形成规模效应，进而引领全球氢燃料电池汽车的发展。

未来氢能社会背景下，燃料电池汽车将与电动汽车协同发展，互补共存；燃料电池汽车将与传统燃油汽车、纯电动汽车进行竞争。未来中国氢能和燃料电池产业将快速发展，到 2030 年，将实现氢能经济的发展愿景。在氢燃料电池汽车领域，力争经过 10 ~ 15 年的发展，建立起完备的氢燃料电池汽车研发体系，关键核心技术达到国际先进水平，建成具有国际竞争力的产业配套体系，实现百万辆级的氢燃料电池汽车商业化应用，建立起适度超前、满足燃料电池汽车需求的氢能基础设施供给体系，氢燃料电池汽车全产业链年产值突破万亿元。

4. 实现燃料电池汽车大规模推广普及需要各方共同努力

创新研发组织模式，突破关键核心技术。建立国家与地方、行业与企业联动的创新研发体系；攻克高性能、低成本燃料电池电堆核心技术；开发高比功率、长寿命燃料电池系统；开发高性能、低成本燃料电池整车；突破制氢、储/运氢、加氢关键技术。

抓关键领域补短板环节，培育壮大产业链。聚焦关键技术领域，识别薄弱短板环节；紧抓关键短板产品，培育壮大龙头企业；鼓励产业上下游联合，努力培育完善产业链；创造有利的投融资环境和市场环境，促进企业快速发展。

大力推进示范应用，以点带面有序推进。着力打造一批氢燃料电池汽车示范区；实施氢燃料电池汽车商业化示范工程；加强氢燃料电池汽车示范评估与安全管理。

科学规划布局，建立氢能供给体系。示范低碳、低成本氢能制取模式；探索多形式储/运氢气模式；科学规划布局加氢站建设；有序建立车用氢气价格体系。

大力推进国际化，整合对接全球资源。深入开展国际合作，利用全球研发及产业资源；推动成立国际性组织，积极对接国际相关组织；紧密结合国家重大战略布局，走向海外市场。

完善标准法规体系，提升测试评价能力。多方联动，多渠道加快标准研究；完善氢能及燃料电池汽车标准体系；提升氢能及燃料电池测试评价能力。

加强公众宣传教育，营造良好的发展环境。提高公众认知度及接受度；形成良好的创新及创业环境；营造良好的氢能经济发展氛围。

5. 燃料电池汽车产业发展的保障措施

加大政策扶持力度，建立国家层面长效投入机制，持续支持氢能及燃料电池基础科学、产业化和综合示范应用。充分利用现有资金渠道，通过国家科技计划和工业强基、增强制造业核心竞争力、工业企业技术升级改造等国家重大工程，加大对氢燃料电池汽车技术研发和产业化的支持力度，突破关键核心技术，培育壮大产业链。

支持加氢基础设施建设，按照简政放权、放管结合、优化服务的要求，国家尽快建立完善加氢站设计、审批、建设及运营规范，并明确新建加氢基础设施审批部门及流程，明确加氢基础设施建设及运营企业准入门槛和要求。

完善财税政策扶持体系，进一步完善氢燃料电池汽车财税政策支持体系，研究完善氢燃料电池汽车税收优惠政策，积极探索促进燃料电池汽车发展的长效市场机制。

积极拓宽融资渠道，鼓励和吸引社会资本，特别是民间资本通过战略投资、股权融资、信托投资、特许经营等方式，参与加氢基础设施建设、燃料电池汽车示范及相关运营维护工作。

加强行业管理与协同应用，依托国家现有新能源汽车协调及联席会议机制，加强部门协同配合，明确氢燃料电池汽车发展共识，强化对氢能示范区的监督指导、安全管理。

五　大规模普及情况下新能源汽车与资源、能源、交通和未来城市的融合发展

新能源汽车的发展不仅仅是将汽车动力从燃油变为电力，还将对整个社会的资源、能源和环境产生深远影响，将是未来城市形态变化的重要驱动因素之一。

1. 新能源汽车与资源的融合发展

新能源汽车发展的资源支撑存在风险，锂、钴、镍均存在一定的资源支撑风险，钴、镍风险程度更高，近期来看钴面临最大风险。必须将钴、镍、锂资源纳入战略资源考量，避免成为新能源汽车发展的绊脚石。要建立完善的资源回收体系，提升社会回收率和技术回收率；进行资源勘探与开采，包括对海洋资源的开采和利用；寻求需求端技术替代，如金属空气电池等。中国新能源汽车发展应尽力避免资源制约。

中国新能源汽车与资源的融合发展，应促进矿产资源的合理开发和利用，优化新能源汽车相关矿产资源的使用结构，最大限度地发挥中国矿产资源的经济效益和环境效益。将“开源”与“节流”相结合，在科学规划国内矿产资源的开发利用的同时，积极开发利用境外矿产资源，开展国际合作。①

2. 新能源汽车与能源的融合发展

汽车电动化和能源的规模化利用需要协同发展。未来新能源汽车将成为能源供需链的一个重要组成部分，新能源汽车需要电能和氢能等，与传统燃油车需要汽油、柴油、天然气不同，需要将新能源汽车作为整体建立一个新的能源管理系统。在能量来源方面，建立动力电池全生命周期数字化管理平台；在用能方面，引导电动汽车使用者有序用能、有序充电，减少其对电网的冲击；在用能方式上，通过储能装置连接新能源，建立双向管理的创新模式：电池管理＋运营公司，来促进可再生能源和新能源汽车最大限度的协同和匹配。要让新能源汽车尽可能使用可再生能源产生的电力，又尽可能减少对电网的冲击和提高全社会能源基础设施的投资效益。电网方面也要根据新能源汽车充电的需求进行适当扩容，增加总装机容量，同时建立分布式能源基础设施。

新能源汽车的大规模接入，会给电网带来不断上升的负荷。对电网来说，电网负荷的峰谷相对差距越大，电网的效率越低，因而需要针对新能源汽车的充电时间进行合理规划，来降低对电网峰值的刺激。

新能源汽车的大规模接入，还将给电网带来功率冲击大、电压控制难、电能损耗大等问题。从功率冲击来看，按照2030年8000万辆电动汽车来估计，每辆车每年行驶2万公里，那么所有电动汽车全年的充电量为3200亿度，是三峡电站年发电量的3.3倍。因而在电力供给侧要进行合理的扩容规划，对能源基础设施的投资尽可能考虑经济性，同时大力发展风电、光伏等

① 彭天铎、汪旭峰：《中国车用能源需求和关键材料资源可获性分析》，《中国工程学科》2018年第2期。

可再生能源，使新能源汽车与可再生能源紧密结合。

在电力需求侧要进行合理的能量管理，发展智能电网，建立售电交易平台，基于云计算技术、大数据技术、物联网技术等，实现售电 + 互联网的智能化售电运作模式①，使电力能源既能满足新能源汽车的需求，又能保证经济性。

3. 新能源汽车与交通的融合发展

未来的智慧交通系统将做到人车分流及无红灯畅行，不同用途的新能源汽车需要不同的车道，这就需要道路交通的规划建设与新能源汽车融合发展。

新能源汽车配套充电桩、加氢站等基础设施的规划建设，应与道路交通规划建设协调一致，其不仅需要基本的充电基站，还需要电网的配合，对基站进行合理的电力分配。

新能源汽车的发展会带来道路交通税收结构的变化，传统燃油汽车税收中的燃油税，可能由电税和道路使用税替代，此外还可以对充电服务和平台企业进行征税。

新能源汽车的大规模普及需要智能交通平台的支撑，包括交通设施的调度 V2X、共享；需要城市设计来支撑共享，如专门针对新能源汽车的公路、点线面设计。

4. 新能源汽车与城市的融合发展

未来将更加注重绿色城市与新能源汽车的协同发展，通过对环境空间的分级规划来实现绿色城市的目标。城市空间的分级分类应与汽车的车型和使用分级匹配，将城市分为几个区域，对不同的环境敏感区进行区别管理，高速公路和普通城市道路允许混合动力车或者燃油车行驶。未来城市的基础设施建设（例如停车场、充电站、加氢站等），也需要重点考虑与新能源汽车的协同。

智慧城市是以高效的 ICT 为核心，由智慧管理、智慧互联、智慧能源、

① 任莹：《售电交易运营平台建设方案研究》，《吉林电力》2017 年第 45 期。

智慧设施、智慧家居、智慧移动、智慧医疗、智慧教育组成的智慧化城市生态。汽车智能化、信息互联化与城市智慧化是未来城市发展的核心。在L4自动驾驶场景下，智慧城市具备空间分层、交通智能、人行物通、便捷高效、节能绿色、和谐共享等特点。智慧城市的实现需要资源、能源、交通与城市并行协调发展。

主题研究—新时代的新能源汽车产业发展战略

Theme Research Development Strategy for New Energy Vehicle Industry in the New Era

B.2

全球电动化新浪潮下燃油车禁售话题

宋紫峰　刘雅甜*

摘　要： 近年来，全球电动汽车发展十分迅猛，越来越多的国家探索和实行“燃油车禁售”，更是进一步助推了电动化发展新浪潮。本报告详细阐述挪威、荷兰等十余个国家燃油车禁售情况，以及大众、宝马等全球主要整车和关键零部件企业的电动化进程。研究发现，汽车产业的电动化发展已从可选项变为必选项，未来围绕电动汽车产业发展的竞争将会日趋激烈。同时，电动化转型也是城市交通、能源等体系重塑的起点，

* 宋紫峰，国务院发展研究中心产业经济研究部研究室主任、副研究员，经济学博士，研究方向为产业经济、产业政策等；刘雅甜，中国人民大学经济学院博士生，研究方向为产业经济、平台经济。

需要把电动汽车放在更重要的位置和更宏大的角度来考量其对经济社会的整体影响。

关键词： 电动汽车 燃油车禁售 电动化转型 城市交通

自2008年国际金融危机爆发以来，世界经济已经在衰退与复苏中走过了极不平凡的十年。综观这十年，新一轮科技和产业革命的酝酿兴起是重大的趋势性变化之一。作为最先强烈感受到新一轮科技和产业变革影响乃至冲击的典型行业，全球汽车产业发展表现出很多新的重大变化，集中体现在电动化、智能化、网联化、共享化等方面。特别是近几年来，随着一些国家相继提出燃油车禁售时间表以及很多企业发布比较激进的电动化转型战略，再加上新进入企业普遍以电动汽车为切入点，全球电动汽车产业发展掀起了一股新浪潮。如果说几年前发展电动汽车仍是一个可选项的话，站在今天的时点上，发展电动汽车基本已成为一个无法回避的必选项。

一 全球电动汽车产业发展速度超出普遍预期

电动汽车的发展历史比燃油汽车更为久远，最早可以追溯到19世纪。到了20世纪初期，在美国纽约等大城市中，电动出租车已经实现了商业化运营。再后来，随着石油价格的大幅下降以及汽柴油发动机技术的不断成熟，电动汽车这个技术路线很快被替代，电动汽车的发展也陷入了长期停滞状态。自20世纪90年代开始，伴随着传统燃油汽车发展带来的能源、环境、交通等问题的日益突出，以及可再生能源发电、电池等关键技术的不断发展进步，以美国、日本等为代表的全球汽车强国把发展电动汽车作为应对上述挑战的重要战略方向，并有针对性地提供了多方面的支持。国际金融危机爆发以来，全球主要国家又把发展电动汽车上升到抢占未来产业竞争制高点的新高度。总的来看，电动汽车产业已成为多方利益、多种关切的集中交会点，近年来的快速发展具有历史必然性。

（一）年销量和保有量实现高速增长，最近三年连续迈过重要门槛值

近几年来，在政策特别是消费者补贴政策支持、电池成本持续下降、充电基础设施日益完善、消费者认知度和接受度不断提高，以及车辆排放标准越来越严苛等诸多因素的综合影响下，全球电动汽车产业发展势头迅猛。根据国际能源署（International Energy Agency，IEA）下属的电动汽车倡议组织（Electric Vehicles Initiative，EVI）统计，2005 年全球电动汽车（包括纯电动汽车和插电式混合动力汽车）销量仅为 0.189 万辆；2005～2010 年，年销量都在 1 万辆以下；2010 年开始实现高速增长，尽管总量依然不高，但 2010～2012 年都实现了三位数的同比增速；2012 年首次迈过 10 万辆大关；2017 年同比增长 54.3%，并且首次迈过 100 万辆大关（见图 1）。根据国际汽车制造商联合会（International Organization of Motor Vehicle Manufacturers，OICA）的统计，2017 年全球汽车销量为 9680.439 万辆，因此当年电动汽车销量占比达到 1.19%。这也意味着，电动汽车年销量占汽车总销量的比例，继在过去几年中的少数国家陆续迈过 1% 的门槛之后，在全球范围内首次整体迈过了 1% 的门槛。

分国别从销量绝对量看，电动汽车年销量最高的依次分别是中国（57.9 万辆）、美国（19.835 万辆）、挪威（6.226 万辆）、德国（5.456 万辆）、日本（5.41 万辆）、英国（4.725 万辆）、法国（3.478 万辆）、瑞典（2.035 万辆）等。在主要的汽车产销大国中，比例构成存在着明显差异，中国以纯电动汽车为主，占比达到 80.83%；美国、德国相对比较均衡，纯电动汽车占比分别为 52.7% 和 45.95%，基本是纯电动汽车和插电式混合动力汽车各占一半；日本则以插电式混合动力汽车为主，占比达到 66.54%。分国别从销量市场份额来看，2017 年电动汽车年销量占汽车总销量比例最高的依然是挪威，已经超过 30%；其次是冰岛（12% 左右）和瑞典（超过

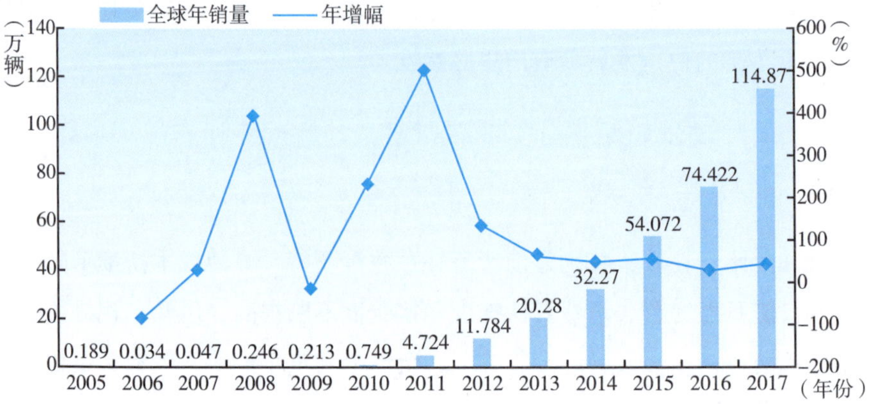

图1　全球电动汽车年度销量及同比增幅（2005～2017年）

资料来源：IEA（2018），作者自绘，数据统计范围为乘用车，商用车未纳入。

6%）；此外，包括中国、美国、德国、日本在内的全球主要国家基本都已超过1%。

在年度销量持续高速增长的带动下，全球电动汽车保有量也在快速增长，近三年来的年均增速接近60%。全球电动汽车保有量在2015年首次迈过了100万辆大关，实际达到123.945万辆；在2016年接近200万辆，实际达到198.204万辆；在2017年超过了300万辆，实际达到310.905万辆。尽管占全球汽车总保有量的比例还很低，但增长势头迅猛（见图2）。其中，中国、美国遥遥领先，分别达到122.777万辆和76.206万辆，紧随其后依次是日本、挪威、英国、荷兰、法国、德国等国家。

（二）电池成本持续快速下降，“平价竞争”有望在2025年前后实现

最终决定电动汽车长期发展态势的关键因素之一是成本问题。截至目前，电动汽车的综合竞争力依然弱于传统燃油汽车。但从近年来的实际发展情况看，占电动汽车生产制造总成本50%左右的电池成本确实出现了快速下降的现象，速度之快甚至超出了之前的普遍预期。据彭博新能源财经的调查统计，2017年全球范围内锂电池组的平均成本是209美元/kWh，同比

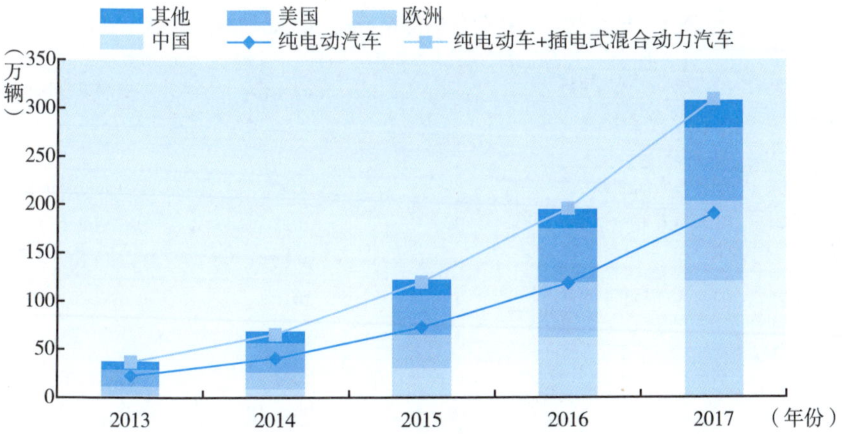

图 2　全球电动汽车保有量数据（2013～2017 年）

资料来源：IEA（2018）。

2016 年下降了 24%，比 2010 年更是大幅下降了 79%。[①]

由于多方面因素的共同影响，预期电池成本在未来还将持续保持下降态势。比如，电池成本通过规模效应来实现下降的空间还很大。目前，电池生产还相对比较分散，整个行业格局仍处于不断调整之中，再加上目前高性能电池有效供给不足带来的市场机会，电池生产的规模特别是单个企业的规模还将持续扩大（见表 1）。据 EVI 分析，目前全球动力电池的企业年产能平均约为 8GWh，而综合重点企业的规划是到 2030 年产能将会扩大到每年 35GWh，由此而带来的规模效应是相当可观的。再如，电池的梯次利用目前还只是处于起步阶段，电动汽车动力电池的潜在价值还有很大的利用空间。车用动力电池在使用一定时间或充放一定次数后，就不再适宜继续使用。但这些电池依然还有很大的利用价值，可以继续被用作储能设施或供一些低速电动工具使用，甚至其中的一些稀有材料还可以被循环利用。不过目前这个产业链条还未被有效打通，这实际上也变相提高了当前车用动力电池的成本。

① http：//www. cbea. com/ldc/201804/439104. html.

表 1 重点锂电池企业目前的运行规模及远期规划规模

国家	制造商	产能（GWh/年）	运转年份	资料来源
实际运行				
中国	比亚迪	8	2016	TL Ogan(2016)
美国	LG 化学公司	2.6	2013	BNEF(2018)
日本	松下	3.5	2017	BNEF(2018)
中国	宁德时代	7	2016	BNEF(2018)
计划投产				
德国	TerraE	34	2028	TerraE(2017)
美国	特斯拉	35	2018	Tasla(2018b)
印度	Reliance	25	2022	Factor Daily(2017)
中国	宁德时代	24	2020	Reuters(2017f)
瑞典	Northvolt	32	2023	Northvolt(2017)
匈牙利	韩国 SK 创新公司	7.5	2020	SK innovation(2018)

资料来源：IEA（2018）。

随着电池成本的持续下降，电动汽车有望在近中期实现与传统燃油汽车的“平价竞争”。据彭博新能源财经预计，全球范围内锂电池组的成本在 2025 年、2030 年会进一步下降到 96 美元/kWh 和 70 美元/kWh。① 在这种大背景下，很多研究认为，在 2025 年前后电动汽车的价格就会低于传统燃油汽车，电动汽车也就真正走上了市场化的良性发展道路。

（三）充电基础设施同步推进，使用环境已经得到明显优化

除价格因素外，充电基础设施也是影响消费者购买电动汽车的关键因素之一。“充电焦虑”就形象地表达了电动汽车消费者在使用过程中遇到的问题。上海市新能源汽车公共数据采集与监测研究中心 2012～2016 年持续开展的潜在用户群体研究结果显示，一次充满电能行驶的距离短、充电配套设施不够完善是用户最担忧的因素，而且对后一个担忧因素的比重从 17% 上

① http：//www. cbea. com/ldc/201804/439104. html.

升到25%，并且稳定在这一水平上；此外，能否保障自有充电桩建设，对电动汽车用户的购车决策也会产生显著影响。

但总的来看，近年来全球充电基础设施建设也在高速推进，与电动汽车销量增长之间实现了相互促进、共同发展。根据 EVI 估计，2015～2017 年全球充电桩数量分别迈过 100 万个、200 万个、300 万个的门槛，到 2017 年底已经超过了 350 万个。分国别来看，中国遥遥领先，占全球的份额在40%左右；美国、日本紧随其后。分权属来看，私人充电桩占据主体地位，占比超过 85%。分类型来看，慢充占据主体地位，在私人充电桩中 90% 以上的都是慢充，在公共充电桩中慢充所占比重也接近 3/4（见图 3）。

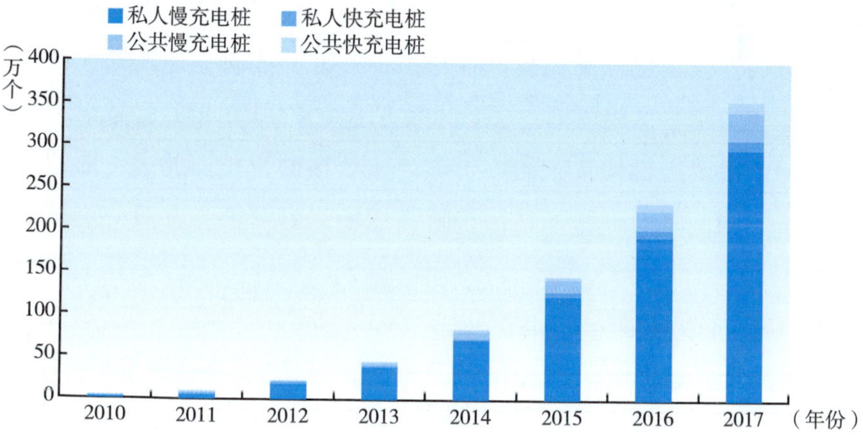

图 3　全球充电桩分类型数量（2010～2017 年）

资料来源：IEA（2018）。

二　“燃油车禁售”——促进电动化新浪潮的助推剂

为更加突出主题并且避免混淆，首先对下文内容做两点说明。第一，下文重点讨论“燃油车禁售”对电动汽车发展的影响，而不再重复其他支持电动汽车发展的战略和政策等内容。因此，是否“燃油车禁售”与是否发展电动汽车是两个不同的概念。第二，下文所说的“燃油车禁售”概念相对比较宽泛，主要是指在国家层面从某一时点开始禁止在辖区内销售传统燃油车或者要求所有新车必须是零排放汽车，同时也包括一些城市采取的燃油车限行等管制措施。

（一）一些国家明确提出燃油车禁售时间表

2015 年，德国、荷兰、挪威、英国四国政府以及包括加利福尼亚、马萨诸塞、魁北克等在内的北美十个州政府联合成立了一个政府间组织——国际零排放车辆同盟（International Zero – Emission Vehicle Alliance, ZEV Alliance）①，致力于通过实际操作、政治对话、能力建设等途径推动零排放汽车发展，共同应对全球性气候变化的挑战。ZEV Alliance 在 2015 年底召开的气候变化巴黎大会上宣布，将致力于推动实现其辖区内所有乘用车销售均是零排放车辆，这个时间点不晚于 2050 年并且越早越好。② 这是最早的由政府机构宣布的关于燃油车禁售的设想。此后，陆续有一些国家在不同层面上表明了燃油车禁售立场，引发了各方面的广泛关注和讨论。

1. 挪威：2025年起禁止销售燃油车

挪威是全球电动汽车市场占有率最高的国家，也是全球首个明确宣布要禁售燃油车的国家。2015 年 12 月，ZEV Alliance 承诺在 2050 年以前实现所有乘用车新车均是零排放车辆的目标，挪威政府是这个组织的一员。2016 年初，挪威四个主要政党一致同意，从 2025 年起禁止销售燃油车。此后，挪威政府也明确表示，到 2025 年，所有新销售的乘用车都应该是零排放汽车。③ 借此，挪威希望朝着全球最环保国家的目标继续迈进。

---

① http://climateinitiativesplatform.org/index.php/International_Zero – Emission_Vehicle_Alliance_（ZEV_Alliance）.

② http://www.zevalliance.org/international – zev – alliance – announcement/.

③ Norway to ‘Completely Ban Petrol Powered Cars by 2025’, The Independent, https://www.independent.co.uk/environment/climate – change/norway – to – ban – the – sale – of – all – fossil – fuel – based – cars – by – 2025 – and – replace – with – electric – vehicles – a7065616.html.

2. 荷兰：2030年起禁止销售燃油车

早在2014年，荷兰下议院的几名议员就联合提出了一个议案，要求荷兰政府修改法律，在2025年之前全面禁止销售汽油车和柴油车。[①] 2015年12月，ZEV Alliance承诺在2050年以前实现所有乘用车新车均是零排放车辆的目标，荷兰政府也是这个组织的一员。2016年4月5日，据荷兰国家电视台NOS报道，荷兰国会下议院通过了荷兰劳工党提交的"计划在2025年禁止境内继续销售汽油车和柴油车"的提案，并且该议案已经提交至参议院。[②] 2017年10月10日，新一届荷兰政府提出关于未来几年的发展计划，其中包括到2030年所有新车无废气排放，这也意味着届时几乎所有汽油车和柴油车将被禁售。[③] 由于荷兰电动汽车年销量的市场份额仅在2%左右，所以荷兰并没有像挪威一样要在2025年实现燃油车禁售目标，但即使是2030年也还需要付出很大努力。

3. 爱尔兰：2030年起禁止销售燃油车

爱尔兰政府新的国家发展计划希望能够妥善应对气候变化问题，将投资220亿欧元使爱尔兰在2050年之前向低碳经济方向转型。这个一揽子计划主要针对交通、农业和建筑环境，包括到2030年禁止购买所有传统燃油车。[④] 为了实现这个计划，该国政府已经承诺为新增的电动汽车提供额外的充电基础设施。与此同时，都柏林公共汽车公司将从2019年开始禁止购买除电动巴士以外的任何车辆，以减少城市和其他地方的空气污染。

4. 法国：2040年起禁止销售燃油车

2017年7月初，法国能源部部长Nicolas Hulot宣布，作为履行《巴黎

---

① 鲁静芳：《多国宣布未来将禁售燃油车》，《生态经济》2017年第12期。

② 百人会新能源汽车研究院：《各国"燃油车禁令"分析及对中国的启示》，《汽车纵横》2018年第1期。

③ Rome Latest City to Announce Car Ban, Will Ban Diesel Cars from Historical Center Starting 2024, Electrek, https://electrek.co/2018/02/28/rome-bans-diesel-cars-2024/.

④ Ireland 2040: €22bn to Turn State into Low-carbon Economy, https://www.irishtimes.com/business/energy-and-resources/ireland-2040-22bn-to-turn-state-into-low-carbon-economy-1.3394805.

协定》减排承诺的重要组成部分，法国将于2040年禁止销售任何使用汽油或柴油燃料的汽车，并于2050年前将碳排放总量降为零。① 为实现上述目标，法国政府计划为民众提供税收优惠，以鼓励淘汰使用时间超过20年的柴油车和2001年之前生产的汽油车②；对较贫穷的家庭给予财政援助，用更清洁的车辆替换旧的和污染更严重的车辆。

5. 英国：2040年起禁止销售燃油车

英国政府称，空气污染是公共卫生的最大威胁，由于担心氮氧化物水平上升对公共健康构成重大威胁，因此决定于2040年起全面禁止销售传统燃油车，这将有助于缓解上述问题。③ 英国政府的这一表态与法国政府类似，是备受期待的清洁空气计划的一部分，该计划长期是高等法院法律争论的焦点之一。实际上，在清洁空气计划中，与车辆相关的一些做法还包括投资1亿英镑用于充电基础设施建设，投资2.9亿英镑用于改造低排放出租车，以及提供空气质量补助金等。

此外，苏格兰议会决定到2032年逐步淘汰传统燃油车。苏格兰政府计划为此建立一个6000万英镑的创新基金，以鼓励产业界和学界共同致力于研究储能、可持续采暖和电动汽车充电等问题。与此同时，苏格兰希望将从帕斯到瑟索的A9线建设成该国第一条可频繁快速充电的主干道路。④

（二）还有不少国家曾探讨相关议题

出于环保等多方面因素的考虑，也有可能是受到上述先行国家的启发和影响，确实还有不少国家曾讨论过燃油车禁售问题，并做出了一些尝试。

---

① France Set to Ban Sale of Petrol and Diesel Vehicles by 2040, BBC News, http://www.bbc.com/news/world-europe-40518293.

② 赵今：《法国拟2040年禁售燃油车》，《中国能源报》2017年7月17日。

③ Britain to Ban Sale of All Diesel and Petrol Cars and Vans from 2040, Environment | The Guardian, https://www.theguardian.com/politics/2017/jul/25/britain-to-ban-sale-of-all-diesel-and-petrol-cars-and-vans-from-2040.

④ Scotland Aims to Phase out Petrol and Diesel in 2032, https://fleetworld.co.uk/scotland-aims-to-phase-out-petrol-and-diesel-in-2032/.

1. 德国：赋予城市禁止柴油车上路的权力

2016年10月，德国联邦参议院多票通过了2030年后禁止销售传统燃油车的提案，参议院还建议德国立法者敦促其他欧盟成员接受这一建议。[①]但这个提案没有立法效力，也遭到了德国业界的强烈反对。德国更希望通过相对缓和的方式来实现这个转型过程。比如，德国在2017年8月举行了柴油峰会，决定升级500多万辆柴油车的软件，设立柴油车环保基金，成立价值10亿欧元的基金以改善都市交通状况。德国很多政要也就此发表了看法，默克尔总理表示，“内燃机还会存在很多年”，“我是支持禁燃油车的，但是具体时间我给不出”；交通部部长Alexander Dobrindt表示，“2030年全面禁售燃油车完全不现实，正确途径应是推进电动化发展进程，推进充电基础设施建设，通过降低购车成本来增加电动汽车的接受度。”[②]

在经过反复争议后，德国联邦行政法院于2018年2月27日决定，为治理空气污染问题，各个城市有权在特定道路或者区域禁止柴油车行驶。[③] 此事的起因是，斯图加特市和杜塞尔多夫市政府因治理空气污染不力被德国环保组织Deutschen Umwelthilfe告上法庭，两地的地方法院裁定，为治理污染，两市政府可以实施柴油车禁令。但斯图加特和杜塞尔多夫两市分别所在的巴登－符滕堡州和北莱茵－威斯特法伦州政府随后向联邦行政法院提起上诉。[④] 这项判决预计将对柴油车的发展前景产生深远影响。

2. 中国：正在研究燃油车禁售时间表

2017年9月9日，工业和信息化部副部长辛国斌表示，截至2016年底，中国汽车保有量接近两亿辆，带来严峻的资源和环境压力，中国政府承诺2030年碳排放达峰，按照目前状况难度依然很大，当前一些国家已经制定

---

① http：//news. bitauto. com/hao/wenzhang/283167.

② 刘冠伟：《真相大调查：欧洲多国禁售燃油车是真的吗?》，《中国能源报》2017年10月9日。

③ Germany Diesel Ban Paves Way for Rest of Europe – Are Cars Powered by the Fuel Doomed?，Cars | Life & Style | Express. co. uk，https：//www. express. co. uk/life – style/cars/925353/Germany – diesel – ban – fuel – Europe – cars.

④ http：//www. sohu. com/a/225868260_ 100095975.

了停止生产销售传统能源汽车的时间表，工信部也启动了相关研究，将制定中国自己的时间表。① 2018 年 3 月，工业和信息化部部长苗圩在做客《部长之声》时表示，“关于我们国家取消燃油车的这个时间表，我们正在研究”，“就是我们停售燃油车了，也不是到那一个时刻把在用的燃油车统统都淘汰，肯定还要留一个过渡期，世界各国都是如此”。②

3. 印度：正在酝酿类似计划

2017 年 5 月，印度煤炭与矿产资源部部长戈亚尔在新德里召开的 2017 印度工业年度会议上表示，印度将大力推广电动汽车，并在电动汽车方面实现自给自足，最终目标是到 2030 年不再出售传统燃油车。③ 另据报道，印度政府计划大力发展电动汽车，目标是到 2030 年全面实现电动化，以显著降低燃料进口费用和车辆运行成本。④

4. 以色列：计划对进口燃油车施加限制

以色列能源部部长尤尔瓦斯坦尼茨在特拉维夫举行的能源会议上表示，“我们打算实现以色列工业以天然气为基础的局面，最重要的是，以色列的交通运输将以天然气或电力为基础”，“从 2030 年起，以色列将制造替代品，将不再允许进口、使用汽油和柴油的汽车”。⑤

（三）不少重要城市对燃油车上路行驶做出了限制

近年来特别是 2017 年以来，陆续有一些重要城市对燃油车特别是柴油

① 工信部：《中国将制定禁售燃油汽车时间表》，搜狐科技_搜狐网，https://www.sohu.com/a/191048187_258768。

② http://www.xinhuanet.com/auto/2018-03/12/c_1122522156.htm.

③ 百人会新能源汽车研究院：《各国“燃油车禁令”分析及对中国的启示》，《汽车纵横》2018 年第 1 期；周武英：《禁售燃油车 欧洲要打什么牌》，《经济参考》2017 年 9 月 29 日。

④ India Aims to End the Sale of Petrol and Diesel Cars By 2030, NDTV CarAndBike, https://auto.ndtv.com/news/india-aims-to-end-the-sale-of-petrol-and-diesel-cars-by-2030-1687721.

⑤ Israel Aims to Eliminate Use of Coal, Gasoline and Diesel by 2030, The Times of Israel, https://www.timesofisrael.com/israel-aims-to-eliminate-use-of-coal-gasoline-and-diesel-by-2030/.

车上路行驶做出了限制，其中最主要的是在 C40 城市气候领导联盟成员（C40 CITIES）框架下进行的。2017 年 10 月，12 个城市在巴黎签署了《C40 零化石燃料的街道宣言》（*C40 Fossil - Fuel - Free Streets Declaration*），致力于通过多种措施实现两个主要目标：一是从 2025 年起只使用零排放公交车；二是到 2030 年确保城市的一个主要区域是零排放的。[①] 这也意味着，届时在这些城市中的一些区域内，燃油车上路行驶将会面临很多限制（见表 2）。

表 2　一些地方行政区宣布的限制措施

行政区域	2024 年	2025 年	2030 年	2035 年	2040 年
雅典		A			
奥克兰			C		
巴利阿里群岛		A		B	
巴塞罗那			C		
开普敦			C		
中国台北					D
哥本哈根			C		
伦敦			C		
洛杉矶			C		
马德里		A			
墨西哥城		A	C		
米兰			C		
牛津			C		
巴黎	A		B、C		
基多			C		
罗马	A				
西雅图			C		
斯德哥尔摩			B		
温哥华			C		

A：柴油车行驶限制（多数是对特定车型在特定区域的限制）；
B：燃油车行驶限制（通常也是对特定车型在特定区域的限制）；
C：《C40 零化石燃料的街道宣言》；
D：燃油车禁售。

资料来源：IEA（2018），作者翻译。

① https：//www. c40. org/other/fossil - fuel - free - streets - declaration.

除 C40 CITIES 框架下的表态外，巴黎、罗马将于 2024 年对柴油车上路行驶做出限制；雅典、马德里等紧随其后，将于 2025 年施加类似限制；巴黎、斯德哥尔摩还将于 2030 年对所有燃油车上路行驶做出限制。以下简要介绍其中一些重点城市的做法。

1. 巴黎：2024年起限制柴油车上路行驶

作为《巴黎协定》的签约地和 2024 年奥运会主办地，巴黎在燃油车禁售方面是全球最为积极的城市之一。2017 年 10 月，巴黎市政厅对外表示，作为一项旨在减少温室气体排放的长期战略，计划于 2030 年起禁止所有燃油车上路，并计划于 2024 年起首先对柴油车上路行驶做出限制。① 目前，巴黎已设立无车区、无车日，并对驾驶 20 年以上旧车进城的司机给予罚款。

2. 伦敦：已禁止燃油车在特定时间段进入特定道路

一些英国城市在这方面更为激进。在伦敦，关于燃油车行驶限制的禁令已经签署。自 2018 年 7 月起，在 Shoreditch 和 Dunhill 的指定道路范围内，在上午 7 ~ 10 点和下午 4 ~ 7 点，只有电动汽车、混合动力汽车、氢燃料电池汽车和自行车才能进入，燃油车将被禁止进入，违背该禁令的司机将面临高达 130 英镑的罚款。②

3. 汉堡：已禁止一些柴油车在部分道路上行驶

在德国联邦法院的判决生效之后，汉堡很快就出台禁令，成为全德国第一个部分禁止柴油车以实现改善空气质量目标的城市。③ 根据该禁令，一些较旧的车辆将自 2018 年 5 月 31 日起禁止在两条主要道路上行驶；一些高速公路也将禁止行驶较旧的柴油卡车。这项禁令预计将会影响大约 21.4 万辆汽车，占在汉堡市登记的柴油车辆的 2/3 以上。

---

① http：//static. nfapp. southcn. com/content/201710/16/c731868. html.

② Petrol and Diesel Car Ban will Go Ahead in London This Year – Lgnore it and Face£ 130 Fine, Cars | Life & Style | Express. co. uk, https：//www. express. co. uk/life – style/cars/944461/petrol – diesel – car – ban – London – UK – 2018 – fine.

③ Hamburg Becomes First German City to Ban Older Diesel Cars, World News | The Guardian, https：//www. theguardian. com/world/2018/may/23/hamburg – first – german – city – ban – older – diesel – cars – air – quality – pollution.

4. 罗马：2024年起禁止柴油车驶入市区

即德国允许城市执行柴油车禁令之后，意大利也加入了这一行列。罗马市市长 Virginia Raggi 在墨西哥城召开的 Women 4 Climate 会议上宣布，罗马已决定在 2024 年禁止燃油车驶入市区。① 据悉，罗马颁布禁令的主要原因是要减少对重要历史地标造成破坏的污染物排放，也包括减少城市空气污染问题，而之前如在特定时间禁止部分车辆进入的做法还不够有效。

5. 牛津：2020年起禁止在市中心使用燃油车

牛津将自 2020 年起禁止在市中心区域使用传统燃油轿车、厢式车和巴士车，将自 2035 年起全面禁止使用传统燃料卡车，还将不断扩大零排放区域。② 据估计，该禁令将使得该城市最严重的污染区域——乔治街的二氧化氮水平下降 74%，从而恢复到自然污染水平。

6. 中国一些城市：燃油车上路行驶已受到限制

自 2008 年 10 月北京实施常态化的机动车限行政策以来，中国已有不少城市对机动车上路行驶的天数、区域等做出了限制，特别是对挂外地车牌的车辆。近几年来，这类限行政策还表现出不断趋广、趋严的态势。与此同时，电动汽车通常不受此类限行政策的约束。地方政府制定此类政策普遍是出于应对环境污染、交通拥堵的考虑。

此外，海南省表示将自 2030 年起只使用新能源汽车。2018 年 4 月发布的《中共中央 国务院关于支持海南全面深化改革开放的指导意见》提出，要“科学合理控制机动车保有量，加快推广新能源汽车和节能环保汽车，在海南岛逐步禁止销售燃油汽车”。海南省省长沈晓明在 4 月 9 日博鳌亚洲论坛 2018 年年会的“21 世纪海上丝绸之路岛屿经济”分论坛上表态，2030 年之前，海南省全岛将实现新能源汽车全覆盖。③ 具体实施办法是，政府机

① Rome Latest City to Announce Car Ban, Will Ban Diesel Cars from Historical Center Starting 2024, Electrek, https://electrek.co/2018/02/28/rome-bans-diesel-cars-2024/.

② Oxford Plans to Ban Petrol and Diesel Cars from 2020, Autocar, https://www.autocar.co.uk/car-news/new-cars/oxford-plans-ban-petrol-and-diesel-cars-2020.

③ http://auto.eastday.com/a/180604005306635.html.

关用车先行，然后拓展到公共事业用车，比如公交车、出租车和环卫车，最后将覆盖到私人汽车。

（四）小结

总结上述国家和重要城市的做法，以及其他国家的相关态度，我们主要有以下三点认识。

1. “燃油车禁售”代表着长期方向

短短几年来，陆续已有多个国家宣布了中长期“燃油车禁售”的目标。与此同时，很多全球重要城市的行动步伐更快，其中一些已经对燃油车特别是柴油车上路行驶做出了部分限制。这都充分说明，这些国家和重要城市认为“燃油车禁售”符合其中长期发展需要，而且也能够通过一系列政策措施使得转型成本可承受。展望未来，这些国家和重要城市的做法很可能会产生示范效应，引发更多国家和城市效仿。当然也要看到，在实现这些中长期目标的过程中也可能会有所反复。

2. 提升城市环境质量是做出“燃油车禁售”决策的主要考量

从这些国家和重要城市公开的决策依据来看，提高本地环境质量是其中最重要的因素。正因为如此，“燃油车禁售”决策通常是在气候变化和环境保护的大框架下做出的。比如，英国提出“燃油车禁售”是基于清洁空气行动计划。再如，全球 12 个重要城市承诺到 2030 年前实现对燃油车特别是柴油车上路行驶的种种限制，也是在 C40 CITIES 框架下做出的决策。因此，只有从气候变化和环境保护的视角来认识，才能准确把握“燃油车禁售”问题，节能环保效应是电动汽车发展的关键助推因素。

3. 全球主要汽车强国并没有积极跟进“燃油车禁售”浪潮

以上明确提出“燃油车禁售”时间表的国家有一个共同点，就是其国内没有一个规模巨大、具备全球竞争力的传统汽车产业特别是整车制造业。在这种情况下，政府提出“燃油车禁售”的中长期目标，对国内产业界的冲击并不大，受到来自产业界的压力和阻力更小。但对全球主要汽车强国而言，“燃油车禁售”就是一个更具冲击力的话题，需要综合考虑的因素更多，真正实施起来的难度也会很大。比如，美国只有加州在考虑相关问题。2015 年 8 月，加州空气资源委员会主席 Mary Nicholas 称，加州可能在 2030 年禁止传统燃油车的上市销售。[①] 再如，日本也没有提出“燃油车禁售”计划，只是在《日本汽车战略 2014》中提出，到 2030 年新能源汽车销量占比应达到 70%。[②] 德国也是如此，上文已经提到产业界对“燃油车禁售”问题的不同看法和强烈反对。

同样需要指出的是，尽管全球主要汽车强国并没有跟进“燃油车禁售”浪潮，但这些国家同样在积极推进电动化转型进程。并且，由于汽车产业在本国国民经济中的重要地位，从某种程度上看这些国家转型的压力更大、更迫切。

三　全球主要汽车行业企业普遍加速向电动化转型

在全球主要国家的政策环境普遍指向电动化转型的大背景下，除特斯拉和宁德时代等原本就以电动汽车整车产品或电池产品切入汽车产业的新进入企业以外，在全球汽车市场份额中占绝对主导地位的传统汽车企业（包括整车企业和零部件企业）也都在积极顺应这一变化，发力向电动化转型。

（一）全球主要整车企业基本都把电动化转型摆在关键位置

相比几年前，如今的全球主要整车企业已经把电动化转型摆在更加重要的位置。

1. 大众汽车集团：2025年电动汽车年产量达到300万辆

大众汽车集团于 2016 年 6 月提出“携手同心—2025 战略”，又于 2017 年法兰克福车展前夕发布了“Roadmap E”电动化战略并作为 2025 战略的

① 罗克研：《禁售燃油车还要多少年》，《中国质量万里行》2017 年第 10 期。
② 宋玉春：《多国禁售燃油车或是雷声大雨点小》，《中国石化报》2017 年 9 月 15 日。

重点领域。①

大众汽车集团的电动化转型相关战略设想主要包括以下几个方面：第一，大众汽车集团力争到2025年成为全球电动汽车领域的引领者。大众汽车集团计划到2025年，每年能够生产300万辆电动汽车，并且将推出80款全新的电动汽车车型。为此，计划到2022年底，在全球范围内打造16个电动汽车生产基地；并且自2019年开始，几乎每个月都会推出一款新的电动车型。② 第二，到2030年，大众汽车集团将投入超过200亿欧元用于电动汽车产业化，包括基于两个全新电动平台的新车型、现有工厂升级和劳动力培训以及电池技术和生产等广泛领域。第三，保障电池供应。大众汽车集团正通过多阶段的中长期战略来解决电池技术问题。首先将集团范围内所有电池和相关模块的开发、采购和质量保证活动集中在“卓越中心”。其次将建立其第一条试点生产线以积累生产技术。据预测，到2025年需要超过150GWh的锂离子电池容量才能与其整车规模匹配，为此大众汽车集团已经与欧洲和中国的电池生产商达成合作关系，也在与北美的一些电池供应商讨论合作问题。

但与此同时，考虑到其在传统燃油车上的综合优势，大众汽车集团也不会忽略现有的车型和技术。大众汽车集团预计未来5年中将在传统汽车和产品组合领域投入超过900亿欧元。

2. 宝马汽车公司：2025年新能源汽车销量占比达到15%～25%

自2007年提出电动化项目“Project i”以来，宝马汽车公司的电动化转型过程大致可以分为四个阶段。③ 在第一阶段，于2008年制定了电动汽车发展计划并开始重要项目的研发，首个大规模纯电动汽车项目是对600辆

① The Volkswagen Group Launches the Most Comprehensive Electrification Initiative in the Automotive Industry With “Roadmap E”, https：//www.volkswagenag.com/en/news/2017/09/Roadmap_E.html.

② 《大众加速推进电动化，重心仍在燃油车》，盖世汽车资讯，http：//auto.gasgoo.com/News/2018/03/21081755175570037060C302.shtml。

③ 《大众加速推进电动化，重心仍在燃油车》，盖世汽车资讯，http：//auto.gasgoo.com/News/2018/03/21081755175570037060C302.shtml。

Mini Cooper 进行改造（称为 Mini – E）；2010 年初，对 1100 辆宝马 1 系的双门三厢车型进行改造（称为宝马 Active E）。在第二阶段，宝马汽车公司在 Landshut 工厂和莱比锡工厂投资 10 亿欧元用于碳纤维增强复合材料（CFRP）的研发，并借此在轻量化方面取得实质性进展。在第三阶段，于 2011 年对外发布“BMW i”品牌，标志其正式开始在电动化领域加速扩张。在第四阶段，由于“BMW i”品牌在销量上的相对停滞，宝马汽车公司又于 2016 年 3 月推出了全新的“i performance”子品牌，成为公司旗下插电式混合动力车型的专属品牌，并由此带动了宝马新能源汽车销量的快速增长。2017 年 9 月，宝马汽车公司表示到 2025 年集团旗下的新能源车型将增加至 25 款，其中包括 12 款纯电动汽车，将会覆盖集团旗下的所有品牌及车系，预计销量占比将达到 15% ~25% 。

自 2011 年“BMW i”品牌发布以来，宝马汽车公司一直致力于完善充电基础设施。[①] 以中国市场为例，2016 年，宝马汽车公司就曾对中国用户提供“附送一次免费充电桩安装”的服务以满足用户私人充电的日常需求。截至 2017 年底，其提供的私人充电装置已经扩展到全国 100 个城市，覆盖了 90% 的一线、二线和三线城市。此外，通过与国内几家充电运营商的联合行动，宝马汽车公司已经建成了豪华汽车制造商在国内最大的公共充电网络，在全国 90 多个城市提供超过 6. 5 万个充电桩，预计这两个数字到 2018 年底将会实现超过 100 个城市和 8 万个充电桩。与此同时，宝马汽车公司还在重点推进电动传动系统和电池技术的发展。目前，已在德国慕尼黑投资 2 亿欧元建立先进的全新电芯技术中心，其核心技术涵盖了从材料选择、电芯设计到电池系统集成、大规模量产技术的全价值链。计划将于 2021 年开始推出第五代电力传动系统和电池技术，使得每个传动系统均可应用在各车型系列中，从而实现极强的灵活性，根据市场需求迅速提升产量。

宝马汽车公司也在积极应对燃油车禁售问题。比如，针对德国联邦行政

① 《布局 6 项核心任务 宝马集团电动化战略正式进入第二阶段》，搜狐汽车_ 搜狐网，http：//www. sohu. com/a/230003629_ 183181。

法院赋予城市限制燃油车行驶权力的情况，宝马公司提供了 BMW Diesel Return Promise 以安抚柴油车辆客户。① 这项承诺的内容包括，如果在租赁协议生效期间，在主要住宅或工作场所 62 英里范围内实施了专用柴油车辆的驾驶禁令，那么宝马汽车公司将协调为车主调配不被禁行的车辆。

3. 戴姆勒集团：2025年左右纯电动汽车销量占比达到15% ~25%

戴姆勒集团将开展新能源汽车的研发，为此，其将投资 100 亿欧元，来为旗下梅赛德斯 - 奔驰品牌提供从技术到供应链的支持。2017 年 9 月初，戴姆勒集团总裁蔡澈曾宣布，梅赛德斯 - 奔驰计划推出至少 50 款电动乘用车型，包括混合动力车型和纯电动车型，并且在 2022 年之前为梅赛德斯 - 奔驰和智能汽车提供所有车型的电动版本。戴姆勒董事康林松表示，“希望到 2025 年左右，奔驰会有 15% 到 25% 的纯电动车型，它们将是完全的新能源汽车。如果以我们上年超过 200 万辆的总销量计算，这将会是几十万辆的规模”。②

戴姆勒集团目前在全球三大洲建立了六家新工厂，其中五家工厂用于生产下一代 EQ 系列新能源汽车，位于德国的不莱梅工厂与中国北京的工厂（联手北京奔驰）都将用于生产在 2019 年上市的奔驰 Generation EQ（简称 EQC），位于法国的第六家工厂未来将用于生产 Smart ED 纯电动车。此外，据报道，未来几年戴姆勒集团还将投资 10 亿欧元用于电池技术的开发。戴姆勒表示，集团非常重视建立自己的电池工厂，目标是形成全球的电池生产和供应网络，这将会让品牌在未来处于一个有利的市场地位，同时也形成从电池供应到车辆生产的整套体系。戴姆勒集团表示，不久后将有五个电池生

① BMW Offering Ban Protection for Diesel Drivers in Germany，http：//www. hybridcars. com/bmw - offering - ban - protection - diesel - drivers - germany/.

② 《戴姆勒董事：2025 年，奔驰有 15% 到 25% 纯电动车》，搜狐汽车_ 搜狐网，https：//www. sohu. com/a/157736253_ 571508；《步步为营 解密德系三大集团新能源战略》，汽车之家，https：//www. autohome. com. cn/tech/201803/914725 - 2. html；Daimler Announces ＄1. 8 Billion Investment to Produce Mercedes EQ - branded Electric Vehicles in China，Electrek，https：//electrek. co/2018/02/26/daimler - mercedes - eq - branded - electric - vehicles - china/。

产厂进入生产状态，这些工厂将为戴姆勒全球的工厂供应电池组。

4. 丰田汽车公司：2030年纯电动汽车和氢燃料电池汽车年销量之和超过100万辆

根据其2017年底发布的“2020～2030年的新能源车型挑战计划”，自2020年起其将持续扩展氢燃料电池、插电式混合动力乘用车和商用车的产品阵容；开发强动力型、简易型等多种混动系统，升级丰田THS－II混动系统；并以中国市场为开端快速引入纯电动车型，到2025年，丰田汽车公司将在全球市场销售10款以上的纯电动车型；同时持续扩大电动化车型覆盖比例，进而实现在全球销售的所有车型均配备电动化版本的目标，而纯燃油车型将逐渐退出产品线。力争到2030年，在全球市场实现550万辆以上的电动化汽车年销量目标，其中纯电动汽车和燃料电池汽车年销量分别达到100万辆以上。①

5. 本田汽车公司：2025年欧洲销售产品2/3是新能源汽车

根据本田汽车公司在全球范围内的电动化转型目标，到2025年，在欧洲销售的产品中将有2/3是含混合动力汽车、插电式混合动力汽车、纯电动汽车及燃料电池汽车在内的新能源车型。②

本田汽车公司于2016年成立“EV研发室”，实现从动力总成到车身的整体研发，确定将在现有研发成果的基础上，重点研发高效插电式混合动力系统车型，并将加速研发燃料电池车和电动汽车。2017年4月其在上海车展上展示了“NeVu”电动概念车；2017年6月提出“以实现零排放和零事故社会为目标，强化电动化技术和自动驾驶等先进安全技术”。此外，在法兰克福车展上，本田汽车公司发布“Urban EV concept”纯电动概念车，计划于2019年正式量产。

本田汽车公司也在积极布局氢燃料汽车领域。2016年3月开始租售“Clarity”燃料电池汽车，该车在2016年10月美国环保署评估中，续航里程达到589km，综合模式下燃效达到3.46L/100km，高速模式下达到

---

① 《丰田发布2020～2030年新能源挑战计划》，汽车之家，https：//www.autohome.com.cn/news/201712/910945.html。

② 《本田新能源汽车发展战略》，http：//www.istis.sh.cn/list/list.aspx？id＝10808。

3.51L/100km，市区模式下达到3.41L/100km。2017年，本田汽车公司和通用汽车公司分别出资8500万美元，合资建立燃料电池系统制造基地，预计将于2020年投产；与丰田、戴姆勒、宝马、现代、壳牌、道达尔、法国液化空气公司、德国林德集团，以及矿产企业英美资源集团、电力设备企业法国Engie集团、铁路企业法国阿尔斯通集团、机动车与重工企业川崎重工成立氢燃料委员会（Hydrogen Council），计划在未来5年投资超过100亿欧元，用于氢燃料相关产品，推动氢燃料汽车基础设施建设和技术研发等。

6. 长安汽车集团：2025年停售传统燃油车

2017年10月19日，长安汽车集团董事长张宝林在长安汽车新能源战略暨新品上市发布会上宣布：到2025年，全面停售旗下传统燃油车，实现全谱系产品的电动化。为实现到2020年完成三大新能源专用平台的打造，到2025年全面停售传统意义的燃油车、实现全谱系产品电气化的总目标，长安汽车集团以“香格里拉计划”为统领，制定了“四大战略行动”——“千亿行动”“万人研发”“伙伴计划”“极致体验”。根据其战略规划，长安汽车集团计划在2025年前累计推出21款全新纯电动车产品和12款插电式混合动力车产品，实现“充电5分钟、续航百公里”的目标，续航里程将超过1000km。

7. 北汽集团：2025年中国境内停止生产和销售自主品牌燃油乘用车

北汽集团董事长徐和谊表示，北汽集团将在中国境内严格限制，并最终停止旗下所有自主品牌乘用车中未采用新能源技术和广义新能源技术的传统燃油汽车的生产和销售。北汽集团的目标是，除特种车和专用车外，到2020年，在北京市率先全面停止自主品牌传统燃油乘用车的销售；到2025年，全面停止在中国境内自主品牌传统燃油乘用车的生产和销售。①

8. 沃尔沃集团：到2025年共销售100万辆电动汽车

2017年，沃尔沃集团宣布从2019年起推出的所有新车将部分或全部由电池供电，这标志着集团将终结纯内燃机时代，电气化技术成为未来发展的

① 梁梦雅：《北汽将在2025年全面停售燃油车》，《中国联合商报》2017年12月18日。

核心。[①] 汉肯·萨缪尔森总裁在一份声明中表示："沃尔沃的这项决议标志着纯内燃引擎汽车的时代结束了。截至 2025 年，沃尔沃计划共售出 100 万辆电动化车型。我们对此志在必得。"沃尔沃集团声称，其电动汽车将首先在中国生产，随后在欧洲和美国生产。

9. 福特汽车公司：相比较更看重混合动力技术路线

福特汽车公司更加看重混合动力技术，同时也在积极布局纯电动汽车领域。2017 年，福特汽车公司新任首席执行官吉姆·哈克特组建了一个名为"Team Edison"的内部团队来监督电动汽车项目，并将 1/3 的内燃机投资转移到电动汽车上。[②] 随后，又推出"refresh lineup for 2020"计划，希望推出首款纯电动汽车，续驶里程为 300 英里。此外，在充电基础设施方面，福特汽车公司开始更多地参与欧洲的 Ionity 充电网络。在中国市场，福特汽车公司积极推进电气化战略，计划在 2018 年上半年推出插电式混合动力车福特蒙迪欧 Energi，并计划在 5 年内推出一款纯电动的 SUV。[③]

（二）代表性零部件企业必须跟进电动化方向

在全球汽车工业上百年的发展历史中，特别是福特开创了垂直一体化的生产组织方式以来，主要的整车企业和零部件企业之间通过多种方式事实上形成了紧密的合作和协同关系。考虑到燃油汽车和电动汽车在核心零部件上的显著差异，整车企业的电动化转型发展，也将对零部件企业产生重要影响。

以德国大陆集团和博世集团两大汽车零部件供应商为例。大陆集团首席执行官埃尔马·德根哈特在 2017 年法兰克福车展上表示，面对汽车行业的减排压力，大陆集团更倾向于采用创新而非定额或禁令的方式来应对，"创

① All Volvo Cars to be Electric or Hybrid from 2019, Business | The Guardian, https://www.theguardian.com/business/2017/jul/05/volvo-cars-electric-hybrid-2019.

② Ford Teases Upcoming Electric Vehicles, Says it Will Focus on Charging Experience, Electrek, https://electrek.co/2018/03/15/ford-upcoming-electric-vehicles-charging-experience.

③《福特中国电气化战略：2025 年七成在华销售车型提供电动版》，盖世汽车资讯，http://auto.gasgoo.com/News/2017/04/060543014317001 0514C101.shtml。

新远比政府干预更有说服力”，同时首次展示“超清洁电气柴油车”。与当前欧 6 标准柴油车相比，该原型车可减少 60% 的氮氧化物排放，同时节省 4% 的油耗，若使用合成燃料，排放量还将进一步降低。① 博世集团董事会主席邓纳尔表示，“这并不是二选一，我们希望有开放的技术选择，而不是只能沿着一条道路发展”。但同时他表示，博世集团也将致力于为汽车制造商开发电气化解决方案。总的来看，尽管对“燃油车禁售”等表示不满，认为清洁内燃机技术仍有较大潜力，但参与电动化转型过程不可避免。

还有一些传统零部件企业已经在电动化转型过程中实现了新的发展。比如，松下集团目前在全球有三大电池工厂，分别位于日本、美国和中国。近年来，凭借给特斯拉配套电池积累下来的技术和声誉，其电池业务增长迅速，高性能电池供不应求。据松下集团预计，主要依托电池业务的快速增长，2017 ~2022 年，其汽车业务营收有望从 1. 3 万亿日元增长到 2. 5 万亿日元，并跻身全球前十大汽车零部件供应商行列。

（三）小结

综合上述汽车行业重点企业的战略规划和行动计划，我们主要有以下两点认识。

1. 几乎所有整车企业都在强调电动化转型

目前来看，全球几乎所有整车企业都提出了关于电动化转型的战略、目标和行动计划。特别是在“柴油门”事件之后，一些整车企业宣布将压缩其柴油车业务，比如丰田汽车公司宣布将于 2018 年底停止在欧洲销售柴油车，沃尔沃集团宣布停止柴油发动机研发，保时捷宣布其旗下主要车型将不再有柴油版。再加上之前所述很多国家政策导向方面的变化，整个汽车行业向电动化转型的步伐明显加快（见表 3）。

① 《德汽车零部件供应商不满燃油车“禁令”》，搜狐新闻_ 搜狐网，https：//www. sohu. com/a/191923005_ 267106。

表3　全球整车企业关于电动化目标的声明汇总

整车企业＼年份	2018	2019	2020	2021	2022	2023	2025	2030
宝马	14 万辆						15% ~25% 25 款	
北汽			80 万辆					
比亚迪			60 万辆					
东风					***30 %***			
福特					40 款			
吉利			100 万辆					
通用		2 款				20 款		
本田								15%
现代起亚			12 款					
马辛德拉			3.6 万辆					
Maruti 铃木			1 款					
马自达			1 款					
梅赛德斯 - 奔驰							15% ~25% 10 款	
其他中国厂商			700 万辆					
标致雪铁龙					90 万辆	27 款		
雷诺日产					100 万辆 12 款 20%			
特斯拉	***100 %*** 50 万辆		100 万辆 1 款					
丰田			10 款					100 万辆
大众			40 万辆				25% 250 万辆 80 款	
沃尔沃		1 款		5 款				

“××万辆”:表示当年销量;
“××%”:表示当年电动汽车销量占比;
“***××%***”(粗体、斜体):表示多少比例的车型有电动版;
“××款”:表示有多少款新的电动车型。

注：仅包含纯电动汽车和插电式混合动力汽车；中国厂商的销量数据是用产能目标代替的。
资料来源：IEA（2018），作者翻译。

2. 不同类型整车企业的电动化转型力度有很大差异

尽管几乎所有整车企业都明确提出了电动化战略，并且大多提出了电动汽车销量、电动汽车销量占比、电动汽车新车型等具体目标，但比较来看，不同类型整车企业的电动化转型力度有很大不同。其中一些在传统燃油车上具有很强竞争力的企业，如大众汽车集团、戴姆勒集团等普遍希望“两条腿走路”，以实现相对比较平稳的过渡。另外一些在传统燃油车上具有很强竞争力并且在混合动力、氢燃料电池方面也占据领先地位的企业，典型的如丰田汽车公司，就采取了混合战略，希望“多线发力”，进一步维持乃至强化其竞争优势。还有一些在传统燃油车上竞争力较弱的企业，如长安汽车集团、北汽集团等，希望通过更为激进的电动化转型实现“弯道超车”。

四　汽车产业电动化发展

大约 6 年前，我们在《中国汽车产业发展报告（2012）》中曾总结，“国际电动汽车产业化发展迅速，混合动力汽车逐步进入产业化快速发展期，纯电动汽车和插电式混合动力汽车进入市场导入期，燃料电池汽车产业化预期增强，电动汽车相关产业链和产业组织正在加速形成过程中，但与传统汽车相比，国际电动汽车整体上仍处于产业化大发展的初级阶段，即产业导入期。”这几年来，随着电池等核心技术自身的不断发展成熟，各主要国家政策导向的驱动，整个社会认知度和接受度的持续提高，充电基础设施的不断完善，以及《巴黎协定》的签署和“柴油门”事件等的影响，电动汽车的发展预期不断增强，一大批新进入的整车企业、电池企业等，希望在汽车产业几十年不遇的大转型中谋得大发展，传统汽车企业和能源企业也不得不积极应对、谋求转型。要想在未来汽车产业中占据一席之地，电动化转型已经变成必选项。

（一）电动化转型是多种因素影响下的必然选择

为什么要发展电动汽车？关于这个问题，已经有了足够多的讨论。最基本的出发点还是减少能源消耗和强化环境保护。作为“改变世界的机器”，汽车在过去100多年中已经深刻地改变了人们的生产生活方式，深度嵌入了当今的人类社会。但任何事情都有两面性，尤其是当事物迈过高速发展期进入成熟期后，人们对正面影响已经习以为常，此时负面影响开始成为“凸显性”信息，并得到了人们的更多关注。随着汽车保有量持续增长，车用能源消耗也在持续增长，尾气排放也成为影响城市空气质量的重要因素，乃至最重要的因素。在这种情况下，对传统燃油车发展的反思逐渐占据舆论主导地位，并显著影响着人们信念的形成。前文总结的多数国家和重要城市关于燃油车禁售的相关做法，基本体现了这个关切。如此一来，发展电动汽车就成为历史大势，不可逆转。

与此同时，像汽车产业这样的一个复杂系统，其发展需要很多其他基础条件的配合。正如石油产业对传统燃油车的重要支撑一样，电力产业特别是可再生能源发电对电动汽车的发展也起到了重要的支撑作用。据BP统计，2006～2016年，全球可再生能源消费量从93.2百万吨油当量快速增长到419.6百万吨油当量，年均增速约为16%。在BP跟踪调查的67个国家中，风电粗具规模的国家数量占比已经从15%提高到75%。而且自2003年起，风力发电就开始成为这67个国家中最重要的可再生能源发电方式，占比超过40%。光伏发电近年来的增长势头甚至超过风电，截至2015年底，全球已有22个国家电力消费总量中，光伏发电的比例达到1%。目前，风电和光伏发电在不少国家已经能够与传统发电方式实现平价竞争，也正是因为如此，电动汽车的环境效益及综合竞争优势才能更加凸显。

（二）电动化转型是城市交通、能源等体系重塑的起点

电动汽车的发展不仅仅是将汽车动力从燃油转向电力，还将对城市交通、能源、基础设施等产生重要影响，将会是未来城市形态变化的重要驱动因素之一。正如中国电动汽车百人会理事长陈清泰所言，“电动汽车做到绿色、减排依托的是可再生能源的供电，而较大规模可再生能源的有效利用则依赖于消纳和存储间歇性电能的载体”，“车载电池是一个个‘移动微储能

电站’，也是一个个‘移动微电源’，通过能源互联网的衔接与可再生能源可形成最佳组合”，“目前，虽然有各种储能手段，但是从灵活性、规模、成本等各方面看，车载电池是解决可再生能源间歇性问题的一条根本出路”。[①] 如此一来，电动汽车不再仅仅是交通工具，还成为整个城市能源体系的重要组成部分。对已经建成的城市而言，需要不断朝着适应这种体系变革的方向做出相应调整；对新建的城市而言，需要把电动汽车发展放在一个重要位置来考虑城市的整体规划。这也意味着，我们需要跳出电动汽车本身，来审视汽车产业电动化转型，需要从一个更为宏大的视角出发，来看待电动汽车发展对经济社会的整体影响。也正是因为如此，在当前的体量规模和发展阶段上，电动汽车的影响只是部分显现，潜在的、更巨大的、全局性的影响将在中长期内看到。

（三）围绕电动汽车产业发展的竞争将会日益激烈

电动汽车产业总体还是一个新兴产业，在广阔发展前景的预期引导下，很多企业积极投身于产业发展。相比几年前主要是一批新进入企业得到广泛关注，近年来主要的传统汽车企业也发力向电动化转型，竞争更为激烈。目前来看，新进入的企业远远多于被淘汰出局的企业，多数企业对中长期业绩的预期是乐观的。未来一段时间内，围绕电动汽车产业发展的竞争很可能会更加激烈，行业洗牌将不可避免。一方面，全球范围内政策支持力度将会减小，产业发展的“政策红利”会明显减少。近几年来，全球电动汽车产业的快速发展受政策支持的影响还是很大的，这也符合新兴产业发展的基本规律。但目前，在年销量占比和保有量已经接连迈过一些重要门槛的情况下，政策支持力度特别是直接的资金支持力度不可避免将会减小，电动汽车产业需要尽快找到可持续发展的内生动力。市场竞争将会进一步加剧，一批过度依赖政策支持和保护、竞争力不足的企业很可能会被淘汰。这是正常的，也符合政策的初衷。另一方面，主流的商业模式逐渐形成后，一批之前走其他

① 陈清泰：《迎接汽车革命》，《中国工程科学》2018 年第 20 卷第 1 期。

商业模式道路的企业将面临困境。当前，针对电动汽车应用场景、基础设施建设等与商业模式高度相关的问题，依然存在着不同的看法和判断。很多企业也在根据自己的判断，布局和推进基础设施建设等相关工作。比如，充电模式和换电模式两者各有优劣势，关键是看在何种应用场景中，以及充换电基础设施网络铺开的速度等因素。但不论如何，一旦形成了主流的商业模式，那些前期投资于其他商业模式的企业将会面临困境，或者至少是发展空间会受到很大限制。当然，我们正在经历的汽车产业电动化转型将是一个很长的过程，很多变化将在这个过程中逐步显现。

参考文献

International Energy Agency，*Global EV Outlook 2018*，May 2018。

上海市新能源汽车公共数据采集与监测研究中心：《上海新能源汽车市场特征与用户行为研究报告》，2017 年 6 月。

国务院发展研究中心产业经济研究部、中国汽车工程学会、大众汽车集团（中国）：《中国汽车产业发展报告（2012）》，社会科学文献出版社，2012。

BP：《世界能源展望（2018 年版）》，2017 年 6 月。

B.3
规划引导下中国新能源汽车产业取得突破性进展

陈 敏　王鹏飞　姜建娜　吴胜男　赵冬昶*

摘　要： 发展新能源汽车已上升至国家战略高度。近年来，从中央到地方协同推进、多措并举，我国新能源汽车产业取得了令人瞩目的成绩。本文以规划引导下的新能源汽车发展为主线，从构建新能源汽车产业链条、新能源汽车技术持续迭代升级、关键零部件水平快速提升、产品结构日益多元化、推广应用广泛深入、国际化发展富有成效等方面系统阐述了我国新能源汽车政策扶持体系及实施效果。随着产业规模的不断扩大，新能源汽车带来的经济、环境和能源效益日益显现，已经成为汽车行业实现节能减排的重要着力点，发展前景极为广阔。

关键词： 新能源汽车　推广应用　开放创新　节能减排

近年来，在政策规划引导及市场发展推动下，中国新能源汽车产业发展取得明显成效。当前，中国新能源汽车市场规模全球第一，全球影响力逐步

---

* 陈敏，中国汽车工程学会产业研究部，高级工程师，研究方向为新能源汽车政策和产业研究；王鹏飞，中国汽车工程学会产业研究部高级经理，经济学硕士，研究方向为产业经济；姜建娜，中国汽车工程学会产业研究部高级经理，研究方向为节能与新能源汽车技术和政策研究；吴胜男，中国汽车工程学会产业研究部高级经理，车辆工程硕士，研究方向为新能源汽车政策和产业研究；赵冬昶，中国汽车技术研究中心有限公司数据资源中心副总工程师，经济学博士，研究方向为节能与新能源汽车政策。

提升，新能源汽车产业体系已初步建成，关键技术水平大幅提升，整车和零部件企业综合竞争实力逐步加强，部分领域实现了产品、技术、标准和服务协同“走出去”，基础设施建设步伐加快，政策体系不断完善。但也应该看到，由于新能源汽车发展历程较短，中国新能源汽车产业仍然存在产品部分关键技术指标与国际先进水平有差距、研发能力和产品技术创新能力有待提升、中国品牌企业与国际领先企业核心竞争力仍存在一定差距、基础设施建设不足等问题。总体来看，新能源汽车产业仍处于导入期向成长期发展的过渡阶段，亟待推进技术研发和市场推广。

一　多措并举，中国新能源汽车产业整体发展良好

（一）发展新能源汽车成为国家战略，国家和地方协同推进

党中央、国务院高度重视新能源汽车产业的发展，新能源汽车产业的国家战略地位日益巩固提升。国家领导人多次强调新能源汽车产业发展的重要性。2014 年，国家主席习近平在上海考察时强调“发展新能源汽车是我国从汽车大国迈向汽车强国的必由之路”；2015 年 11 月，李克强总理在全国节能与新能源汽车产业发展推进工作座谈会上指出，“加快发展节能与新能源汽车，是促进汽车产业转型升级、抢占国际竞争制高点的紧迫任务，也是推动绿色发展、培养新的经济增长点的重要举措”；前国务院副总理马凯多次开展专题调研，并召开座谈会，亲自研究部署新能源汽车产业发展中的重大问题；2017 年 3 月 5 日，李克强总理在“两会”政府工作报告中庄严承诺“坚决打好蓝天保卫战”，并强调“要强化机动车尾气治理。基本淘汰黄标车，加快淘汰老旧机动车，对高排放机动车进行专项整治，鼓励使用清洁能源汽车。提高燃油品质，在重点区域加快推广使用国六标准燃油”，将发展新能源汽车列为 2018 年加快制造强国建设的重要举措。同时，国务院出台系列重要产业文件，对中国新能源汽车产业的发展进行总体部署。其中，2012 年发布《节能与新能源汽车产业发展规划（2012－2020 年）》，确立了

中国新能源汽车产业发展的国家战略，各项产业政策目标及产业发展路线得以明确；2015 年 5 月发布《中国制造 2025》，将节能与新能源汽车列入重点打造的十大重点产业，明确建设汽车强国的方向、路径和重点行动；2018 年 7 月 3 日国务院发布《打赢蓝天保卫战三年行动计划》，要求进一步加快新能源汽车推广、老旧车辆淘汰和燃油品质升级，实现 2020 年新能源汽车产销量达到 200 万辆的目标。这一系列重要文件的出台，进一步巩固和提升了新能源汽车产业的国家战略地位，有利于推动中国汽车产业转型升级、由大变强。

中央部委和地方政府积极贯彻落实党中央、国务院关于新能源汽车的战略部署，协同推进新能源汽车普及应用。为贯彻落实党中央、国务院的决策部署，中央各部门及各地方出台了一系列支持新能源汽车产业发展的重大政策措施，涵盖产业、科技、交通、财税、基础设施等多个方面。从近五年统计情况来看，中央各部门先后推出 40 余项政策措施，各地方也结合自身实际出台了 450 多项配套政策，为新能源汽车产业和技术的发展营造了良好的政策环境。其间，2013 年 11 月经国务院批复，同意建立由工业和信息化部与其他 18 个部门参与的节能与新能源汽车产业发展部级联席会议制度，构建了横向协同、纵向贯通的组织推进体系。同时，31 个省区市也相继建立了协调机制，多地成立专项领导小组，指导新能源汽车产业发展，并配合中央政策，相应推出财税补贴、限行、限号、新能源专用车牌等系列财税和非财税政策，构建形成上下协同、央地配合的组织推进体系，积极推动新能源汽车的普及应用。

专栏一　《打赢蓝天保卫战三年行动计划》

《打赢蓝天保卫战三年行动计划》（以下简称《行动计划》）是继《大气污染防治行动计划》之后，我国整治污染排放、提高环境质量的第二大重要举措。机动车污染防治方面，《行动计划》在加快既有车辆结构升级、促进新能源车辆推广应用、加强防治移动污染源等方面进行了系统的部署。按照《行动计划》要求，到 2020 年底，新能源汽车产销量要达到 200 万辆目标，重点省市全面使用新能源公交车辆，公共交通区域如港口、机场、铁路货场等以新能源汽车为主要作业车辆，新能源汽车总体使用比例达到80%。①

《行动计划》所规划的重点区域涵盖了京津冀及周边地区、长三角地区和汾渭平原区域。目前，部分省市已积极采取行动、出台相关文件响应十九大“蓝天保卫战”的号召，如《北京市蓝天保卫战2018年行动计划》《天津市2018年大气污染防治工作方案》《陕西省铁腕治霾打赢蓝天保卫战三年行动方案（2018－2020年）》《山西省打赢蓝天保卫战三年行动计划》《上海市清洁空气行动计划（2018－2022年）》《2018年安徽省大气污染防治重点工作任务》等，各方案计划围绕着蓝天保卫战的目标要求，积极推进新能源车辆在各领域的应用，大力降低细颗粒物（$PM_{2.5}$）、二氧化硫、氮氧化物等的排放量，实现保卫蓝天行动目标（见表1－1）。有预测数据显示，未来三年内，商用车更新的新能源车辆的数量可达百万辆级。

表1－1　各省区市响应“蓝天保卫战”情况

省市	时间	名称	内容
北京	2018年3月21日	《北京市蓝天保卫战2018年行动计划》	构建“大环保”工作格局；突出高排放车整治，全市设为低排放区
天津	2018年5月30日	《天津市2018年大气污染防治工作方案》	2018年，新增2万辆新能源汽车，占比≥3%；新建3000个公共充电桩
郑州	2018年2月6日	《郑州市2018年大气污染防治攻坚战实施方案》	2018年，新增新能源公交车比例≥75%；建成200座充换电站、2万个充电桩
上海	2018年7月3日	《上海市清洁空气行动计划（2018－2022年）》	2020年，推广新能源汽车6万辆，公交车100%为新能源汽车；2022年，公交、出租等行业新增车辆100%电动化
安徽	2018年2月23日	《2018年安徽省大气污染防治重点工作任务》	2018年，新增新能源公交车比重≥70%；加强充电基础设施布局、建设
陕西	2018年4月22日	《陕西省铁腕治霾打赢蓝天保卫战三年行动方案（2018－2020年）》	城市新增公交车和出租车全部使用新能源车。2020年底，实现公交车100%为新能源公交车

① http：//www.hbzhan.com/news/detail/125019.html

续表

省市	时间	名称	内容
山西	2018 年 7 月 29 日	《山西省打赢蓝天保卫战三年行动计划》	2018 年，公交、物流新能源车使用比例≥80%；2020 年，公共、环卫等 100% 使用新能源车；加强充电基础设施布局、建设
广东	2018 年 5 月 7 日	《广东省打赢蓝天保卫战 2018 年工作方案》	2018 年，广州、珠海市公交车 100% 纯电动化；2020 年，珠三角地区新能源车占比≥90%
珠海	2018 年 7 月 2 日	《珠海市打赢蓝天保卫战 2018 年工作方案》	2018 年，公交车 100% 纯电动化，新增出租车纯电动化率≥80%。加强充电基础设施布局建设
广西	2018 年 8 月 6 日	《广西大气污染防治攻坚三年作战方案（2018－2020 年）》	推进充电基础设施建设和电动汽车推广应用；2019 年，新增新能源公交车比重≥30%；2020 年，建成电动汽车充电站 300 座、充电桩 7.6 万个
湖南	2018 年 6 月 18 日	《湖南省污染防治攻坚战三年行动计划（2018－2020 年）》	2018－2020 年，每年新能源汽车推广数量占比≥2%

（二）新能源汽车促进政策由针对单一环节向覆盖更多环节转变

1. 新能源汽车促进政策由针对科技研发领域向产业化和推广应用等领域延伸，最终实现多领域覆盖

中国新能源汽车政策所涉及的领域经历了从最初单一的国家重大科技专项延伸到规模化示范推广领域，再延伸到产业化应用领域的三个阶段。1996～2008 年为第一阶段，以重大科技专项（《“十五”电动汽车重大科技专项》和《“十一五”节能与新能源汽车重大项目》）为主，为迎接产业化的到来，提前布局了《新能源汽车生产准入管理规则》，该阶段政策主要集中于科技研发领域，政策覆盖范围较为单一。2009～2012 年为第二阶段，以 2009 年“十城千辆”新能源汽车推广应用示范工程为起点，以将新能源汽车列入战略性新兴产业与制定《节能与新能源汽车产业发展规划（2012－2020 年）》为标志，就此形成了国家新能源汽车发展战略和以财政补贴为主要推动力量的推广应用政策，新能源汽车促进政策由科技研发领域向小规模示范推广应

用领域延伸。2013 年以来为第三阶段，以启动新一轮推广应用，实施《乘用车企业平均燃料消耗量核算办法》为开端，新能源汽车进入快速发展阶段。政策措施扶持力度进一步加大，各项新能源汽车政策密集制定发布。进入该阶段以来，中国新能源汽车的国家战略地位稳固上升，新能源汽车示范推广领域的统筹协调机制和扶持政策体系逐步建立，同时政策覆盖领域进一步扩展，基本形成了涵盖汽车研发、生产、销售、使用及回收等新能源汽车各环节的较为完整的支持政策体系，总体上对新能源汽车技术创新及产业发展给予了长期、连贯、稳定的支持（见图 1）。

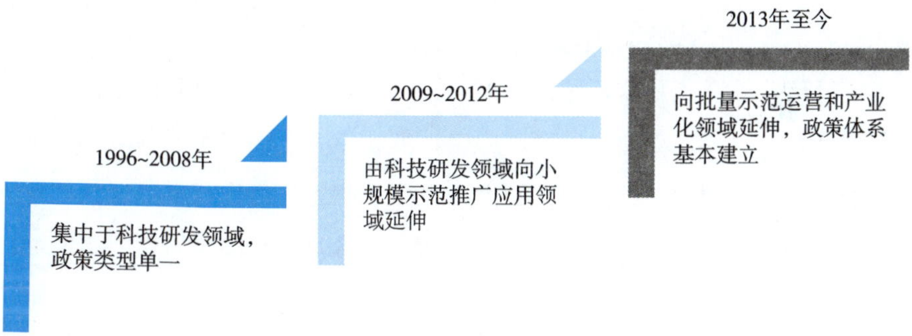

图 1　中国新能源汽车促进政策发展阶段

2. 新能源汽车政策类型多种多样，多方面政策协同发挥综合效力

中国新能源汽车政策类型多种多样，涉及技术创新及产业化、车辆推广应用、基础设施建设、市场环境建设等多个方面，涵盖财税和非财税政策，贯穿新能源汽车研发、生产、销售、使用、回收利用及监管等各环节，全面推动新能源汽车产业发展。

财政支持方面，建立较为健全的新能源汽车补贴政策体系。中国新能源汽车产业能够快速发展，最根本、最有效的扶持政策就是财政补贴政策。2009 年以来，中央先后出台多项政策措施支持新能源汽车产业，累计安排资金近 800 亿元，政策涵盖了技术创新、消费补贴，以及税收优惠和基础设施奖励等多个方面。其中，通过购置补贴、车船税和消费税优惠等措施，有效促进了新能源汽车的推广应用；出台新能源汽车充电设施建设奖励政策，鼓励地方积极开展充电设施建设；推动系列新能源汽车产业技术创新工程，鼓励新能源汽车技术的研究开发；对新能源公交车实施运营补贴政策，加快新能源公交车替代燃油公交车的步伐；建立核查机制，确保补贴资金使用的安全有效。

技术创新及产业化方面，持续在新能源汽车技术研发领域提供国家科技计划层面的项目支持，推出新能源汽车重点专项、技术改造专项、技术创新工程等一系列推动新能源汽车产业发展的支撑项目，并加大力度促进新能源汽车关键技术研发创新。同时，鼓励各地政府、行业机构和企业等联合协作，整合优势资源，共同积极打造各具特色的汽车产业创新中心和创业园区，支持产业技术创新联盟建设，大力开展前瞻性技术研究和产业化共性关键技术开发。目前，已建立国家动力电池创新中心、国家新能源汽车技术创新中心等多个协同创新平台，为新能源汽车及相关零部件技术攻关和产业创新提供了资金支持和发展平台。此外，还在财税政策方面推出针对新能源汽车高新技术企业所得税优惠、关键零部件关税优惠税率等措施，积极鼓励新能源汽车企业的发展。

车辆推广应用方面，财政部、工信部、发改委和科技部作为新能源汽车推广的牵头部门，提出了新能源汽车推广路线，制定了阶段性目标，提供了相应的政策支持。2009 年初，节能与新能源汽车示范推广试点工作（“十城千辆”工程）正式启动，围绕促进新能源汽车推广应用，科技部、财政部、发改委、工信部等多部委协同配合，在不同时期陆续发布系列推广应用政策。包括对车辆购买实施持续的财政补贴政策，对车辆运营提供一定补贴政策，对新能源汽车购买和使用实施购置税减免、车船税减免、部分消费税减免等税收优惠政策，提高党政机关及公共机构新能源汽车配备比例，促进新能源汽车在交通运输行业的应用，推进民航机场“油改电”，加快充电基础设施建设，专用号牌推广等，大幅提升了新能源汽车产销量。作为新能源汽车推广的配合部门，地方政府也积极响应中央政策，各示范城市相应推出地方财政补贴政策，以及不限购、不限行等使用环节的支持政策，鼓励新能源汽车市场推广。2018 年 7 月 10 日，发布《关于全面加强生态环境保护 坚决打好污染防治攻坚战的实施意见》，提出到2020 年底，城市公交、出租车和城市物流运输等领域新能源车保有量达到60 万辆。①

基础设施建设方面，高度重视充电设施建设问题，通过优化使用环境，完善基础设施，逐步缩小新能源汽车和传统汽车的使用便利性差异。财政部、国家能源局、住建部等多部门先后出台了多项支持充电基础设施建设和运营的政策，包括《关于加快电动汽车充电基础设施建设的指导意见》《电动汽车充电基础设施发展指南（2015 ~2020 年）》《关于加强城市电动汽车充电设施规划建设工作的通知》《关于“十三五”新能源汽车充电设施奖补政策及加强新能源汽车推广应用的通知》《关于加快居民区电动汽车充电基础设施建设的通知》等，采取对充电基础设施建设提供中央财政奖励或地方财政补贴、调整充电电价、推动充电桩进小区、鼓励政府和社会资本合作、停车场与充电基础设施一体化等多方面措施，进一步加快中国充电基础设施的建设步伐，保证为中国新能源汽车发展提供可靠的环境和支持。

市场环境建设方面，重点从行业管理和安全监管两方面着手，持续健全管理机制，强化事中事后监管。行业管理方面，国家先后出台《新建纯电动乘用车企业管理规定》《关于完善汽车投资项目管理的意见》《关于进一步加强汽车生产企业及产品准入管理有关事项的通知》《新能源汽车生产企业及产品准入管理规定》等。逐步健全新能源汽车投资与准入管理，加强生产一致性监督管理，引导行业规范有序发展；加快制定新能源汽车充电、加注技术和设施、充电安全等相关标准法规，加快建立电动汽车技术标准体系，积极参与国际标准法规的建立和完善，推动中国电动汽车标准国际化；加快推进落实与油耗/碳排放相关的奖惩制度，出台《乘用车企业平均燃料消耗量与新能源汽车积分并行管理办法》，建立了2020 年补贴退出后的长效发展机制；同时，积极推动新能源汽车扩大开放，全面放开新能源汽车合资股比限制，取消纯电动汽车合资家数限制。从安全监管角度入手，五大体系

① http：//nev. ofweek. com/2018 -07/ART -71011 -8480 -30247757. html.

建设进程得到进一步推进，包括新能源汽车的技术支撑、标准规范、运行监控、安全责任和安全法规，并陆续发布了《关于开展节能与新能源汽车推广应用安全隐患排查治理工作的通知》《电动汽车远程服务与管理系统技术规范》《工业和信息化部关于进一步做好新能源汽车推广应用安全监管工作的通知》等政策文件，通过排查新能源汽车市场组织安全隐患，明确生产企业、地方政府、行业组织的具体责任要求，建立国家、地方、企业三级新能源汽车监测平台，实时监控电动汽车运行等有效措施，加快建立健全安全保障体系。事前阶段，确保充电设施第三方认证、履行动力电池溯源制度；事中阶段，确保新能源车辆的安全检查、运营管理和充电管理得到保障；事后阶段，把重点放在消防救援、责任追究、缺陷产品召回等制度的建立上，尽可能多方面推动新能源汽车安全监管系统不断完善。

专栏二　2018 年重点政策解读

（一）《关于调整完善新能源汽车推广应用财政补贴政策的通知》解读

2018 年 2 月 13 日，财政部、工业和信息化部、科技部、发改委四部委联合发布《关于调整完善新能源汽车推广应用财政补贴政策的通知》。①

新补贴政策提出：建立整车和电池“一致性”抽检制度，重视监管信息化平台的建设和完善，加大市场监管力度；从 2018 年起，补贴将由新能源汽车地方购置补贴资金逐渐转为支持充电基础设施建设和运营、新能源汽车使用和运营等环节②；建立统一市场，消除地方保护，避免市场碎片化，保证新能源汽车产业的健康发展；设置 2018 年 2 月 12 日到 2018 年 6 月 11 日为新补贴政策实施的过渡期，为车企提供由旧补贴政策向新补贴政策转变的缓冲时间；对于非个人用户，所规定的运营里程由原来的 3 万 km 调整为 2 万 km，非运营范围进一步明确；分级补贴精准激励，新版补贴方案“分档”更加细化，补贴标准削低补高，推动高性能、低能耗产品发展，并提

① https：//baijiahao. baidu. com/s? id = 1592372622987389830&wfr = spider&for = pc.

② https：//baijiahao. baidu. com/s? id = 1592341084588362526&wfr = spider&for = pc.

高燃料电池汽车的相关技术要求。

不同车型补贴标准和技术门槛变化如下。

（1）新能源乘用车：与2017年相比，纯电动乘用车补贴标准由三档变为五档，续驶里程的“分级”更为细致（见图2-1）；电池能量密度、能耗等技术要求进一步提升，实行差异化补贴；单位电池补贴上限设定要求1200元/kWh。插电式乘用车补贴对于最低续驶里程没有变化，仍为单一补贴额度，但燃料的消耗量要求提高且调整系数的评定更加细致，燃料消耗量与现行燃料标准比值在60%（含）~65%和不足60%的分别按照0.5倍和1倍给予补贴。整体而言，插电式乘用车补贴退坡幅度不大，与2017年的补贴标准2.4万元相比，2018年补贴标准降至2.2万元。

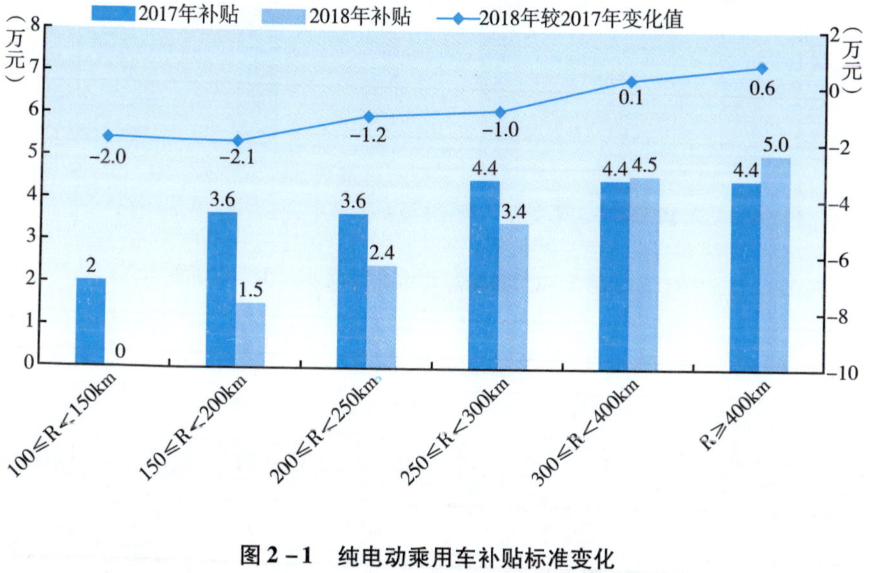

图2-1 纯电动乘用车补贴标准变化

（2）新能源客车：新能源客车补贴变动较大，纯电动客车2018年新补贴政策下可以获得的最高补贴金额是22万元（18万×1.1×1.1），与2017年补贴政策的30万元相比，有接近30%的退坡①，具体补贴标

① http://www.sohu.com/a/222718110_372601.

准变化见图2－2。与2017年相比，动力电池能量密度、快充倍率、节油率、单位载质量能量消耗量等要求进一步提升。以新能源客车单位载质量能量消耗量（Ekg）为例，2017年补贴标准要求需不高于0.24Wh/km·kg，而2018年补贴标准要求单位载质量能量消耗量为0.15～0.21Wh/km·kg（含）和不超过0.15Wh/km·kg的汽车分别按照1倍和1.1倍补贴。

图2－2　新能源客车补贴标准变化

（3）新能源货车和专用车：新能源货车和专用车补贴标准以所搭载的动力电池总储电量为依据，采取分段超额累退方式给予补贴①，2018年新补贴标准具体如图2－3所示。与2017年相比，新能源专用车补贴标准有很大程度的降低，退坡率接近60%，最高补贴金额由2017年的15万元降为10万元，每一档次的补贴均有下降。纯电动货车、运输类专用车单位载质量能量消耗量处于0.35～0.4Wh/km·kg的按照0.2倍补贴，小于0.35Wh/km·kg（包含）的按照1倍补贴。

（4）燃料电池汽车补贴上限不退坡，燃料电池乘用车根据所应用的燃

① http：//auto. sina. com. cn/j_ kandian. d. html? docid = fyi.

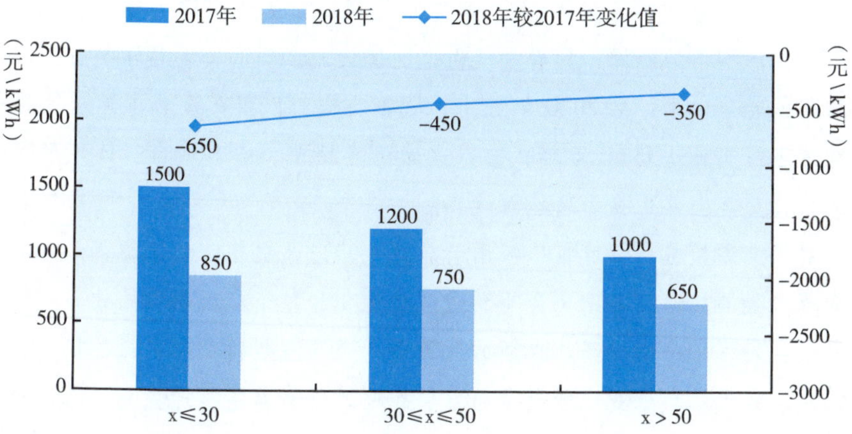

图 2－3　新能源货车及专用车补贴标准变化

注：x 为动力电池总储电量，单位为 kWh。

料电池系统的额定功率大小进行补贴，燃料电池客车、货车采取定额补贴，如表 2－1 所示。

表 2－1　燃料电池汽车补贴金额及标准

类别		2017 年	2018 年
补贴标准	乘用车	20 万元，10～30kW 的按照 6000 元/kW 给予补贴	6000 元/kW，上限 20 万元
	轻型客车、货车	30 万元	上限 30 万元
	大中型客车、中重型货车	50 万元	上限 50 万元
技术要求	燃料电池系统的额定功率与驱动电机的额定功率比值	不低于 30%	比值介于 0.3（含）～0.4、0.4（含）～0.5 及≥0.5 的分别按 0.8 倍、0.9 倍、1 倍补贴

（二）《关于全面加强生态环境保护　坚决打好污染防治攻坚战的实施意见》解读

2018 年 7 月 10 日，交通部发布《关于全面加强生态环境保护　坚决打好污染防治攻坚战的实施意见》。实施意见指出，优化交通装备结构，推广应用新能源和清洁能源，完善加气供电配套设施，提高交通运输装备生产效率和整体能效水平。到2020年底前，城市公交、出租车及城市配送等领域新能源车保有量达到60万辆，重点区域的直辖市、省会城市、计划单列市建成区公交车全部更换为新能源汽车。

对于交通领域，加速推广应用新能源汽车以及更换清洁能源将是一次重大变革，我国交通装备结构会得到进一步优化，整个交通领域的效率和能效水平也会得到进一步提高。在新的政策引导下，汽车行业应当抓住机遇、面对挑战，各大汽车企业应积极调整发展战略，创新筹备生产计划，保证企业自身技术实力进一步增强，生产经得住时间检验、优质、性价比高的产品，引领新能源市场的发展，积极助力“2020年底前，城市公交、出租车及城市配送等领域新能源车保有量达到60万辆”目标的实现。例如，宇通客车将其新能源车辆集成智能充电、车联网、车路协同、智能驾驶等辅助技术，其中宇通所创建的“中运量公交”运营新模式，使新能源公交车的运营效率显著提高。相关产品规划如表2-2所示。

表2-2 主要企业新能源公交、出租车及城市配送汽车产品规划

企业	现有车型	规划布局	预计效果
东风	微面、冷卡、链条车等多款车型	40亿元新能源商用车基地，主要生产纯电动轻卡等车型	年产能6万辆
江淮	纯电动轻卡、微卡等车型	22亿元电动轻卡项目	年产能20万辆
一汽	纯电动微面车、纯电动轻卡2款车型	一汽解放新能源商用车项目	一期产能4万辆，二期将达到10万辆，主要生产解放J6F等纯电动物流车车型
奇瑞	微面、微卡、轻卡等	“4S+NEW”计划，围绕四大产品规划了16~18款新能源车型	系列产品覆盖城配物流、支线物流、干线物流和布局细分网约市场多个系列
比亚迪	微面、微卡、系列中卡、牵引车等	重点推广纯电动微面以及纯电动卡车	—

（三）新能源汽车产业发展取得明显成效

新能源汽车产业规模全球领先，产品多样化。自2009年“十城千辆”新能源汽车推广应用示范工程启动以来，中国新能源汽车产业规模快速扩大。2017年新能源汽车销量达到77.7万辆，自2015年开始连续三年销量居世界第一。新能源汽车累计推广量已达到180万辆，约占世界新能源汽车累计销量的一半。新能源汽车产品呈现多样化发展趋势，从单一客车车型发展至涵盖乘用车、商用车的全车型系列，并从公交车延伸至私家车、出租车和专用车等多个领域。

整车性能有较大提升，产品持续迭代升级。中国新能源汽车整车技术水平取得重大进展，产品持续迭代升级。其中，纯电动乘用车主流车型动力性、经济性和安全性大幅提升，车辆整体技术接近国际水平，部分产品性能指标已与国外公司产品不相上下；新能源客车技术水平已实现世界领先；插电式混合动力汽车技术日益成熟，性能指标逐步提升；氢燃料电池汽车技术研发持续推进，进入小规模示范运行阶段。

关键零部件技术水平不断提升，部分关键技术达到国际水平。零部件方面，掌握了电池材料、电池研发、制造技术等核心技术，动力电池技术全面发展，与国际水平基本保持同步；零部件专用化程度提升，电动化程度不断加深；电机关键性能指标达到国际水平，但整体技术水平仍然落后；电控系统自主研发能力大幅提升，初步掌握电动空调、电制动等系统的关键技术。

新能源汽车产业链初步贯通，产业带动作用增强。随着中国新能源汽车产业不断发展，产业规模迅速提升，新能源汽车全产业链基本形成，且完整度较高，上、中、下游重点环节均有骨干龙头企业加速形成。同时，在互联网革命作用下，新能源汽车产业链更趋开放，新兴造车势力和社会资本加速进入，多元化主体共同作用于新能源汽车产业发展。全产业链实现初步贯通，产业带动和关联效应不断增强。

标准体系架构逐步完善，加快推动国际化进程。中国新能源汽车标准和测试评价体系趋于完善，目前已发布的标准涵盖了纯电动汽车、混合动力汽车、燃料电池汽车等整车，及电机、电池等关键部件和充电基础设施建设，基本满足了新能源汽车各相关方的使用需求。在国际标准方面积极发挥作用，目前已参与到国际电工委员会（IEC）、国际标准化组织（ISO）、世界车辆法规协调论坛（WP29）等多项国际电动汽车标准和法规的制修订和协调工作中，其中由中国、欧盟和日本共同牵头制定的电动汽车安全全球技术法规在世界车辆法规协调论坛上获得全票通过。

基础配套环境不断改善，消费者培育初见成效。新能源汽车市场的发展带动中国充电基础设施数量的快速增长，稳步推进充电网络建设。当前，中国公共场所、居民小区、单位内部、高速公路等主要场所的充电基础设施覆盖率已大幅提高，新用户私人安装率超过 80%，新能源汽车使用环境明显改善。新能源汽车私人购买比例逐年上升，2017 年私人购买比例为 40.6%，2018 年上半年达到 56.2%，已超过半数。另外，根据尼尔森发布的《2017 年新能源汽车市场洞察调研报告》，插电式混合动力汽车的购买意向从 2012 年的 2% 持续增长至 2017 年的 25%，纯电动车的购买意向从 1% 增长到 27%（见图 2）。这一结果从侧面反映出新能源汽车在政策导向和技术进步的推动下越来越被消费者接受。

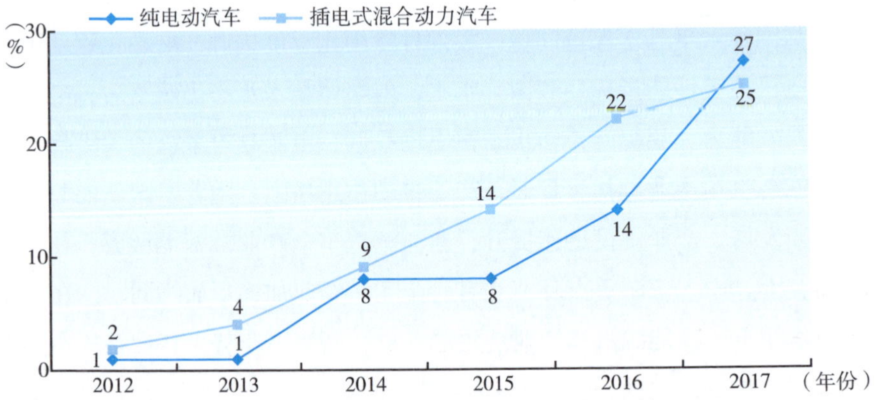

图 2　新能源汽车购买意向的逐年变化

资料来源：尼尔森市场研究有限公司。

综合政策效果显著，新能源汽车推广的经济、能源和环境效益日趋显现。产销规模的增长带动了产业链方面的项目投资，根据公开信息整理，截至2017年上半年，新能源汽车项目投资方面的资金总额达到10262亿元。新能源汽车出口形成一定规模，部分龙头企业在新能源汽车领域形成了一定的国际竞争力，并实现批量出口，出口地区涵盖欧美等发达国家和地区。环境效益方面，现阶段新能源汽车相比传统车已经显现出一定的温室气体减排效益，以典型B级车为例，在全生命周期内具有温室气体减排效益，削减比例约为6%。新能源汽车可显著减少VOC排放，NO_X排放与汽油车相当或更低。以典型B级车为例，纯电动汽车全生命周期的VOC排放比汽油车低78%。发展小型化电动车，有利于降低车重，从而获得较优的经济性，也有利于降低车辆“材料周期”的能耗与排放，从而提升全生命周期的节能减排效益。

二　政产学研协同发力，新能源汽车技术创新取得重大进展

2012年《节能与新能源汽车产业发展规划（2012－2020年）》发布后，中国新能源汽车产业确定以纯电驱动为新能源汽车发展和汽车产业转型的主要战略方向，政产学研等多方面集中发力推动新能源汽车发展，新能源汽车推广应用规模不断扩大，市场培育快速推进，新能源汽车技术创新取得重大进展。整车技术水平全面提升，纯电动汽车技术全面提升，产品快速升级；插电式混合动力汽车技术日益成熟，呈现多样化发展趋势；氢燃料电池汽车从样车进入小批量量产车阶段。关键零部件技术取得突破，动力电池能量密度快速提升，电池材料技术储备加强；电机关键性能指标达到国际水平，但整体技术水平仍有提升空间；电控系统自主研发能力大幅提升。整体充电技术朝向高功率、柔性化、智能化方向发展，充电设施互联互通技术逐渐成熟，电池更换技术在特定领域得到一定应用，无线充电技术尚处于试验示范阶段，推广应用进展缓慢。新能源汽车领域标准体系架构完善，涵盖了整车

以及电机、电池等关键部件，基本满足了新能源汽车各相关方的使用需求。同时，行业组织和机构多维度加强电动汽车标准的国际协调作用。

（一）新能源汽车整车产品持续迭代升级，产品技术显著提升

中国新能源汽车总体上经历了三代产品：第一代产品主要指 2012 年之前，以研发探索、示范运营为主，产品以试验车、小批量车居多。第二代产品指 2012 ~ 2015 年，技术产业化落地，产品多在已有车型上进行扩展改进。第三代产品指 2015 年以后，产品迭代升级加速，技术日益成熟，燃油、纯电、插电式混合动力车型同步开发，专用化、平台化、智能化程度加深（见图 3）。

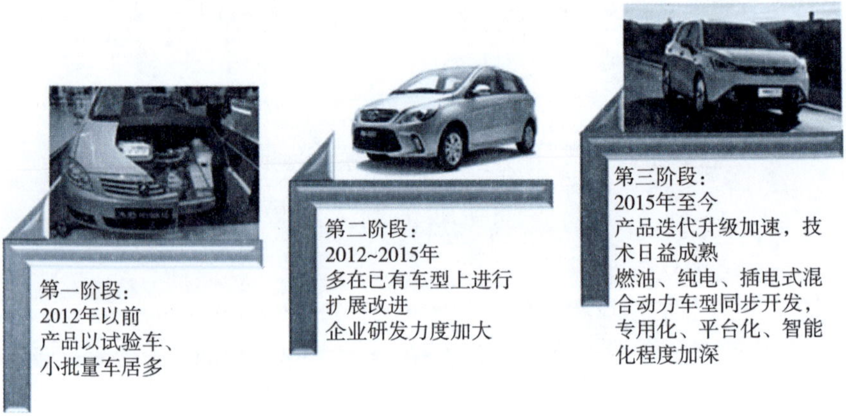

图 3　中国新能源汽车代际产品特征

1. 纯电动汽车技术全面提升，产品快速升级

（1）纯电动乘用车技术水平显著进步，产品代际更新加快

在推广应用政策的引导和推动下，新能源汽车推广应用规模不断扩大，市场培育快速推进，各大汽车企业不断加大研发工作力度，汽车整车及关键零部件技术迅速发展，中国纯电动乘用车技术全面提升，在综合性能、续驶里程、整车能耗等方面取得显著进步，产品代际更新迅速，产品质量日趋稳定，逐步得到了消费者的认可。同时，电动化技术应用车型日益增多，产品

日益丰富。

续驶里程快速提升，尤其是在 2015 年以后，NEDC 工况续驶里程基本每年增加 50km，2018 年上市主销车型 NEDC 工况续驶里程达到 350km 以上（个别细分市场车型除外），如北汽 EU5、吉利帝豪 EV450、比亚迪 E6 等。安全性得到提升，基于 ISO 26262 的开发流程已在整车和零部件企业推广应用。相关参数对比如表 1 所示。

表 1　典型纯电动乘用车技术参数对比

品牌	车型	上市时间	整备质量（kg）	续驶里程（km）	电量（kWh）	能耗（kWh/100km）	0～100km/h 加速时间（s）	最高车速（km/h）
宝马	宝马 i3 2018 款	2018 年 2 月	—	271	33	—	7.3	150
宝马	宝马 i3 2015 款	2015 年	1270	160	20	12.3	7.3	150
日产	Leaf	2015 年	1525	160	24	14.6	11.9	145
日产	Leaf 2018 款	2017 年 9 月 日本	1520	378	40	—	—	144
北汽	EU260	2015 年 11 月	1583	260	41.4	—	9	140
北汽	EU400	2017 年 6 月	1583	360	54.4	—	9	140
北汽	EU5	2018 年 4 月	1600	416	53.6	—	7.8	155
吉利	帝豪 EV300	2017 年 3 月	1598	300	41	15.8	9.9	140
吉利	帝豪 EV350	2018 年 3 月	1575	300	43.5	15.8	9.3	140
吉利	帝豪 EV450	2018 年 3 月	1595	400	52	13	9.3	140
比亚迪	宋 EV400	2018 年 3 月	—	350	61.9	—	—	140
比亚迪	元 EV360	2018 年 5 月	1495	305	43	13.6	—	120
比亚迪	秦 EV450	2018 年 3 月	—	400	60.48	—	7.9	150

产品代际更新的周期逐渐缩短。以北汽新能源汽车为例，北汽新能源 EU5（2018 年 4 月）与 EU400（2017 年 6 月）的上市时间间隔仅不到 11 个月，而其上一代产品升级换代的周期为 18 个月（EU260 2015 年 11 月上市）。纯电动技术日臻成熟，应用车型逐步增多，产品谱系趋于完整。目前，除了最为常见的 A 级轿车，国内各大整车企业和造车新势力，均在利用各自的研发优势布局各细分市场的产品研发，如与低速电动车领域形成竞

争的北汽 EC180，布局在中高档纯电动 SUV 领域的蔚来 ES8，满足市场需求的小型 SUV 长安 CS15EV 等，产品覆盖 A00 级、A0 级、A 级、B 级、中小型 SUV、中高档 SUV、轿跑等。

电动化与智能化融合加速。纯电驱动为人工智能和互联网技术的应用提供了绝佳平台，智能化配置逐步增多，整车产品科技感日益增强，并成为吸引消费者购买的亮点，智能化与电动化融合不断加速。例如 2017 年 6 月上市的上汽荣威 ERX5，该车搭载了基于阿里云智能系统开发的斑马系统，该系统通过整车系统总线集成在车上，连接了车辆的多个传感器和多个控制机构，组成一张智能网络，实现车与人的对话、车与互联网的对话，并能通过与互联网的连接实现不断迭代升级。上汽的另外一款智能化汽车——荣威 MarvelX，搭载了 AR 增强现实技术、3.0 版本互联网汽车斑马智行系统、全方位智能迎宾系统、智能泊车技术等，智能化配置进一步升级。

纯电动乘用车平台化研发能力增强。随着新能源汽车销量的增加，平台化研发成为必然，各大整车企业均在电动化平台上发力，如上汽集团 SSA + 平台、广汽 TMC 平台、吉利 PMA 平台等。以吉利集团的 PMA 平台为例，该平台由吉利与沃尔沃共同开发，基于该平台架构将研发 10 余款新车（见图 4），分别为吉利和领克品牌，按照吉利的设想，该架构将来会像谷歌的安卓系统一样，所有数据免费对外开放。

（2）纯电动商用车技术自主化程度高，设计开发水平持续进步

纯电动客车技术日臻完善，自主化程度较高。在综合性能、续驶里程、动力电池能量密度、驱动电机效率、智能化应用等方面全面进步。中国已经实现了纯电动客车电池、电机、电控等关键零部件的完全自主开发，取得了整车控制技术与节能技术的突破，开发了高效动力系统，解决了关键零部件进口依赖严重、集成化程度低、成本高等难题。续驶里程、可靠性及安全性满足当前市场运营的要求，整车电耗逐年降低，已领先于国外的同类产品，多家车企的纯电动客车出口海外。如图 5 所示的比亚迪 K9，该车型是出口海外的典型产品，车型为 12 米长纯电动客车，2017 款在技术路线上采用了

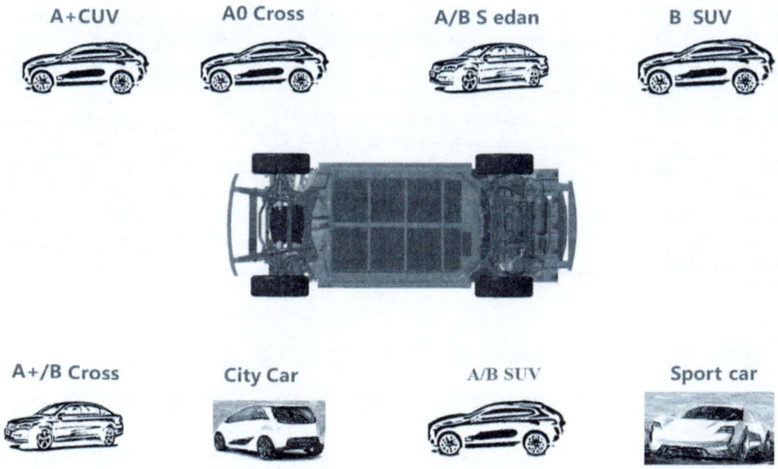

图 4　吉利汽车 PMA 平台车型示意

分布式驱动和轮边电机直驱技术，同时在整车设计开发水平方面持续进步，造型设计、车身设计、集成化设计、性能开发、轻量化设计等通过代际升级不断进步。整车操稳、NVH、人机工程等整车性能和动力电池、电驱动等核心系统综合性能不断提升（见表 2）。

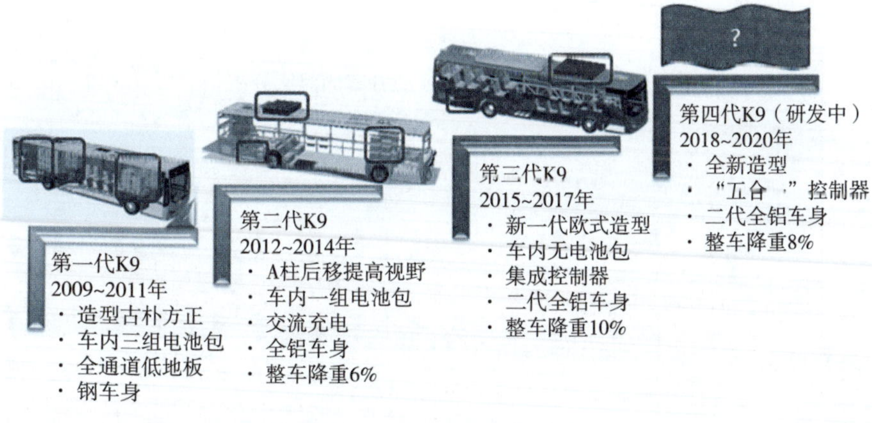

图 5　纯电动客车设计开发水平持续进步（以比亚迪为例）

表 2　比亚迪 K9 代际能耗对比

比亚迪 K9 系列	长度（cm）	宽度（cm）	高度（cm）	总质量（kg）	整备质量（kg）	续驶里程（km）	最高车速（km/h）	Ekg（Wh/km·kg）
2016 年 K9	11980	2500	3300	18000	12700	570	69	0.217
2017 年 K9	12000	2550	3360	18000	12300	480	69	0.207
2018 年 K9	12000	2550	3360	18000	12500	620	69	0.194

资料来源：根据公开数据整理。

2. 插电式混合动力汽车技术日益成熟，呈现多样化发展趋势

插电式混合动力乘用车技术路线多样，自主品牌百花齐放。国内主要车企在插电式混合动力汽车技术路线选择上各具特色，广汽 PHEV 采用 ATK（阿特金森发动机）+GMC（机电耦合系统）模式，上汽采用 EDU（智能电驱动变速箱）+双电机模式。在研发能力的支撑下，插电式混合动力汽车快速发展，从起初仅有比亚迪秦和荣威 550 Plug-in 等少数几款车型，发展到 2018 年北京车展时，主要汽车企业包括上汽、广汽、长安、比亚迪、吉利等均研发出新一代 PHEV，如吉利领克 01 PHEV 和领克 02 PHEV、长安 CS75 PHEV、长安逸动 PHEV、比亚迪秦、广汽 GA5 PHEV、上汽荣威 eRX5 等（见表 3）。

表 3　国内外各主流混动方案的对比分析

技术类型	P0	P1	P2	P3	P12	P04	EDU	PG8
	仅能作为传统 HEV 结构		可作为 PHEV 结构					
系统结构	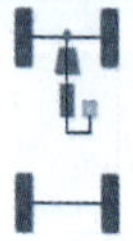					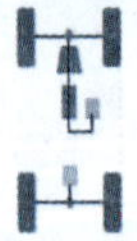		
功能	怠速启停 助力 再生制动 发动机 downsize		怠速启停 助力 纯电动 再生制动 发动机 downsize					

续表

技术类型	P0	P1	P2	P3	P12	P04	EDU	PG8
	仅能作为传统 HEV 结构		可作为 PHEV 结构					
结构难度	较易	易	较难	较难	难	难	难	难
节油效果（%）	10～15	15～20	>30	>30	>30	>30	>30	>30
成本增加（万元）	0.8～1	0.8～1	5～7	5～7	6～8	6～8	6～8	6～8
典型产品	上汽荣威 750	本田思域	高尔夫 GTE	秦	本田雅阁 PHEV	PSA3008 PHEV	上汽荣威 950	丰田 Prius PHEV
厂商	通用 上汽	本田 长安	大众 宝马	比亚迪	本田	PSA	上汽	丰田 吉利

资料来源：根据公开信息整理。

插电式混合动力专用零部件技术实现自主突破，研发力度加大。各主要企业依托自身技术优势，纷纷发力于混合动力系统研发，广汽自主研发机电耦合装置 GMC 系统（见图 6），并在多款车型上实现量产级平台化应用；科力远完成 CHS 系统的自主研发和量产，性能不断提升。各大车企也在加大专用发动机研发力度，如广汽自主研发混合动力专用的 ATK 系列发动机。同时，PHEV 专用电池研发也成为趋势。

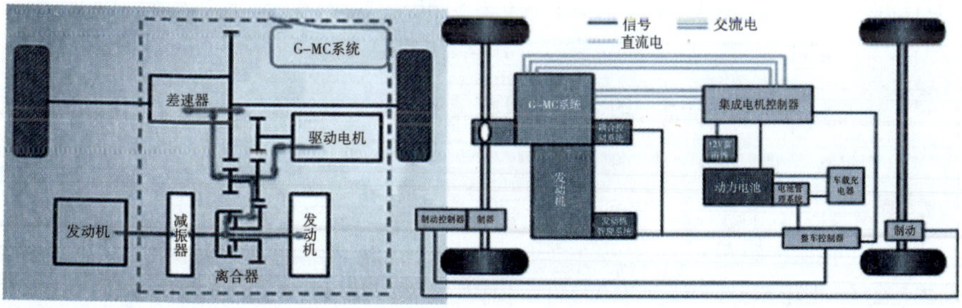

图 6　广汽 GMC 系统

3. 氢燃料电池汽车从样车进入小批量量产车阶段

近年，随着汽车电动化技术的发展，中国燃料电池汽车技术路线和技术方案也发生了变化，以燃料电池为辅助动力的增程式燃料电池轿车即“电电混合燃料电池汽车”技术，成为符合中国汽车产业和技术发展特点的技术路线。“电电混合燃料电池汽车”是指采用燃料电池的增程式电动车，可以加注氢燃料。

目前，国内燃料电池汽车已进入小批量量产阶段，初步掌握氢燃料电池汽车的关键材料、部件及动力系统的部分关键技术，基本建立了具有自主知识产权的车用燃料电池动力技术平台。截至 2017 年底，中国燃料电池汽车商业化订单已突破千辆，其中有 200 余辆用于示范运营。

在燃料电池乘用车方面，上汽集团是研发投入力度较大的企业之一，目前，上汽已研发出第四代氢燃料电池轿车。该车型是在 B 级车荣威 950 基础上进行研制的，采用“电电混合技术路线”，搭载了“动力电池 + 燃料电池”双动力源，具有纯电动、混动和制动能量回收等行驶模式，同时可以通过外接电源进行慢充，最大续驶里程达到 430km，能在 -20℃ 环境下启动，2018 年初启动了在北京的示范运营。

在氢燃料电池乘用车技术方面，中国与国际先进水平还有一定差距，在燃料电池电堆输出功率上，国外功率输出能力基本在 90 ~ 115kW，上汽的燃料电池电堆输出功率仅为 43kW。在质量比功率和体积比功率指标上，也逊于国际水平。通过整备质量及整车综合性能表现可以发现，中国燃料电池汽车在整车设计能力上还有很大的进步空间（见表 4）。

表 4 国内外典型氢燃料电池轿车对比

参数	丰田 Mirai	现代 ix35	本田 clarity	通用 equinox	荣威 950
整备质量(kg)	1850	2290	21890	2010	2080
0 ~ 100km/h 加速性能(s)	10	12. 5	10	12	12
最高车速(km/h)	160	160	161	160	160
一次加氢续航里程(km)	650	415	750	320	430
燃料电池堆功率(kW)	114	110	100	93	43
储氢质量(kg)	5	5. 64	—	4. 2	4. 2
动力系统构型	全功率型	全功率型	全功率型	全功率型	plug - in

资料来源：沈浩明，《中国氢燃料电池汽车产业发展研究》，《上海汽车》2017 年 4 月 18 日。

在燃料电池商用车方面，进行研发投入的主要企业有宇通客车、北汽福田、东风汽车、上汽等。其中宇通客车公司的第四代燃料电池客车，续航里程600km，相比上一代成本下降50%，加氢时间10分钟（见表5）。北汽福田汽车公司的“欧辉”牌燃料电池客车，续航里程可达500km，加氢时间10分钟，并在多地开展示范运行。东风汽车公司研发出第一款EQ5080燃料电池厢式运输车，续航里程305km。计划在上海开展示范运行的500辆氢燃料电池物流车为东风牌氢燃料电池厢式车，车长6.4米，容积达15立方米，载重达3.2吨，储氢量10kg，一次加氢时间5～10分钟，续航里程可达400km。

表5　宇通燃料电池客车代际对比

项目	2009年第一代	2013年第二代	2016年第三代	2018年第四代
造型			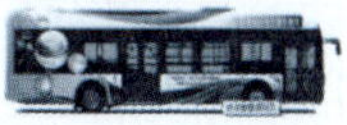	
外形尺寸(cm)	11990×2550×3150	12000×2550×3550	12000×2550×3500	8245×2500×3840
整车控制器	自制	Keypower KPV13	自制	自制
燃料电池系统	额定功率20kW	额定功率50kW	额定功率30kW	额定功率30kW
储氢系统	4只氢瓶，顶置	8×140L氢瓶，顶置	8×140L氢瓶，顶置	4×140L氢瓶
动力电池	168.9kWh动力电池系统	607V 60Ah动力电池系统	120Ah动力电池系统	120Ah动力电池系统
整车通信	整车CAN总线	整车CAN总线，整车控制器至DC和DICO采用FlexRay总线	整车CAN总线	整车CAN总线
电驱动形式	集中驱动	两边电机驱动	集中驱动	集中驱动

资料来源：根据公开信息整理。

（二）关键零部件技术取得重大突破，技术水平快速提升

新能源汽车关键零部件技术快速发展，动力电池能量密度快速提升，能量密度较2012年提高到原来的2倍、成本下降70%。电池企业加强前瞻技

术的研发，布局具有更高能量密度的全固态电池，并取得一定进展。为电池技术提升提供支持的电池材料也取得明显的技术进步，并加强技术储备，布局比能量更高的材料研发。

1. 动力电池能量密度快速提升，电池材料技术储备加强

锂离子电池的能量密度不断提升，能量型动力电池单体比能量达260Wh/kg、价格1.2元/Wh，较2012年分别提高到原来的2倍和下降70%。动力电池集成技术也有较大进步，成组效率已达70%。PHEV用锂离子动力电池兼顾功率和能量，比能量达到160Wh/kg，比功率达到1800W/kg，循环寿命从之前的3000次/5年突破到5000次/8年。具有更高能量密度的全固态电池尚处在研发早期，研发力度不断加大，宁德时代在聚合物固态锂金属电池、硫化物固态电池方面的研发取得一定突破，但依然面临很多产业化问题。

电池能量密度的提升，离不开电池材料技术的进步。动力电池材料及电芯生产企业加强技术储备，已开始开发单体比能量达到300Wh/kg的材料及技术方案。动力电池关键材料国产化进程加快，性能指标稳步提升。在正极材料方面，镍钴锰材料体系NCM523和NCM622动力电池实现量产化，NCM811进行量产导入阶段。充电倍率4C快充型动力电池采用锰酸锂正极材料，比能量达到170Wh/kg。在负极材料方面，石墨类材料已可实现充电倍率4C~6C的快充；无定型碳类快充材料已可实现充电倍率10C~15C的快充，硅系列快充负极材料可实现充电倍率2C~4C的快充，钛酸锂快充负极材料可实现充电倍率15C~20C的快充。在隔膜材料方面，高强度干法隔膜和高韧性干法隔膜开发成功，油性PVDF/陶瓷共混涂覆隔膜进入产品调试阶段。

2. 电机关键性能指标达到国际水平，但整体技术水平仍有提升空间

中国电机产品关键性能指标达到国际水平，电机重量比功率超过3.8kW/kg，电机峰值效率≥97%，高效区≥80%，系列化产品的功率范围满足从乘用车到大型公交车的电机动力需求（见表6）。

表 6　国内外电机对比

技术指标	2016 年国内电机水平	丰田 2016 Pruis	美国 Remy HVH250～90	宝马 i3	雪弗兰 Bolt
电力类型	永磁同步电机	永磁同步电机	永磁同步电机	永磁同步电机	永磁同步电机
峰值功率(kW)	160	53	82	125	130
最高转速(rpm)	14000	17000	10600	12800	8800
峰值转矩(N·m)	300	163	325	250	360
直流电压(V)	400	200～600	320	350	350
冷却方式	水冷	油冷	油冷,扁线	水冷	水冷
功率密度(kVA/cm^3)	2.3①/3.8②	2.96②	2.44①	2.6①/3.8②	2.6①/4.6②
转矩密度($10^{-3}N·m/cm^3$)	4.3①/7.1②	9.1②	9.70①	5.2①/7.6②	7.1①/12.7②
电机图片					

注：①为峰值功率或峰值转矩与电机总重量的比值；②为峰值功率或峰值转矩与有效重量的比值。

资料来源：根据公开信息整理。

中国电机整体技术水平还有较大的提升空间，与整车匹配方面的技术需要进一步完善，同时需要提高电机针对汽车使用环境适应性方面的开发水平，在电机产品可靠性、一致性等性能指标的提升上发力。电机的轻量化和集成化程度稍低，国外先进水平已经实现“电机＋变速器”等一体化集成，并开始研发多合一的电驱产品，即在“电机＋变速器”一体化的基础上，将传统汽车中独立的空调压缩机、转向助力泵电机等旋转部件和相应的控制器集成在一起，而中国部分驱动电机企业还在单一地提升电机本身的技术水平，或是刚开始进行“电机＋减速器”的集成化设计研发（见图 7）。

在电动汽车产业技术创新战略联盟的支持下，中国轮毂电机技术研发取得突破，中国汽车工程研究院和同济大学联合开发了峰值功率 65kW、峰值扭矩 640N·m、功率密度 2.09kW/kg 的电动汽车用轮毂电机，并完成了台

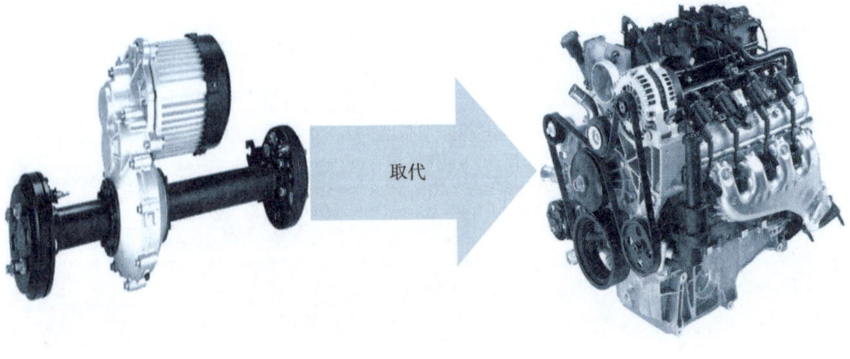

图7　集成化设计示意

架验证。与上一代产品相比，该轮毂电机外径尺寸减小25mm；轴向长度由120mm缩小20%；轮毂螺栓的分度圆直径减小40mm；并在电磁设计、定转子设计、结构布置等方面进行了优化，轻量化设计水平也显著提升（见图8）。同时，完成了在某款车型上的整车仿真匹配设计、电动轮集成、底盘改制设计与分析、整车集成与试制，并在此基础上完成了分布式四轮驱动控制系统的研究开发。

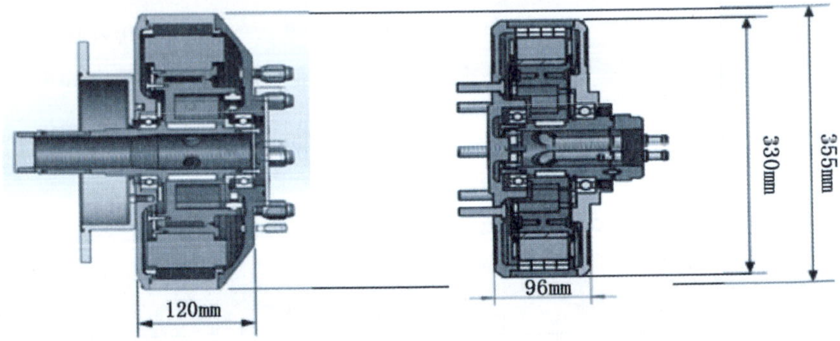

图8　轮毂电机代际对比

3. 电控系统自主研发能力大幅提升

主要车企具备了从系统、软件到硬件的整车电控三层级的开发能力，逐步实现了电控技术的平台化研发，创建了电控系统的开发验证流程（见图9）。

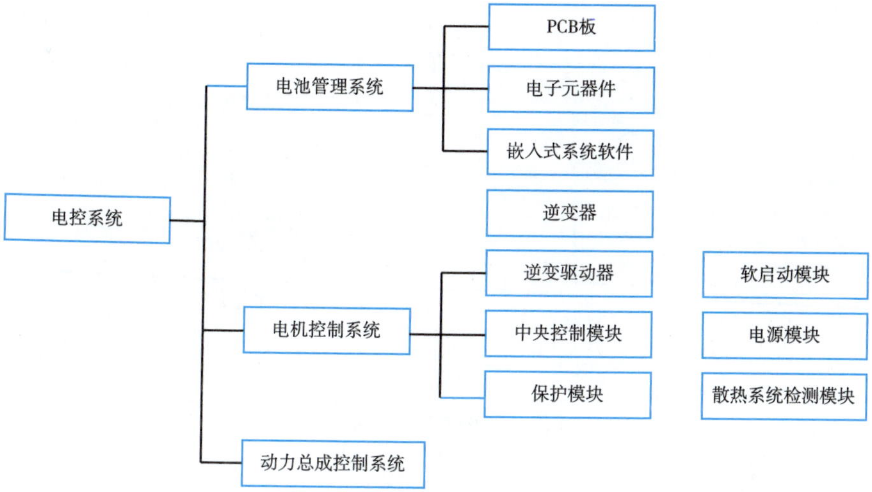

图 9　电动汽车电控系统

在电控硬件方面，集成控制器是技术发展的必然，同时，随着微芯片在整车及总成控制中的应用逐步广泛，多合一电控产品的成本有望进一步下降，单一控制器将逐步被集成化“车辆中央控制器”所取代。如北汽新能源已开始进行集成控制器的开发，其三电产品采用统一的软硬件架构，目前已实现了 VCU + BMS、VCU + MCU 等集成控制器的开发与应用，AUTOSAR 软件架构的预研已完成，正在进行符合功能安全 ASIL – C 等级的 AUTOSAR 软件开发。

4. 初步掌握电动空调、电制动等系统的关键技术

在电动空调方面，国内企业完成节能型电动冷暖一体化空调系统的研发，开发了高效、低噪声的电动空调关键零部件及系统，完成系统的能效优化和批量生产准备，通过多种技术手段扩展了热泵的低温使用范围，能实现 –20℃安全运行。在 –15℃以上环境下制热量大于 4kW，COP 大于 2.0，大大提升了电动汽车的冬季采暖效能（见图 10）。

电制动方面，在电动汽车创新技术战略联盟的支持下，国内企业完成能量回馈式制动防抱死系统（EABS）的产业化研发，突破 EABS 产业化的关

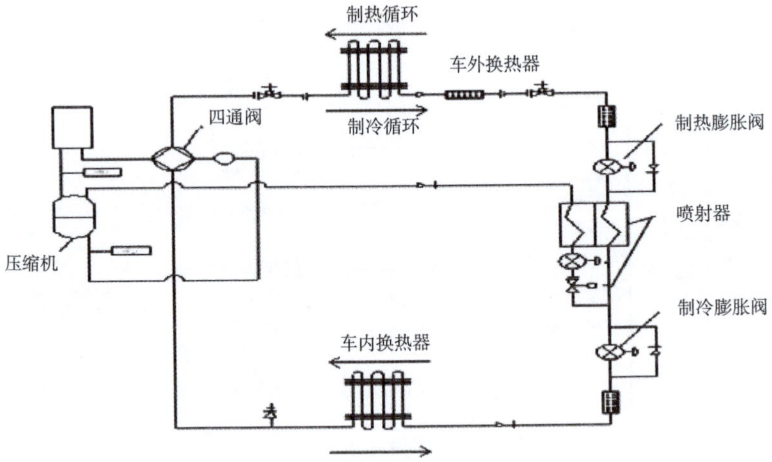

图10　奥特佳节能型电动空调系统方案

键技术，完成EABS性能优化与批量应用，完成了能量回馈式液压整车动力学控制系统（EESP）的研制、样机开发与批量应用，并实现制动能量回收对整车经济性改善幅度在23%以上（测试条件：ECE15驾驶循环）。

5. 燃料电池关键零部件技术不断取得突破

目前，我国的燃料电池电堆冷启动温度可低至－20℃，而国际先进水平为－30℃，差距明显。燃料电池电堆的比功率方面，与国际水平相当，均达到3.0kW/L。

在燃料电池电堆系统关键技术和部件方面，国内已开发出燃料电池阴极无增湿器水管理系统和阳极压力主动控制氢循环控制系统。空压机压缩比达到2.2，流量提高至77g/s。储氢系统压力达到70MPa，质量储氢率达到5.3%，体积储氢率达到39g/L。

在燃料电池关键材料方面，新开发的燃料电池催化剂Pt基催化剂产品，部分测试性能指标（质量比活性、活性比表面积、动电位扫描活性衰减率）超过市场商用Pt/C的指标，燃料电池膜电极功率密度达到0.96W/cm^2，铂用量为0.4g/kW。

（三）充/换电设施技术取得一定进展，并在部分领域得到应用

1. 整体充电技术向高功率、柔性化、智能化方向发展

电动汽车充电功率呈现快速提升的趋势。随着相关技术的不断突破，以及新能源汽车对充电便捷性、充电速度、维护成本的要求不断提升，高压大功率充电桩优势更加凸显，大功率充电设备已成为发展方向。目前，中国在直流大功率充电设施研发方面已经有了一定的技术积累，直流大功率技术正处于大功率充电关键技术研究、关键标准制定及小规模示范运行阶段。以国电为例，国电南瑞集团已开发出电压500V、输出电流400A的双枪直流充电设施，但尚未投入实际应用中，还处于产品验证和市场检验过程。

柔性充电堆技术开始受到关注。柔性充电堆技术的实现，提供了一种新的建站模式，即类似加油站布局的集约式柔性公共充电站模式。该模式通过对智能充电模块的动态控制管理和对充电功率的柔性分配，使有限的车位资源得以高效利用，为新能源汽车提供加油站般安全、便利的充电服务。当前，柔性充电堆技术在国内尚处于研发示范的起步阶段。技术标准方面，2017年12月1日，首个地方标准《电动汽车柔性充电堆技术要求》在深圳发布。企业研发方面，奥特迅自主研发的矩阵式柔性充电堆技术已获国家专利，总体技术达到国内领先水平（见图11）。该技术采用动态矩阵控制、柔

图11　奥特迅矩阵式柔性充电堆

资料来源：网络公开资料。

性充电、功率共享、智能调度、高度兼容等先进技术和设计理念，实现了电动汽车充电堆功率的按需分配，解决了由于充电桩功率固化而无法满足超大功率充电需求的问题（见表7）。

表7 奥特迅矩阵式柔性充电堆主要技术参数

规格	EVFS - 500V/810kW - D12	EVFS - 500V/1080kW - D16	EVFS - 750V/1080kW - D24
额定装机功率	810kW	1080kW	1080kW
输出充电端口数量	6 ~ 12 个	8 ~ 16 个	6 ~ 24 个
工作电压(VAC)	三相三线，260VAC ~ 470VAC	三相三线，260VAC ~ 470VAC	三相三线，260VAC ~ 470VAC
配电回路(AC380V/3P)	630A/4 ~ 5 回	630A/4 ~ 5 回	630A/4 ~ 5 回
输出电压范围	200VDC ~ 500VDC	200VDC ~ 500VDC	250VDC ~ 750VDC
充电终端结构型式	√单枪终端；√双枪终端	√单枪终端；√双枪终端	√单枪终端；√双枪终端
充电方式	各充电端口输出功率按需分配	各充电端口输出功率按需分配	各充电端口输出功率按需分配
输出电流(单枪)	≤250A	≤250A	≤250A
充电堆外形尺寸(宽×深×高)(mm×mm×mm)	4800 × 2438 × 2591(户外，集装箱式)	4800 × 2438 × 2591(户外，集装箱式)	4800 × 2438 × 2591(户外，集装箱式)
充电堆重量(含模块)	5580kg	6000kg	6000kg

资料来源：根据公开信息整理。

充电智能化趋势日趋明显。随着电动汽车智能化发展，充电技术必然也向智能化方向发展。通过电池储能、V2G（Vehicle - to - Grid）和微电网，实现车电互动；通过分布式可再生能源与电动汽车微电网协同，平抑快充负荷。

以国家电网为例，为全方位支持新能源汽车的顺畅出行和普及推广，自2015年开始着手建立智慧车联网平台。该平台采用大数据、云计算、物联网、移动互联网等新技术，为电动汽车用户和各大充电运营商提供相关信息、运维和金融服务，推动社会资源共享，实现了全国范围内统一接入、统一支付、统一服务功能（见图 12）。目前，该平台已与南方电网、特来电、普天、万帮、星星充电、科陆等 21 家充电桩运营商实现互联互通，已接入总充电桩数量超过 23 万个，其中包括 5 万余个国家电网自营充电桩和 18 万多个社会自营充电桩。

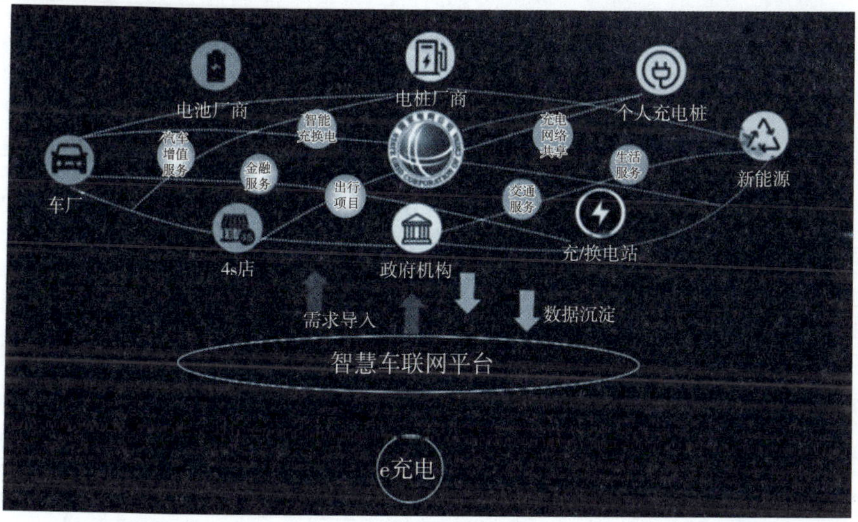

图 12　智慧车联网平台

资料来源：网络公开资料。

2. 充电设施互联互通技术逐渐成熟

随着电动汽车的发展和充电设施的建设，实现充电设施产业链的信息打通、数据联通，实现电动汽车、车主、充电设备、充电服务运营商之间，各充电服务运营商之间及其与其他第三方之间的信息互联尤为重要。2015 年 10 月，由中国电动汽车充电基础设施促进联盟组织编制《电动汽车充换电服务信息交换》等四项行业标准，总则部分确定了信息平台总体技术框架及信息交换通用要求，包括公共信息交换、业务信息交换、数据传输与安全三部分内容，2016 年 11 月正式发布。采用《电动汽车充换电服务信息交换》标准，可实现运营企业信息服务平台之间的互联互通，支持充电漫游功能，可实现充电服务与第三方支付平台的互联互通，以及政府管理平台与企业运营平台之间的信息交换。该标准发布后，相继在国家电网、特来电、星星充电、普天等充电服务运营商中得到应用，也在北京、上海等地方政府充电设施监控平台上得到应用。

3. 电池更换技术在特定领域得到一定应用

换电技术具有大幅减少充电等候时间、延长电池循环寿命、提升电池充电安全性、减少对电网的冲击等优势，目前主要应用于局部区域的特定领域，如出租、公交、分时租赁等市场。国内主流换电模式推广企业有国家电网、上海电巴、北汽新能源、杭州时空电动车、镇江中联达通等。目前，已在北京、杭州、重庆、青岛、上海等多个城市实现电动汽车换电模式的商业化运营。

以北汽新能源为例，北汽新能源 2016 年开始推出换电车型，主要面向出租车和网约车。截至目前，北汽新能源投放换电出租车数量超过 6000 辆，分布在北京、厦门、兰州、广州四个城市，累计建设换电站 116 座（见图 13）。此外，2018 年 7 月 5 日，北汽新能源发布了车电价值分离商业模式，主要面向私人市场，同时推出首款对私换电车型——EU 快换版。在该商业模式下，消费者以租赁方式获得电池使用权，电池产权将由电池管理公司在消费者购买纯电动整车后进行回购。这样消费者将无须一次性 100% 支付电池价格，而是可以通过电池租用或购买换电套餐等方式，降低拥有和使用成本。除了全新开拓的私人市场，北汽新能源还将继续推动换电模式在出租车运营市场、旅游市场的进一步拓展。目前，北汽新能源 EU 快换版车型已签订采购订单 10000 辆，其中宁波小灵狗出行科技有限公司，将与北汽新能源共同助力 EU 快换版车辆在旅游出行生态示范领域的应用。

总体来看，相比于充电模式，国内使用换电模式的电动汽车市场份额比较小，尚处于技术成熟性和商业模式可行性验证阶段。随着电动汽车的大力推广，换电技术作为电动汽车的重要补电模式之一，或将越来越受重视。

图 13　北汽新能源换电站

资料来源：网络公开资料。

4. 无线充电技术尚处于试验示范阶段，推广应用进展缓慢

国内无线充电技术尚处于试验示范阶段，无线充电的相关标准处于完善阶段。国内部分企业及科研院所在电动汽车无线充电领域，开展了大量技术研发及示范工作，包括中兴新能源、中惠创智等。其中，中兴新能源已经研发出具有完全自主知识产权的电动汽车 3～60kW 大功率无线充电系列产品，并积极参与电动汽车无线标准的制定，牵头立项 1 项电动汽车无线充电国家标准，起草了多项地方标准。中惠创智在 2016 年 3 月的广州国际新能源汽车充电桩博览会上，首次实车展示了其研发的新能源汽车无线充电桩，该充电桩是基于磁耦合谐振技术研制的，充电功率为 6.6kW，传输距离为 20cm，传输效率最高达 90%。同时其展示的另一套 30kW 无线供电产品，传输距离最大可达 60cm，而且具有相当程度的水平和垂直自由度，主要应用在大巴车和城市公交车上。长城汽车在 2015 年展示过一套与中兴联合研发的无线充电系统，其最大充电功率可达到 10kW 左右，充电效率高达 90%，但截至目前仍未投入使用。

受成本制约，无线充电技术在电动汽车上的应用，初期仍将集中在中高端车型，无线充电基础设施也将以随车配置的无线充电设备为主。国际上，宝马、奔驰、奥迪等整车企业已计划从 2018 年开始在部分高端车型上陆续安装无线充电设备，如奔驰 S550e、宝马 530e、奥迪 A8 e - tron 等（见表 8）。中国虽然已经突破部分关键技术，但在无线充电技术推广应用方面进展仍较为缓慢。

表 8　国外整车企业和充电设备企业无线充电产品及配套情况

车企/充电设备企业	充电功率(kW)	充电效率(%)	配套产品
奥迪	3.6	90	奥迪 A8 e - tron
奔驰	3.6	90	奔驰 S550e
宝马	3.6	90	宝马 530e
Mojo Mobility	10	92	现代起亚
日产	7.0	85	日产尼桑

资料来源：根据公开信息整理。

目前，无线充电技术方面需解决的问题仍较多，涉及线圈或电磁场结构、频率稳定性、传输距离、定位方式、通信协议等多种互操作相关因素对电能耦合效率的影响，以及异物识别和安全防护等。另外，在公共充电设施应用上如何实现标准化并规避国外专利限制仍是一个难题。无线充电技术试验还局限于充电车辆与地面装置的特定配置条件，距离大规模商业运行及使不同车辆与公共充电发射装置能够兼容充电，尚有较长的路要走。

（四）新能源汽车标准体系架构完善，国际协调作用逐渐增强

新能源汽车领域标准体系架构完善。标准对象涉及整车、电机及控制系统、蓄电池、充电系统、电气接口等，标准内容涉及试验方法和技术条件及通用基础性、安全性、互换性等诸多方面（见图 14）。截至 2017 年底，已发布标准 73 项，基本满足了新能源汽车各相关方的使用需求。此外，截至 2017 年底，共发布充电基础设施建设相关标准 49 项。

多维度加强电动汽车标准的国际协调。我国在联合国世界车辆协调论坛（WP29）电动汽车安全（EVS）、电动汽车与环境（EVE）及燃料电池汽车（GTR13）技术法规制定中发挥了积极作用。深入参与了 EVS 第二阶段法规

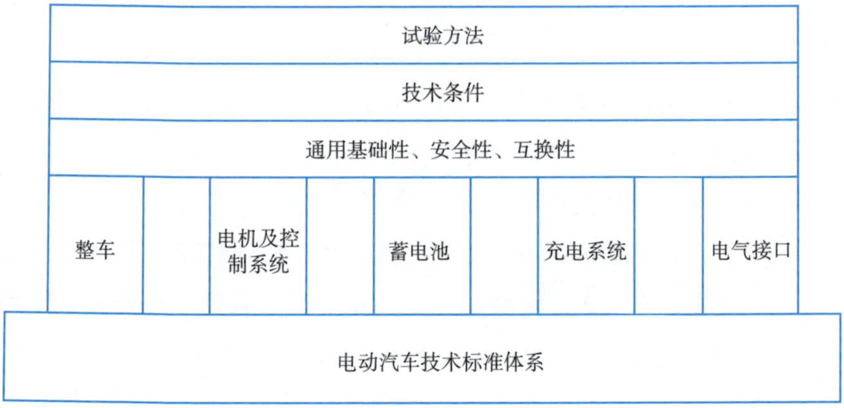

图 14　电动汽车标准体系架构

的研究和协调工作；全面参与 ISO/TC22/SC37 和 IEC/TC69 电动汽车国际标准制定活动；在动力电池及充电等重点领域，积极提出中国提案，积极担任国际标准召集人与牵头方，积极发挥中国新能源汽车产业规模效应优势。中国还密切跟踪研究全球新能源汽车行业动态，积极利用中德、中欧、中美、中日、APEC 汽车对话等双边、多边合作机制，加强与“一带一路”沿线国家的沟通与交流，促进中国新能源汽车标准的兼容与开放。

团体标准工作有序推进，在增加标准有效供给、激发企业创新活力方面发挥了积极作用。中国汽车工程学会标准化工作坚持需求驱动，如《汽车电器零部件及子系统（12V）电磁兼容性能测试方法及要求》和电动汽车消防安全系列标准的发布，对国标、行标形成了很好的补充，满足了产业发展对标准的需求。同时，聚焦智能网联汽车等前瞻技术领域的主动部署，引领产业发展，如《合作式智能运输系统 车用通信系统应用层及应用数据交互标准》的发布，为国家智能网联（上海）试点示范区 V2X 相关测试能力建设及相关企业网联产品开发提供了依据。

（五）搭建一批富有成效的产业技术创新平台

技术创新是推进新能源汽车产业发展的主引擎。在相关部门指导和行业组织积极推动下，行业围绕汽车技术链、配置创新链，联合建立了一批旨在促进产业深度合作的协同创新平台，包括电动汽车产业技术创新战略联盟、中国电动汽车充电基础设施促进联盟、国家动力电池创新中心、国家新能源汽车技术创新中心等。通过这些创新平台，开展了一系列行业关键共性技术的协同攻关，推动了共性基础和关键核心技术的研发工作。这些创新平台还在探索产业协同创新高效机制、加快科技成果产业化应用、推动跨领域融合、扶持自主领军企业、推动建设新型产业生态体系等方面发挥了重要作用。此外，这些创新平台的意义还表现在，发挥引领和协调作用，支撑政府部门制定新能源汽车产业发展战略和政策法规，为新能源汽车技术创新营造良好的发展环境。

专栏三　电动汽车产业技术创新战略联盟

一、联盟情况简介

电动汽车产业技术创新战略联盟（以下简称“联盟”）于2010年12月正式成立，2012年4月经科技部批准，联盟正式成为国家试点联盟之一。联盟以合作研发为导向，与具体研发任务相结合，适时吸纳有共同研发意愿、具备较强研发能力的企业、大学和研发机构加入。截至目前，联盟单位共有25家，其中理事单位17家，成员单位6家，伙伴单位2家（见图3－1）。

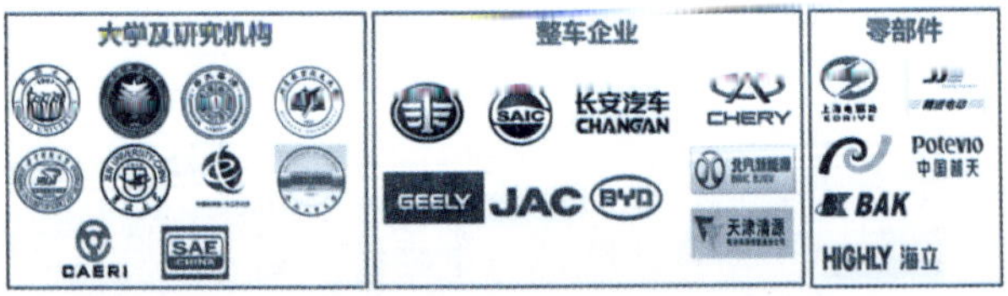

图3－1　电动汽车产业技术创新战略联盟成员单位

二、联盟工作成效

联盟以“立足自主、合作创新、互惠共赢”为宗旨，以推动中国电动汽车关键零部件、共性技术及重大前沿技术的自主发展为目标，打造了产学研用多赢的科技创新平台。

在科学技术研究方面，积极组织承担国家科技研发项目。联盟承担了863计划“下一代高性能纯电动轿车动力系统技术平台研发”课题以及国家科技支撑计划“下一代低能耗纯电动轿车平台及整车技术开发”项目，通过系列课题的研究，重点突破和掌握了电驱动系统一体化集成设计、电动化底盘集成开发、整车网络化综合控制、制动能量回收、专用变速器等多项关键核心技术并逐步实现产业化；同时，开发出集中驱动式、电动轮驱动式两种动力系统平台和适应纯电动轿车特点的全新结构整车，形成了引导下一代纯电动轿车开发的技术规范；另外，开发出具有市场竞争力的全新A级纯电动汽车以及具有国际领先水平的高性能B级纯电动轿车样车，建立以车型对标分析、专利分析、技术规范为主的共性技术平台及数据库。此外，持续开展共性技术课题研究。截至目前，联盟共开展35项共性技术课题研究，形成了丰硕的关键零部件及共性技术成果，包括节能型电动空调、两档变速箱、能量回馈式制动系统等低能耗关键零部件，培育了一批关键零部件研发及产业化的骨干企业。

在技术标准方面，高度重视技术规范研制工作。结合总体部署及阶段性研发任务，联盟共开展了29项技术规范编制，1项电动汽车联盟技术规范体系研究，目前已完成和进入公示阶段的技术规范共有11项。

在技术交流与促进合作方面，搭建多样化的合作交流平台。通过高峰论坛、技术研讨会等形式促进联盟成员研讨交流；借助新媒体技术开展微课堂活动，在联盟范围内广泛分享共性技术课题研究成果；组织联盟成员开展现场参观学习交流活动；建立联盟工作简报制度，定期推送联盟动态，并在中国汽车工程学会年会期间搭建联盟展台，集中展出联盟支持的关键共性技术研发成果。

三、联盟组织模式创新

（1）建立了可持续联合研发共同投入机制，推进了产品技术创新。联盟打破了过去高校、研究所负责前期研发，企业负责后期工程化、产业化的对接式合作模式，实行“贯通式”的产学研用结合合作模式，即在研发前期系统方案制定、技术路线选择、关键技术攻关、核心试验测试等实际开发过程中，企业、高校、研究所紧密合作。“贯通式”的产学研用结合合作模式，不仅有效地促进了产品技术的提升，而且很大程度上缩短了产业化进程，推动了中国电动汽车低能耗技术的发展。

（2）组建了整车－关键零部件合作研发模式，促进了产业化发展。为了扶持国内优秀的电动汽车关键零部件企业发展，进一步推动自主品牌零部件的技术进步，以国家科技支撑项目研究内容为基础，联盟自筹经费设立共性技术课题项目给予资金支持。通过课题开展的关键零部件及共性技术研究，实现联盟成员单位共享研究成果，不仅实现了关键零部件在平台样车上的应用，也促进了关键零部件与整车企业的合作。

（3）搭建了资源共享和跨行业合作研究平台，实现了成果共享。联盟初步建立了样车分析和专利利用的数据共享平台，并建立了电动汽车专利数据库。样车分析和专利利用的数据库，为联盟项目的研发提供了基础性技术支持。

专栏四　中国汽车动力电池产业创新联盟

一、联盟情况简介

中国汽车动力电池产业创新联盟（以下简称“创新联盟”）是国家动力电池创新中心的外延部分，汇集行业优势力量，协同创新资源，实现“资源互补、成果共享”。创新联盟下设7个专业委员会：动力电池分会、电池材料分会、回收利用分会、工程装备分会、燃料电池分会、测试验证分会和标准委员会。

二、联盟工作成效

创新联盟围绕国家动力电池创新平台建设和发展，以政策法规研究、统计与信息服务、标准研究和实施、技术交流与服务、国际合作与协调、人才培养与交流等为主要任务。自2016年6月30日挂牌成立以来，创新联盟取得了多项重要成果和工作成效。

（1）信息研究与数据统计方面。创新联盟已建立较为完善的动力电池行业信息研究工作体系，为工信部、北京市科委等政府部门及联盟成员提供信息服务。联盟主编的《2017～2018 年中国动力电池产业发展年度报告》于 2018 年 7 月 20 日正式发布，详细梳理了动力电池产业态势。创新联盟于 2017 年 9 月获得国家统计局授权，于 2017 年 11 月正式进行动力电池行业数据统计，后续将随着统计覆盖范围的逐步扩大，有针对性地分析相关数据，向行业定期发布。

（2）技术交流与促进合作方面。创新联盟围绕动力电池全产业链各个环节，组织召开不同规模的技术交流研讨会议近 20 次，针对各细分领域的现状及问题进行有针对性的深入研讨交流，形成相关意见并反馈给政府。2017 年起，创新联盟分别组织动力电池装备企业赴沈阳宝马公司参观，还对奇瑞汽车、上海汽车、长安汽车、一汽集团、广汽集团、东风汽车等 10 余家整车企业及合肥国轩、华霆动力 2 家动力电池企业进行调研。此外，还调研了日本松下和日产公司，了解日本动力电池发展态势，完成相关调研报告并上报政府。创新联盟积极推进动力电池在铁塔通信基站的梯次应用，目前已促成铁塔公司与北汽、江淮、长安及国轩等多家企业的合作，在多地建立了动力电池通信基站项目试点。

（3）标准研究与团体标准制定方面。加强动力电池技术标准体系和标准项目研究，支撑国家和行业标准制修订工作，就动力电池国家标准、行业标准和团体标准等提出意见建议，推进动力电池安全强标尽快报批发布。查找锂离子动力电池现行标准空缺，在动力电池规格尺寸、制造安全、互联互通、回收利用及燃料电池等方面启动团体标准制定工作，目前已完成燃料电池团体标准的评审工作。

（4）行业自律与政府服务方面。联合中国汽车工业协会制定了《汽车动力蓄电池和氢燃料电池行业白名单暂行管理办法》，组织行业完成第一批白名单申报，完成材料初审及专家评审，并于 2018 年 5 月下旬按期完成第一批动力电池白名单公示公告工作。组织行业专家调研固态电池技术、宽温镍氢电池技术进展情况，调研燃料电池技术进展及产业现状，组织行业开展 2017 年产业摸底调研并提交了多项专题调研报告。

创新联盟取得的工作成效受到政府部门、联盟成员单位、行业的一致肯定，未来将继续围绕六大主要任务开展各项工作，重点做好促进国内外行业交流工作，为政府、行业提供建设性意见和建议，制定符合实际需要的团体标准，加强产业链协同创新、补齐短板，促进我国动力电池产业健康可持续发展。

三　搭建产业四梁八柱，新能源汽车全产业链初步贯通

新能源汽车产业链包括上游的动力电池、驱动电机等关键零部件和关键材料以及生产装备，中游的汽车制造，下游的终端用户和充电服务等主要环节。近年来，中国新能源汽车产业发展日益提速，产业规模迅速扩大，上、中、下游重点环节均有骨干龙头企业加速形成，关键材料和制造设备等薄弱环节得到强化。同时，在互联网革命作用下，新能源汽车产业链更趋开放，新兴造车势力和社会资本加速进入，多元化主体共同作用于新能源汽车产业发展。总体来看，中国新能源汽车产业不断走向成熟和完善，全产业链实现初步贯通，产业带动和关联效应不断增强（见图 15）。

（一）新能源汽车全产业链基本形成，产业链完整度较高

1. 上游：关键零部件、材料和装备支撑能力显著提升

（1）动力电池及关键材料和装备

新能源汽车产业的巨大需求有力地推动了动力电池的技术进步和产业规模的扩大。在动力电池方面，中国已经建立起包含动力电池产品、关键材料、系统集成、生产装备及测试评价等在内的较为完善的产业链体系，甚至在全国范围内建立起动力电池产业聚集区。2018 年第一季度，宁德时代、比亚迪、国轩高科、孚能科技和比克五家排名靠前的动力电池企业装机市场占有率超过 80%，行业集中度持续提升，高端产品供应能力进一步提升，有力支撑了新能源汽车的推广应用。同时，在日、韩动力电池企业国际竞争力较强的背景下，中国重点企业竞争力迅速提升，以宁德时代为代表的动力

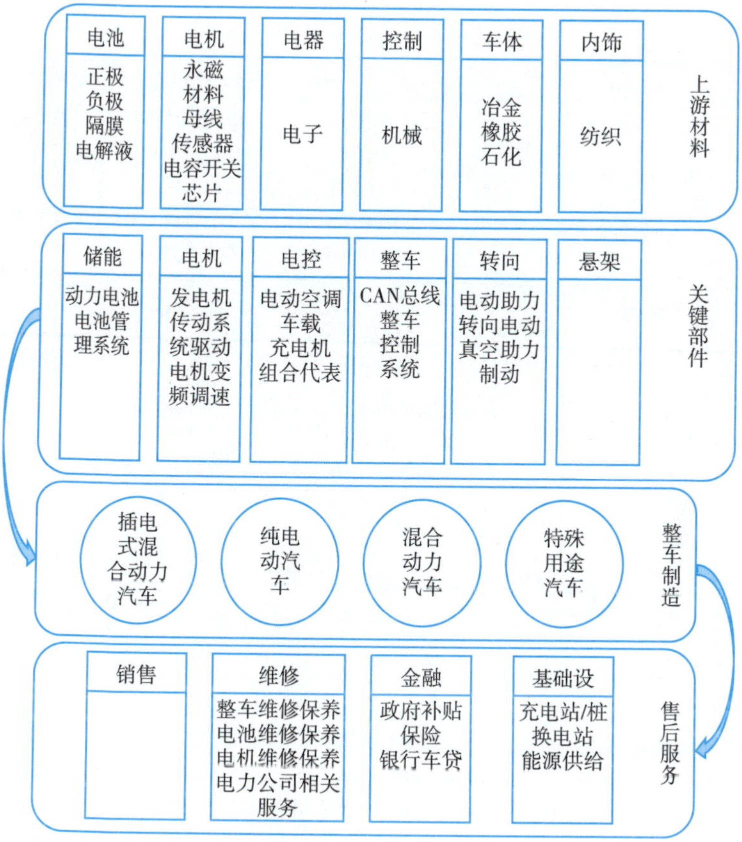

图 15　新能源汽车产业链示意

电池企业已成为全球知名的新能源汽车零部件供应商，动力电池配套车型集中在中高端，尤其是宝马、大众、戴姆勒等海外豪华品牌车企，进一步促进了产品品质的提升和技术的领先，提升了高质量产品的供给能力（见表9）。

在关键材料领域，经过多年发展，动力电池关键材料基本实现国产化，中国已成为磷酸铁锂、锰酸锂、三元材料前驱体、石墨负极材料、钛酸锂负极材料、电解液和 PP/PE 隔膜等的全球最大生产地，并培育发展了一批具有持续创新能力的关键材料龙头企业。在正极材料方面，日、韩企业掌握先进技术，但中国企业竞争力持续提升。当升科技、贝特瑞、宁波容百等龙头企业高镍三元材料技术研发已接近国外先进水平，并实现规模化量产。在负

表 9 典型国家动力电池产业链布局

国别	正极材料	负极材料	电解液	隔膜	锂离子动力电池
中国	湖南杉杉 当升科技 厦门钨业 北大先行	贝特瑞 上海杉杉 江西紫宸	天赐材料 新宙邦 杉杉股份 国泰华荣 天津金牛	上海恩捷 星源材质 沧州明珠 中科科技 金辉高科	宁德时代 比亚迪 国轩高科 比克电池 力神
日本	三菱化学 三井 住友	日立化成 日本碳素 日本 JFE 三菱化学	三菱化学 宇部兴产	日本旭化成 日本宇部 东燃化学	日立 松下 东芝
韩国	韩华 LG 化学 SK Innovation	Carbonix Power Carbon Technology	旭成化学 LG 化学 Panax Etec	SKI W – Scope	HL Green Power LG 化学 三星 SDI
美国	Solid Power Quantum Sphere	Cabot Future Fuel Solid Power	BASF Battery Air Products and Chemicals	Celgard ENTEK Solid Power	Boston – Power Solid Power
德国	Clariant Evonik Industries	Evonik Industries SGL Carbon SE SGL Group	Rockwood Lithium	Evonik Industries	Bosch Battery Systems Li – Tec Battery Continental

资料来源：MarkLines，国泰君安证券研究。

极材料方面，全球竞争格局中由中、日企业占据市场主导地位，我国的贝特瑞、上海杉杉、江西紫宸三家企业国内市场份额接近 60%，贝特瑞负极材料已进入国际配套体系，为三星、松下、LG 等全球知名电池厂家批量供货。在电解液材料方面，日、韩企业为全球市场主要供应商，但中国企业产量增速高于全球平均水平，天赐材料、新宙邦、杉杉股份等企业逐步释放产能，竞争较为激烈。在隔膜材料方面，高端隔膜以日、美、韩企业为主，近年来国内隔膜企业技术实力、业务规模及生产效率有所提升，湿法隔膜产量和性能接近国外企业水平，并凭借成本优势逐渐实现对进口隔膜的替代，隔膜国产率逐渐提升。

在生产设备和制造工艺方面，总体来看，新能源汽车动力电池制造工艺不断提升，国内动力电池企业已具备生产装备设计制造能力，掌握动力电池配方设计、结构设计和制造工艺技术，骨干电池企业制造装备国产化率超过80%并实现应用，生产线逐步从半自动中试向全自动大规模制造过渡，有利于提升产品性能和生产一致性。例如，宁德时代结合自身设备研发优势，根据产线要求，与国产设备厂商、设备供应商合作研发并定制化生产专属设备产品，实现产线的整体升级迭代，保持产线的先进性，从而保证高性能电池的生产供应，满足市场需求。

专栏五　宁德时代生产制造装备国产化进展

宁德时代新能源科技有限公司联合国内部分有实力的设备厂商进行制造装备的智能化升级，通过导入三维仿真、在线检测等技术，不仅实现了生产线的关键装备国产化率超过90%的目标，而且带动了中国多家设备公司的发展壮大。

例如，高速双面涂布机以模拟仿真手段，研究流道设计、浆料黏性对涂布模头出口速度分布和涂层厚度的影响，最终开发出区别于常规的等截面积流道，采用衣架式变截面积流道设计，从而使涂布质量波动率小于0.5%，厚度误差小于1微米，达到国际领先水平。通过一系列装备技术的突破和创新，既保证了锂离子动力电池生产过程中的高度一致性，也保障了产品的高安全性和高可靠性（见图5-1）。

图5-1　宁德时代模组制造场景

（2）驱动系统及关键材料和装备

中国稀土资源丰富，新能源汽车驱动电机主要以永磁同步电机为主。其产业链的关键环节包括钕铁硼、硅钢，以及轴承、定子、转子、IGBT 功率模块、逆变驱动器、中央控制模块等材料、部件、系统的研发制造（见图16）。

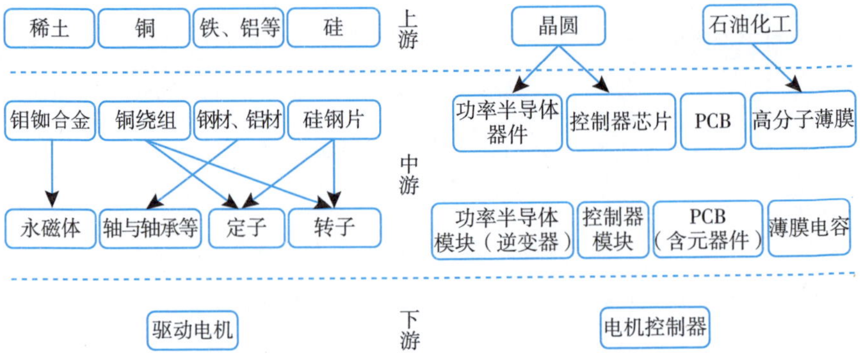

图16　驱动电机和电控系统产业链示意

近年来，中国钕铁硼类永磁体性能不断改善和成熟，电磁钢板、电机磁芯、电机用永久磁铁、DC－DC 转换器、电机控制 ECU 等关键材料和部件具备批量供货能力。同时，针对产业链短板，行业和企业集中优质资源，围绕自主 IGBT 芯片、自主 SiC JBS 与 SiC MOSFET 芯片、高性能硅钢与磁钢、高速深沟球轴承等关键材料和器件，开展相关研究并取得进展。

专栏六　电动汽车电驱动系统全产业链技术创新战略联盟

电动汽车电驱动系统全产业链技术创新战略联盟由上海电驱动股份有限公司联合国内车用电机系统零部件企业、高等院校和检测中心等单位发起成立（见图6－1），旨在结合中国电动汽车发展规划及电机产业的比较优势，以电驱动系统全产业链技术发展为目标，开发电驱动系统关键材料和关键部件，建立和完善电驱动系统标准体系，进一步提升全产业链技术研发、生产制造、检测和批量供货能力，进而提高产业竞争力。

图6-1　电动汽车电驱动系统全产业链技术创新战略联盟

2017年，电动汽车电驱动系统全产业链技术创新战略联盟成员数量增加到38家，涵盖了硅钢、磁钢、绝缘材料、高速轴承、IGBT器件、碳化硅器件、膜电容器、传感器、集成芯片等关键上游材料和器件生产商，联盟在高密度电机控制器、全碳化硅电机控制器、高密度驱动电机、电驱动总成等方面取得进展（见图6-2、图6-3）。

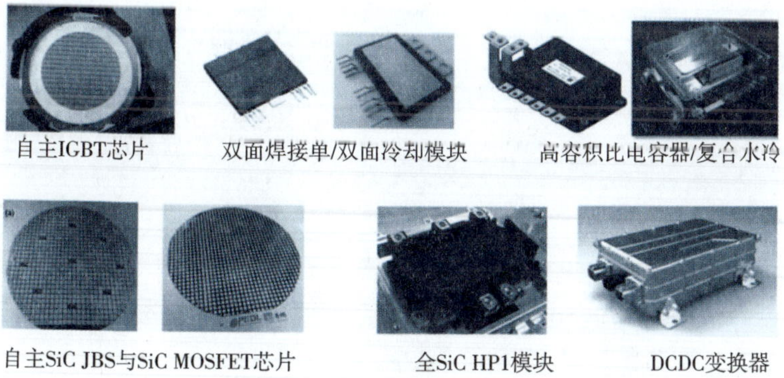

图6-2　联盟在电力电子关键材料和器件方面的成果

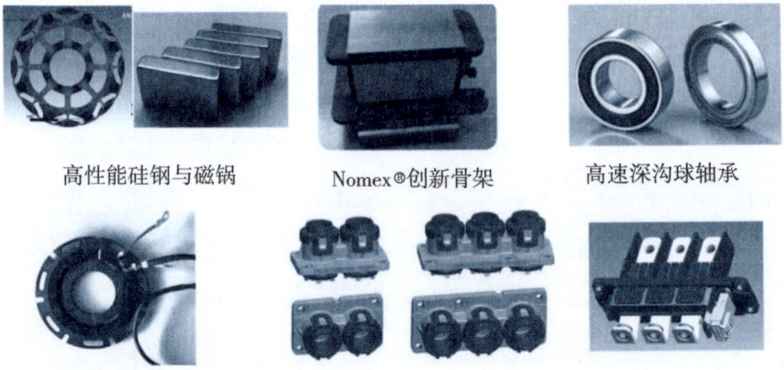

图 6-3　联盟在电机关键材料和器件方面的成果

以精进电动、上海电驱动等为代表的重点企业，建立了具有自主知识产权的电机驱动系统开发平台，具备系列化产品生产能力，可满足不同市场需求。此外，在电机先进设计技术和制造工艺领域也开展了广泛有益的研究探索，部分工艺技术取得突破，并开始用于产品实践（见表 10）。

表 10　主要电机企业配套情况及产能情况

电机企业	2017 年装机量（台/套）	配套车企	产业化能力
上海电驱动	42855	奇瑞、吉利、上汽商用车、广汽、东风、中通等	23 万台套
精进电动	40690	吉利、小鹏、东风、中通、长城、和田、广汽乘用车等	50 万台套
安徽巨一	27065	江淮、奇瑞、云度新能源、郑州日产、安凯等	24 万套
方正电机	22963	上汽通用五菱、昌河、东风等	6 万台套
山东德洋电子	22775	吉利、众泰等	30 万台套

资料来源：高工产研电动车研究所（GGII）。

2. 中游：新能源汽车整车制造企业持续发力

目前，新能源汽车产业正处于由政策驱动向市场驱动的转化期，各大车企积极调整发展战略，发布新能源汽车发展的战略规划，甚至提出全面电动化时间表（见表 11）。在技术路线上，国内整车企业主要发力于纯电动汽车和插电式混合动力汽车，涵盖乘用车、客车、物流车等系列化产品。

表 11　主要整车企业新能源汽车规划布局

企业	发展规划	规划要点	产品布局
吉利	蓝色吉利行动	2020 年产销 180 万辆(含混合动力车型),占总销量的 90% 以上	帝豪 EV300、帝豪 PHEV 等
上汽	“新四化”战略	销量目标:2020 年 60 万辆(自主品牌 20 万辆) 车型规划:30 款车型	荣威 E50、荣威 ERX5、荣威 e550、荣威 950 燃料电池汽车等
长安	香格里拉计划	2025 年前,全面停售传统意义上的燃油汽车,在新能源汽车领域投资 1000 亿元,推出 21 款全新纯电动汽车和 12 款插电式混合动力汽车产品	奔奔 mini e、奔奔 EV、逸动 EV300、CS15EV、逸动 PHEV 等
北汽新能源	5615 战略 双品牌战略 擎天柱计划	到 2020 年,年产销 50 万辆 BJEV 品牌和中高端 ARCFO X 品牌新能源汽车 2022 年计划总投资 100 亿元,在全国 100 个城市建成 3000 座光储换电站,投放换电车辆 50 万辆,梯次储能电池利用超过 5GWh	EC180 \ 200、EV150 \ 160、EU220 \ 240 \ 400、EH300 \ 400 等
比亚迪	7 +4 战略	2020 年,公共交通车型全面电动化;2025 年,物流车型全面电动化;2030 年,私家车型全面电动化	e6、腾势 400、秦 80、秦 100、宋 DM、唐 80、唐 100 等
广汽	“十三五”规划	销量目标:2020 年 20 万辆(自主与合资),占总销量的约 10% 车型规划:超过 20 款 NEV	GE3、GS4 PHEV、GA3S PHEV 等

资料来源：根据中国电动汽车百人会《中国电动汽车发展报告（2018）》及企业最新公开规划整理制表。

在强化自身综合能力的同时，重点车企积极推进产业链整合，不断前向延伸。汽车企业与动力电池企业的战略合作正在进一步加深，通过联合开发产品和成立合资公司等方式，推动设计及供应链优化，逐渐形成相互支撑、优势互补、互利共赢的深度合作局面（见表 12）。

表 12 新能源整车企业与动力电池企业合资合作情况

合作方	成立时间	主要合作内容
上汽 & 宁德时代	2017 年 6 月 8 日	· 注资 20 亿元,成立上汽时代动力电池系统有限公司 · 主要开发动力电池组、BMS 等应用系统 · 计划 2018 年底全面投产,形成 18GWH 产能
	2017 年 6 月 8 日	· 注资 3 亿元,成立时代上汽动力电池有限公司 · 主要开发锂离子电池(电芯) · 计划 2018 年 6 月投产,具备 45 万辆新能源汽车用动力电池系统配套能力
东风 & 宁德时代	2018 年 4 月 20 日	· 注资 1 亿元,成立东风时代(武汉)电池系统有限公司,主要研发、生产和销售新能源汽车动力电池系统 · 计划年产能为 3GWh;预计到 2020 年实现产能 9.6GWh,产量 19.2 万台,产值 114 亿元
比亚迪 & 长安汽车	2018 年 7 月 5 日	· 双方签署战略合作协议暨电池合资合作框架协议,拟联合成立一家动力电池合资公司 · 在传统汽车、新能源汽车、智能网联汽车、共享出行等多个领域展开合作 · 规划产能 10GWh,其中一期达成 5 ~ 6GWh,二期达成 4 ~ 5GWh
广汽 & 宁德时代	2018 年 7 月 19 日	· 注资 1 亿元,成立广汽时代动力电池系统有限公司(暂定) · 主要从事动力电池系统的开发、生产及销售,以及相关技术开发业务
	2018 年 7 月 19 日	· 注资 10 亿元,成立时代广汽动力电池有限公司(暂定) · 主要从事锂离子电池、动力电池、超大容量储能电池的开发、生产、销售,以及相关售后和技术咨询服务

资料来源：根据网络资料及调研数据整理。

整车企业重视出行服务市场，并着重加速布局。2015 年，吉利集团投资了互联网 + 新能源出行服务平台——曹操专车，以新能源汽车为载体，开展网约车、互联网分时租车、快运、同城 O2O 移动电商、曹操碳银行等业务。2016 年 6 月，上汽集团车享网旗下的新能源分时租赁公司“e 享天开”，与上海国际汽车城旗下的电动车租赁公司 EVCARD，成立合资公司——环球车享，开展新能源汽车分时租赁业务。2017 年 5 月，北京新能源汽车正式发布了北汽新能源旗下全新的共享汽车平台——轻享，依托主机厂的独有优势，整合各项资源，提供共享出行服务、共享停车服务、共享充电服务、出行延伸服务和增值服务（见表 13）。

此外，整车企业间深度合作不断加快。2018 年，一汽、长安、东风三方成立共享出行公司，共同探索新的商业模式，包括汽车共享、出行服务、汽车产业新生态的合作，以及智慧城市、智慧交通建设，实现从产品供应商到出行服务商的转变。

表 13　北汽新能源轻享出行业务范围

业务	定位	内容
共享出行运营	高端、品质化出行服务	专为共享出行而生的新能源汽车
		芝麻分信用免押金租车
		拍照用车避免事故责任
		用车轨迹可查询
		支付方式多样化
企业解决方案	为从事共享汽车的企业提供解决方案	生态化平台
		完善的服务保障体系

资料来源：根据网络资料及调研数据整理。

3. 下游：新能源汽车运营及充电服务日趋活跃

在新能源汽车的运营服务方面，移动互联网等新一代信息技术与汽车产业深度融合，加之政策环境利好，中国新能源汽车分时租赁业务发展较快，环球车享、易开租车、GOFUN、车纷享、绿狗租车等企业积极探索不同商业模式，形成以专业运营商为主导、不同于整车企业主导的商业发展模式。

充电基础设施建设和运营方面，在国家和地方扶持政策的助推下，充电基础设施建设规模迅速扩大。主要的充电设备商有国电南瑞、国电南自、许继电气、上海普天、中恒电气、动力源、通合科技、九洲电气、森源电气等十余家，竞争十分激烈。在运营方面，目前国内主流充电设施运营（服务）商有十余家，涉及国企、民企、外企等，形成建设主体多元化局面，如国家电网、普天新能源、特斯拉、青岛特锐德、南方电网、中石化、江苏万邦等。在换电领域，以奥动新能源为代表的换电运营商已在北京、上海、广州等 20 多个城市示范应用。其产业链示意如图 17 所示。

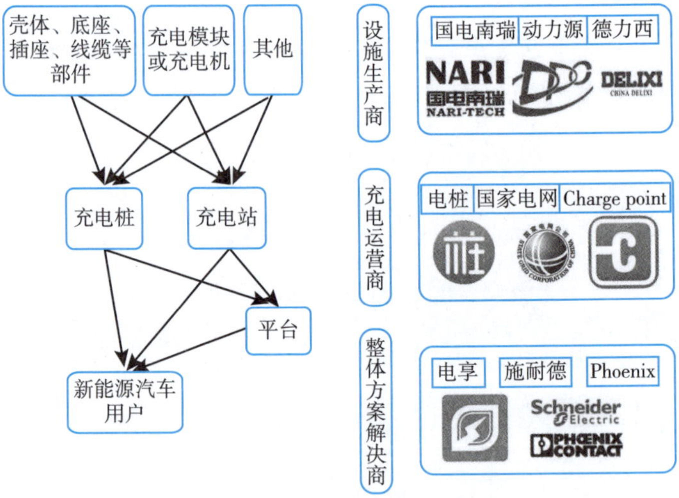

图 17　充电基础设施产业链示意

（二）战略环节重点企业快速成长，产业链带动和辐射效应显著

1. 重点整车企业对动力电池产业带动效应显著

根据中国汽车工业协会和 GGII 统计数据，2017 年，中国新能源汽车总销量达到 77.7 万辆，动力电池装机量为 37.06GWh，同比增长 21.5%。随着新能源汽车市场集中度的提升，龙头整车企业对电池、电机产业的带动效应更加明显。2017 年，比亚迪、北汽新能源、吉利等新能源汽车销量在全国处于领先位置，比亚迪宋 DM、比亚迪秦 DM、北汽新能源 EC 系列、吉利帝豪 EV 等新能源汽车成为热销车型，三家重点企业的动力电池装机量分别为 2.85GWh、2.42GWh 和 1.99GWh（见图 18）。

2. 动力电池重点企业进一步带动关键材料放量增长

动力电池的发展带动了正极材料、负极材料、隔膜和电解液等产业链上游材料的同步发展。据中国有色金属工业协会锂业分会统计，2017 年，中国锂离子电池的正极材料产量为 32.3 万吨，同比增长接近 50%。其中，磷酸铁锂、三元材料 2017 年产量分别为 10.1 万吨和 12.6 万吨，分别同比增长 36.49% 和 93.85%。

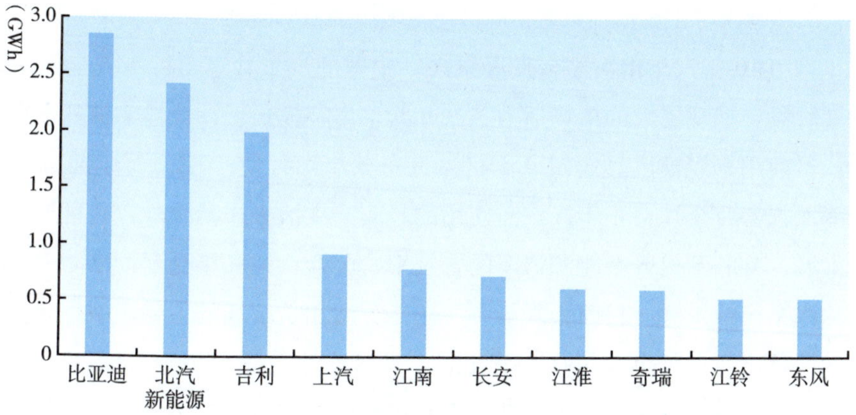

图 18　2017 年新能源乘用车动力电池装机量排名

资料来源：根据中国汽车工业协会和 GGII 统计数据整理。

2017 年，宁德时代成为全球动力电池出货量最大的厂商，总出货量达 12GWh，主要原材料采购金额超过 54 亿元，带动了正极材料、负极材料、隔膜、电解液等电池上游材料产业的发展（见图 19）。2020 年宁德时代预计出货量接近 50GWh，市场规模超 500 亿元，对正极材料、负极材料、电解液和隔膜的需求分别为 8.4 万吨、4.2 万吨、4.5 万吨、7.5 亿平方米。

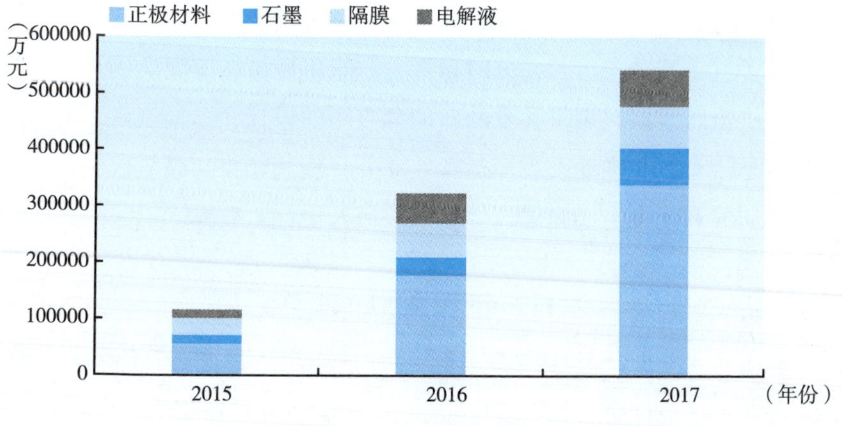

图 19　2015 ~ 2017 年宁德时代关键材料采购金额

资料来源：宁德时代公司公告。

3. 共享出行生态体系有效带动新能源汽车规模化投放

自2010年汽车出行平台发展以来，中国的汽车共享出行步入全面快速发展阶段，呈现巨大的市场活力，汽车共享出行模式正在被越来越多百姓接受，目前用户规模已经超过4.5亿。汽车共享出行使“使用而非拥有”理念深入人心，全社会正步入按需使用的轻资产生活方式新阶段。共享汽车快速发展，有利于提升新能源汽车的普及率、公众认知和接受度，推动中国新能源汽车产业发展。目前，新能源汽车是分时租赁市场的主导车型，规模较大的共享出行运营企业包括滴滴出行、环球车享、易开租赁、Gofun、盼达用车、途歌等，其正在积极打造新能源汽车共享出行生态系统，进一步助推新能源汽车市场规模化发展。

（1）滴滴出行

目前，滴滴平台上拥有超过26万辆新能源汽车，占全国新能源汽车的20%。预计到2020年，滴滴平台上将有超过100万辆新能源汽车。在充换电设施建设方面，滴滴准备建立新能源汽车充换电体系，在全国范围内实现“桩联网”，进一步推动新能源汽车的普及。

2018年4月，滴滴出行联合31家企业成立“洪流联盟”（见表14），共建汽车运营商平台，同时与车企共同设计和生产共享出行智能工具D1。除将流量、大数据、产品运营能力和渠道网络等资源向联盟企业开放外，滴滴也提出了汽车租赁与运营、分时租赁、汽车售后市场等面向用户需求的合作方案。洪流联盟探讨用于共享的新能源汽车的设计和标准制定，联合开发新一代共享汽车，并推动大规模运营。此外，滴滴还将与联盟成员围绕智能驾驶技术研发和充换电设施建设等多个领域开展深入合作。

表14　首批31家洪流联盟企业

整车企业	北汽、比亚迪、长安汽车、奇瑞、东风、东风悦达起亚、一汽、广汽、吉利、汉腾、华泰、江淮、雷诺·日产·三菱、上汽乘用车、丰田、大众集团（中国）、众泰汽车
零部件与充电服务商	博世、宁德时代、联通智网、大陆集团、四维图新、时代电动、桑达集团、度电集团、特来电
造车新势力	车和家、领跑汽车、国能NEVS、威马汽车、蛰石汽车

（2）环球车享

2016年5月16日，e享天开和EVCARD合资成立环球车享汽车租赁有限公司，开展新能源汽车分时租赁业务。截至目前，该公司共享汽车品牌EVCARD，根据不同城市定位实行差异化策略，已在国内40个城市实现运营，新能源车队规模接近2.6万辆。预计到2020年，EVCARD将在全国200个城市开展服务，运营车辆增加到30万辆（见图20）。EVCARD平台运营的车型品牌趋向多样化，目前，上汽荣威、众泰、奇瑞、江淮、海马，以及之诺、宝马i3等新能源车型都已被投入EVCARD分时租赁运营服务中来。此外，环球车享积极与奇瑞新能源、中国人民财产保险股份有限公司、中国太平洋财产保险股份有限公司、中华联合财产保险股份有限公司及安徽、重庆等地方市区推进战略合作，全面布局电动汽车分时租赁服务体系，提供共享化绿色出行服务。

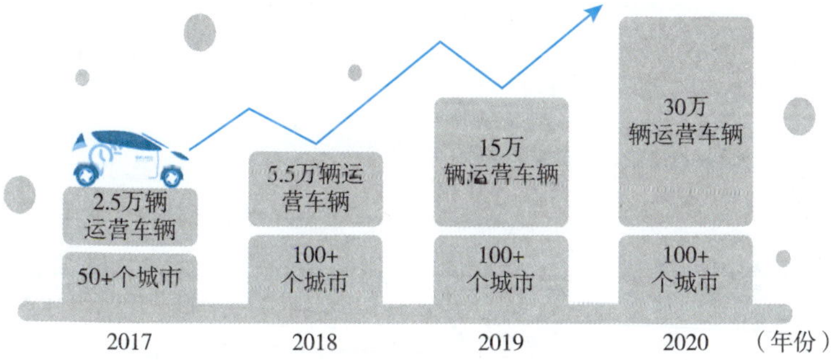

图20　EVCARD未来业务规划

（3）曹操专车

曹操专车是吉利集团基于其新能源汽车共享出行生态战略的投资企业，集合了新能源专车出行、新能源汽车分时租赁（由的蓝租车提供）等新能源汽车共享服务。截至2018年4月12日，曹操专车已在北京、天津、杭州、宁波等23个城市实现运营，累计运营35000辆车。预计2019年曹操专车将向50个城市投放，累计运营50000辆车（见图21）。

曹操专车客户主要有三类：一是政府大客户，如浙江省政府、省财政厅和青岛市党政机关单位及事业单位等；二是企业大客户，如阿里巴巴、网

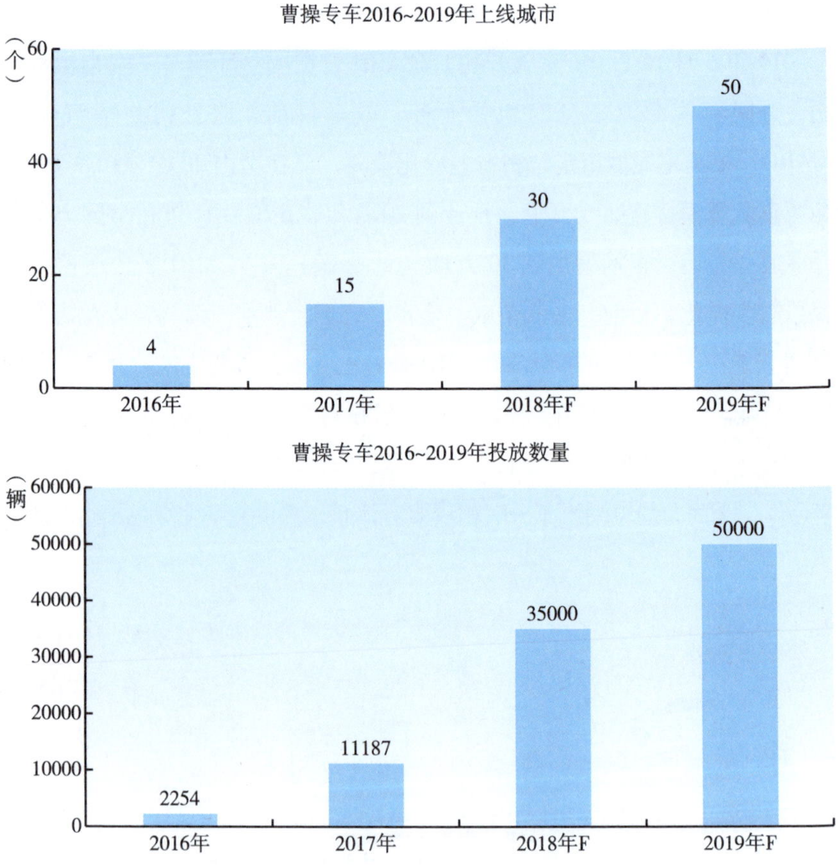

图 21　曹操专车上线城市和投放运营车辆规划

易、中国人保、中国国旅、长龙航空、国家电网、中信银行等；三是网络大客户，如同程网、高德地图、携程网、途牛网、12306、吉利商旅等。其商业模式如图 22 所示。

4. 国家电网、特来电积极推进充电设施互联互通

互联互通是充电设施规模化发展的前提。在《电动汽车传导充电系统 第 1 部分：通用要求》等 5 项电动汽车充电接口及通信协议国家标准的推动下，重点充电运营商积极采取行动，推进充电设施的互联互通，为新能源汽车产业规模化发展提供了良好的配套环境。目前，国家电网已与南方电网、普天、特来电、万帮星星充电等 21 家充电运营商实现数据互通、业务

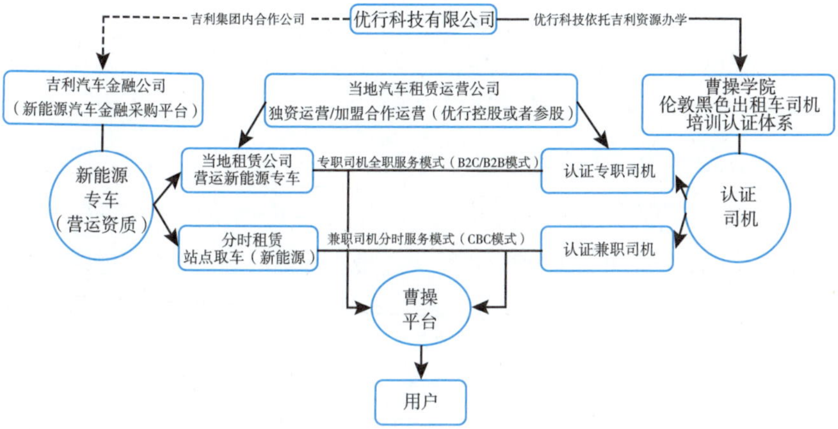

图 22　曹操专车商业模式

融通，建设行业“数据中枢”，推动车、桩、网互联互通和智能互动。青岛特来电新能源有限公司向外界正式发布了特来电的开放平台，该平台支持与政府监管平台、企业自有平台、行业相关平台等进行数据互联互通，并已与十余家服务商进行了平台数据对接。

（三）造车新势力积极进入，新能源汽车产业链更趋开放

1. 电动化、智能化、共享化融合发展，为新进入者提供更多市场进入机会

汽车产品被赋予新内涵。随着互联网和汽车产业深度融合发展，汽车正朝着电动化、智能化、网联化、共享化方向发展，未来汽车产品将被重新定义，不再单单是传统意义上的交通运输载体，而是集成人工智能、移动互联网、物联网、云计算、能源存储、可再生能源等新技术的综合应用车载平台。汽车产品将形成全新的内涵，将引发包括制造业、交通运输业、微电子业、地图产业、IT 产业在内的多个行业中关键技术的巨大颠覆。

产业外延不断扩展。汽车由传统运载工具向智能移动空间发生改变，传统出行方式将被全新的车上生活方式和工作方式逐渐取代，这也将极大地扩展汽车产业的外延。汽车产业不再以技术和产品为主，也将包括完整的出行解决方案。随着汽车使用人群和利用模式的变革，汽车产业将形成全新的用户体验、商业模式和应用场景，可促进各相关产业之间的深度交义和融合发

展，产业生态体系不断丰富。

产业规模逐渐扩大。根据麦肯锡预计，2030 年汽车共享、互联服务等由信息化衍生的全新商业模式将使汽车行业收入增加 1.5 万亿美元，与 2015 年相比增幅为 30%，汽车销售及后市场等业务产值将达 5.2 万亿美元，比 2015 年提高 50%。对中国而言，到 2030 年，100% 的汽车产品将全部具备信息化功能，届时中国汽车信息化发展带来的新收益将超过 3000 亿美元。

汽车产业格局产生新变化。在信息技术、共享经济发展的背景下，消费者由购买汽车转变为购买出行服务，汽车产业的需求模式将发生根本性改变。整车电动化和模块化发展将进一步改变传统汽车生产分工模式，产业组织形态相应地也将发生显著性改变。随着数字化、网络化和平台化技术应用，传统汽车产业流程将发生改变，产业组织重心和价值链将从制造业向服务业转移，汽车产业将经历一次产业格局的调整与重构。传统整车企业和供应商、科技公司、运营公司，以及基础设施公司等各方力量，以新能源汽车为纽带，加速融合发展，原有各行业垂直产业链、价值链将被打破重构，新产业正在孕育形成新的发展动能，新能源汽车产业链更趋开放，为新加入者提供了更多进入机会和市场切入点（见图 23）。

2. 典型造车新势力发展模式及特点

在政策和资本的助推下，以蔚来汽车、威马汽车、车和家、奇点汽车等为代表的大量造车新势力积极入局，以电动汽车 + 智能化为切入点，并融入互联网元素，不断探索发展，正成为改变汽车产业竞争格局的新力量。

（1）蔚来汽车

蔚来汽车于 2014 年成立，是一家高性能智能电动汽车研发公司，其发展思路具备显著的互联网色彩，发展特征总结如下。

互联网 + 汽车模式。与传统造车企业不同，蔚来汽车出身于互联网，具有强大的互联网基因。在电动汽车理念、生产方式、营销方面有新思考。此外，蔚来汽车专注于新技术研发、产品创新，试图给消费者提供全新的产品体验并和消费者建立长期服务合作关系，这种重视用户服务的理念与互联网产业思维极度相似。总体来看，蔚来汽车正在探索互联网 + 汽车的发展路径。

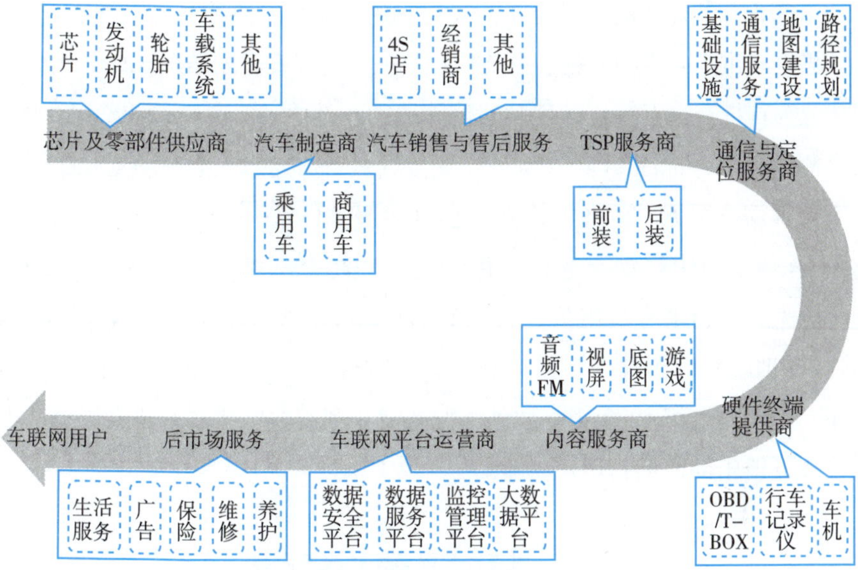

图 23　新能源 + 智能汽车产业链

重视全球化研发体系建设。蔚来汽车分别在硅谷、慕尼黑、伦敦、上海、北京和香港设立研发、设计及商务机构。蔚来汽车特别注重软件技术研发能力，已在美国圣何塞建立了软件研发中心，主要负责智能网联和前沿驾驶技术的研发工作，从而保障用户在车联网和无人驾驶方面的需求。

差异化产品定位。蔚来旗下产品包括 Formula E 赛车、高端纯电动跑车 EP9、自动驾驶概念车 EVE 和纯电动乘用车 ES8。其中，量产车型蔚来 ES8 定位于中国快速增长的 SUV 市场，主要面向一线和二线城市的新生代核心家庭。ES8 是一款采用全铝车身、全铝底盘架构的车辆，标配主动式空气悬挂，整车风阻系数 0.29，整车抗扭刚度高达 44140N · m/deg（见表 15）。

表 15　ES8 主要性能参数

性能指标	主要参数
车身(mm)	5022/1962/1753
轴距(mm)	3010
最大扭矩(N · m)	420
百公里加速时间(S)	4.4
续航里程(NEDC 工况)(km)	355

电动化和智能化高度融合。蔚来汽车的主流技术路线是打造智能电动汽车，将电动汽车与自动驾驶、自动辅助驾驶和人工智能相结合。2018 年 3 月，蔚来成为首批获得上海自动驾驶路测牌照的车企之一。蔚来 ES8 经过 144 项安全测试，全系标配 21 项主动安全配置，具备一定水平的辅助驾驶功能。

重视用户服务。蔚来正建立一套电能服务体系——NIO Power（蔚来能源），该体系利用移动互联网，由专属桩、超充网络、换电站、移动充电车、蔚来云和蔚来专员组成，可做到一键加电，解除用户充电焦虑（见表 16）。根据蔚来汽车规划，预计到 2020 年将在全国范围内建设换电站 1100 余座、移动充电车 1200 辆。此外，蔚来汽车利用数字化技术建设线上社区，完善线下俱乐部，创新用户体验。

表 16　蔚来汽车能量无忧服务内容

服务项目	主要内容
一键加电服务	15 次/月专人上门取送车并代客充电或换电
免费加电额度	1000 度/月可用于抵扣使用一键加电或专属桩、蔚来超充网络及任意公共充电桩充电时所发生的电费
免费电池升级	流通体系内的电池由蔚来主动升级，用户有机会免费使用升级后的电池

非传统生产合作模式。在生产模式上，蔚来汽车采用整车合作制造 + 核心零部件自主生产的方式，先后与江淮汽车、长安汽车、广汽签订合作协议，开展多样化合作，合作范围包含生产、销售、服务及研发等全产业领域。此外，蔚来汽车还在布局自身产业链，已建立南京、昆山、常熟等核心零部件生产基地（见表 17）。

表 17　蔚来汽车核心零部件生产基地

地区	生产基地
南京	电驱动系统制造基地及整车试制线
昆山	逆变器及电控系统制造基地
常熟	电池系统制造基地
合肥	整车制造基地

皮书系列

2018年

智 库 成 果 出 版 与 传 播 平 台

社会科学文献出版社
SSAP
SOCIAL SCIENCES ACADEMIC PRESS (CHINA)

社长致辞

蓦然回首，皮书的专业化历程已经走过了二十年。20年来从一个出版社的学术产品名称到媒体热词再到智库成果研创及传播平台，皮书以专业化为主线，进行了系列化、市场化、品牌化、数字化、国际化、平台化的运作，实现了跨越式的发展。特别是在党的十八大以后，以习近平总书记为核心的党中央高度重视新型智库建设，皮书也迎来了长足的发展，总品种达到600余种，经过专业评审机制、淘汰机制遴选，目前，每年稳定出版近400个品种。“皮书”已经成为中国新型智库建设的抓手，成为国际国内社会各界快速、便捷地了解真实中国的最佳窗口。

20年孜孜以求，“皮书”始终将自己的研究视野与经济社会发展中的前沿热点问题紧密相连。600个研究领域，3万多位分布于800余个研究机构的专家学者参与了研创写作。皮书数据库中共收录了15万篇专业报告，50余万张数据图表，合计30亿字，每年报告下载量近80万次。皮书为中国学术与社会发展实践的结合提供了一个激荡智力、传播思想的入口，皮书作者们用学术的话语、客观翔实的数据谱写出了中国故事壮丽的篇章。

20年跬步千里，“皮书”始终将自己的发展与时代赋予的使命与责任紧紧相连。每年百余场新闻发布会，10万余次中外媒体报道，中、英、俄、日、韩等12个语种共同出版。皮书所具有的凝聚力正在形成一种无形的力量，吸引着社会各界关注中国的发展，参与中国的发展，它是我们向世界传递中国声音、总结中国经验、争取中国国际话语权最主要的平台。

皮书这一系列成就的取得，得益于中国改革开放的伟大时代，离不开来自中国社会科学院、新闻出版广电总局、全国哲学社会科学规划办公室等主管部门的大力支持和帮助，也离不开皮书研创者和出版者的共同努力。他们与皮书的故事创造了皮书的历史，他们对皮书的拳拳之心将继续谱写皮书的未来！

现在，“皮书”品牌已经进入了快速成长的青壮年时期。全方位进行规范化管理，树立中国的学术出版标准；不断提升皮书的内容质量和影响力，搭建起中国智库产品和智库建设的交流服务平台和国际传播平台；发布各类皮书指数，并使之成为中国指数，让中国智库的声音响彻世界舞台，为人类的发展做出中国的贡献——这是皮书未来发展的图景。作为“皮书”这个概念的提出者，“皮书”从一般图书到系列图书和品牌图书，最终成为智库研究和社会科学应用对策研究的知识服务和成果推广平台这整个过程的操盘者，我相信，这也是每一位皮书人执着追求的目标。

“当代中国正经历着我国历史上最为广泛而深刻的社会变革，也正在进行着人类历史上最为宏大而独特的实践创新。这种前无古人的伟大实践，必将给理论创造、学术繁荣提供强大动力和广阔空间。”

在这个需要思想而且一定能够产生思想的时代，皮书的研创出版一定能创造出新的更大的辉煌！

社会科学文献出版社社长

中国社会学会秘书长

2017年11月

社会科学文献出版社简介

社会科学文献出版社（以下简称“社科文献出版社”）成立于1985年，是直属于中国社会科学院的人文社会科学学术出版机构。成立至今，社科文献出版社始终依托中国社会科学院和国内外人文社会科学界丰厚的学术出版和专家学者资源，坚持“创社科经典，出传世文献”的出版理念、“权威、前沿、原创”的产品定位以及学术成果和智库成果出版的专业化、数字化、国际化、市场化的经营道路。

社科文献出版社是中国新闻出版业转型与文化体制改革的先行者。积极探索文化体制改革的先进方向和现代企业经营决策机制，社科文献出版社先后荣获“全国文化体制改革工作先进单位”、中国出版政府奖·先进出版单位奖，中国社会科学院先进集体、全国科普工作先进集体等荣誉称号。多人次荣获“第十届韬奋出版奖”“全国新闻出版行业领军人才”“数字出版先进人物”“北京市新闻出版广电行业领军人才”等称号。

社科文献出版社是中国人文社会科学学术出版的大社名社，也是以皮书为代表的智库成果出版的专业强社。年出版图书2000余种，其中皮书400余种，出版新书字数5.5亿字，承印与发行中国社科院院属期刊72种，先后创立了皮书系列、列国志、中国史话、社科文献学术译库、社科文献学术文库、甲骨文书系等一大批既有学术影响又有市场价值的品牌，确立了在社会学、近代史、苏东问题研究等专业学科及领域出版的领先地位。图书多次荣获中国出版政府奖、“三个一百”原创图书出版工程、“五个‘一’工程奖”、“大众喜爱的50种图书”等奖项，在中央国家机关“强素质·做表率”读书活动中，入选图书品种数位居各大出版社之首。

社科文献出版社是中国学术出版规范与标准的倡议者与制定者，代表全国50多家出版社发起实施学术著作出版规范的倡议，承担学术著作规范国家标准的起草工作，率先编撰完成《皮书手册》对皮书品牌进行规范化管理，并在此基础上推出中国版芝加哥手册——《社科文献出版社学术出版手册》。

社科文献出版社是中国数字出版的引领者，拥有皮书数据库、列国志数据库、“一带一路”数据库、减贫数据库、集刊数据库等4大产品线11个数据库产品，机构用户达1300余家，海外用户百余家，荣获“数字出版转型示范单位”“新闻出版标准化先进单位”“专业数字内容资源知识服务模式试点企业标准化示范单位”等称号。

社科文献出版社是中国学术出版走出去的践行者。社科文献出版社海外图书出版与学术合作业务遍及全球40余个国家和地区，并于2016年成立俄罗斯分社，累计输出图书500余种，涉及近20个语种，累计获得国家社科基金中华学术外译项目资助76种、“丝路书香工程”项目资助60种、中国图书对外推广计划项目资助71种以及经典中国国际出版工程资助28种，被五部委联合认定为“2015-2016年度国家文化出口重点企业”。

如今，社科文献出版社完全靠自身积累拥有固定资产3.6亿元，年收入3亿元，设置了七大出版分社、六大专业部门，成立了皮书研究院和博士后科研工作站，培养了一支近400人的高素质与高效率的编辑、出版、营销和国际推广队伍，为未来成为学术出版的大社、名社、强社，成为文化体制改革与文化企业转型发展的排头兵奠定了坚实的基础。

宏观经济类

经济蓝皮书

2018 年中国经济形势分析与预测

李平 / 主编　2017 年 12 月出版　定价：89.00 元

◆　本书为总理基金项目，由著名经济学家李扬领衔，联合中国社会科学院等数十家科研机构、国家部委和高等院校的专家共同撰写，系统分析了 2017 年的中国经济形势并预测 2018 年中国经济运行情况。

城市蓝皮书

中国城市发展报告 No.11

潘家华　单菁菁 / 主编　2018 年 9 月出版　估价：99.00 元

◆　本书是由中国社会科学院城市发展与环境研究中心编著的，多角度、全方位地立体展示了中国城市的发展状况，并对中国城市的未来发展提出了许多建议。该书有强烈的时代感，对中国城市发展实践有重要的参考价值。

人口与劳动绿皮书

中国人口与劳动问题报告 No.19

张车伟 / 主编　2018 年 10 月出版　估价：99.00 元

◆　本书为中国社会科学院人口与劳动经济研究所主编的年度报告，对当前中国人口与劳动形势做了比较全面和系统的深入讨论，为研究中国人口与劳动问题提供了一个专业性的视角。

中国省域竞争力蓝皮书

中国省域经济综合竞争力发展报告（2017 ~ 2018）

李建平　李闽榕　高燕京 / 主编　2018 年 5 月出版　估价：198.00 元

◆　本书融多学科的理论为一体，深入追踪研究了省域经济发展与中国国家竞争力的内在关系，为提升中国省域经济综合竞争力提供有价值的决策依据。

金融蓝皮书

中国金融发展报告（2018）

王国刚 / 主编　2018 年 6 月出版　估价：99.00 元

◆　本书由中国社会科学院金融研究所组织编写，概括和分析了 2017 年中国金融发展和运行中的各方面情况，研讨和评论了 2017 年发生的主要金融事件，有利于读者了解掌握 2017 年中国的金融状况，把握 2018 年中国金融的走势。

区域经济类

京津冀蓝皮书

京津冀发展报告（2018）

祝合良　叶堂林　张贵祥 / 等著　2018 年 6 月出版　估价：99.00 元

◆　本书遵循问题导向与目标导向相结合、统计数据分析与大数据分析相结合、纵向分析和长期监测与结构分析和综合监测相结合等原则，对京津冀协同发展新形势与新进展进行测度与评价。

社会政法类

社会蓝皮书

2018年中国社会形势分析与预测

李培林　陈光金　张翼 / 主编　2017年12月出版　定价：89.00元

◆　本书由中国社会科学院社会学研究所组织研究机构专家、高校学者和政府研究人员撰写，聚焦当下社会热点，对2017年中国社会发展的各个方面内容进行了权威解读，同时对2018年社会形势发展趋势进行了预测。

法治蓝皮书

中国法治发展报告 No.16（2018）

李林　田禾 / 主编　2018年3月出版　定价：128.00元

◆　本年度法治蓝皮书回顾总结了2017年度中国法治发展取得的成就和存在的不足，对中国政府、司法、检务透明度进行了跟踪调研，并对2018年中国法治发展形势进行了预测和展望。

教育蓝皮书

中国教育发展报告（2018）

杨东平 / 主编　2018年3月出版　定价：89.00元

◆　本书重点关注了2017年教育领域的热点，资料翔实，分析有据，既有专题研究，又有实践案例，从多角度对2017年教育改革和实践进行了分析和研究。

社会体制蓝皮书

中国社会体制改革报告 No.6（2018）

龚维斌 / 主编　2018 年 3 月出版　定价：98.00 元

◆　本书由国家行政学院社会治理研究中心和北京师范大学中国社会管理研究院共同组织编写，主要对 2017 年社会体制改革情况进行回顾和总结，对 2018 年的改革走向进行分析，提出相关政策建议。

社会心态蓝皮书

中国社会心态研究报告（2018）

王俊秀　杨宜音 / 主编　2018 年 12 月出版　估价：99.00 元

◆　本书是中国社会科学院社会学研究所社会心理研究中心“社会心态蓝皮书课题组”的年度研究成果，运用社会心理学、社会学、经济学、传播学等多种学科的方法进行了调查和研究，对于目前中国社会心态状况有较广泛和深入的揭示。

华侨华人蓝皮书

华侨华人研究报告（2018）

贾益民 / 主编　2017 年 12 月出版　估价：139.00 元

◆　本书关注华侨华人生产与生活的方方面面。华侨华人是中国建设 21 世纪海上丝绸之路的重要中介者、推动者和参与者。本书旨在全面调研华侨华人，提供最新涉侨动态、理论研究成果和政策建议。

民族发展蓝皮书

中国民族发展报告（2018）

王延中 / 主编　2018 年 10 月出版　估价：188.00 元

◆　本书从民族学人类学视角，研究近年来少数民族和民族地区的发展情况，展示民族地区经济、政治、文化、社会和生态文明“五位一体”建设取得的辉煌成就和面临的困难挑战，为深刻理解中央民族工作会议精神、加快民族地区全面建成小康社会进程提供了实证材料。

产 业 经 济 类

房地产蓝皮书

中国房地产发展报告 No.15（2018）

李春华　王业强 / 主编　2018 年 5 月出版　估价：99.00 元

◆　2018 年《房地产蓝皮书》持续追踪中国房地产市场最新动态，深度剖析市场热点，展望 2018 年发展趋势，积极谋划应对策略。对 2017 年房地产市场的发展态势进行全面、综合的分析。

新能源汽车蓝皮书

中国新能源汽车产业发展报告（2018）

中国汽车技术研究中心　日产（中国）投资有限公司
东风汽车有限公司 / 编著　　2018 年 8 月出版　　估价：99.00 元

◆　本书对中国 2017 年新能源汽车产业发展进行了全面系统的分析，并介绍了国外的发展经验。有助于相关机构、行业和社会公众等了解中国新能源汽车产业发展的最新动态，为政府部门出台新能源汽车产业相关政策法规、企业制定相关战略规划，提供必要的借鉴和参考。

行 业 及 其 他 类

旅游绿皮书

2017 ~ 2018 年中国旅游发展分析与预测

中国社会科学院旅游研究中心 / 编　2018 年 1 月出版　定价：99.00 元

◆　本书从政策、产业、市场、社会等多个角度勾画出 2017 年中国旅游发展全貌，剖析了其中的热点和核心问题，并就未来发展作出预测。

民营医院蓝皮书

中国民营医院发展报告（2018）

薛晓林 / 主编　2018 年 11 月出版　估价：99.00 元

◆　本书在梳理国家对社会办医的各种利好政策的前提下，对我国民营医疗发展现状、我国民营医院竞争力进行了分析，并结合我国医疗体制改革对民营医院的发展趋势、发展策略、战略规划等方面进行了预估。

会展蓝皮书

中外会展业动态评估研究报告（2018）

张敏 / 主编　2018 年 12 月出版　估价：99.00 元

◆　本书回顾了 2017 年的会展业发展动态，结合“供给侧改革”、“互联网 +”、“绿色经济”的新形势分析了我国展会的行业现状，并介绍了国外的发展经验，有助于行业和社会了解最新的展会业动态。

中国上市公司蓝皮书

中国上市公司发展报告（2018）

张平　王宏淼 / 主编　2018 年 9 月出版　估价：99.00 元

◆　本书由中国社会科学院上市公司研究中心组织编写的，着力于全面、真实、客观反映当前中国上市公司财务状况和价值评估的综合性年度报告。本书详尽分析了 2017 年中国上市公司情况，特别是现实中暴露出的制度性、基础性问题，并对资本市场改革进行了探讨。

工业和信息化蓝皮书

人工智能发展报告（2017 ~ 2018）

尹丽波 / 主编　2018 年 6 月出版　估价：99.00 元

◆　本书国家工业信息安全发展研究中心在对 2017 年全球人工智能技术和产业进行全面跟踪研究基础上形成的研究报告。该报告内容翔实、视角独特，具有较强的产业发展前瞻性和预测性，可为相关主管部门、行业协会、企业等全面了解人工智能发展形势以及进行科学决策提供参考。

国际问题与全球治理类

世界经济黄皮书

2018 年世界经济形势分析与预测

张宇燕 / 主编　2018 年 1 月出版　定价：99.00 元

◆　本书由中国社会科学院世界经济与政治研究所的研究团队撰写，分总论、国别与地区、专题、热点、世界经济统计与预测等五个部分，对 2018 年世界经济形势进行了分析。

国际城市蓝皮书

国际城市发展报告（2018）

屠启宇 / 主编　2018 年 2 月出版　定价：89.00 元

◆　本书作者以上海社会科学院从事国际城市研究的学者团队为核心，汇集同济大学、华东师范大学、复旦大学、上海交通大学、南京大学、浙江大学相关城市研究专业学者。立足动态跟踪介绍国际城市发展时间中，最新出现的重大战略、重大理念、重大项目、重大报告和最佳案例。

非洲黄皮书

非洲发展报告 No.20（2017 ～ 2018）

张宏明 / 主编　2018 年 7 月出版　估价：99.00 元

◆　本书是由中国社会科学院西亚非洲研究所组织编撰的非洲形势年度报告，比较全面、系统地分析了 2017 年非洲政治形势和热点问题，探讨了非洲经济形势和市场走向，剖析了大国对非洲关系的新动向；此外，还介绍了国内非洲研究的新成果。

国别类

美国蓝皮书

美国研究报告（2018）

郑秉文　黄平 / 主编　2018 年 5 月出版　估价：99.00 元

◆　本书是由中国社会科学院美国研究所主持完成的研究成果，它回顾了美国 2017 年的经济、政治形势与外交战略，对美国内政外交发生的重大事件及重要政策进行了较为全面的回顾和梳理。

德国蓝皮书

德国发展报告（2018）

郑春荣 / 主编　2018 年 6 月出版　估价：99.00 元

◆　本报告由同济大学德国研究所组织编撰，由该领域的专家学者对德国的政治、经济、社会文化、外交等方面的形势发展情况，进行全面的阐述与分析。

俄罗斯黄皮书

俄罗斯发展报告（2018）

李永全 / 编著　2018 年 6 月出版　估价：99.00 元

◆　本书系统介绍了 2017 年俄罗斯经济政治情况，并对 2016 年该地区发生的焦点、热点问题进行了分析与回顾；在此基础上，对该地区 2018 年的发展前景进行了预测。

文化传媒类

新媒体蓝皮书

中国新媒体发展报告 No.9（2018）

唐绪军 / 主编　2018 年 6 月出版　估价：99.00 元

◆　本书是由中国社会科学院新闻与传播研究所组织编写的关于新媒体发展的最新年度报告，旨在全面分析中国新媒体的发展现状，解读新媒体的发展趋势，探析新媒体的深刻影响。

移动互联网蓝皮书

中国移动互联网发展报告（2018）

余清楚 / 主编　2018 年 6 月出版　估价：99.00 元

◆　本书着眼于对 2017 年度中国移动互联网的发展情况做深入解析，对未来发展趋势进行预测，力求从不同视角、不同层面全面剖析中国移动互联网发展的现状、年度突破及热点趋势等。

文化蓝皮书

中国文化消费需求景气评价报告（2018）

王亚南 / 主编　2018 年 3 月出版　定价：99.00 元

◆　本书首创全国文化发展量化检测评价体系，也是至今全国唯一的文化民生量化检测评价体系，对于检验全国及各地 " 以人民为中心 " 的文化发展具有首创意义。

地方发展类

北京蓝皮书

北京经济发展报告（2017 ~ 2018）

杨松 / 主编　2018 年 6 月出版　估价：99.00 元

◆　本书对 2017 年北京市经济发展的整体形势进行了系统性的分析与回顾，并对 2018 年经济形势走势进行了预测与研判，聚焦北京市经济社会发展中的全局性、战略性和关键领域的重点问题，运用定量和定性分析相结合的方法，对北京市经济社会发展的现状、问题、成因进行了深入分析，提出了可操作性的对策建议。

温州蓝皮书

2018 年温州经济社会形势分析与预测

蒋儒标　王春光　金浩 / 主编　2018 年 6 月出版　估价：99.00 元

◆　本书是中共温州市委党校和中国社会科学院社会学研究所合作推出的第十一本温州蓝皮书，由来自党校、政府部门、科研机构、高校的专家、学者共同撰写的 2017 年温州区域发展形势的最新研究成果。

黑龙江蓝皮书

黑龙江社会发展报告（2018）

王爱丽 / 主编　2018 年 1 月出版　定价：89.00 元

◆　本书以千份随机抽样问卷调查和专题研究为依据，运用社会学理论框架和分析方法，从专家和学者的独特视角，对 2017 年黑龙江省关系民生的问题进行广泛的调研与分析，并对 2017 年黑龙江省诸多社会热点和焦点问题进行了有益的探索。这些研究不仅可以为政府部门更加全面深入了解省情、科学制定决策提供智力支持，同时也可以为广大读者认识、了解、关注黑龙江社会发展提供理性思考。

宏观经济类

城市蓝皮书
中国城市发展报告（No.11）
著(编)者：潘家华 单菁菁
2018年9月出版 / 估价：99.00元
PSN B-2007-091-1/1

城乡一体化蓝皮书
中国城乡一体化发展报告（2018）
著(编)者：付崇兰
2018年9月出版 / 估价：99.00元
PSN B-2011-226-1/2

城镇化蓝皮书
中国新型城镇化健康发展报告（2018）
著(编)者：张占斌
2018年8月出版 / 估价：99.00元
PSN B-2014-396-1/1

创新蓝皮书
创新型国家建设报告（2018～2019）
著(编)者：詹正茂
2018年12月出版 / 估价：99.00元
PSN B-2009-140-1/1

低碳发展蓝皮书
中国低碳发展报告（2018）
著(编)者：张希良 齐晔
2018年6月出版 / 估价：99.00元
PSN B-2011-223-1/1

低碳经济蓝皮书
中国低碳经济发展报告（2018）
著(编)者：薛进军 赵忠秀
2018年11月出版 / 估价：99.00元
PSN B-2011-194-1/1

发展和改革蓝皮书
中国经济发展和体制改革报告No.9
著(编)者：邹东涛 王再文
2018年1月出版 / 估价：99.00元
PSN B-2008-122-1/1

国家创新蓝皮书
中国创新发展报告（2017）
著(编)者：陈劲　2018年5月出版 / 估价：99.00元
PSN B-2014-370-1/1

金融蓝皮书
中国金融发展报告（2018）
著(编)者：王国刚
2018年6月出版 / 估价：99.00元
PSN B-2004-031-1/7

经济蓝皮书
2018年中国经济形势分析与预测
著(编)者：李平　2017年12月出版 / 定价：89.00元
PSN B-1996-001-1/1

经济蓝皮书春季号
2018年中国经济前景分析
著(编)者：李扬　2018年5月出版 / 估价：99.00元
PSN B-1999-008-1/1

经济蓝皮书夏季号
中国经济增长报告（2017～2018）
著(编)者：李扬　2018年9月出版 / 估价：99.00元
PSN B-2010-176-1/1

农村绿皮书
中国农村经济形势分析与预测（2017～2018）
著(编)者：魏后凯 黄秉信
2018年4月出版 / 定价：99.00元
PSN G-1998-003-1/1

人口与劳动绿皮书
中国人口与劳动问题报告No.19
著(编)者：张车伟　2018年11月出版 / 估价：99.00元
PSN G-2000-012-1/1

新型城镇化蓝皮书
新型城镇化发展报告（2017）
著(编)者：李伟 宋敏
2018年3月出版 / 定价：98.00元
PSN B-2005-038-1/1

中国省域竞争力蓝皮书
中国省域经济综合竞争力发展报告（2016～2017）
著(编)者：李建平 李闽榕
2018年2月出版 / 定价：198.00元
PSN B-2007-088-1/1

中小城市绿皮书
中国中小城市发展报告（2018）
著(编)者：中国城市经济学会中小城市经济发展委员会
中国城镇化促进会中小城市发展委员会
《中国中小城市发展报告》编纂委员会
中小城市发展战略研究院
2018年11月出版 / 估价：128.00元
PSN G-2010-161-1/1

区域经济类

东北蓝皮书
中国东北地区发展报告（2018）
著(编)者：姜晓秋　2018年11月出版 / 估价：99.00元
PSN B-2006-067-1/1

金融蓝皮书
中国金融中心发展报告（2017~2018）
著(编)者：王力 黄育华　2018年11月出版 / 估价：99.00元
PSN B-2011-186-6/7

京津冀蓝皮书
京津冀发展报告（2018）
著(编)者：祝合良 叶堂林 张贵祥
2018年6月出版 / 估价：99.00元
PSN B-2012-262-1/1

西北蓝皮书
中国西北发展报告（2018）
著(编)者：王福生 马廷旭 董秋生
2018年1月出版 / 定价：99.00元
PSN B-2012-261-1/1

西部蓝皮书
中国西部发展报告（2018）
著(编)者：璋勇 任保平　2018年8月出版 / 估价：99.00元
PSN B-2005-039-1/1

长江经济带产业蓝皮书
长江经济带产业发展报告（2018）
著(编)者：吴传清　2018年11月出版 / 估价：128.00元
PSN B-2017-666-1/1

长江经济带蓝皮书
长江经济带发展报告（2017~2018）
著(编)者：王振　2018年11月出版 / 估价：99.00元
PSN B-2016-575-1/1

长江中游城市群蓝皮书
长江中游城市群新型城镇化与产业协同发展报告（2018）
著(编)者：杨刚强　2018年11月出版 / 估价：99.00元
PSN B-2016-578-1/1

长三角蓝皮书
2017年创新融合发展的长三角
著(编)者：刘飞跃　2018年5月出版 / 估价：99.00元
PSN B-2005-038-1/1

长株潭城市群蓝皮书
长株潭城市群发展报告（2017）
著(编)者：张萍 朱有志　2018年6月出版 / 估价：99.00元
PSN B-2008-109-1/1

特色小镇蓝皮书
特色小镇智慧运营报告（2018）：顶层设计与智慧架构标准
著(编)者：陈劲　2018年1月出版 / 定价：79.00元
PSN B-2018-692-1/1

中部竞争力蓝皮书
中国中部经济社会竞争力报告（2018）
著(编)者：教育部人文社会科学重点研究基地南昌大学中国中部经济社会发展研究中心
2018年12月出版 / 估价：99.00元
PSN B-2012-276-1/1

中部蓝皮书
中国中部地区发展报告（2018）
著(编)者：宋亚平　2018年12月出版 / 估价：99.00元
PSN B-2007-089-1/1

区域蓝皮书
中国区域经济发展报告（2017~2018）
著(编)者：赵弘　2018年5月出版 / 估价：99.00元
PSN B-2004-034-1/1

中三角蓝皮书
长江中游城市群发展报告（2018）
著(编)者：秦尊文　2018年9月出版 / 估价：99.00元
PSN B-2014-417-1/1

中原蓝皮书
中原经济区发展报告（2018）
著(编)者：李英杰　2018年6月出版 / 估价：99.00元
PSN B-2011-192-1/1

珠三角流通蓝皮书
珠三角商圈发展研究报告（2018）
著(编)者：王先庆 林至颖　2018年7月出版 / 估价：99.00元
PSN B-2012-292-1/1

社会政法类

北京蓝皮书
中国社区发展报告（2017~2018）
著(编)者：于燕燕　2018年9月出版 / 估价：99.00元
PSN B-2007-083-5/8

殡葬绿皮书
中国殡葬事业发展报告（2017~2018）
著(编)者：李伯森　2018年6月出版 / 估价：158.00元
PSN G-2010-180-1/1

城市管理蓝皮书
中国城市管理报告（2017-2018）
著(编)者：刘林 刘承水　2018年5月出版 / 估价：158.00元
PSN B-2013-336-1/1

城市生活质量蓝皮书
中国城市生活质量报告（2017）
著(编)者：张连城 张平 杨春学 郎丽华
2017年12月出版 / 定价：89.00元
PSN B-2013-326-1/1

城市政府能力蓝皮书
中国城市政府公共服务能力评估报告（2018）
著(编)者：何艳玲　2018年5月出版 / 估价：99.00元
PSN B-2013-338-1/1

创业蓝皮书
中国创业发展研究报告（2017～2018）
著(编)者：黄群慧 赵卫星 钟宏武
2018年11月出版 / 估价：99.00元
PSN B-2016-577-1/1

慈善蓝皮书
中国慈善发展报告（2018）
著(编)者：杨团　2018年6月出版 / 估价：99.00元
PSN B-2009-142-1/1

党建蓝皮书
党的建设研究报告No.2（2018）
著(编)者：崔建民 陈东平　2018年6月出版 / 估价：99.00元
PSN B-2016-523-1/1

地方法治蓝皮书
中国地方法治发展报告No.3（2018）
著(编)者：李林 田禾　2018年6月出版 / 估价：118.00元
PSN B-2015-442-1/1

电子政务蓝皮书
中国电子政务发展报告（2018）
著(编)者：李季　2018年8月出版 / 估价：99.00元
PSN B-2003-022-1/1

儿童蓝皮书
中国儿童参与状况报告（2017）
著(编)者：苑立新　2017年12月出版 / 定价：89.00元
PSN B-2017-682-1/1

法治蓝皮书
中国法治发展报告No.16（2018）
著(编)者：李林 田禾　2018年3月出版 / 定价：128.00元
PSN B-2004-027-1/3

法治蓝皮书
中国法院信息化发展报告 No.2（2018）
著(编)者：李林 田禾　2018年2月出版 / 定价：118.00元
PSN B-2017-604-3/3

法治政府蓝皮书
中国法治政府发展报告（2017）
著(编)者：中国政法大学法治政府研究院
2018年3月出版 / 定价：158.00元
PSN B-2015-502-1/2

法治政府蓝皮书
中国法治政府评估报告（2018）
著(编)者：中国政法大学法治政府研究院
2018年9月出版 / 估价：168.00元
PSN B-2016-576-2/2

反腐倡廉蓝皮书
中国反腐倡廉建设报告 No.8
著(编)者：张英伟　2018年12月出版 / 估价：99.00元
PSN B-2012-259-1/1

扶贫蓝皮书
中国扶贫开发报告（2018）
著(编)者：李培林 魏后凯　2018年12月出版 / 估价：128.00元
PSN B-2016-599-1/1

妇女发展蓝皮书
中国妇女发展报告 No.6
著(编)者：王金玲　2018年9月出版 / 估价：158.00元
PSN B-2006-069-1/1

妇女教育蓝皮书
中国妇女教育发展报告 No.3
著(编)者：张李玺　2018年10月出版 / 估价：99.00元
PSN B-2008-121-1/1

妇女绿皮书
2018年：中国性别平等与妇女发展报告
著(编)者：谭琳　2018年12月出版 / 估价：99.00元
PSN G-2006-073-1/1

公共安全蓝皮书
中国城市公共安全发展报告（2017～2018）
著(编)者：黄育华 杨文明 赵建辉
2018年6月出版 / 估价：99.00元
PSN B-2017-628-1/1

公共服务蓝皮书
中国城市基本公共服务力评价（2018）
著(编)者：钟君 刘志昌 吴正杲
2018年12月出版 / 估价：99.00元
PSN B-2011-214-1/1

公民科学素质蓝皮书
中国公民科学素质报告（2017～2018）
著(编)者：李群 陈雄 马宗文
2017年12月出版 / 定价：89.00元
PSN B-2014-379-1/1

公益蓝皮书
中国公益慈善发展报告（2016）
著(编)者：朱健刚 胡小军　2018年6月出版 / 估价：99.00元
PSN B-2012-283-1/1

国际人才蓝皮书
中国国际移民报告（2018）
著(编)者：王辉耀　2018年6月出版 / 估价：99.00元
PSN B-2012-304-3/4

国际人才蓝皮书
中国留学发展报告（2018）No.7
著(编)者：王辉耀 苗绿　2018年12月出版 / 估价：99.00元
PSN B-2012-244-2/4

海洋社会蓝皮书
中国海洋社会发展报告（2017）
著(编)者：崔凤 宋宁而　2018年3月出版 / 定价：99.00元
PSN B-2015-478-1/1

行政改革蓝皮书
中国行政体制改革报告No.7（2018）
著(编)者：魏礼群　2018年6月出版 / 估价：99.00元
PSN B-2011-231-1/1

华侨华人蓝皮书
华侨华人研究报告（2017）
著(编)者：张禹东 庄国土　　2017年12月出版 / 定价：148.00元
PSN B-2011-204-1/1

互联网与国家治理蓝皮书
互联网与国家治理发展报告（2017）
著(编)者：张志安　　2018年1月出版 / 定价：98.00元
PSN B-2017-671-1/1

环境管理蓝皮书
中国环境管理发展报告（2017）
著(编)者：李金惠　　2017年12月出版 / 定价：98.00元
PSN B-2017-678-1/1

环境竞争力绿皮书
中国省域环境竞争力发展报告（2018）
著(编)者：李建平 李闽榕 王金南
2018年11月出版 / 估价：198.00元
PSN G-2010-165-1/1

环境绿皮书
中国环境发展报告（2017～2018）
著(编)者：李波　　2018年6月出版 / 估价：99.00元
PSN G-2006-048-1/1

家庭蓝皮书
中国"创建幸福家庭活动"评估报告（2018）
著(编)者：国务院发展研究中心"创建幸福家庭活动评估"课题组
2018年12月出版 / 估价：99.00元
PSN B-2015-508-1/1

健康城市蓝皮书
中国健康城市建设研究报告（2018）
著(编)者：王鸿春 盛继洪　　2018年12月出版 / 估价：99.00元
PSN B-2016-564-2/2

健康中国蓝皮书
社区首诊与健康中国分析报告（2018）
著(编)者：高和荣 杨叔禹 姜杰
2018年6月出版 / 估价：99.00元
PSN B-2017-611-1/1

教师蓝皮书
中国中小学教师发展报告（2017）
著(编)者：曾晓东 鱼霞
2018年6月出版 / 估价：99.00元
PSN B-2012-289-1/1

教育扶贫蓝皮书
中国教育扶贫报告（2018）
著(编)者：司树杰 王文静 李兴洲
2018年12月出版 / 估价：99.00元
PSN B-2016-590-1/1

教育蓝皮书
中国教育发展报告（2018）
著(编)者：杨东平　　2018年3月出版 / 定价：89.00元
PSN B-2006-047-1/1

金融法治建设蓝皮书
中国金融法治建设年度报告（2015～2016）
著(编)者：朱小黄　　2018年6月出版 / 估价：99.00元
PSN B-2017-633-1/1

京津冀教育蓝皮书
京津冀教育发展研究报告（2017～2018）
著(编)者：方中雄　　2018年6月出版 / 估价：99.00元
PSN B-2017-608-1/1

就业蓝皮书
2018年中国本科生就业报告
著(编)者：麦可思研究院　　2018年6月出版 / 估价：99.00元
PSN B-2009-146-1/2

就业蓝皮书
2018年中国高职高专生就业报告
著(编)者：麦可思研究院　　2018年6月出版 / 估价：99.00元
PSN B-2015-472-2/2

科学教育蓝皮书
中国科学教育发展报告（2018）
著(编)者：王康友　　2018年10月出版 / 估价：99.00元
PSN B-2015-487-1/1

劳动保障蓝皮书
中国劳动保障发展报告（2018）
著(编)者：刘燕斌　　2018年9月出版 / 估价：158.00元
PSN B-2014-415-1/1

老龄蓝皮书
中国老年宜居环境发展报告（2017）
著(编)者：党俊武 周燕珉　　2018年6月出版 / 估价：99.00元
PSN B-2013-320-1/1

连片特困区蓝皮书
中国连片特困区发展报告（2017～2018）
著(编)者：游俊 冷志明 丁建军
2018年6月出版 / 估价：99.00元
PSN B-2013-321-1/1

流动儿童蓝皮书
中国流动儿童教育发展报告（2017）
著(编)者：杨东平　　2018年6月出版 / 估价：99.00元
PSN B-2017-600-1/1

民调蓝皮书
中国民生调查报告（2018）
著(编)者：谢耘耕　　2018年12月出版 / 估价：99.00元
PSN B-2014-398-1/1

民族发展蓝皮书
中国民族发展报告（2018）
著(编)者：王延中　　2018年10月出版 / 估价：188.00元
PSN B-2006-070-1/1

女性生活蓝皮书
中国女性生活状况报告No.12（2018）
著(编)者：高博燕　　2018年7月出版 / 估价：99.00元
PSN B-2006-071-1/1

汽车社会蓝皮书
中国汽车社会发展报告（2017～2018）
著(编)者：王俊秀　2018年6月出版 / 估价：99.00元
PSN B-2011-224-1/1

青年蓝皮书
中国青年发展报告（2018）No.3
著(编)者：廉思　2018年6月出版 / 估价：99.00元
PSN B-2013-333-1/1

青少年蓝皮书
中国未成年人互联网运用报告（2017～2018）
著(编)者：季为民 李文革 沈杰
2018年11月出版 / 估价：99.00元
PSN B-2010-156-1/1

人权蓝皮书
中国人权事业发展报告No.8（2018）
著(编)者：李君如　2018年9月出版 / 估价：99.00元
PSN B-2011-215-1/1

社会保障绿皮书
中国社会保障发展报告No.9（2018）
著(编)者：王延中　2018年6月出版 / 估价：99.00元
PSN G-2001-014-1/1

社会风险评估蓝皮书
风险评估与危机预警报告（2017～2018）
著(编)者：唐钧　2018年8月出版 / 估价：99.00元
PSN B-2012-293-1/1

社会工作蓝皮书
中国社会工作发展报告（2016~2017）
著(编)者：民政部社会工作研究中心
2018年8月出版 / 估价：99.00元
PSN B-2009-141-1/1

社会管理蓝皮书
中国社会管理创新报告No.6
著(编)者：连玉明　2018年11月出版 / 估价：99.00元
PSN B-2012-300-1/1

社会蓝皮书
2018年中国社会形势分析与预测
著(编)者：李培林 陈光金 张翼
2017年12月出版 / 定价：89.00元
PSN B-1998-002-1/1

社会体制蓝皮书
中国社会体制改革报告No.6（2018）
著(编)者：龚维斌　2018年3月出版 / 定价：98.00元
PSN B-2013-330-1/1

社会心态蓝皮书
中国社会心态研究报告（2018）
著(编)者：王俊秀　2018年12月出版 / 估价：99.00元
PSN B-2011-199-1/1

社会组织蓝皮书
中国社会组织报告（2017-2018）
著(编)者：黄晓勇　2018年6月出版 / 估价：99.00元
PSN B-2008-118-1/2

社会组织蓝皮书
中国社会组织评估发展报告（2018）
著(编)者：徐家良　2018年12月出版 / 估价：99.00元
PSN B-2013-366-2/2

生态城市绿皮书
中国生态城市建设发展报告（2018）
著(编)者：刘举科 孙伟平 胡文臻
2018年9月出版 / 估价：158.00元
PSN G-2012-269-1/1

生态文明绿皮书
中国省域生态文明建设评价报告（ECI 2018）
著(编)者：严耕　2018年12月出版 / 估价：99.00元
PSN G-2010-170-1/1

退休生活蓝皮书
中国城市居民退休生活质量指数报告（2017）
著(编)者：杨一帆　2018年6月出版 / 估价：99.00元
PSN B-2017-618-1/1

危机管理蓝皮书
中国危机管理报告（2018）
著(编)者：文学国 范正青
2018年8月出版 / 估价：99.00元
PSN B-2010-171-1/1

学会蓝皮书
2018年中国学会发展报告
著(编)者：麦可思研究院　2018年12月出版 / 估价：99.00元
PSN B-2016-597-1/1

医改蓝皮书
中国医药卫生体制改革报告（2017～2018）
著(编)者：文学国 房志武
2018年11月出版 / 估价：99.00元
PSN B-2014-432-1/1

应急管理蓝皮书
中国应急管理报告（2018）
著(编)者：宋英华　2018年9月出版 / 估价：99.00元
PSN B-2016-562-1/1

政府绩效评估蓝皮书
中国地方政府绩效评估报告 No.2
著(编)者：贠杰　2018年12月出版 / 估价：99.00元
PSN B-2017-672-1/1

政治参与蓝皮书
中国政治参与报告（2018）
著(编)者：房宁　2018年8月出版 / 估价：128.00元
PSN B-2011-200-1/1

政治文化蓝皮书
中国政治文化报告（2018）
著(编)者：邢元敏 魏大鹏 龚克
2018年8月出版 / 估价：128.00元
PSN B-2017-615-1/1

中国传统村落蓝皮书
中国传统村落保护现状报告（2018）
著(编)者：胡彬彬 李向军 王晓波
2018年12月出版 / 估价：99.00元
PSN B-2017-663-1/1

中国农村妇女发展蓝皮书
农村流动女性城市生活发展报告（2018）
著(编)者：谢丽华　2018年12月出版 / 估价：99.00元
PSN B-2014-434-1/1

宗教蓝皮书
中国宗教报告（2017）
著(编)者：邱永辉　2018年8月出版 / 估价：99.00元
PSN B-2008-117-1/1

产业经济类

保健蓝皮书
中国保健服务产业发展报告 No.2
著(编)者：中国保健协会　中共中央党校
2018年7月出版 / 估价：198.00元
PSN B-2012-272-3/3

保健蓝皮书
中国保健食品产业发展报告 No.2
著(编)者：中国保健协会
中国社会科学院食品药品产业发展与监管研究中心
2018年8月出版 / 估价：198.00元
PSN B-2012-271-2/3

保健蓝皮书
中国保健用品产业发展报告 No.2
著(编)者：中国保健协会
国务院国有资产监督管理委员会研究中心
2018年6月出版 / 估价：198.00元
PSN B-2012-270-1/3

保险蓝皮书
中国保险业竞争力报告（2018）
著(编)者：保监会　2018年12月出版 / 估价：99.00元
PSN B-2013-311-1/1

冰雪蓝皮书
中国冰上运动产业发展报告（2018）
著(编)者：孙承华 杨占武 刘戈 张鸿俊
2018年9月出版 / 估价：99.00元
PSN B-2017-648-3/3

冰雪蓝皮书
中国滑雪产业发展报告（2018）
著(编)者：孙承华 伍斌 魏庆华 张鸿俊
2018年9月出版 / 估价：99.00元
PSN B-2016-559-1/3

餐饮产业蓝皮书
中国餐饮产业发展报告（2018）
著(编)者：邢颖
2018年6月出版 / 估价：99.00元
PSN B-2009-151-1/1

茶业蓝皮书
中国茶产业发展报告（2018）
著(编)者：杨江帆 李闽榕
2018年10月出版 / 估价：99.00元
PSN B-2010-164-1/1

产业安全蓝皮书
中国文化产业安全报告（2018）
著(编)者：北京印刷学院文化产业安全研究院
2018年12月出版 / 估价：99.00元
PSN B-2014-378-12/14

产业安全蓝皮书
中国新媒体产业安全报告（2016～2017）
著(编)者：肖丽　2018年6月出版 / 估价：99.00元
PSN B-2015-500-14/14

产业安全蓝皮书
中国出版传媒产业安全报告（2017～2018）
著(编)者：北京印刷学院文化产业安全研究院
2018年6月出版 / 估价：99.00元
PSN B-2014-384-13/14

产业蓝皮书
中国产业竞争力报告（2018）No.8
著(编)者：张其仔　2018年12月出版 / 估价：168.00元
PSN B-2010-175-1/1

动力电池蓝皮书
中国新能源汽车动力电池产业发展报告（2018）
著(编)者：中国汽车技术研究中心
2018年8月出版 / 估价：99.00元
PSN B-2017-639-1/1

杜仲产业绿皮书
中国杜仲橡胶资源与产业发展报告（2017～2018）
著(编)者：杜红岩 胡文臻 俞锐
2018年6月出版 / 估价：99.00元
PSN G-2013-350-1/1

房地产蓝皮书
中国房地产发展报告No.15（2018）
著(编)者：李春华 王业强
2018年5月出版 / 估价：99.00元
PSN B-2004-028-1/1

服务外包蓝皮书
中国服务外包产业发展报告（2017～2018）
著(编)者：王晓红 刘德军
2018年6月出版 / 估价：99.00元
PSN B-2013-331-2/2

服务外包蓝皮书
中国服务外包竞争力报告（2017～2018）
著(编)者：刘春生 王力 黄育华
2018年12月出版 / 估价：99.00元
PSN B-2011-216-1/2

工业和信息化蓝皮书
世界信息技术产业发展报告（2017～2018）
著(编)者：尹丽波　2018年6月出版 / 估价：99.00元
PSN B-2015-449-2/6

工业和信息化蓝皮书
战略性新兴产业发展报告（2017～2018）
著(编)者：尹丽波　2018年6月出版 / 估价：99.00元
PSN B-2015-450-3/6

海洋经济蓝皮书
中国海洋经济发展报告（2015～2018）
著(编)者：殷克东 高金田 方胜民
2018年3月出版 / 定价：128.00元
PSN B-2018-697-1/1

康养蓝皮书
中国康养产业发展报告（2017）
著(编)者：何莽　2017年12月出版 / 定价：88.00元
PSN B-2017-685-1/1

客车蓝皮书
中国客车产业发展报告（2017～2018）
著(编)者：姚蔚　2018年10月出版 / 估价：99.00元
PSN B-2013-361-1/1

流通蓝皮书
中国商业发展报告（2018～2019）
著(编)者：王雪峰 林诗慧
2018年7月出版 / 估价：99.00元
PSN B-2009-152-1/2

能源蓝皮书
中国能源发展报告（2018）
著(编)者：崔民选 王军生 陈义和
2018年12月出版 / 估价：99.00元
PSN B-2006-049-1/1

农产品流通蓝皮书
中国农产品流通产业发展报告（2017）
著(编)者：贾敬敦 张东科 张玉玺 张鹏毅 周伟
2018年6月出版 / 估价：99.00元
PSN B-2012-288-1/1

汽车工业蓝皮书
中国汽车工业发展年度报告（2018）
著(编)者：中国汽车工业协会
中国汽车技术研究中心
丰田汽车公司
2018年5月出版 / 估价：168.00元
PSN B-2015-463-1/2

汽车工业蓝皮书
中国汽车零部件产业发展报告（2017～2018）
著(编)者：中国汽车工业协会
中国汽车工程研究院深圳市沃特玛电池有限公司
2018年9月出版 / 估价：99.00元
PSN B-2016-515-2/2

汽车蓝皮书
中国汽车产业发展报告（2018）
著(编)者：中国汽车工程学会
大众汽车集团（中国）
2018年11月出版 / 估价：99.00元
PSN B-2008-124-1/1

世界茶业蓝皮书
世界茶业发展报告（2018）
著(编)者：李闽榕 冯廷佺
2018年5月出版 / 估价：168.00元
PSN B-2017-619-1/1

世界能源蓝皮书
世界能源发展报告（2018）
著(编)者：黄晓勇　2018年6月出版 / 估价：168.00元
PSN B-2013-349-1/1

石油蓝皮书
中国石油产业发展报告（2018）
著(编)者：中国石油化工集团公司经济技术研究院
中国国际石油化工联合有限责任公司
中国社会科学院数量经济与技术经济研究所
2018年2月出版 / 定价：98.00元
PSN B-2018-690-1/1

体育蓝皮书
国家体育产业基地发展报告（2016～2017）
著(编)者：李颖川　2018年6月出版 / 估价：168.00元
PSN B-2017-609-5/5

体育蓝皮书
中国体育产业发展报告（2018）
著(编)者：阮伟 钟秉枢
2018年12月出版 / 估价：99.00元
PSN B-2010-179-1/5

文化金融蓝皮书
中国文化金融发展报告（2018）
著(编)者：杨涛 金巍
2018年6月出版 / 估价：99.00元
PSN B-2017-610-1/1

新能源汽车蓝皮书
中国新能源汽车产业发展报告（2018）
著(编)者：中国汽车技术研究中心
日产（中国）投资有限公司
东风汽车有限公司
2018年8月出版 / 估价：99.00元
PSN B-2013-347-1/1

薏仁米产业蓝皮书
中国薏仁米产业发展报告No.2（2018）
著(编)者：李发耀 石明 秦礼康
2018年8月出版 / 估价：99.00元
PSN B-2017-645-1/1

邮轮绿皮书
中国邮轮产业发展报告（2018）
著(编)者：汪泓　2018年10月出版 / 估价：99.00元
PSN G-2014-419-1/1

智能养老蓝皮书
中国智能养老产业发展报告（2018）
著(编)者：朱勇　2018年10月出版 / 估价：99.00元
PSN B-2015-488-1/1

中国节能汽车蓝皮书
中国节能汽车发展报告（2017～2018）
著(编)者：中国汽车工程研究院股份有限公司
2018年9月出版 / 估价：99.00元
PSN B-2016-565-1/1

中国陶瓷产业蓝皮书
中国陶瓷产业发展报告（2018）
著(编)者：左和平 黄速建
2018年10月出版 / 估价：99.00元
PSN B-2016-573-1/1

装备制造业蓝皮书
中国装备制造业发展报告（2018）
著(编)者：徐东华
2018年12月出版 / 估价：118.00元
PSN B-2015-505-1/1

行业及其他类

“三农”互联网金融蓝皮书
中国“三农”互联网金融发展报告（2018）
著(编)者：李勇坚 王弢
2018年8月出版 / 估价：99.00元
PSN B-2016-560-1/1

SUV蓝皮书
中国SUV市场发展报告（2017~2018）
著(编)者：靳军 2018年9月出版 / 估价：99.00元
PSN B-2016-571-1/1

冰雪蓝皮书
中国冬季奥运会发展报告（2018）
著(编)者：孙承华 伍斌 魏庆华 张鸿俊
2018年9月出版 / 估价：99.00元
PSN B-2017-647-2/3

彩票蓝皮书
中国彩票发展报告（2018）
著(编)者：益彩基金 2018年6月出版 / 估价：99.00元
PSN B-2015-462-1/1

测绘地理信息蓝皮书
测绘地理信息供给侧结构性改革研究报告（2018）
著(编)者：库热西・买合苏提
2018年12月出版 / 估价：168.00元
PSN B-2009-145-1/1

产权市场蓝皮书
中国产权市场发展报告（2017）
著(编)者：曹和平
2018年5月出版 / 估价：99.00元
PSN B-2009-147-1/1

城投蓝皮书
中国城投行业发展报告（2018）
著(编)者：华景斌
2018年11月出版 / 估价：300.00元
PSN B-2016-514-1/1

城市轨道交通蓝皮书
中国城市轨道交通运营发展报告（2017~2018）
著(编)者：崔学忠 贾文峥
2018年3月出版 / 定价：89.00元
PSN B-2018-694-1/1

大数据蓝皮书
中国大数据发展报告（No.2）
著(编)者：连玉明 2018年5月出版 / 估价：99.00元
PSN B-2017-620-1/1

大数据应用蓝皮书
中国大数据应用发展报告No.2（2018）
著(编)者：陈军君 2018年8月出版 / 估价：99.00元
PSN B-2017-644-1/1

对外投资与风险蓝皮书
中国对外直接投资与国家风险报告（2018）
著(编)者：中债资信评估有限责任公司
中国社会科学院世界经济与政治研究所
2018年6月出版 / 估价：189.00元
PSN B-2017-606-1/1

工业和信息化蓝皮书
人工智能发展报告（2017~2018）
著(编)者：尹丽波 2018年6月出版 / 估价：99.00元
PSN B-2015-448-1/6

工业和信息化蓝皮书
世界智慧城市发展报告（2017~2018）
著(编)者：尹丽波 2018年6月出版 / 估价：99.00元
PSN B-2017-624-6/6

工业和信息化蓝皮书
世界网络安全发展报告（2017~2018）
著(编)者：尹丽波 2018年6月出版 / 估价：99.00元
PSN B-2015-452-5/6

工业和信息化蓝皮书
世界信息化发展报告（2017~2018）
著(编)者：尹丽波 2018年6月出版 / 估价：99.00元
PSN B-2015-451-4/6

工业设计蓝皮书
中国工业设计发展报告（2018）
著(编)者：王晓红 于炜 张立群 2018年9月出版 / 估价：168.00元
PSN B-2014-420-1/1

公共关系蓝皮书
中国公共关系发展报告（2017）
著(编)者：柳斌杰 2018年1月出版 / 定价：89.00元
PSN B-2016-579-1/1

公共关系蓝皮书
中国公共关系发展报告（2018）
著(编)者：柳斌杰　2018年11月出版 / 估价：99.00元
PSN B-2016-579-1/1

管理蓝皮书
中国管理发展报告（2018）
著(编)者：张晓东　2018年10月出版 / 估价：99.00元
PSN B-2014-416-1/1

轨道交通蓝皮书
中国轨道交通行业发展报告（2017）
著(编)者：仲建华 李闽榕
2017年12月出版 / 定价：98.00元
PSN B-2017-674-1/1

海关发展蓝皮书
中国海关发展前沿报告（2018）
著(编)者：干春晖　2018年6月出版 / 估价：99.00元
PSN B-2017-616-1/1

互联网医疗蓝皮书
中国互联网健康医疗发展报告（2018）
著(编)者：芮晓武　2018年6月出版 / 估价：99.00元
PSN B-2016-567-1/1

黄金市场蓝皮书
中国商业银行黄金业务发展报告（2017～2018）
著(编)者：平安银行　2018年6月出版 / 估价：99.00元
PSN B-2016-524-1/1

会展蓝皮书
中外会展业动态评估研究报告（2018）
著(编)者：张敏 任中峰 聂鑫焱 牛盼强
2018年12月出版 / 估价：99.00元
PSN B-2013-327-1/1

基金会蓝皮书
中国基金会发展报告（2017~2018）
著(编)者：中国基金会发展报告课题组
2018年6月出版 / 估价：99.00元
PSN B-2013-368-1/1

基金会绿皮书
中国基金会发展独立研究报告（2018）
著(编)者：基金会中心网　中央民族大学基金会研究中心
2018年6月出版 / 估价：99.00元
PSN G-2011-213-1/1

基金会透明度蓝皮书
中国基金会透明度发展研究报告（2018）
著(编)者：基金会中心网
清华大学廉政与治理研究中心
2018年9月出版 / 估价：99.00元
PSN B-2013-339-1/1

建筑装饰蓝皮书
中国建筑装饰行业发展报告（2018）
著(编)者：葛道顺 刘晓一
2018年10月出版 / 估价：198.00元
PSN B-2016-553-1/1

金融监管蓝皮书
中国金融监管报告（2018）
著(编)者：胡滨　2018年3月出版 / 定价：98.00元
PSN B-2012-281-1/1

金融蓝皮书
中国互联网金融行业分析与评估（2018～2019）
著(编)者：黄国平 伍旭川　2018年12月出版 / 估价：99.00元
PSN B-2016-585-7/7

金融科技蓝皮书
中国金融科技发展报告（2018）
著(编)者：李扬 孙国峰　2018年10月出版 / 估价：99.00元
PSN B-2014-374-1/1

金融信息服务蓝皮书
中国金融信息服务发展报告（2018）
著(编)者：李平　2018年5月出版 / 估价：99.00元
PSN B-2017-621-1/1

金蜜蜂企业社会责任蓝皮书
金蜜蜂中国企业社会责任报告研究（2017）
著(编)者：殷格非 于志宏 管竹笋
2018年1月出版 / 定价：99.00元
PSN B-2018-693-1/1

京津冀金融蓝皮书
京津冀金融发展报告（2018）
著(编)者：王爱俭 王璟怡　2018年10月出版 / 估价：99.00元
PSN B-2016-527-1/1

科普蓝皮书
国家科普能力发展报告（2018）
著(编)者：王康友　2018年5月出版 / 估价：138.00元
PSN B-2017-632-4/4

科普蓝皮书
中国基层科普发展报告（2017～2018）
著(编)者：赵立新 陈玲　2018年9月出版 / 估价：99.00元
PSN B-2016-568-3/4

科普蓝皮书
中国科普基础设施发展报告（2017～2018）
著(编)者：任福君　2018年6月出版 / 估价：99.00元
PSN B-2010-174-1/3

科普蓝皮书
中国科普人才发展报告（2017～2018）
著(编)者：郑念 任嵘嵘　2018年7月出版 / 估价：99.00元
PSN B-2016-512-2/4

科普能力蓝皮书
中国科普能力评价报告（2018～2019）
著(编)者：李富强 李群　2018年8月出版 / 估价：99.00元
PSN B-2016-555-1/1

临空经济蓝皮书
中国临空经济发展报告（2018）
著(编)者：连玉明　2018年9月出版 / 估价：99.00元
PSN B-2014-421-1/1

旅游安全蓝皮书
中国旅游安全报告（2018）
著(编)者：郑向敏 谢朝武　2018年5月出版 / 估价：158.00元
PSN B-2012-280-1/1

旅游绿皮书
2017~2018年中国旅游发展分析与预测
著(编)者：宋瑞　2018年1月出版 / 定价：99.00元
PSN G-2002-018-1/1

煤炭蓝皮书
中国煤炭工业发展报告（2018）
著(编)者：岳福斌　2018年12月出版 / 估价：99.00元
PSN B-2008-123-1/1

民营企业社会责任蓝皮书
中国民营企业社会责任报告（2018）
著(编)者：中华全国工商业联合会
2018年12月出版 / 估价：99.00元
PSN B-2015-510-1/1

民营医院蓝皮书
中国民营医院发展报告（2017）
著(编)者：薛晓林　2017年12月出版 / 定价：89.00元
PSN B-2012-299-1/1

闽商蓝皮书
闽商发展报告（2018）
著(编)者：李闽榕 王日根 林琛
2018年12月出版 / 估价：99.00元
PSN B-2012-298-1/1

农业应对气候变化蓝皮书
中国农业气象灾害及其灾损评估报告（No.3）
著(编)者：矫梅燕　2018年6月出版 / 估价：118.00元
PSN B-2014-413-1/1

品牌蓝皮书
中国品牌战略发展报告（2018）
著(编)者：汪同三　2018年10月出版 / 估价：99.00元
PSN B-2016-580-1/1

企业扶贫蓝皮书
中国企业扶贫研究报告（2018）
著(编)者：钟宏武　2018年12月出版 / 估价：99.00元
PSN B-2016-593-1/1

企业公益蓝皮书
中国企业公益研究报告（2018）
著(编)者：钟宏武 汪杰 黄晓娟
2018年12月出版 / 估价：99.00元
PSN B-2015-501-1/1

企业国际化蓝皮书
中国企业全球化报告（2018）
著(编)者：王辉耀 苗绿　2018年11月出版 / 估价：99.00元
PSN B-2014-427-1/1

企业蓝皮书
中国企业绿色发展报告No.2（2018）
著(编)者：李红玉 朱光辉
2018年8月出版 / 估价：99.00元
PSN B-2015-481-2/2

企业社会责任蓝皮书
中资企业海外社会责任研究报告（2017~2018）
著(编)者：钟宏武 叶柳红 张蒽
2018年6月出版 / 估价：99.00元
PSN B-2017-603-2/2

企业社会责任蓝皮书
中国企业社会责任研究报告（2018）
著(编)者：黄群慧 钟宏武 张蒽 汪杰
2018年11月出版 / 估价：99.00元
PSN B-2009-149-1/2

汽车安全蓝皮书
中国汽车安全发展报告（2018）
著(编)者：中国汽车技术研究中心
2018年8月出版 / 估价：99.00元
PSN B-2014-385-1/1

汽车电子商务蓝皮书
中国汽车电子商务发展报告（2018）
著(编)者：中华全国工商业联合会汽车经销商商会
北方工业大学
北京易观智库网络科技有限公司
2018年10月出版 / 估价：158.00元
PSN B-2015-485-1/1

汽车知识产权蓝皮书
中国汽车产业知识产权发展报告（2018）
著(编)者：中国汽车工程研究院股份有限公司
中国汽车工程学会
重庆长安汽车股份有限公司
2018年12月出版 / 估价：99.00元
PSN B-2016-594-1/1

青少年体育蓝皮书
中国青少年体育发展报告（2017）
著(编)者：刘扶民 杨桦　2018年6月出版 / 估价：99.00元
PSN B-2015-482-1/1

区块链蓝皮书
中国区块链发展报告（2018）
著(编)者：李伟　2018年9月出版 / 估价：99.00元
PSN B-2017-649-1/1

群众体育蓝皮书
中国群众体育发展报告（2017）
著(编)者：刘国永 戴健　2018年5月出版 / 估价：99.00元
PSN B-2014-411-1/3

群众体育蓝皮书
中国社会体育指导员发展报告（2018）
著(编)者：刘国永 王欢　2018年6月出版 / 估价：99.00元
PSN B-2016-520-3/3

人力资源蓝皮书
中国人力资源发展报告（2018）
著(编)者：余兴安　2018年11月出版 / 估价：99.00元
PSN B-2012-287-1/1

融资租赁蓝皮书
中国融资租赁业发展报告（2017~2018）
著(编)者：李光荣 王力　2018年8月出版 / 估价：99.00元
PSN B-2015-443-1/1

商会蓝皮书
中国商会发展报告No.5（2017）
著(编)者：王钦敏　2018年7月出版 / 估价：99.00元
PSN B-2008-125-1/1

商务中心区蓝皮书
中国商务中心区发展报告No.4（2017~2018）
著(编)者：李国红 单菁菁　2018年9月出版 / 估价：99.00元
PSN B-2015-444-1/1

设计产业蓝皮书
中国创新设计发展报告（2018）
著(编)者：王晓红 张立群 于炜
2018年11月出版 / 估价：99.00元
PSN B-2016-581-2/2

社会责任管理蓝皮书
中国上市公司社会责任能力成熟度报告No.4（2018）
著(编)者：肖红军 王晓光 李伟阳
2018年12月出版 / 估价：99.00元
PSN B-2015-507-2/2

社会责任管理蓝皮书
中国企业公众透明度报告No.4（2017~2018）
著(编)者：黄速建 熊梦 王晓光 肖红军
2018年6月出版 / 估价：99.00元
PSN B-2015-440-1/2

食品药品蓝皮书
食品药品安全与监管政策研究报告（2016~2017）
著(编)者：唐民皓　2018年6月出版 / 估价：99.00元
PSN B-2009-129-1/1

输血服务蓝皮书
中国输血行业发展报告（2018）
著(编)者：孙俊　2018年12月出版 / 估价：99.00元
PSN B-2016-582-1/1

水利风景区蓝皮书
中国水利风景区发展报告（2018）
著(编)者：董建文 兰思仁
2018年10月出版 / 估价：99.00元
PSN B-2015-480-1/1

数字经济蓝皮书
全球数字经济竞争力发展报告（2017）
著(编)者：王振　2017年12月出版 / 定价：79.00元
PSN B-2017-673-1/1

私募市场蓝皮书
中国私募股权市场发展报告（2017~2018）
著(编)者：曹和平　2018年12月出版 / 估价：99.00元
PSN B-2010-162-1/1

碳排放权交易蓝皮书
中国碳排放权交易报告（2018）
著(编)者：孙永平　2018年11月出版 / 估价：99.00元
PSN B-2017-652-1/1

碳市场蓝皮书
中国碳市场报告（2018）
著(编)者：定金彪　2018年11月出版 / 估价：99.00元
PSN B-2014-430-1/1

体育蓝皮书
中国公共体育服务发展报告（2018）
著(编)者：戴健　2018年12月出版 / 估价：99.00元
PSN B-2013-367-2/5

土地市场蓝皮书
中国农村土地市场发展报告（2017~2018）
著(编)者：李光荣　2018年6月出版 / 估价：99.00元
PSN B-2016-526-1/1

土地整治蓝皮书
中国土地整治发展研究报告（No.5）
著(编)者：国土资源部土地整治中心
2018年7月出版 / 估价：99.00元
PSN B-2014-401-1/1

土地政策蓝皮书
中国土地政策研究报告（2018）
著(编)者：高延利 张建平 吴次芳
2018年1月出版 / 定价：98.00元
PSN B-2015-506-1/1

网络空间安全蓝皮书
中国网络空间安全发展报告（2018）
著(编)者：惠志斌 覃庆玲
2018年11月出版 / 估价：99.00元
PSN B-2015-466-1/1

文化志愿服务蓝皮书
中国文化志愿服务发展报告（2018）
著(编)者：张永新 良警宇　2018年11月出版 / 估价：128.00元
PSN B-2016-596-1/1

西部金融蓝皮书
中国西部金融发展报告（2017~2018）
著(编)者：李忠民　2018年8月出版 / 估价：99.00元
PSN B-2010-160-1/1

协会商会蓝皮书
中国行业协会商会发展报告（2017）
著(编)者：景朝阳 李勇　2018年6月出版 / 估价：99.00元
PSN B-2015-461-1/1

新三板蓝皮书
中国新三板市场发展报告（2018）
著(编)者：王力　2018年8月出版 / 估价：99.00元
PSN B-2016-533-1/1

信托市场蓝皮书
中国信托业市场报告（2017~2018）
著(编)者：用益金融信托研究院
2018年6月出版 / 估价：198.00元
PSN B-2014-371-1/1

信息化蓝皮书
中国信息化形势分析与预测（2017~2018）
著(编)者：周宏仁　2018年8月出版 / 估价：99.00元
PSN B-2010-168-1/1

信用蓝皮书
中国信用发展报告（2017~2018）
著(编)者：章政 田侃　2018年6月出版 / 估价：99.00元
PSN B-2013-328-1/1

休闲绿皮书
2017～2018年中国休闲发展报告
著(编)者：宋瑞　2018年7月出版 / 估价：99.00元
PSN G-2010-158-1/1

休闲体育蓝皮书
中国休闲体育发展报告（2017～2018）
著(编)者：李相如 钟秉枢
2018年10月出版 / 估价：99.00元
PSN B-2016-516-1/1

养老金融蓝皮书
中国养老金融发展报告（2018）
著(编)者：董克用 姚余栋
2018年9月出版 / 估价：99.00元
PSN B-2016-583-1/1

遥感监测绿皮书
中国可持续发展遥感监测报告（2017）
著(编)者：顾行发 汪克强 潘教峰 李闽榕 徐东华 王琦安
2018年6月出版 / 估价：298.00元
PSN B-2017-629-1/1

药品流通蓝皮书
中国药品流通行业发展报告（2018）
著(编)者：佘鲁林 温再兴
2018年7月出版 / 估价：198.00元
PSN B-2014-429-1/1

医疗器械蓝皮书
中国医疗器械行业发展报告（2018）
著(编)者：王宝亭 耿鸿武
2018年10月出版 / 估价：99.00元
PSN B-2017-661-1/1

医院蓝皮书
中国医院竞争力报告（2017~2018）
著(编)者：庄一强　2018年3月出版 / 定价：108.00元
PSN B-2016-528-1/1

瑜伽蓝皮书
中国瑜伽业发展报告（2017~2018）
著(编)者：张永建 徐华锋 朱泰余
2018年6月出版 / 估价：198.00元
PSN B-2017-625-1/1

债券市场蓝皮书
中国债券市场发展报告（2017～2018）
著(编)者：杨农　2018年10月出版 / 估价：99.00元
PSN B-2016-572-1/1

志愿服务蓝皮书
中国志愿服务发展报告（2018）
著(编)者：中国志愿服务联合会
2018年11月出版 / 估价：99.00元
PSN B-2017-664-1/1

中国上市公司蓝皮书
中国上市公司发展报告（2018）
著(编)者：张鹏 张平 黄胤英
2018年9月出版 / 估价：99.00元
PSN B-2014-414-1/1

中国新三板蓝皮书
中国新三板创新与发展报告（2018）
著(编)者：刘平安 闻召林
2018年8月出版 / 估价：158.00元
PSN B-2017-638-1/1

中国汽车品牌蓝皮书
中国乘用车品牌发展报告（2017）
著(编)者：《中国汽车报》社有限公司
博世（中国）投资有限公司
中国汽车技术研究中心数据资源中心
2018年1月出版 / 定价：89.00元
PSN B-2017-679-1/1

中医文化蓝皮书
北京中医药文化传播发展报告（2018）
著(编)者：毛嘉陵　2018年6月出版 / 估价：99.00元
PSN B-2015-468-1/2

中医文化蓝皮书
中国中医药文化传播发展报告（2018）
著(编)者：毛嘉陵　2018年7月出版 / 估价：99.00元
PSN B-2016-584-2/2

中医药蓝皮书
北京中医药知识产权发展报告No.2
著(编)者：汪洪 屠志涛　2018年6月出版 / 估价：168.00元
PSN B-2017-602-1/1

资本市场蓝皮书
中国场外交易市场发展报告（2016～2017）
著(编)者：高峦　2018年6月出版 / 估价：99.00元
PSN B-2009-153-1/1

资产管理蓝皮书
中国资产管理行业发展报告（2018）
著(编)者：郑智　2018年7月出版 / 估价：99.00元
PSN B-2014-407-2/2

资产证券化蓝皮书
中国资产证券化发展报告（2018）
著(编)者：沈炳熙 曹彤 李哲平
2018年4月出版 / 定价：98.00元
PSN B-2017-660-1/1

自贸区蓝皮书
中国自贸区发展报告（2018）
著(编)者：王力 黄育华
2018年6月出版 / 估价：99.00元
PSN B-2016-558-1/1

国际问题与全球治理类

“一带一路”跨境通道蓝皮书
“一带一路”跨境通道建设研究报（2017～2018）
著(编)者：余鑫 张秋生　　2018年1月出版 / 定价：89.00元
PSN B-2016-557-1/1

“一带一路”蓝皮书
“一带一路”建设发展报告（2018）
著(编)者：李永全　　2018年3月出版 / 定价：98.00元
PSN B-2016-552-1/1

“一带一路”投资安全蓝皮书
中国“一带一路”投资与安全研究报告（2018）
著(编)者：邹统钎 梁昊光　　2018年4月出版 / 定价：98.00元
PSN B-2017-612-1/1

“一带一路”文化交流蓝皮书
中阿文化交流发展报告（2017）
著(编)者：王辉　　2017年12月出版 / 定价：89.00元
PSN B-2017-655-1/1

G20国家创新竞争力黄皮书
二十国集团（G20）国家创新竞争力发展报告（2017～2018）
著(编)者：李建平 李闽榕 赵新力 周天勇
2018年7月出版 / 估价：168.00元
PSN Y-2011-229-1/1

阿拉伯黄皮书
阿拉伯发展报告（2016～2017）
著(编)者：罗林　　2018年6月出版 / 估价：99.00元
PSN Y-2014-381-1/1

北部湾蓝皮书
泛北部湾合作发展报告（2017～2018）
著(编)者：吕余生　　2018年12月出版 / 估价：99.00元
PSN B-2008-114-1/1

北极蓝皮书
北极地区发展报告（2017）
著(编)者：刘惠荣　　2018年7月出版 / 估价：99.00元
PSN B-2017-634-1/1

大洋洲蓝皮书
大洋洲发展报告（2017～2018）
著(编)者：喻常森　　2018年10月出版 / 估价：99.00元
PSN B-2013-341-1/1

东北亚区域合作蓝皮书
2017年“一带一路”倡议与东北亚区域合作
著(编)者：刘亚政 金美花
2018年5月出版 / 估价：99.00元
PSN B-2017-631-1/1

东盟黄皮书
东盟发展报告（2017）
著(编)者：杨静林 庄国土　　2018年6月出版 / 估价：99.00元
PSN Y-2012-303-1/1

东南亚蓝皮书
东南亚地区发展报告（2017～2018）
著(编)者：王勤　　2018年12月出版 / 估价：99.00元
PSN B-2012-240-1/1

非洲黄皮书
非洲发展报告No.20（2017～2018）
著(编)者：张宏明　　2018年7月出版 / 估价：99.00元
PSN Y-2012-239-1/1

非传统安全蓝皮书
中国非传统安全研究报告（2017～2018）
著(编)者：潇枫 罗中枢　　2018年8月出版 / 估价：99.00元
PSN B-2012-273-1/1

国际安全蓝皮书
中国国际安全研究报告（2018）
著(编)者：刘慧　　2018年7月出版 / 估价：99.00元
PSN B-2016-521-1/1

国际城市蓝皮书
国际城市发展报告（2018）
著(编)者：屠启宇　　2018年2月出版 / 定价：89.00元
PSN B-2012-260-1/1

国际形势黄皮书
全球政治与安全报告（2018）
著(编)者：张宇燕　　2018年1月出版 / 定价：99.00元
PSN Y-2001-016-1/1

公共外交蓝皮书
中国公共外交发展报告（2018）
著(编)者：赵启正 雷蔚真　　2018年6月出版 / 估价：99.00元
PSN B-2015-457-1/1

海丝蓝皮书
21世纪海上丝绸之路研究报告（2017）
著(编)者：华侨大学海上丝绸之路研究院
2017年12月出版 / 定价：89.00元
PSN B-2017-684-1/1

金砖国家黄皮书
金砖国家综合创新竞争力发展报告（2018）
著(编)者：赵新力 李闽榕 黄茂兴
2018年8月出版 / 估价：128.00元
PSN Y-2017-643-1/1

拉美黄皮书
拉丁美洲和加勒比发展报告（2017～2018）
著(编)者：袁东振　　2018年6月出版 / 估价：99.00元
PSN Y-1999-007-1/1

澜湄合作蓝皮书
澜沧江-湄公河合作发展报告（2018）
著(编)者：刘稚　　2018年9月出版 / 估价：99.00元
PSN B-2011-196-1/1

欧洲蓝皮书
欧洲发展报告（2017～2018）
著(编)者：黄平 周弘 程卫东
2018年6月出版 / 估价：99.00元
PSN B-1999-009-1/1

葡语国家蓝皮书
葡语国家发展报告（2016～2017）
著(编)者：王成安 张敏 刘金兰
2018年6月出版 / 估价：99.00元
PSN B-2015-503-1/2

葡语国家蓝皮书
中国与葡语国家关系发展报告·巴西（2016）
著(编)者：张曙光
2018年8月出版 / 估价：99.00元
PSN B-2016-563-2/2

气候变化绿皮书
应对气候变化报告（2018）
著(编)者：王伟光 郑国光
2018年11月出版 / 估价：99.00元
PSN G-2009-144-1/1

全球环境竞争力绿皮书
全球环境竞争力报告（2018）
著(编)者：李建平 李闽榕 王金南
2018年12月出版 / 估价：198.00元
PSN G-2013-363-1/1

全球信息社会蓝皮书
全球信息社会发展报告（2018）
著(编)者：丁波涛 唐涛 2018年10月出版 / 估价：99.00元
PSN B-2017-665-1/1

日本经济蓝皮书
日本经济与中日经贸关系研究报告（2018）
著(编)者：张季风 2018年6月出版 / 估价：99.00元
PSN B-2008-102-1/1

上海合作组织黄皮书
上海合作组织发展报告（2018）
著(编)者：李进峰 2018年6月出版 / 估价：99.00元
PSN Y-2009-130-1/1

世界创新竞争力黄皮书
世界创新竞争力发展报告（2017）
著(编)者：李建平 李闽榕 赵新力
2018年6月出版 / 估价：168.00元
PSN Y-2013-318-1/1

世界经济黄皮书
2018年世界经济形势分析与预测
著(编)者：张宇燕 2018年1月出版 / 定价：99.00元
PSN Y-1999-006-1/1

世界能源互联互通蓝皮书
世界能源清洁发展与互联互通评估报告（2017）：欧洲篇
著(编)者：国网能源研究院
2018年1月出版 / 定价：128.00元
PSN B-2018-695-1/1

丝绸之路蓝皮书
丝绸之路经济带发展报告（2018）
著(编)者：任宗哲 白宽犁 谷孟宾
2018年1月出版 / 定价：89.00元
PSN B-2014-410-1/1

新兴经济体蓝皮书
金砖国家发展报告（2018）
著(编)者：林跃勤 周文
2018年8月出版 / 估价：99.00元
PSN B-2011-195-1/1

亚太蓝皮书
亚太地区发展报告（2018）
著(编)者：李向阳 2018年5月出版 / 估价：99.00元
PSN B-2001-015-1/1

印度洋地区蓝皮书
印度洋地区发展报告（2018）
著(编)者：汪戎 2018年6月出版 / 估价：99.00元
PSN B-2013-334-1/1

印度尼西亚经济蓝皮书
印度尼西亚经济发展报告（2017）：增长与机会
著(编)者：左志刚 2017年11月出版 / 定价：89.00元
PSN B-2017-675-1/1

渝新欧蓝皮书
渝新欧沿线国家发展报告（2018）
著(编)者：杨柏 黄森
2018年6月出版 / 估价：99.00元
PSN B-2017-626-1/1

中阿蓝皮书
中国-阿拉伯国家经贸发展报告（2018）
著(编)者：张廉 段庆林 王林聪 杨巧红
2018年12月出版 / 估价：99.00元
PSN B-2016-598-1/1

中东黄皮书
中东发展报告No.20（2017～2018）
著(编)者：杨光 2018年10月出版 / 估价：99.00元
PSN Y-1998-004-1/1

中亚黄皮书
中亚国家发展报告（2018）
著(编)者：孙力
2018年3月出版 / 定价：98.00元
PSN Y-2012-238-1/1

国别类

澳大利亚蓝皮书
澳大利亚发展报告（2017-2018）
著(编)者：孙有中 韩锋 2018年12月出版 / 估价：99.00元
PSN B-2016-587-1/1

巴西黄皮书
巴西发展报告（2017）
著(编)者：刘国枝 2018年5月出版 / 估价：99.00元
PSN Y-2017-614-1/1

德国蓝皮书
德国发展报告（2018）
著(编)者：郑春荣 2018年6月出版 / 估价：99.00元
PSN B-2012-278-1/1

俄罗斯黄皮书
俄罗斯发展报告（2018）
著(编)者：李永全 2018年6月出版 / 估价：99.00元
PSN Y-2006-061-1/1

韩国蓝皮书
韩国发展报告（2017）
著(编)者：牛林杰 刘宝全 2018年6月出版 / 估价：99.00元
PSN B-2010-155-1/1

加拿大蓝皮书
加拿大发展报告（2018）
著(编)者：唐小松 2018年9月出版 / 估价：99.00元
PSN B-2014-389-1/1

美国蓝皮书
美国研究报告（2018）
著(编)者：郑秉文 黄平 2018年5月出版 / 估价：99.00元
PSN B-2011-210-1/1

缅甸蓝皮书
缅甸国情报告（2017）
著(编)者：祝湘辉
2017年11月出版 / 定价：98.00元
PSN B-2013-343-1/1

日本蓝皮书
日本研究报告（2018）
著(编)者：杨伯江 2018年4月出版 / 定价：99.00元
PSN B-2002-020-1/1

土耳其蓝皮书
土耳其发展报告（2018）
著(编)者：郭长刚 刘义 2018年9月出版 / 估价：99.00元
PSN B-2014-412-1/1

伊朗蓝皮书
伊朗发展报告（2017～2018）
著(编)者：冀开运 2018年10月 / 估价：99.00元
PSN B-2016-574-1/1

以色列蓝皮书
以色列发展报告（2018）
著(编)者：张倩红 2018年8月出版 / 估价：99.00元
PSN B-2015-483-1/1

印度蓝皮书
印度国情报告（2017）
著(编)者：吕昭义 2018年6月出版 / 估价：99.00元
PSN B-2012-241-1/1

英国蓝皮书
英国发展报告（2017～2018）
著(编)者：王展鹏 2018年12月出版 / 估价：99.00元
PSN B-2015-486-1/1

越南蓝皮书
越南国情报告（2018）
著(编)者：谢林城 2018年11月出版 / 估价：99.00元
PSN B-2006-056-1/1

泰国蓝皮书
泰国研究报告（2018）
著(编)者：庄国土 张禹东 刘文正
2018年10月出版 / 估价：99.00元
PSN B-2016-556-1/1

文化传媒类

“三农”舆情蓝皮书
中国“三农”网络舆情报告（2017～2018）
著(编)者：农业部信息中心
2018年6月出版 / 估价：99.00元
PSN B-2017-640-1/1

传媒竞争力蓝皮书
中国传媒国际竞争力研究报告（2018）
著(编)者：李本乾 刘强 王大可
2018年8月出版 / 估价：99.00元
PSN B-2013-356-1/1

传媒蓝皮书
中国传媒产业发展报告（2018）
著(编)者：崔保国
2018年5月出版 / 估价：99.00元
PSN B-2005-035-1/1

传媒投资蓝皮书
中国传媒投资发展报告（2018）
著(编)者：张向东 谭云明
2018年6月出版 / 估价：148.00元
PSN B-2015-474-1/1

非物质文化遗产蓝皮书
中国非物质文化遗产发展报告（2018）
著(编)者：陈平　2018年6月出版 / 估价：128.00元
PSN B-2015-469-1/2

非物质文化遗产蓝皮书
中国非物质文化遗产保护发展报告（2018）
著(编)者：宋俊华　2018年10月出版 / 估价：128.00元
PSN B-2016-586-2/2

广电蓝皮书
中国广播电影电视发展报告（2018）
著(编)者：国家新闻出版广电总局发展研究中心
2018年7月出版 / 估价：99.00元
PSN B-2006-072-1/1

广告主蓝皮书
中国广告主营销传播趋势报告No.9
著(编)者：黄升民 杜国清 邵华冬 等
2018年10月出版 / 估价：158.00元
PSN B-2005-041-1/1

国际传播蓝皮书
中国国际传播发展报告（2018）
著(编)者：胡正荣 李继东 姬德强
2018年12月出版 / 估价：99.00元
PSN B-2014-408-1/1

国家形象蓝皮书
中国国家形象传播报告（2017）
著(编)者：张昆　2018年6月出版 / 估价：128.00元
PSN B-2017-605-1/1

互联网治理蓝皮书
中国网络社会治理研究报告（2018）
著(编)者：罗昕 支庭荣
2018年9月出版 / 估价：118.00元
PSN B-2017-653-1/1

纪录片蓝皮书
中国纪录片发展报告（2018）
著(编)者：何苏六　2018年10月出版 / 估价：99.00元
PSN B-2011-222-1/1

科学传播蓝皮书
中国科学传播报告（2016~2017）
著(编)者：詹正茂　2018年6月出版 / 估价：99.00元
PSN B-2008-120-1/1

两岸创意经济蓝皮书
两岸创意经济研究报告（2018）
著(编)者：罗昌智 董泽平
2018年10月出版 / 估价：99.00元
PSN B-2014-437-1/1

媒介与女性蓝皮书
中国媒介与女性发展报告（2017~2018）
著(编)者：刘利群　2018年5月出版 / 估价：99.00元
PSN B-2013-345-1/1

媒体融合蓝皮书
中国媒体融合发展报告（2017~2018）
著(编)者：梅宁华 支庭荣
2017年12月出版 / 定价：98.00元
PSN B-2015-479-1/1

全球传媒蓝皮书
全球传媒发展报告（2017~2018）
著(编)者：胡正荣 李继东　2018年6月出版 / 估价：99.00元
PSN B-2012-237-1/1

少数民族非遗蓝皮书
中国少数民族非物质文化遗产发展报告（2018）
著(编)者：肖远平（彝） 柴立（满）
2018年10月出版 / 估价：118.00元
PSN B-2015-467-1/1

视听新媒体蓝皮书
中国视听新媒体发展报告（2018）
著(编)者：国家新闻出版广电总局发展研究中心
2018年7月出版 / 估价：118.00元
PSN B-2011-184-1/1

数字娱乐产业蓝皮书
中国动画产业发展报告（2018）
著(编)者：孙立军 孙平 牛兴侦
2018年10月出版 / 估价：99.00元
PSN B-2011-198-1/2

数字娱乐产业蓝皮书
中国游戏产业发展报告（2018）
著(编)者：孙立军 刘跃军　2018年10月出版 / 估价：99.00元
PSN B-2017-662-2/2

网络视听蓝皮书
中国互联网视听行业发展报告（2018）
著(编)者：陈鹏　2018年2月出版 / 定价：148.00元
PSN B-2018-688-1/1

文化创新蓝皮书
中国文化创新报告（2017·No.8）
著(编)者：傅才武　2018年6月出版 / 估价：99.00元
PSN B-2009-143-1/1

文化建设蓝皮书
中国文化发展报告（2018）
著(编)者：江畅 孙伟平 戴茂堂
2018年5月出版 / 估价：99.00元
PSN B-2014-392-1/1

文化科技蓝皮书
文化科技创新发展报告（2018）
著(编)者：于平 李凤亮　2018年10月出版 / 估价：99.00元
PSN B-2013-342-1/1

文化蓝皮书
中国公共文化服务发展报告（2017~2018）
著(编)者：刘新成 张永新 张旭
2018年12月出版 / 估价：99.00元
PSN B-2007-093-2/10

文化蓝皮书
中国少数民族文化发展报告（2017~2018）
著(编)者：武翠英 张晓明 任乌晶
2018年9月出版 / 估价：99.00元
PSN B-2013-369-9/10

文化蓝皮书
中国文化产业供需协调检测报告（2018）
著(编)者：王亚南　2018年3月出版 / 定价：99.00元
PSN B-2013-323-8/10

文化蓝皮书
中国文化消费需求景气评价报告（2018）
著(编)者：王亚南　2018年3月出版 / 定价：99.00元
PSN B-2011-236-4/10

文化蓝皮书
中国公共文化投入增长测评报告（2018）
著(编)者：王亚南　2018年3月出版 / 定价：99.00元
PSN B-2014-435-10/10

文化品牌蓝皮书
中国文化品牌发展报告（2018）
著(编)者：欧阳友权　2018年5月出版 / 估价：99.00元
PSN B-2012-277-1/1

文化遗产蓝皮书
中国文化遗产事业发展报告（2017～2018）
著(编)者：苏杨 张颖岚 卓杰 白海峰 陈晨 陈叙图
2018年8月出版 / 估价：99.00元
PSN B-2008-119-1/1

文学蓝皮书
中国文情报告（2017～2018）
著(编)者：白烨　2018年5月出版 / 估价：99.00元
PSN B-2011-221-1/1

新媒体蓝皮书
中国新媒体发展报告No.9（2018）
著(编)者：唐绪军　2018年7月出版 / 估价：99.00元
PSN B-2010-169-1/1

新媒体社会责任蓝皮书
中国新媒体社会责任研究报告（2018）
著(编)者：钟瑛　2018年12月出版 / 估价：99.00元
PSN B-2014-423-1/1

移动互联网蓝皮书
中国移动互联网发展报告（2018）
著(编)者：余清楚　2018年6月出版 / 估价：99.00元
PSN B-2012-282-1/1

影视蓝皮书
中国影视产业发展报告（2018）
著(编)者：司若 陈鹏 陈锐
2018年6月出版 / 估价：99.00元
PSN B-2016-529-1/1

舆情蓝皮书
中国社会舆情与危机管理报告（2018）
著(编)者：谢耘耕
2018年9月出版 / 估价：138.00元
PSN B-2011-235-1/1

中国大运河蓝皮书
中国大运河发展报告（2018）
著(编)者：吴欣　2018年2月出版 / 估价：128.00元
PSN B-2018-691-1/1

地方发展类-经济

澳门蓝皮书
澳门经济社会发展报告（2017～2018）
著(编)者：吴志良 郝雨凡
2018年7月出版 / 估价：99.00元
PSN B-2009-138-1/1

澳门绿皮书
澳门旅游休闲发展报告（2017～2018）
著(编)者：郝雨凡 林广志
2018年5月出版 / 估价：99.00元
PSN G-2017-617-1/1

北京蓝皮书
北京经济发展报告（2017～2018）
著(编)者：杨松　2018年6月出版 / 估价：99.00元
PSN B-2006-054-2/8

北京旅游绿皮书
北京旅游发展报告（2018）
著(编)者：北京旅游学会
2018年7月出版 / 估价：99.00元
PSN G-2012-301-1/1

北京体育蓝皮书
北京体育产业发展报告（2017～2018）
著(编)者：钟秉枢 陈杰 杨铁黎
2018年9月出版 / 估价：99.00元
PSN B-2015-475-1/1

滨海金融蓝皮书
滨海新区金融发展报告（2017）
著(编)者：王爱俭 李向前　2018年4月出版 / 估价：99.00元
PSN B-2014-424-1/1

城乡一体化蓝皮书
北京城乡一体化发展报告（2017～2018）
著(编)者：吴宝新 张宝秀 黄序
2018年5月出版 / 估价：99.00元
PSN B-2012-258-2/2

非公有制企业社会责任蓝皮书
北京非公有制企业社会责任报告（2018）
著(编)者：宋贵伦 冯培
2018年6月出版 / 估价：99.00元
PSN B-2017-613-1/1

福建旅游蓝皮书
福建省旅游产业发展现状研究（2017~2018）
著(编)者：陈敏华 黄远水　　2018年12月出版 / 估价：128.00元
PSN B-2016-591-1/1

福建自贸区蓝皮书
中国(福建)自由贸易试验区发展报告(2017~2018)
著(编)者：黄茂兴　　2018年6月出版 / 估价：118.00元
PSN B-2016-531-1/1

甘肃蓝皮书
甘肃经济发展分析与预测（2018）
著(编)者：安文华 罗哲　　2018年1月出版 / 定价：99.00元
PSN B-2013-312-1/6

甘肃蓝皮书
甘肃商贸流通发展报告（2018）
著(编)者：张应华 王福生 王晓芳
2018年1月出版 / 定价：99.00元
PSN B-2016-522-6/6

甘肃蓝皮书
甘肃县域和农村发展报告（2018）
著(编)者：包东红 朱智文 王建兵
2018年1月出版 / 定价：99.00元
PSN B-2013-316-5/6

甘肃农业科技绿皮书
甘肃农业科技发展研究报告（2018）
著(编)者：魏胜文 乔德华 张东伟
2018年12月出版 / 估价：198.00元
PSN B-2016-592-1/1

甘肃气象保障蓝皮书
甘肃农业对气候变化的适应与风险评估报告（No.1）
著(编)者：鲍文中 周广胜
2017年12月出版 / 定价：108.00元
PSN B-2017-677-1/1

巩义蓝皮书
巩义经济社会发展报告（2018）
著(编)者：丁同民 朱军　　2018年6月出版 / 估价：99.00元
PSN B-2016-532-1/1

广东外经贸蓝皮书
广东对外经济贸易发展研究报告（2017~2018）
著(编)者：陈万灵　　2018年6月出版 / 估价：99.00元
PSN B-2012-286-1/1

广西北部湾经济区蓝皮书
广西北部湾经济区开放开发报告（2017~2018）
著(编)者：广西壮族自治区北部湾经济区和东盟开放合作办公室
广西社会科学院
广西北部湾发展研究院
2018年5月出版 / 估价：99.00元
PSN B-2010-181-1/1

广州蓝皮书
广州城市国际化发展报告（2018）
著(编)者：张跃国　　2018年8月出版 / 估价：99.00元
PSN B-2012-246-11/14

广州蓝皮书
中国广州城市建设与管理发展报告（2018）
著(编)者：张其学 陈小钢 王宏伟　　2018年8月出版 / 估价：99.00元
PSN B-2007-087-4/14

广州蓝皮书
广州创新型城市发展报告（2018）
著(编)者：尹涛　　2018年6月出版 / 估价：99.00元
PSN B-2012-247-12/14

广州蓝皮书
广州经济发展报告（2018）
著(编)者：张跃国 尹涛　　2018年7月出版 / 估价：99.00元
PSN B-2005-040-1/14

广州蓝皮书
2018年中国广州经济形势分析与预测
著(编)者：魏明海 谢博能 李华
2018年6月出版 / 估价：99.00元
PSN B-2011-185-9/14

广州蓝皮书
中国广州科技创新发展报告（2018）
著(编)者：于欣伟 陈爽 邓佑满　　2018年8月出版 / 估价：99.00元
PSN B-2006-065-2/14

广州蓝皮书
广州农村发展报告（2018）
著(编)者：朱名宏　　2018年7月出版 / 估价：99.00元
PSN B-2010-167-8/14

广州蓝皮书
广州汽车产业发展报告（2018）
著(编)者：杨再高 冯兴亚　　2018年7月出版 / 估价：99.00元
PSN B-2006-066-3/14

广州蓝皮书
广州商贸业发展报告（2018）
著(编)者：张跃国 陈杰 荀振英
2018年7月出版 / 估价：99.00元
PSN B-2012-245-10/14

贵阳蓝皮书
贵阳城市创新发展报告No.3（白云篇）
著(编)者：连玉明　　2018年5月出版 / 估价：99.00元
PSN B-2015-491-3/10

贵阳蓝皮书
贵阳城市创新发展报告No.3（观山湖篇）
著(编)者：连玉明　　2018年5月出版 / 估价：99.00元
PSN B-2015-497-9/10

贵阳蓝皮书
贵阳城市创新发展报告No.3（花溪篇）
著(编)者：连玉明　　2018年5月出版 / 估价：99.00元
PSN B-2015-490-2/10

贵阳蓝皮书
贵阳城市创新发展报告No.3（开阳篇）
著(编)者：连玉明　　2018年5月出版 / 估价：99.00元
PSN B-2015-492-4/10

贵阳蓝皮书
贵阳城市创新发展报告No.3（南明篇）
著(编)者：连玉明　　2018年5月出版 / 估价：99.00元
PSN B-2015-496-8/10

贵阳蓝皮书
贵阳城市创新发展报告No.3（清镇篇）
著(编)者：连玉明　　2018年5月出版 / 估价：99.00元
PSN B-2015-489-1/10

贵阳蓝皮书
贵阳城市创新发展报告No.3（乌当篇）
著(编)者：连玉明　2018年5月出版 / 估价：99.00元
PSN B-2015-495-7/10

贵阳蓝皮书
贵阳城市创新发展报告No.3（息烽篇）
著(编)者：连玉明　2018年5月出版 / 估价：99.00元
PSN B-2015-493-5/10

贵阳蓝皮书
贵阳城市创新发展报告No.3（修文篇）
著(编)者：连玉明　2018年5月出版 / 估价：99.00元
PSN B-2015-494-6/10

贵阳蓝皮书
贵阳城市创新发展报告No.3（云岩篇）
著(编)者：连玉明　2018年5月出版 / 估价：99.00元
PSN B-2015-498-10/10

贵州房地产蓝皮书
贵州房地产发展报告No.5（2018）
著(编)者：武廷方　2018年7月出版 / 估价：99.00元
PSN B-2014-426-1/1

贵州蓝皮书
贵州册亨经济社会发展报告（2018）
著(编)者：黄德林　2018年6月出版 / 估价：99.00元
PSN B-2016-525-8/9

贵州蓝皮书
贵州地理标志产业发展报告（2018）
著(编)者：李发耀 黄其松　2018年8月出版 / 估价：99.00元
PSN B-2017-646-10/10

贵州蓝皮书
贵安新区发展报告（2017～2018）
著(编)者：马长青 吴大华　2018年6月出版 / 估价：99.00元
PSN B-2015-459-4/10

贵州蓝皮书
贵州国家级开放创新平台发展报告（2017～2018）
著(编)者：申晓庆 吴大华 季泓
2018年11月出版 / 估价：99.00元
PSN B-2016-518-7/10

贵州蓝皮书
贵州国有企业社会责任发展报告（2017～2018）
著(编)者：郭丽　2018年12月出版 / 估价：99.00元
PSN B-2015-511-6/10

贵州蓝皮书
贵州民航业发展报告（2017）
著(编)者：申振东 吴大华　2018年6月出版 / 估价：99.00元
PSN B-2015-471-5/10

贵州蓝皮书
贵州民营经济发展报告（2017）
著(编)者：杨静 吴大华　2018年6月出版 / 估价：99.00元
PSN B-2016-530-9/9

杭州都市圈蓝皮书
杭州都市圈发展报告（2018）
著(编)者：洪庆华 沈翔　2018年4月出版 / 定价：98.00元
PSN B-2012-302-1/1

河北经济蓝皮书
河北省经济发展报告（2018）
著(编)者：马树强 金浩 张贵　2018年6月出版 / 估价：99.00元
PSN B-2014-380-1/1

河北蓝皮书
河北经济社会发展报告（2018）
著(编)者：康振海　2018年1月出版 / 定价：99.00元
PSN B-2014-372-1/3

河北蓝皮书
京津冀协同发展报告（2018）
著(编)者：陈璐　2017年12月出版 / 定价：79.00元
PSN B-2017-601-2/3

河南经济蓝皮书
2018年河南经济形势分析与预测
著(编)者：王世炎　2018年3月出版 / 定价：89.00元
PSN B-2007-086-1/1

河南蓝皮书
河南城市发展报告（2018）
著(编)者：张占仓 王建国　2018年5月出版 / 估价：99.00元
PSN B-2009-131-3/9

河南蓝皮书
河南工业发展报告（2018）
著(编)者：张占仓　2018年5月出版 / 估价：99.00元
PSN B-2013-317-5/9

河南蓝皮书
河南金融发展报告（2018）
著(编)者：喻新安 谷建全
2018年6月出版 / 估价：99.00元
PSN B-2014-390-7/9

河南蓝皮书
河南经济发展报告（2018）
著(编)者：张占仓 完世伟
2018年6月出版 / 估价：99.00元
PSN B-2010-157-4/9

河南蓝皮书
河南能源发展报告（2018）
著(编)者：国网河南省电力公司经济技术研究院
河南省社会科学院
2018年6月出版 / 估价：99.00元
PSN B-2017-607-9/9

河南商务蓝皮书
河南商务发展报告（2018）
著(编)者：焦锦淼 穆荣国　2018年5月出版 / 估价：99.00元
PSN B-2014-399-1/1

河南双创蓝皮书
河南创新创业发展报告（2018）
著(编)者：喻新安 杨雪梅
2018年8月出版 / 估价：99.00元
PSN B-2017-641-1/1

黑龙江蓝皮书
黑龙江经济发展报告（2018）
著(编)者：朱宇　2018年1月出版 / 定价：89.00元
PSN B-2011-190-2/2

湖南城市蓝皮书
区域城市群整合
著(编)者：童中贤 韩未名 2018年12月出版 / 估价：99.00元
PSN B-2006-064-1/1

湖南蓝皮书
湖南城乡一体化发展报告（2018）
著(编)者：陈文胜 王文强 陆福兴
2018年8月出版 / 估价：99.00元
PSN B-2015-477-8/8

湖南蓝皮书
2018年湖南电子政务发展报告
著(编)者：梁志峰 2018年5月出版 / 估价：128.00元
PSN B-2014-394-6/8

湖南蓝皮书
2018年湖南经济发展报告
著(编)者：卞鹰 2018年5月出版 / 估价：128.00元
PSN B-2011-207-2/8

湖南蓝皮书
2016年湖南经济展望
著(编)者：梁志峰 2018年5月出版 / 估价：128.00元
PSN B-2011-206-1/8

湖南蓝皮书
2018年湖南县域经济社会发展报告
著(编)者：梁志峰 2018年5月出版 / 估价：128.00元
PSN B-2014-395-7/8

湖南县域绿皮书
湖南县域发展报告（No.5）
著(编)者：袁准 周小毛 黎仁寅
2018年6月出版 / 估价：99.00元
PSN G-2012-274-1/1

沪港蓝皮书
沪港发展报告（2018）
著(编)者：尤安山 2018年9月出版 / 估价：99.00元
PSN B-2013-362-1/1

吉林蓝皮书
2018年吉林经济社会形势分析与预测
著(编)者：邵汉明 2017年12月出版 / 定价：89.00元
PSN B-2013-319-1/1

吉林省城市竞争力蓝皮书
吉林省城市竞争力报告（2017~2018）
著(编)者：崔岳春 张磊
2018年3月出版 / 定价：89.00元
PSN B-2016-513-1/1

济源蓝皮书
济源经济社会发展报告（2018）
著(编)者：喻新安 2018年6月出版 / 估价：99.00元
PSN B-2014-387-1/1

江苏蓝皮书
2018年江苏经济发展分析与展望
著(编)者：王庆五 吴先满
2018年7月出版 / 估价：128.00元
PSN B-2017-635-1/3

江西蓝皮书
江西经济社会发展报告（2018）
著(编)者：陈石俊 龚建文 2018年10月出版 / 估价：128.00元
PSN B-2015-484-1/2

江西蓝皮书
江西设区市发展报告（2018）
著(编)者：姜玮 梁勇
2018年10月出版 / 估价：99.00元
PSN B-2016-517-2/2

经济特区蓝皮书
中国经济特区发展报告（2017）
著(编)者：陶一桃 2018年1月出版 / 估价：99.00元
PSN B-2009-139-1/1

辽宁蓝皮书
2018年辽宁经济社会形势分析与预测
著(编)者：梁启东 魏红江 2018年6月出版 / 估价：99.00元
PSN B-2006-053-1/1

民族经济蓝皮书
中国民族地区经济发展报告（2018）
著(编)者：李曦辉 2018年7月出版 / 估价：99.00元
PSN B-2017-630-1/1

南宁蓝皮书
南宁经济发展报告（2018）
著(编)者：胡建华 2018年9月出版 / 估价：99.00元
PSN B-2016-569-2/3

内蒙古蓝皮书
内蒙古精准扶贫研究报告（2018）
著(编)者：张志华 2018年1月出版 / 定价：89.00元
PSN B-2017-681-2/2

浦东新区蓝皮书
上海浦东经济发展报告（2018）
著(编)者：周小平 徐美芳
2018年1月出版 / 定价：89.00元
PSN B-2011-225-1/1

青海蓝皮书
2018年青海经济社会形势分析与预测
著(编)者：陈玮 2018年1月出版 / 定价：98.00元
PSN B-2012-275-1/2

青海科技绿皮书
青海科技发展报告（2017）
著(编)者：青海省科学技术信息研究所
2018年3月出版 / 定价：98.00元
PSN G-2018-701-1/1

山东蓝皮书
山东经济形势分析与预测（2018）
著(编)者：李广杰 2018年7月出版 / 估价：99.00元
PSN B-2014-404-1/5

山东蓝皮书
山东省普惠金融发展报告（2018）
著(编)者：齐鲁财富网
2018年9月出版 / 估价：99.00元
PSN B2017-676-5/5

山西蓝皮书
山西资源型经济转型发展报告（2018）
著(编)者：李志强　2018年7月出版 / 估价：99.00元
PSN B-2011-197-1/1

陕西蓝皮书
陕西经济发展报告（2018）
著(编)者：任宗哲 白宽犁 裴成荣
2018年1月出版 / 定价：89.00元
PSN B-2009-135-1/6

陕西蓝皮书
陕西精准脱贫研究报告（2018）
著(编)者：任宗哲 白宽犁 王建康
2018年4月出版 / 定价：89.00元
PSN B-2017-623-6/6

上海蓝皮书
上海经济发展报告（2018）
著(编)者：沈开艳　2018年2月出版 / 定价：89.00元
PSN B-2006-057-1/7

上海蓝皮书
上海资源环境发展报告（2018）
著(编)者：周冯琦 胡静　2018年2月出版 / 定价：89.00元
PSN B-2006-060-4/7

上海蓝皮书
上海奉贤经济发展分析与研判（2017～2018）
著(编)者：张兆安 朱平芳　2018年3月出版 / 定价：99.00元
PSN B-2018-698-8/8

上饶蓝皮书
上饶发展报告（2016～2017）
著(编)者：廖其志　2018年6月出版 / 估价：128.00元
PSN B-2014-377-1/1

深圳蓝皮书
深圳经济发展报告（2018）
著(编)者：张骁儒　2018年6月出版 / 估价：99.00元
PSN B-2008-112-3/7

四川蓝皮书
四川城镇化发展报告（2018）
著(编)者：侯水平 陈炜　2018年6月出版 / 估价：99.00元
PSN B-2015-456-7/7

四川蓝皮书
2018年四川经济形势分析与预测
著(编)者：杨钢　2018年1月出版 / 定价：158.00元
PSN B-2007-098-2/7

四川蓝皮书
四川企业社会责任研究报告（2017～2018）
著(编)者：侯水平 盛毅　2018年5月出版 / 估价：99.00元
PSN B-2014-386-4/7

四川蓝皮书
四川生态建设报告（2018）
著(编)者：李晟之　2018年5月出版 / 估价：99.00元
PSN B-2015-455-6/7

四川蓝皮书
四川特色小镇发展报告（2017）
著(编)者：吴志强　2017年11月出版 / 定价：89.00元
PSN B-2017-670-8/8

体育蓝皮书
上海体育产业发展报告（2017~2018）
著(编)者：张林 黄海燕
2018年10月出版 / 估价：99.00元
PSN B-2015-454-4/5

体育蓝皮书
长三角地区体育产业发展报（2017～2018）
著(编)者：张林　2018年6月出版 / 估价：99.00元
PSN B-2015-453-3/5

天津金融蓝皮书
天津金融发展报告（2018）
著(编)者：王爱俭 孔德昌
2018年5月出版 / 估价：99.00元
PSN B-2014-418-1/1

图们江区域合作蓝皮书
图们江区域合作发展报告（2018）
著(编)者：李铁　2018年6月出版 / 估价：99.00元
PSN B-2015-464-1/1

温州蓝皮书
2018年温州经济社会形势分析与预测
著(编)者：蒋儒标 王春光 金浩
2018年6月出版 / 估价：99.00元
PSN B-2008-105-1/1

西咸新区蓝皮书
西咸新区发展报告（2018）
著(编)者：李扬 王军
2018年6月出版 / 估价：99.00元
PSN B-2016-534-1/1

修武蓝皮书
修武经济社会发展报告（2018）
著(编)者：张占仓 袁凯声
2018年10月出版 / 估价：99.00元
PSN B-2017-651-1/1

偃师蓝皮书
偃师经济社会发展报告（2018）
著(编)者：张占仓 袁凯声 何武周
2018年7月出版 / 估价：99.00元
PSN B-2017-627-1/1

扬州蓝皮书
扬州经济社会发展报告（2018）
著(编)者：陈扬
2018年12月出版 / 估价：108.00元
PSN B-2011-191-1/1

长垣蓝皮书
长垣经济社会发展报告（2018）
著(编)者：张占仓 袁凯声 秦保建
2018年10月出版 / 估价：99.00元
PSN B-2017-654-1/1

遵义蓝皮书
遵义发展报告（2018）
著(编)者：邓彦 曾征 龚永育
2018年9月出版 / 估价：99.00元
PSN B-2014-433-1/1

地方发展类-社会

安徽蓝皮书
安徽社会发展报告（2018）
著(编)者：程桦　　2018年6月出版 / 估价：99.00元
PSN B-2013-325-1/1

安徽社会建设蓝皮书
安徽社会建设分析报告（2017~2018）
著(编)者：黄家海 蔡宪
2018年11月出版 / 估价：99.00元
PSN B-2013-322-1/1

北京蓝皮书
北京公共服务发展报告（2017~2018）
著(编)者：施昌奎　　2018年6月出版 / 估价：99.00元
PSN B-2008-103-7/8

北京蓝皮书
北京社会发展报告（2017~2018）
著(编)者：李伟东
2018年7月出版 / 估价：99.00元
PSN B-2006-055-3/8

北京蓝皮书
北京社会治理发展报告（2017~2018）
著(编)者：殷星辰　　2018年7月出版 / 估价：99.00元
PSN B-2014-391-8/8

北京律师蓝皮书
北京律师发展报告 No.4（2018）
著(编)者：王隽　　2018年12月出版 / 估价：99.00元
PSN B-2011-217-1/1

北京人才蓝皮书
北京人才发展报告（2018）
著(编)者：敏华　　2018年12月出版 / 估价：128.00元
PSN B-2011-201-1/1

北京社会心态蓝皮书
北京社会心态分析报告（2017~2018）
北京市社会心理服务促进中心
2018年10月出版 / 估价：99.00元
PSN B-2014-422-1/1

北京社会组织管理蓝皮书
北京社会组织发展与管理（2018）
著(编)者：黄江松
2018年6月出版 / 估价：99.00元
PSN B-2015-446-1/1

北京养老产业蓝皮书
北京居家养老发展报告（2018）
著(编)者：陆杰华 周明明
2018年8月出版 / 估价：99.00元
PSN B-2015-465-1/1

法治蓝皮书
四川依法治省年度报告No.4（2018）
著(编)者：李林 杨天宗 田禾
2018年3月出版 / 定价：118.00元
PSN B-2015-447-2/3

福建妇女发展蓝皮书
福建省妇女发展报告（2018）
著(编)者：刘群英　　2018年11月出版 / 估价：99.00元
PSN B-2011-220-1/1

甘肃蓝皮书
甘肃社会发展分析与预测（2018）
著(编)者：安文华 谢增虎 包晓霞
2018年1月出版 / 定价：99.00元
PSN B-2013-313-2/6

广东蓝皮书
广东全面深化改革研究报告（2018）
著(编)者：周林生 涂成林
2018年12月出版 / 估价：99.00元
PSN B-2015-504-3/3

广东蓝皮书
广东社会工作发展报告（2018）
著(编)者：罗观翠　　2018年6月出版 / 估价：99.00元
PSN B-2014-402-2/3

广州蓝皮书
广州青年发展报告（2018）
著(编)者：徐柳 张强
2018年8月出版 / 估价：99.00元
PSN B-2013-352-13/14

广州蓝皮书
广州社会保障发展报告（2018）
著(编)者：张跃国　　2018年8月出版 / 估价：99.00元
PSN B-2014-425-14/14

广州蓝皮书
2018年中国广州社会形势分析与预测
著(编)者：张强 郭志勇 何镜清
2018年6月出版 / 估价：99.00元
PSN B-2008-110-5/14

贵州蓝皮书
贵州法治发展报告（2018）
著(编)者：吴大华　　2018年5月出版 / 估价：99.00元
PSN B-2012-254-2/10

贵州蓝皮书
贵州人才发展报告（2017）
著(编)者：于杰 吴大华
2018年9月出版 / 估价：99.00元
PSN B-2014-382-3/10

贵州蓝皮书
贵州社会发展报告（2018）
著(编)者：王兴骥　　2018年6月出版 / 估价：99.00元
PSN B-2010-166-1/10

杭州蓝皮书
杭州妇女发展报告（2018）
著(编)者：魏颖
2018年10月出版 / 估价：99.00元
PSN B-2014-403-1/1

河北蓝皮书
河北法治发展报告（2018）
著(编)者：康振海 2018年6月出版 / 估价：99.00元
PSN B-2017-622-3/3

河北食品药品安全蓝皮书
河北食品药品安全研究报告（2018）
著(编)者：丁锦霞
2018年10月出版 / 估价：99.00元
PSN B-2015-473-1/1

河南蓝皮书
河南法治发展报告（2018）
著(编)者：张林海 2018年7月出版 / 估价：99.00元
PSN B-2014-376-6/9

河南蓝皮书
2018年河南社会形势分析与预测
著(编)者：牛苏林 2018年5月出版 / 估价：99.00元
PSN B-2005-043-1/9

河南民办教育蓝皮书
河南民办教育发展报告（2018）
著(编)者：胡大白 2018年9月出版 / 估价：99.00元
PSN B-2017-642-1/1

黑龙江蓝皮书
黑龙江社会发展报告（2018）
著(编)者：王爱丽 2018年1月出版 / 定价：89.00元
PSN B-2011-189-1/2

湖南蓝皮书
2018年湖南两型社会与生态文明建设报告
著(编)者：卞鹰 2018年5月出版 / 估价：128.00元
PSN B-2011-208-3/8

湖南蓝皮书
2018年湖南社会发展报告
著(编)者：卞鹰 2018年5月出版 / 估价：128.00元
PSN B-2014-393-5/8

健康城市蓝皮书
北京健康城市建设研究报告（2018）
著(编)者：王鸿春 盛继洪
2018年9月出版 / 估价：99.00元
PSN B-2015-460-1/2

江苏法治蓝皮书
江苏法治发展报告No.6（2017）
著(编)者：蔡道通 龚廷泰
2018年8月出版 / 估价：99.00元
PSN B-2012-290-1/1

江苏蓝皮书
2018年江苏社会发展分析与展望
著(编)者：王庆五 刘旺洪
2018年8月出版 / 估价：128.00元
PSN B-2017-636-2/3

民族教育蓝皮书
中国民族教育发展报告（2017·内蒙古卷）
著(编)者：陈中永
2017年12月出版 / 定价：198.00元
PSN B-2017-669-1/1

南宁蓝皮书
南宁法治发展报告（2018）
著(编)者：杨维超 2018年12月出版 / 估价：99.00元
PSN B-2015-509-1/3

南宁蓝皮书
南宁社会发展报告（2018）
著(编)者：胡建华 2018年10月出版 / 估价：99.00元
PSN B-2016-570-3/3

内蒙古蓝皮书
内蒙古反腐倡廉建设报告 No.2
著(编)者：张志华 2018年6月出版 / 估价：99.00元
PSN B-2013-365-1/1

青海蓝皮书
2018年青海人才发展报告
著(编)者：王宇燕 2018年9月出版 / 估价：99.00元
PSN B-2017-650-2/2

青海生态文明建设蓝皮书
青海生态文明建设报告（2018）
著(编)者：张西明 高华 2018年12月出版 / 估价：99.00元
PSN B-2016-595-1/1

人口与健康蓝皮书
深圳人口与健康发展报告（2018）
著(编)者：陆杰华 傅崇辉
2018年11月出版 / 估价：99.00元
PSN B-2011-228-1/1

山东蓝皮书
山东社会形势分析与预测（2018）
著(编)者：李善峰 2018年6月出版 / 估价：99.00元
PSN B-2014-405-2/5

陕西蓝皮书
陕西社会发展报告（2018）
著(编)者：任宗哲 白宽犁 牛昉
2018年1月出版 / 定价：89.00元
PSN B-2009-136-2/6

上海蓝皮书
上海法治发展报告（2018）
著(编)者：叶必丰 2018年9月出版 / 估价：99.00元
PSN B-2012-296-6/7

上海蓝皮书
上海社会发展报告（2018）
著(编)者：杨雄 周海旺
2018年2月出版 / 定价：89.00元
PSN B-2006-058-2/7

社会建设蓝皮书
2018年北京社会建设分析报告
著(编)者：宋贵伦 冯虹 2018年9月出版 / 估价：99.00元
PSN B-2010-173-1/1

深圳蓝皮书
深圳法治发展报告（2018）
著(编)者：张骁儒 2018年6月出版 / 估价：99.00元
PSN B-2015-470-6/7

深圳蓝皮书
深圳劳动关系发展报告（2018）
著(编)者：汤庭芬 2018年8月出版 / 估价：99.00元
PSN B-2007-097-2/7

深圳蓝皮书
深圳社会治理与发展报告（2018）
著(编)者：张骁儒 2018年6月出版 / 估价：99.00元
PSN B-2008-113-4/7

生态安全绿皮书
甘肃国家生态安全屏障建设发展报告（2018）
著(编)者：刘举科 喜文华
2018年10月出版 / 估价：99.00元
PSN G-2017-659-1/1

顺义社会建设蓝皮书
北京市顺义区社会建设发展报告（2018）
著(编)者：王学武 2018年9月出版 / 估价：99.00元
PSN B-2017-658-1/1

四川蓝皮书
四川法治发展报告（2018）
著(编)者：郑泰安 2018年6月出版 / 估价：99.00元
PSN B-2015-441-5/7

四川蓝皮书
四川社会发展报告（2018）
著(编)者：李羚 2018年6月出版 / 估价：99.00元
PSN B-2008-127-3/7

四川社会工作与管理蓝皮书
四川省社会工作人力资源发展报告（2017）
著(编)者：边慧敏 2017年12月出版 / 定价：89.00元
PSN B-2017-683-1/1

云南社会治理蓝皮书
云南社会治理年度报告（2017）
著(编)者：晏雄 韩全芳
2018年5月出版 / 估价：99.00元
PSN B-2017-667-1/1

地方发展类-文化

北京传媒蓝皮书
北京新闻出版广电发展报告（2017～2018）
著(编)者：王志 2018年11月出版 / 估价：99.00元
PSN B-2016-588-1/1

北京蓝皮书
北京文化发展报告（2017～2018）
著(编)者：李建盛 2018年5月出版 / 估价：99.00元
PSN B-2007-082-4/8

创意城市蓝皮书
北京文化创意产业发展报告（2018）
著(编)者：郭万超 张京成 2018年12月出版 / 估价：99.00元
PSN B-2012-263-1/7

创意城市蓝皮书
天津文化创意产业发展报告（2017～2018）
著(编)者：谢思全 2018年6月出版 / 估价：99.00元
PSN B-2016-536-7/7

创意城市蓝皮书
武汉文化创意产业发展报告（2018）
著(编)者：黄永林 陈汉桥 2018年12月出版 / 估价：99.00元
PSN B-2013-354-4/7

创意上海蓝皮书
上海文化创意产业发展报告（2017～2018）
著(编)者：王慧敏 王兴全 2018年8月出版 / 估价：99.00元
PSN B-2016-561-1/1

非物质文化遗产蓝皮书
广州市非物质文化遗产保护发展报告（2018）
著(编)者：宋俊华 2018年12月出版 / 估价：99.00元
PSN B-2016-589-1/1

甘肃蓝皮书
甘肃文化发展分析与预测（2018）
著(编)者：马廷旭 戚晓萍 2018年1月出版 / 定价：99.00元
PSN B-2013-314-3/6

甘肃蓝皮书
甘肃舆情分析与预测（2018）
著(编)者：王俊莲 张谦元 2018年1月出版 / 定价：99.00元
PSN B-2013-315-4/6

广州蓝皮书
中国广州文化发展报告（2018）
著(编)者：屈哨兵 陆志强 2018年6月出版 / 估价：99.00元
PSN B-2009-134-7/14

广州蓝皮书
广州文化创意产业发展报告（2018）
著(编)者：徐咏虹 2018年7月出版 / 估价：99.00元
PSN B-2008-111-6/14

海淀蓝皮书
海淀区文化和科技融合发展报告（2018）
著(编)者：陈名杰 孟景伟 2018年5月出版 / 估价：99.00元
PSN B-2013-329-1/1

河南蓝皮书
河南文化发展报告（2018）
著(编)者：卫绍生　2018年7月出版 / 估价：99.00元
PSN B-2008-106-2/9

湖北文化产业蓝皮书
湖北省文化产业发展报告（2018）
著(编)者：黄晓华　2018年9月出版 / 估价：99.00元
PSN B-2017-656-1/1

湖北文化蓝皮书
湖北文化发展报告（2017~2018）
著(编)者：湖北大学高等人文研究院
中华文化发展湖北省协同创新中心
2018年10月出版 / 估价：99.00元
PSN B-2016-566-1/1

江苏蓝皮书
2018年江苏文化发展分析与展望
著(编)者：王庆五 樊和平　2018年9月出版 / 估价：128.00元
PSN B-2017-637-3/3

江西文化蓝皮书
江西非物质文化遗产发展报告（2018）
著(编)者：张圣才 傅安平　2018年12月出版 / 估价：128.00元
PSN B-2015-499-1/1

洛阳蓝皮书
洛阳文化发展报告（2018）
著(编)者：刘福兴 陈启明　2018年7月出版 / 估价：99.00元
PSN B-2015-476-1/1

南京蓝皮书
南京文化发展报告（2018）
著(编)者：中共南京市委宣传部
2018年12月出版 / 估价：99.00元
PSN B-2014-439-1/1

宁波文化蓝皮书
宁波"一人一艺"全民艺术普及发展报告（2017）
著(编)者：张爱琴　2018年11月出版 / 估价：128.00元
PSN B-2017-668-1/1

山东蓝皮书
山东文化发展报告（2018）
著(编)者：涂可国　2018年5月出版 / 估价：99.00元
PSN B-2014-406-3/5

陕西蓝皮书
陕西文化发展报告（2018）
著(编)者：任宗哲 白宽犁 王长寿
2018年1月出版 / 定价：89.00元
PSN B-2009-137-3/6

上海蓝皮书
上海传媒发展报告（2018）
著(编)者：强荧 焦雨虹　2018年2月出版 / 定价：89.00元
PSN B-2012-295-5/7

上海蓝皮书
上海文学发展报告（2018）
著(编)者：陈圣来　2018年6月出版 / 估价：99.00元
PSN B-2012-297-7/7

上海蓝皮书
上海文化发展报告（2018）
著(编)者：荣跃明　2018年6月出版 / 估价：99.00元
PSN B-2006-059-3/7

深圳蓝皮书
深圳文化发展报告（2018）
著(编)者：张骁儒　2018年7月出版 / 估价：99.00元
PSN B-2016-554-7/7

四川蓝皮书
四川文化产业发展报告（2018）
著(编)者：向宝云 张立伟　2018年6月出版 / 估价：99.00元
PSN B-2006-074-1/7

郑州蓝皮书
2018年郑州文化发展报告
著(编)者：王哲　2018年9月出版 / 估价：99.00元
PSN B-2008-107-1/1

皮书起源

“皮书”起源于十七、十八世纪的英国，主要指官方或社会组织正式发表的重要文件或报告，多以“白皮书”命名。在中国，“皮书”这一概念被社会广泛接受，并被成功运作、发展成为一种全新的出版形态，则源于中国社会科学院社会科学文献出版社。

皮书定义

皮书是对中国与世界发展状况和热点问题进行年度监测，以专业的角度、专家的视野和实证研究方法，针对某一领域或区域现状与发展态势展开分析和预测，具备原创性、实证性、专业性、连续性、前沿性、时效性等特点的公开出版物，由一系列权威研究报告组成。

皮书作者

皮书系列的作者以中国社会科学院、著名高校、地方社会科学院的研究人员为主，多为国内一流研究机构的权威专家学者，他们的看法和观点代表了学界对中国与世界的现实和未来最高水平的解读与分析。

皮书荣誉

皮书系列已成为社会科学文献出版社的著名图书品牌和中国社会科学院的知名学术品牌。2016 年，皮书系列正式列入“十三五”国家重点出版规划项目；2013~2018 年，重点皮书列入中国社会科学院承担的国家哲学社会科学创新工程项目；2018 年，59 种院外皮书使用“中国社会科学院创新工程学术出版项目”标识。

中国皮书网

（网址：www.pishu.cn）

发布皮书研创资讯，传播皮书精彩内容
引领皮书出版潮流，打造皮书服务平台

栏目设置

关于皮书：何谓皮书、皮书分类、皮书大事记、皮书荣誉、皮书出版第一人、皮书编辑部

最新资讯：通知公告、新闻动态、媒体聚焦、网站专题、视频直播、下载专区

皮书研创：皮书规范、皮书选题、皮书出版、皮书研究、研创团队

皮书评奖评价：指标体系、皮书评价、皮书评奖

互动专区：皮书说、社科数托邦、皮书微博、留言板

所获荣誉

2008年、2011年，中国皮书网均在全国新闻出版业网站荣誉评选中获得“最具商业价值网站”称号；

2012年，获得“出版业网站百强”称号。

网库合一

2014年，中国皮书网与皮书数据库端口合一，实现资源共享。

更多信息请登录

皮书数据库
http: //www.pishu.com.cn

中国皮书网
http: //www.pishu.cn

皮书微博
http: //weibo.com/pishu

皮书微信“皮书说”

（2）威马汽车

威马汽车（WM Motor）成立于2015年1月，是一家新兴的新能源汽车产品及出行方案提供商。

汽车+互联网模式。研发团队方面，威马汽车拥有超过1500人的核心团队，其中75%为汽车专业人才，25%为互联网专业人才（见图24）。研发基地方面，威马汽车在德国成立了技术中心，在北京建立了大数据中心，在成都成立了研究院，上海威马汽车总部兼为设计中心和研发中心。在生产方面，威马汽车依照工业4.0标准自建工厂，位于浙江温州的威马新能源汽车智能产业园生产线已全面贯通，数字化投入达到行业平均水平的3倍以上。

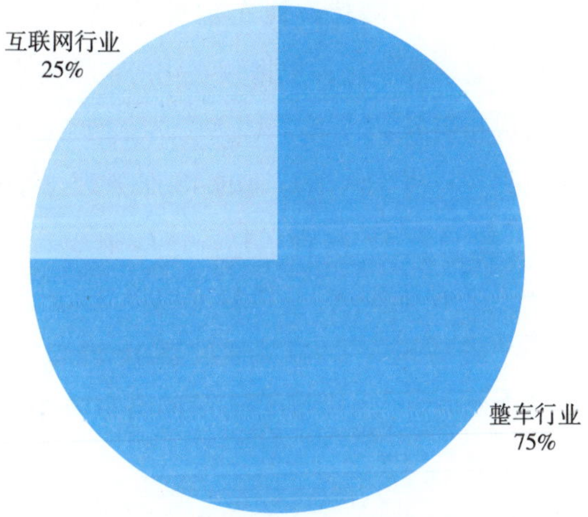

图24　威马汽车员工构成比例

注重产品智能交互体验。威马汽车产品实行“128战略”，即围绕1个核心架构，延伸出STD和PL2个整车平台8款产品，每年推出一款（见图25）。其中，首款量产车产品是一款纯电动智能化SUV车型，最大续航里程可达600km，可实现100%联网，通过“AI+硬件+软件+服务”的方式，打造由Living ID（威马ID）、Living Flow、Living Mate三大元素组成的全车交互智能引擎（Living Engine），实现全车交互智能化体验。

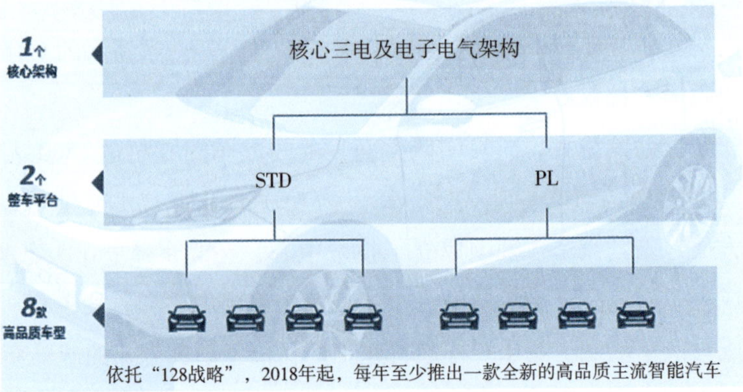

图 25　威马汽车"128 战略"

重构新零售思维理念。打破传统汽车销售模式，重塑"人、货、场"的关系。将用户的消费需求数字化，根据数字化的消费需求定制产品，不拘于特定的场所提供消费和服务。

创新服务发展模式。与传统汽车行业的 4S 服务理念不同，威马汽车采用全新 4S 服务模式。威马新 4S 内容包括：体验中心——"威马 Space"、体验销售服务中心——"威马 Store"、维修充电服务站——"威马 Station"和综合服务网络——"威马 Spot"。威马通过新 4S 理念实现对各个区域和目标人群的覆盖，建立并完善以用户为核心的网络布局，按需分配资源，从而为用户提供高效的全场景服务。

积极布局共享出行业务。威马汽车与海南省交通投资控股有限公司正式签署合作协议，共同建设海南省智慧交通，并对外公布"智慧共享全球化"三步走战略。威马的智慧出行品牌，GETnGo 即"客行"也正式对外发布，旨在为年轻人打造绿色高效的智慧出行方式。同时，威马汽车与共享单车品牌哈罗单车（Hellobike）开展合作，通过整合分时租赁电动车 + 共享单车产品，搭建全新"4 +2"（四轮加两轮）场景和服务模式。

以下从生产资质、融资情况、产品规划、研发实力、商业模式等多个维度，来分析蔚来、威马的发展模式及特点（见表 18）。

表 18　蔚来、威马的发展模式对比

类别	蔚来汽车	威马汽车
发展路线	互联网 + 汽车	汽车 + 互联网
融资情况	20 亿美元	120 亿元
主要投资方	腾讯、百度、京东等	百度、腾讯等
生产资质	无，采用与整车厂合作模式	通过控股中顺汽车，变相获得 SUV、MPV 和轻客的生产资质
品牌定位	中高端智能电动汽车	国民优质智能汽车
产品规划	蔚来 Formula E 赛车、EP9 电动超跑、EVE 概念车以及首款量产车 ES8	“128 战略”，一个核心架构，延伸出 STD、PL 两个整车平台，并打造至少 8 款主流智能汽车
研发实力	上海——全球总部与研发中心，圣何塞——北美总部，慕尼黑——造型设计中心，伦敦——极限性能研发中心	德国（技术中心）、上海（总部、设计中心、研发中心）、北京（大数据中心）、成都（研究院）
生产能力	代工模式（江淮、长安、广汽等）	自建工厂，规划年产能 20 万辆
商业模式	个性定制 电池租赁 网络 + 线下体验店	个性定制 线上、线下融合渠道 直营 + 授权 + 加盟 AI + 硬件 + 软件 + 服务

资料来源：根据公开资料整理。

尽管产品定位和生产方式不一样，但威马和蔚来都具有互联网思维，重视用户体验，并在生产方式上采取个性化定制模式，将为新一代汽车发展和未来出行体验提供创新思路和经验借鉴。

3. 造车新势力为产业发展提供了新思路和新模式

与传统造车企业相比，造车新势力更具互联网思维，在电动汽车的产品定义、生产方式、营销方面具有新思考，更专注于新技术研发、产品创新，试图为消费者提供全新体验的产品，为新能源汽车产业发展带来了新的理念和创意。在产品性能上，新进入者更加强调电动化和智能化，偏重将汽车定义为“智能终端”。在生产方式上，注重数字化技术的应用。在营销方面，多数造车新势力采用“体验店 + 互联网 + 直销”方式替代传统 4S 店，是传统 4S 店的创新与补充。此外，造车新势力面对市场和消费者的多元化需求，可做出快速响应，更加重视用户体验和服务，将推动整个汽车行业的生态延伸，进一步改变人们未来的生活习惯，影响未来出行生态体系和价值链，加快跨界融合发展。

但是，目前多数造车新势力在生产制造、供应链管理、成本控制等方面面临较大挑战，产品质量、受众认可度还有待市场检验，部分公司面临生产资质、融资、产品盈利能力等多重难题。展望未来，传统车企拥有资源整合、制造能力和资金等优势，造车新势力拥有拥抱新技术和思维开放的优势，双方可以结合自身优势开展合作，有可能共创汽车产业发展第三条路。

（四）产业投融资快速向新能源汽车领域集聚

1. 先进制造产业投资基金发挥引导效应

先进制造产业投资基金是由中央财政资金和社会资本共同设立的产业投资基金，首期规模为200亿元，重点围绕新能源汽车等市场潜力大的制造领域进行投资（见图26）。

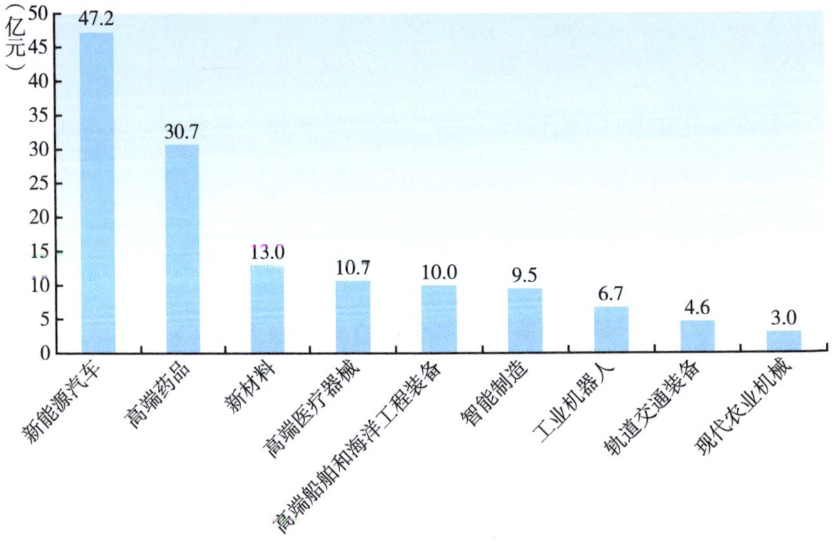

图26　先进制造产业投资九大领域（截至2017年12月31日）

资料来源：根据公开资料整理。

在新能源汽车领域，先进制造产业投资基金将重点投资锂离子动力电池及关键材料、电驱动系统、轻量化材料，以及整车领域的骨干企业。该基金将以股权投资等多种形式，促进企业优化治理结构、推动核心技术实现产业化及产业链整合（包括联合国内企业进行跨境并购），着力提升企业核心价值及国际竞争力（见表19）。

表19 先进制造产业投资基金在新能源汽车领域的投资分布

投资领域	投资企业	投资作用
整车	比亚迪	支持比亚迪稳固汽车电动化产业链上的战略布局，向市场开放供应链并输出核心技术，加快智能驾驶、车联网的研发投资和技术落地
电池	宁德时代	是国内目前唯一进入跨国车企供应链体系的动力电池企业，投资将协助公司对接新的汽车客户资源，探讨在产业链上下游如锂矿、电池回收等领域的合作发展机会
动力总成	京瓷	借助基金的产业资源，协助公司加快对新能源汽车行业的渗透
	菲仕	协助企业成功拓展到新能源汽车电机领域，建设世界领先的新能源汽车电机自动化生产线
电池材料	上海恩捷	协助企业在珠海打造锂电池隔膜华南基地，首期建设7条隔膜生产线
	科隆	推动企业向下游三元正极材料拓展，并稳步扩张产能

资料来源：根据公开资料整理。

2. 社会资本积极进入

作为战略性新兴产业及《中国制造2025》重点发展领域，新能源汽车已上升为国家战略，近年来持续引起社会资本的关注，并成为社会资本风向标。各类风险投资（Venture Capital，VC）和私募股权投资（Private Equity，PE）的投入逐步增大，产业投融资活动频繁。以造车新势力为例，自2015年6月开始，蔚来汽车共进行了5轮融资，融资金额超过22亿美元，折合人民币146亿元。威马汽车自2016年起至今，经过A轮、B轮等多轮投资，已得到来自中国国有企业调整基金、五矿资本等投资商共计约200亿元投资金额。除此之外，小鹏汽车、奇点汽车、车和家汽车等新势力造车企业也纷纷开展多轮融资（见图27）。

大量社会资本和民间资本的进入，为新能源汽车产业技术创新能力的提

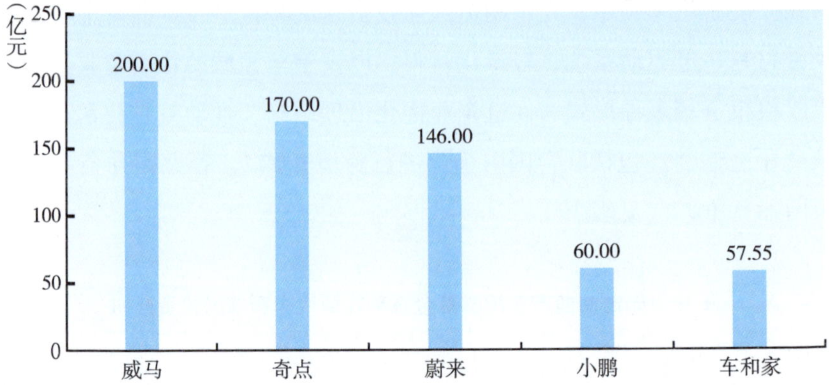

图 27 主要造车新企业融资情况（截至 2018 年上半年）

资料来源：根据网络公开信息整理。

升和产业链体系的完善提供了充足的资金支持，迅速激活了全社会创新资源，进一步促进了企业间的竞争与合作，一定程度上推动高水平、高质量人才向新能源汽车产业集聚，对新能源汽车产业的发展起到一定助推作用。但是，在社会资本积极进入的同时，也应该警惕投资过热、产能过剩等风险，政府、企业和各大投资机构也应高度重视，未来需要进一步引导社会资本合理投向。

四 政策驱动、市场牵引，中国新能源汽车推广应用处于全球引领地位

（一）中国新能源汽车市场总量居于国际引领地位

面对日益严峻的能源形势和环保压力，新能源汽车已成为全球汽车产业发展的重要选择。得益于国家战略引导和政策大力扶持，全球主要国家新能源汽车市场得以快速发展，市场规模不断扩大，截至 2017 年底，全球新能源汽车保有量达到 368.6 万辆。

中国新能源汽车市场总量居于国际引领地位。从 2009 年“十城千辆”新

能源汽车推广应用示范工程启动开始，中国新能源汽车市场一直保持高速增长态势。2017 年，中国新能源汽车销量超过 77 万辆，占据全球新能源汽车市场的比例超过 50%；截至 2017 年底，中国新能源汽车保有量达到 180 万辆，在全球新能源汽车保有量中占比达到 48%，稳居全球第一（见图 28、图 29）。

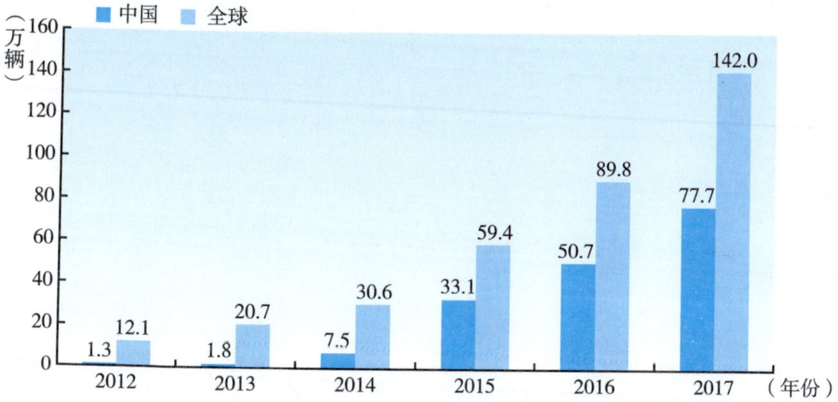

图 28　历年中国和全球新能源汽车销量情况

资料来源：中国汽车工业协会，MARKLINES。

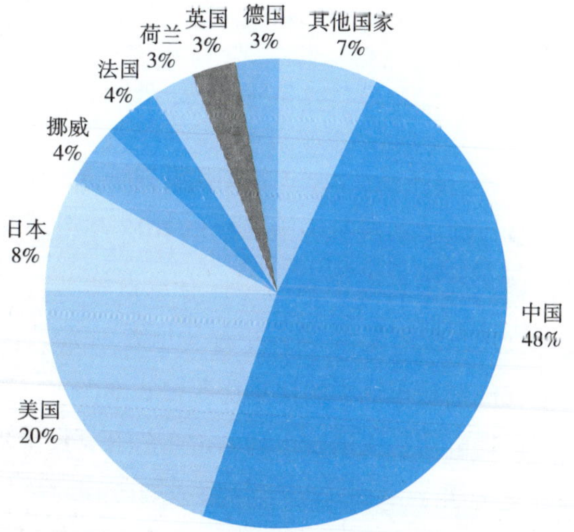

图 29　全球主要国家新能源汽车保有量占比情况（截至 2017 年底）

资料来源：MARKLINES。

2018年，中国新能源汽车市场继续保持快速增长，2018年1~6月新能源汽车销量41.2万辆，比上年同期增长111.5%。伴随着新能源汽车销量的快速增长，新能源汽车市场渗透率也显著提升，市场份额由2012年的0.07%提升至2018年上半年的2.93%，提高了2.86个百分点（见图30）。

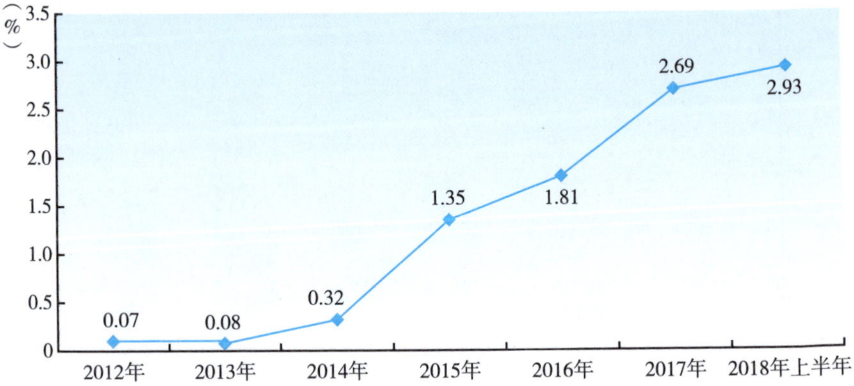

图30　历年中国新能源汽车市场渗透率增长情况

资料来源：MARKLINES、中国汽车工业协会，由中国汽车工程学会计算制表。

（二）新能源汽车产品结构多元化

1. 纯电动汽车市场规模不断扩大，产品结构呈现新特征

新能源汽车市场以纯电动汽车为主。截至2018年上半年，纯电动汽车保有量接近170万辆，其中纯电动乘用车保有量占纯电动汽车推广总量的70%左右，纯电动商用车保有量占30%左右（见图31）。

纯电动乘用车在纯电动车辆中的比重历年都在60%以上（除2015年），近3年来，随着中国纯电动私人消费市场的逐步打开，纯电动乘用车占比呈现逐年上升趋势（见图32）。

纯电动乘用车市场中轿车占主导地位，SUV市场快速升温。纯电动乘用车市场中，轿车虽占据主导地位，但随着SUV和交叉型乘用车市场的逐步扩大，近年市场份额略有下滑，而2018年上半年又有所回升。纯电动

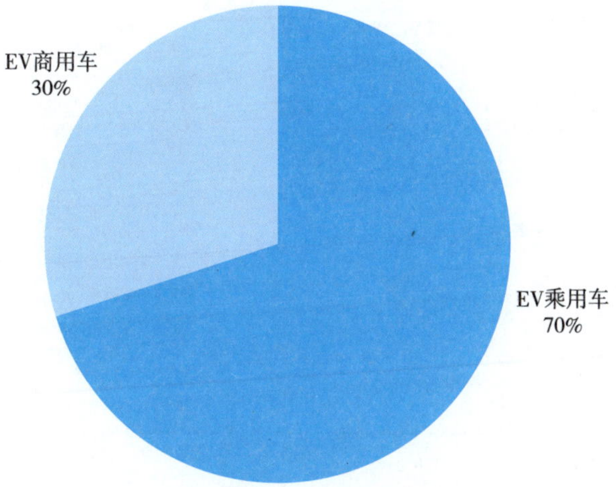

图 31　中国纯电动汽车分车型结构保有量情况（截至 2018 年上半年）

资料来源：根据中国汽车工业协会数据整理。

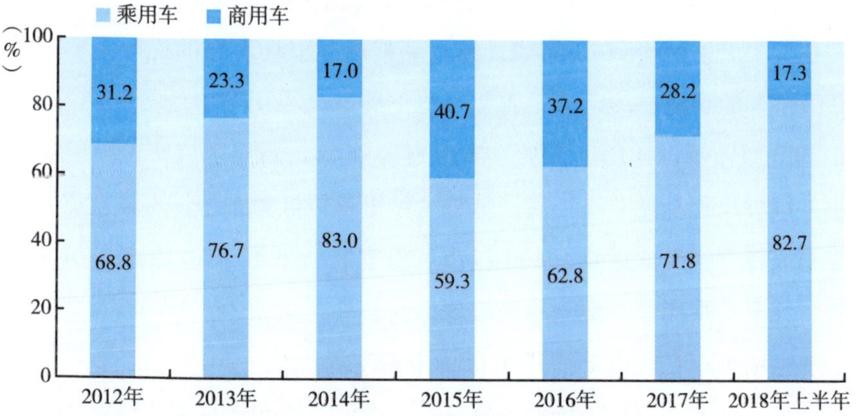

图 32　历年中国纯电动汽车车型结构变化情况

资料来源：根据中国汽车工业协会数据整理。

SUV 市场在消费偏好改变和消费升级因素的推动下快速增长，2016 年开始加速进入市场，2017 年市场份额接近 5%，2018 年上半年市场份额快速增长至 10.5%。得益于城市环境污染的治理需要以及城市物流的快速发展，纯电动交叉型乘用车市场亦有所增长，但市场波动较大（见图 33）。

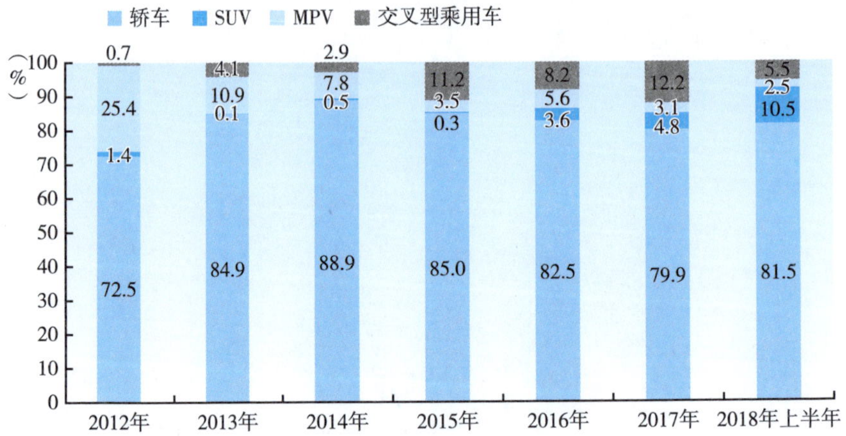

图 33 历年纯电动乘用车市场结构占比

资料来源：根据中汽中心数据整理。

纯电动乘用车小型化趋势出现抑制势头，A00 级市场份额下降，A0 级市场份额上升。截至 2017 年底，纯电动乘用车市场占比的提升主要归功于 A00 级轿车的热销。2017 年，A 级及以下纯电动乘用车市场占比超过 95%，其中 A00 级市场占比超过 70%。2018 年上半年，新能源汽车补贴政策有所调整，续驶里程补贴要求提高，部分续驶里程较低的车型将不再获得补贴或补贴退坡较大，受此影响，A00 级市场份额有所下滑，A0 级市场份额小幅上升，纯电动乘用车小型化趋势出现抑制势头（见图 34）。

纯电动客车在纯电动商用车市场中占主导地位，2018 年上半年集中爆发式增长，纯电动货车市场前景看好。纯电动商用车市场中，受益于部分城市的公交车电动化，客车占据主导地位，保持较大的市场份额。2017 年，受补贴标准调整以及 2016 年新能源汽车爆发式增长高基数的影响，纯电动客车市场有所回落。2018 年上半年，由于新出台补贴政策的调整及地方公交车替换任务，纯电动客车市场出现集中爆发式增长，市场份额大幅增长至 81.5%。纯电动货车市场呈波动态势，2017 年市场份额逐步回升接近 36%，较 2016 年大幅增长，2018 年上半年受补贴标准影响市场受到打压，但随着新补贴标准的实施以及蓝天保卫战的打响，预计纯电动货车，尤其是纯电动物流车将迎来爆发式增长（见图35）。

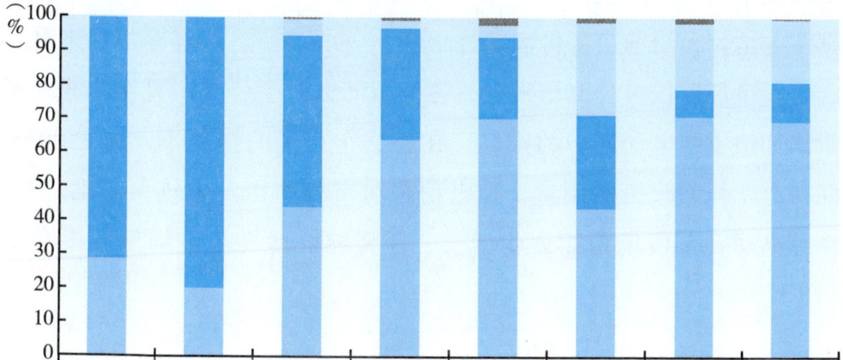

	2011年	2012年	2013年	2014年	2015年	2016年	2017年	2018年上半年
C	0	0	0	0	0	0	0	0.1
B	0	0	0.5	0.8	2.1	1.4	1.6	0.4
A	0.4	0.2	5.0	2.4	3.7	27.3	19.6	18.6
A0	71.1	79.8	50.5	32.9	24.1	27.6	8.1	11.6
A00	28.5	20.0	44.0	63.9	70.1	43.7	70.8	69.3

图34　历年纯电动乘用车按级别发展趋势

资料来源：根据中汽中心数据整理，乘用车级别数据不包含交叉型乘用车。

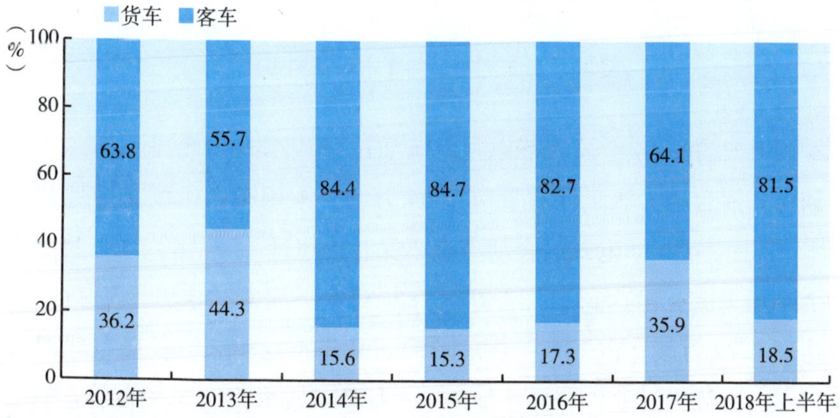

图35　历年纯电动商用车市场结构占比

资料来源：根据中汽中心资料整理。

纯电动商用车市场中，轻型货车快速发展，轻型客车逐渐萎缩。从纯电动货车市场来看，得益于大气环境治理和城市物流的快速发展，以及与纯电动技术的高匹配度和适用度，纯电动轻型货车成为市场最大受益者，占据主导地位，当前市场份额超过90%（见图36）。从客车市场来看，纯电动客车市场以城市公交车为主，各地相继出台了公交车置换新能源客车政策，加快了纯电动客车的推广。在公交车需求的推动下，加之2018年新能源汽车补贴政策的调整，纯电动客车市场结构发生较大变化，中型、大型纯电动客车市场份额逐步增长，轻型纯电动客车市场份额逐渐萎缩（见图37）。

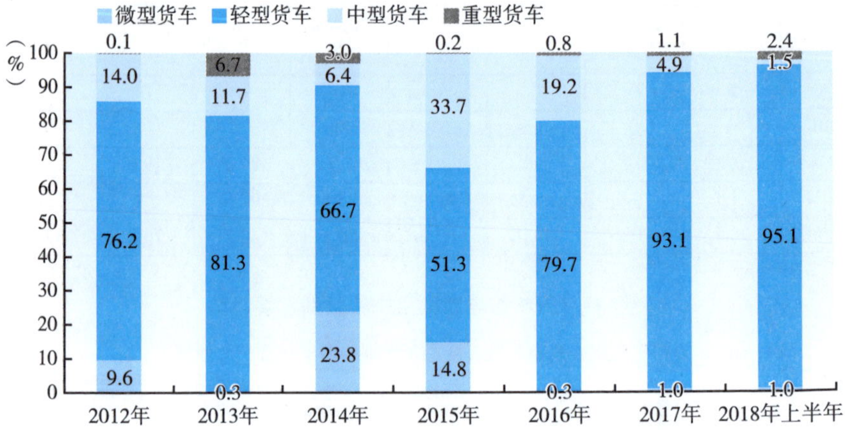

图36　历年纯电动货车市场结构占比

2. 插电式混合动力汽车市场以乘用车为主，市场集中度较高

插电式混合动力汽车保有量超过44万辆，乘用车占市场主导地位。截至2018年上半年，插电式混合动力汽车保有量超过44万辆。其中插电式混合动力乘用车保有量达到36.37万辆，占82%；插电式混合动力商用车保有量达到7.79万辆，占18%（见图38）。从车型结构来看，插电式混合动力乘用车占市场主导地位，并且乘用车占插电式混合动力车型历年总销量的比重呈现逐年上升趋势（见图39）。

插电式混合动力汽车市场中车型不断丰富，乘用车市场增长迅速。插电

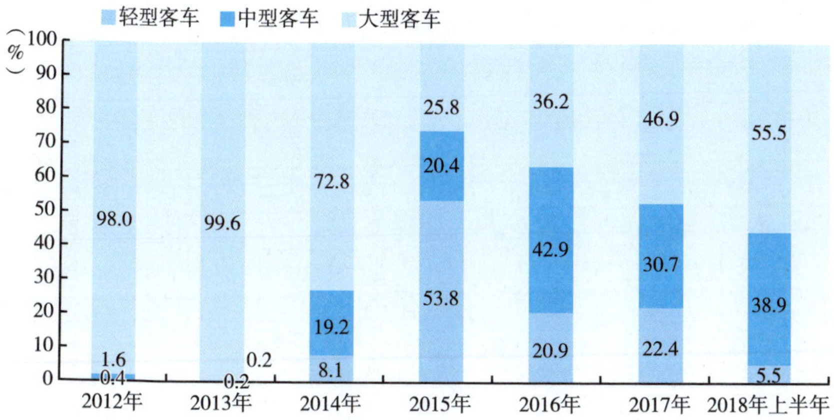

图 37　历年纯电动客车市场结构占比

资料来源：根据中汽中心数据整理。

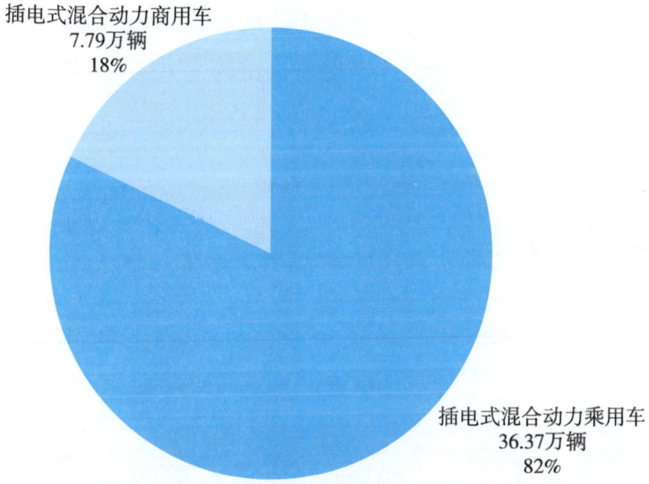

图 38　中国插电式混合动力汽车分车型结构保有量情况（截至 2018 年上半年）

式混合动力车型逐步丰富，但相对于纯电动汽车而言，车型主要集中在轿车、SUV 和大中型客车上。随着插电式混合动力汽车在私人用车领域的推广，2014 年开始，插电式混合动力乘用车开始占主导地位，商用车基本停滞。2015 年起，插电式混合动力 SUV 车型增长迅速，2017 年市场占比达到

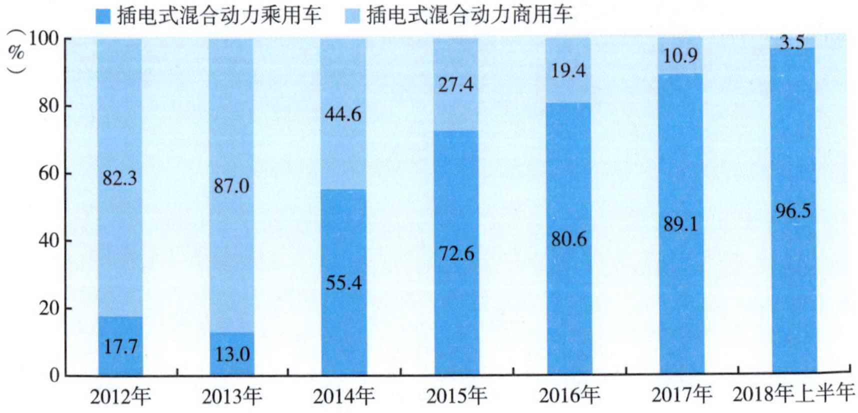

图 39 历年中国插电式混合动力汽车车型结构变化情况

资料来源：中国汽车工业协会，机动车上保险数据。

49.6%，接近半数。2018 年上半年，受新补贴政策影响，插电式混合动力客车市场不断缩减，轿车和 SUV 几乎平分整个市场（见图 40）。

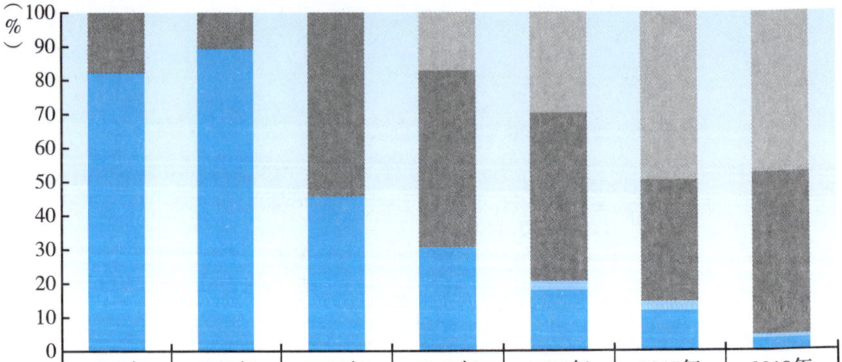

	2012年	2013年	2014年	2015年	2016年	2017年	2018年上半年
SUV	0	0	0	17.2	29.8	49.6	47.4
轿车	17.8	10.6	54.2	52.1	49.6	35.9	47.9
轻型客车	0	0	0	0	0	0.2	0
中型客车	0	0	0.1	0.2	2.7	2.5	1.1
大型客车	82.2	89.4	45.7	30.5	17.9	11.8	3.6

图 40 历年插电式混合动力车型市场结构占比

资料来源：根据中汽中心数据整理。

插电式混合动力乘用车市场以A级为主导，市场集中度程度较高。插电式混合动力乘用车市场主要为A级及以上车型（见图41），不同于以A级级以下车型为主的纯电动乘用车市场。此外，插电式混合动力乘用车市场产品相对单一，主要品牌为比亚迪和荣威，两个品牌市场集中度接近90%。

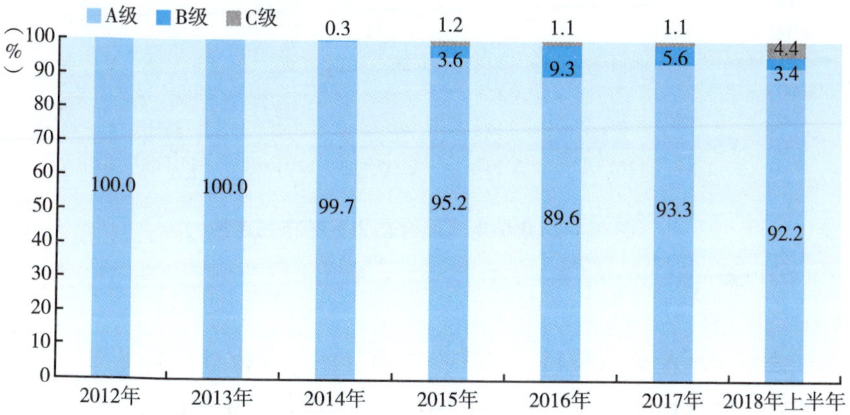

图41 历年插电式混合动力乘用车按级别发展趋势

资料来源：中汽中心，不包含交叉型乘用车。

插电式混合动力商用车市场以公交车为主。由于插电式混合动力技术不适用于货车，因此插电式混合动力商用车市场均为客车，且以公交车为主。2016年以来，随着插电式混合动力商用车补贴的退坡以及纯电动商用车技术的不断提升，插电式混合动力商用车市场开始萎缩，市场总量不断减少。2018年上半年，插电式混合动力客车市场继续大幅下滑，市场销量仅为3000余辆（见图42）。

3. 氢燃料电池商用车进入规模化示范阶段

在新能源汽车推广财政补贴政策及科技部与联合国开发计划署国际合作项目的支持引领下，以客车、物流车等商用车型为先导，陆续在全国范围内启动了氢燃料电池车的示范推广，目前规模化示范应用已在上海和广东云浮、佛山、如皋等城市启动。其中，全国首批量产的28辆氢燃料电池公交车2017年在广东云浮、佛山两地投入试运营，2019年佛山计划实施1000

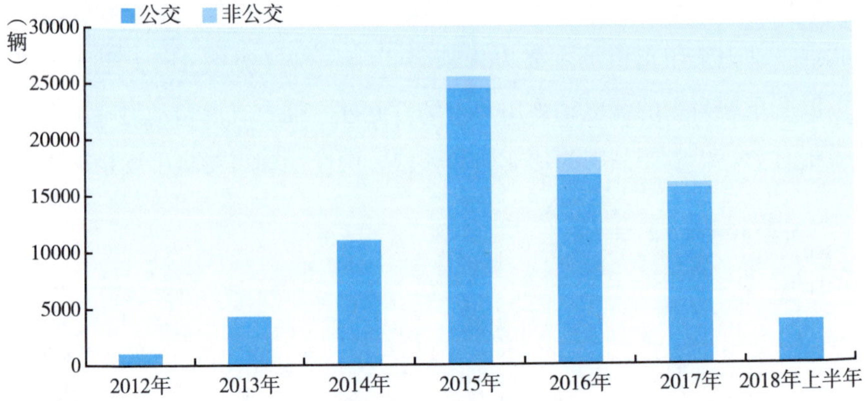

图 42　历年插电式混合动力客车市场走势

资料来源：根据中汽中心数据整理。

辆氢能公交车示范运营项目。2018 年 1 月，中国首批氢燃料电池货车在上海嘉定正式推向市场，进入示范运营阶段。上海汽车集团股份有限公司与上海化学工业区展开合作，计划将上海化学工业区打造成氢能示范基地，开展各类燃料电池汽车示范运行。如皋首期公交大巴也已投入运营。

在新能源汽车火热市场带动和政策驱动下，近两年中国燃料电池汽车市场快速增长，2016 年累计生产 628 辆，同比增长 6180%，2017 年累计生产 1103 辆，较 2016 年同比增长 75.6%（见图 43）。从公告车型来看，我国燃

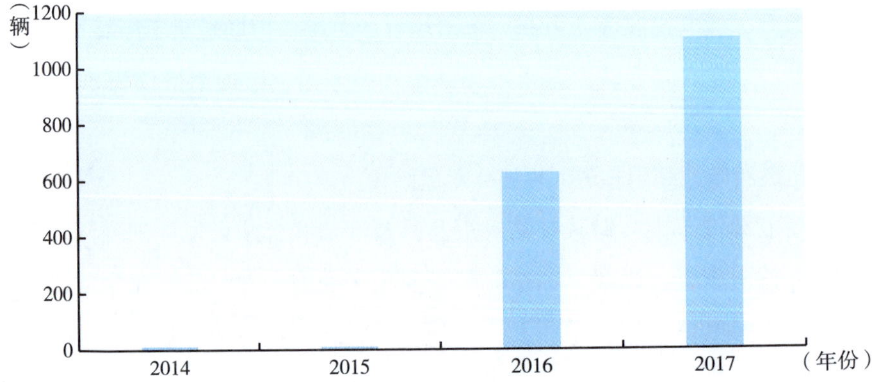

图 43　近年中国氢燃料电池汽车产量情况

料电池汽车多集中在客车和专用车领域，轿车车型产品较少。从长远来看，尽管氢燃料电池汽车商业化在不断加速，但产业发展还需要突破法规、成本、安全及配套设施等瓶颈。

（三）新能源汽车推广应用领域广泛

1. 新能源汽车推广应用效果明显，公共服务领域表现突出

随着新能源汽车的发展，新能源汽车推广规模不断扩大。受限行限购措施对消费需求的拉动，以及公务用车以新能源车替换燃油车的鼓励措施影响，私人拥有和单位购买领域的新能源汽车保有量占比逐年扩大，截至2017年底，共计83.1万辆，占比57%。公共服务领域新能源汽车占比最大，为43%，主要用于公交客运、出租租赁、货运等（见图44）。

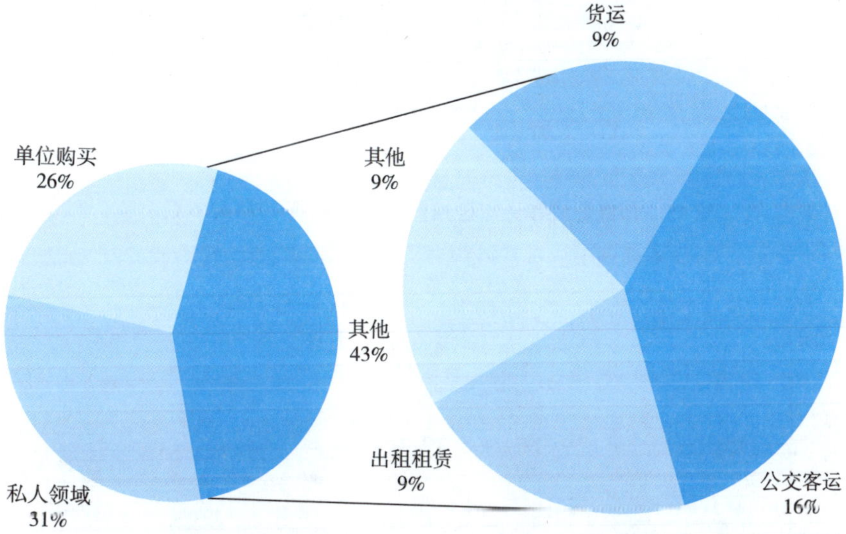

图44　中国新能源汽车推广应用领域情况（截至2017年底）

资料来源：机动车交强险数据。

从推广车型来看，纯电动汽车是主力车型。从2012~2017年新能源汽车销量看，纯电动汽车占主导地位，并且占新能源汽车市场推广总量的比重逐年增加。2017年，纯电动汽车销量65.2万辆，占新能源汽车销量的

84%。2018 年上半年，新能源汽车销量为 41.2 万辆，其中纯电动车型销量 31.3 万辆，占比约为 76%，相比 2017 年有所下降，但依旧占据主导地位。燃料电池汽车由于数量较小，占比暂且忽略不计（见图 45、图 46）。

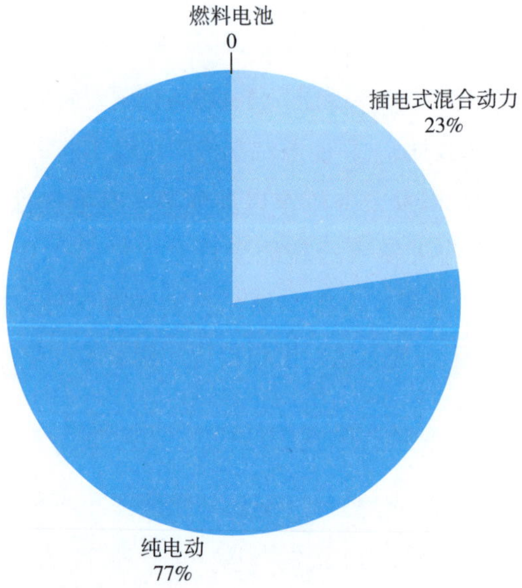

图 45　新能源汽车分车型推广情况（截至 2018 年 6 月）

资料来源：中国汽车工业协会。

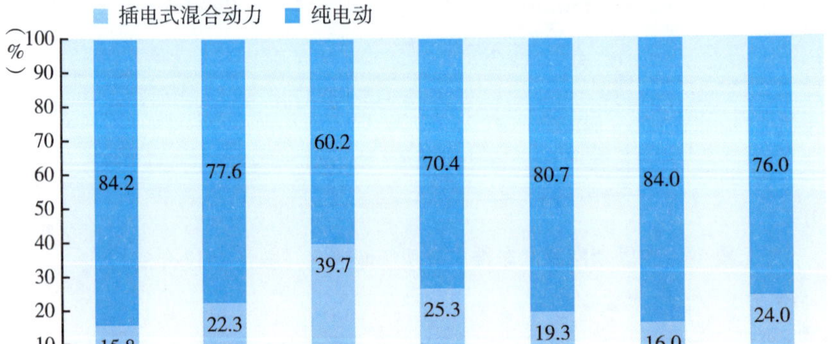

图 46　历年中国新能源汽车分车型推广占比情况

资料来源：中国汽车工业协会。

2. 纯电动公交车是新能源客车推广主导产品

新能源客车销量近年来增长迅速，2017 年为 12.72 万辆，2018 年上半年为 3.8 万辆，累计推广规模突破 44.1 万辆，其中纯电动客车为主导车型。2017 年纯电动客车销量在新能源客车总销量中占比达到 89.2%；2018 年上半年纯电动客车销量为 3.4 万辆，在新能源客车总销量中占比达到 89.6%（见图 47）。

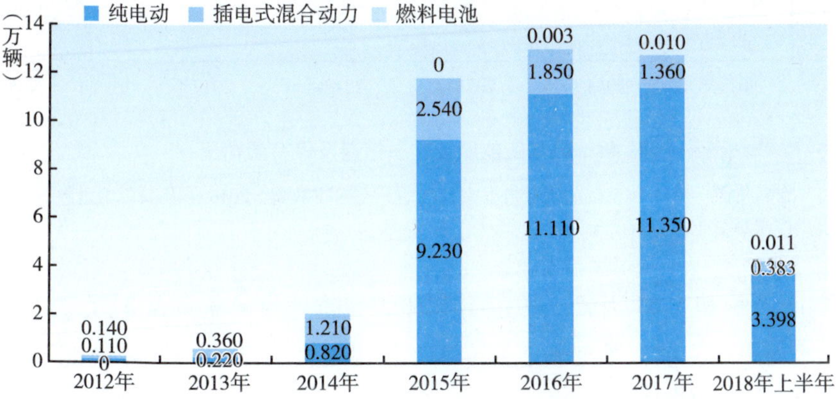

图 47　历年中国新能源客车销量情况

资料来源：2015 年及以前数据来自机动车交强险数据，2016 年及以后数据来自中国汽车工业协会。

得益于政府推动公交行业节能减排和结构调整，城市新能源公交车销量快速增长，公交车的运营特点决定公交车成为客车领域电动化的第一个突破口，中央及地方政府纷纷投入大量资金，更换新能源公交车型，新能源公交车成为客运用车推广的主导产品。截至 2017 年底，新能源公交车保有量为 22.2 万辆；2018 年上半年，新能源公交车销量为 3.4 万辆，保有量达到 25.6 万辆（见图 48）。根据交通运输部运输服务司的预测结果，到 2020 年交通运输行业新能源汽车推广应用数量将达到 60 万辆，以新能源公交车替换传统燃油公交车将成为城市推行绿色现代综合交通运输体系的主要手段。

3. 新能源专用车市场发展迅速

2015 年以来，新能源专用车推广速度较快。2015 年和 2016 年分别推

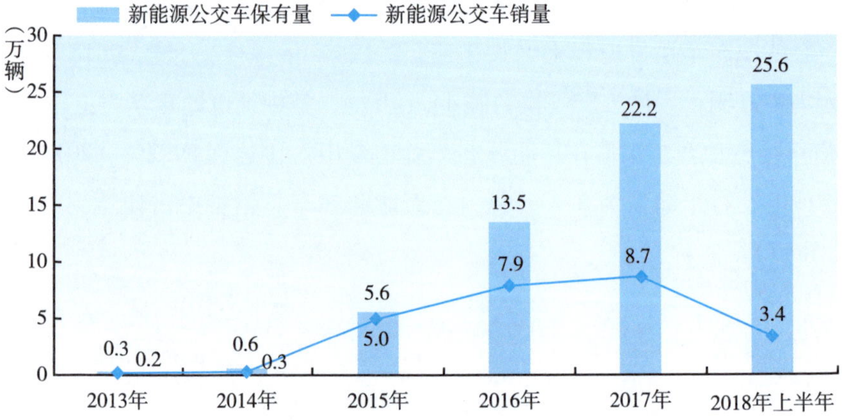

图 48　历年新能源公交车销量及保有量情况

资料来源：2015 年及以前销量数据来自机动车交强险数据，2016 年及以后销量数据来自中国汽车工业协会。

广 3.43 万辆和 4.61 万辆。2017 年以来，受推荐目录重审及 3 万公里补贴标准政策影响，前三季度新能源专用车销量增长较慢，1～9 月新能源专用车销量仅为 1.92 万辆，第四季度开始出现反弹，全年累计销量 7.09 万辆。截至 2017 年底，新能源专用车保有量达到 14.43 万辆。2018 年上半年，新能源专用车销量为 2.06 万辆，保有量达到 16.49 万辆（见图 49）。

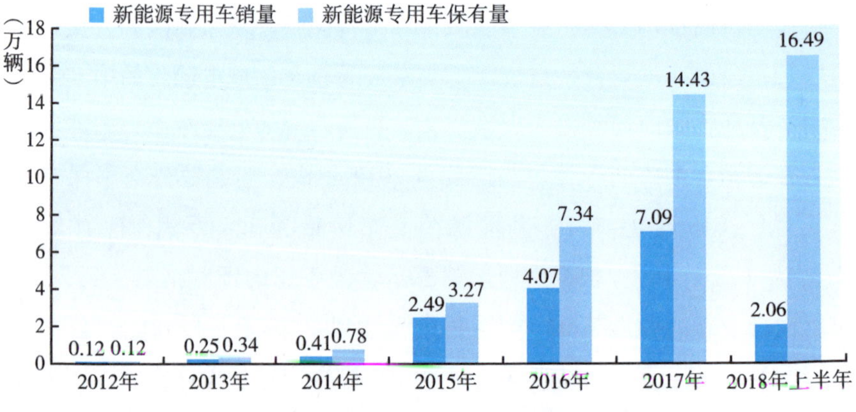

图 49　历年中国新能源专用车销量及保有量情况

资料来源：机动车强制险数据。

从新能源专用车车型来看，其以新能源物流车为主力车型，新能源物流车中，微型面包车续航里程普遍在 100～200km，轻型新能源物流车续航里程在 200～320km，少数新能源物流车续航里程最大能够达到 350km。具体车型如表 20 所示。

表 20　典型车企新能源物流车车型

车辆类型	微型面包车	轻型物流车	轻客车型	MPV
代表车型	北汽威旺 307、重庆瑞驰 EK05、陕西通家电牛 1 号等	东风 EV300	南京依维柯 EV42	上汽大通 EG10
车辆整备质量	0.6～1 吨(载重)	4.4 吨	4.5 吨	2.69 吨
实际续驶里程(满载)	100km	160km	200km	380km
电池组容量	37.8kWh,24.7kWh	83.4kWh	81.3kWh	75kWh

资料来源：工信部。

4. 新能源出租、租赁用车逐渐成为热点

截至 2018 年 6 月，全国纯电动出租、租赁用车累计推广规模超过 16 万辆。其中，2018 年上半年推广量为 2.8 万辆（见图 50）。从分布区域来看，区域集中度相对较高，其中广东、浙江、上海、山西 4 个省市总计推广规模达到 9.71 万辆，占全国纯电动出租、租赁用车推广总规模的 60%（见表 21、图 51）。

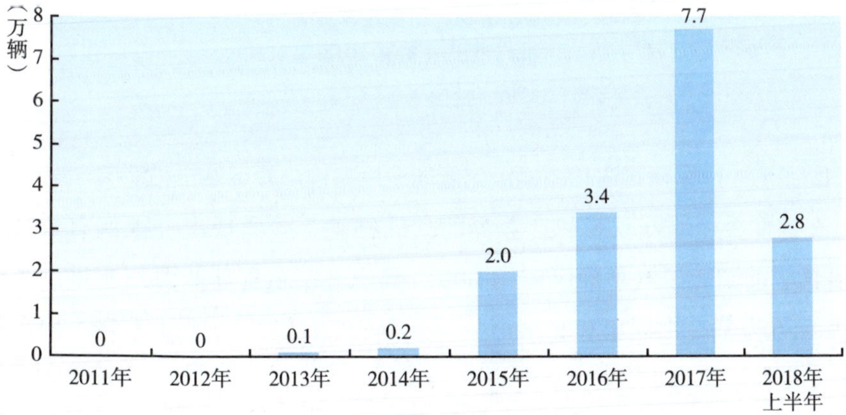

图 50　历年纯电动出租、租赁用车市场推广情况

资料来源：机动车强制险数据。

表 21　纯电动出租、租赁用车累计推广情况（截至 2018 年 6 月）

推广范围	省份数量(个)	推广规模(万辆)	推广规模占比(%)
大于 1 万辆	4	9.71	60.2
0.3 万辆≤推广规模<1 万辆	9	5.19	32.2
0.1 万辆≤推广规模<0.3 万辆	5	0.84	5.2
0≤推广规模<0.1 万辆	11	0.38	2.4

资料来源：机动车强制险数据。

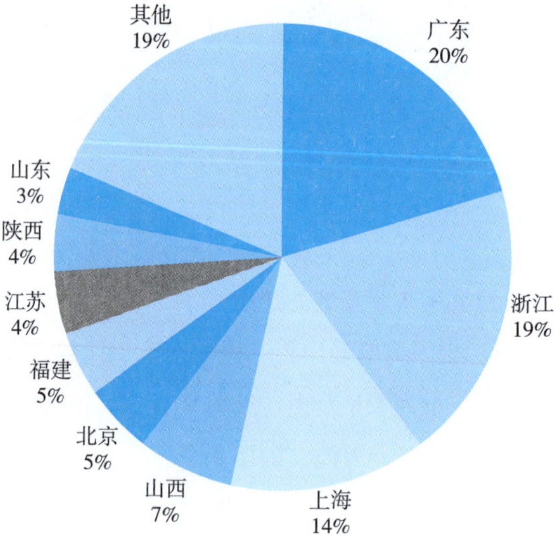

图 51　纯电动出租、租赁用车分省份累计推广情况（截至 2018 年 6 月）

资料来源：机动车强制险数据。

5. 涌现一批保有量达10万辆级的新能源汽车推广应用城市和地区

在各部委、地方政府和产业界的共同推动下，涌现出一批保有量超过 10 万辆级的新能源汽车推广应用省市。其中，广东省新能源汽车推广总量达到 31.6 万辆，上海市和北京市分别达到 19.6 万辆和 18.4 万辆，山东省和浙江省分别达到 18.8 万辆和 17.1 万辆（见图 52）。

在各省市新能源汽车推广应用中，私人用车市场进一步扩大。截至 2018 年 6 月，上海市私人用新能源汽车推广量达到 11.2 万辆，占上海新能

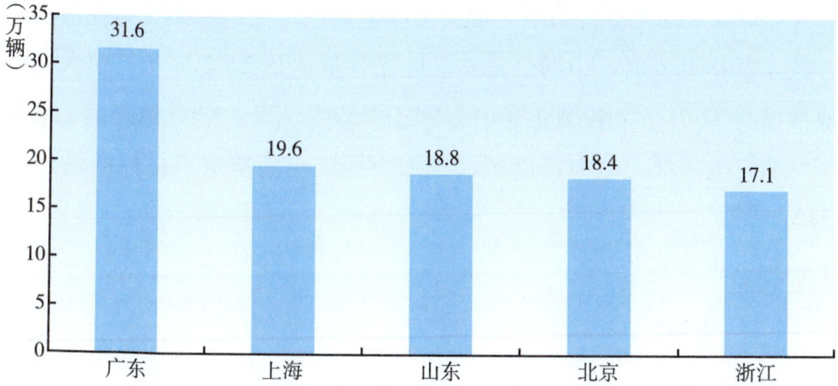

图 52　2012～2018 年中国典型省市新能源汽车累计推广情况

资料来源：机动车交强险数据。

源汽车推广总量的比例由 2017 年的 54.9% 上升到 2018 年的 57.5%；北京市私人用新能源汽车推广量达到 12 万辆，占比由 2017 年的 63.5% 上升到 2018 年的 65.5%（见图 53）。

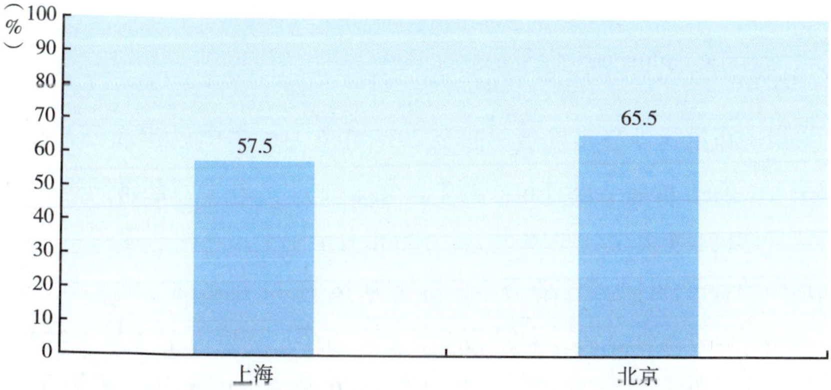

图 53　北京和上海私人用新能源汽车推广量占比（截至 2018 年 6 月）

资料来源：机动车交强险数据。

（四）充电基础设施同步发展，加氢基础设施开始加速发展

1. 充电基础设施配套逐步完善，全国各类充电桩保有量达到59万个

充电基础设施保有量全球领先。中国充电基础设施呈现快速发展态势，

已成为全球最大的充电桩市场。根据中国电动汽车充电基础设施促进联盟统计，截至2018年6月，中国公共充电桩保有量达到27.2万个，私人充电桩建成数量约32万个，各类充电桩总量超过59.2万个，较好地满足了电动汽车用户的充电需求，也为新能源汽车加快推广应用奠定了良好的基础（见图54）。

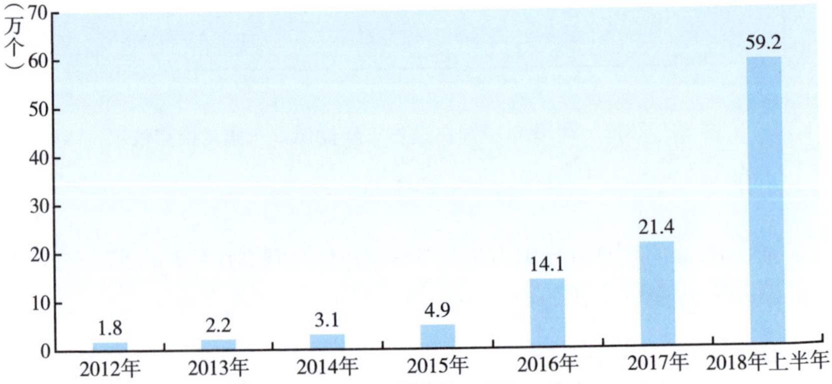

图54 历年充电基础设施累计建设情况

资料来源：中国电动汽车充电基础设施促进联盟。

公共充电桩建设稳步发展。截至2018年6月，中国已建成公共充电桩27.2万个，保有量居全球首位。其中，交流桩11.9万个、直流桩8.8万个、交直流一体桩6.4万个（见图55）。分布相对集中于长三角、珠三角等地区，排名前十的省市合计为21.24万个，占比为78.1%，排名前三的北京、上海、广东公共充电桩数量分别为4.09万个、3.48万个、3.36万个（见图56）。

区域车桩比进一步优化。截至2018年6月，全国车桩比约为3.4∶1，其中北上广等地情况好于全国平均水平。2017年，上海、北京、广东的车桩比分别为1.4∶1、1.5∶1和2.1∶1。中西部地区车桩比低于全国平均水平，究其原因：一方面，新能源公交车、物流等专用车较多，定点定线运行，一桩可服务多车；另一方面，中西部地区新能源乘用车中微型车比例高，这些年多用便携式随车充电线缆充电，一定程度上缓解了充电桩建设的迫切性。

充电运营商市场集中度较高。从全国各运营商充电桩的运营规模来看，

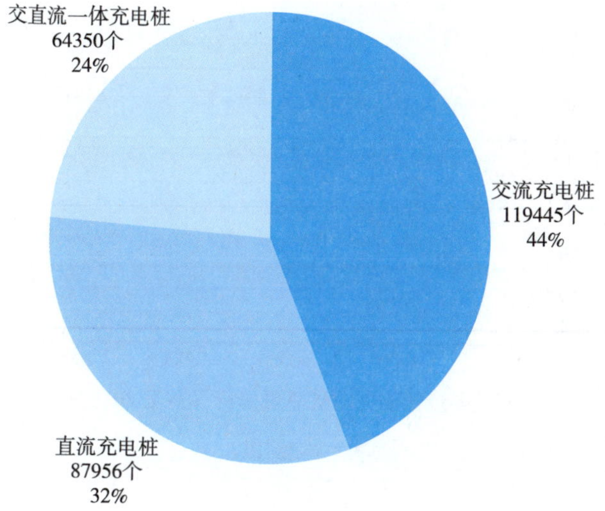

图55　不同类别公共充电桩建设数量构成（截至2018年6月）

资料来源：中国电动汽车充电基础设施促进联盟。

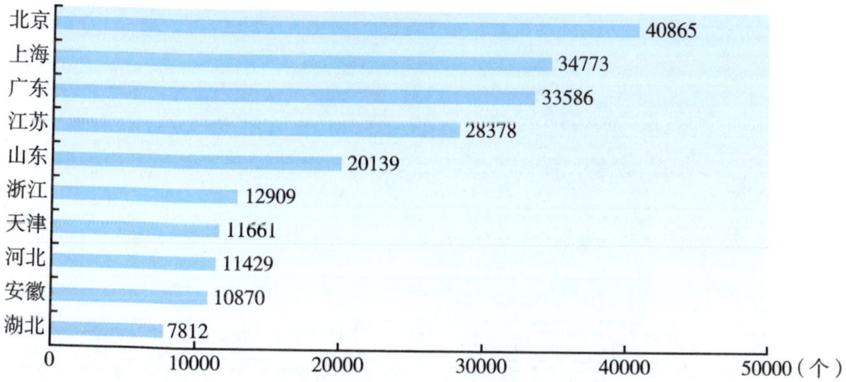

图56　各省级行政区域公共充电桩建设数量排名（TOP10）（截至2018年6月）

资料来源：中国电动汽车充电基础设施促进联盟。

充电运营商市场集中度相对较高。特来电运营的充电桩（自建+托管）规模达到11.2万个，占全国各运营商充电桩建设运营总量的41.2%（见图57）。充电桩运营规模超过4万个的运营商有特来电（自建+托管）、国网公司、星星充电（自建+私桩共享），这三家运营商的充电桩运营总量在全国充电桩建设运营总量中占比达到78.2%（见图58）。

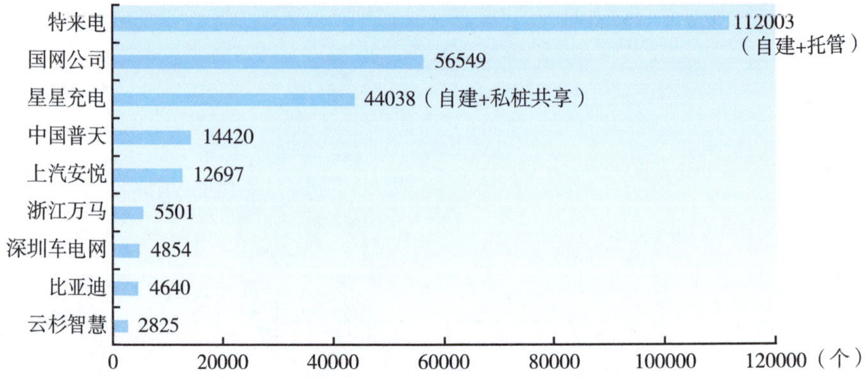

图 57　全国各运营商充电桩总量排行（截至 2018 年 6 月）

资料来源：中国电动汽车充电基础设施促进联盟。

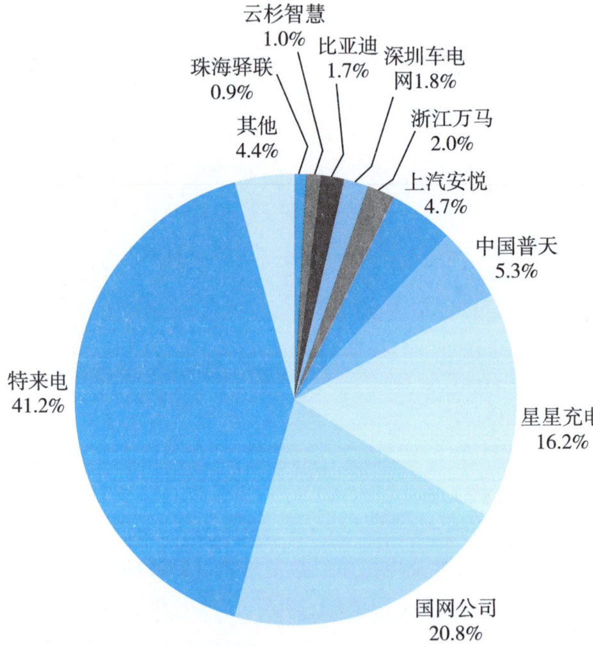

图 58　全国主要充电运营商市场份额（截至 2018 年 6 月）

资料来源：中国电动汽车充电基础设施促进联盟。

2. 充电信息化平台建设加快

按照《国务院办公厅关于加快电动汽车充电基础设施建设的指导意见》（国办发〔2015〕73 号）的要求，在各运营商及相关城市的共同努力下，经过近两年的时间，充电设施行业基本形成了由企业服务信息平台、城市级监管平台、国家级信息平台构成的三级充电设施信息互联互通体系，未来将致力于建成全球覆盖范围最广、接入充电桩数量最多，开放、智能、互动、高效的智慧车联网平台。

通过建立“全国－省－地市－站－桩”五级实时监控体系和高效运维抢修服务体系，基本形成充电桩建设运维、充电信息共享、电动汽车租售、车辆金融保险等一条龙增值服务。截至2017年底，该平台累计接入充电桩17万个，注册客户超过80万个。为了积极推进私人充电桩共享，该平台接入845个小区，分享电量126.6万kWh。平台起到引导电动汽车低谷充电的作用，2017年平台电桩低谷充电1亿kWh，占这些充电桩全年充电量的26%，同比提高了5.8个百分点。

3. 充电基础设施加快推进标准统一

国家能源局积极组织各充电桩运营企业，共同促进充电接口标准的统一。第一，继续组织汽车充电兼容测试，参与企业包括65家充电设备企业和12家汽车企业，共查改400余项问题。第二，在京津冀、长三角地区开展实测活动，实地检验国内主流10余款车型与43个充电桩匹配情况。截至目前，我国公共充电桩设施已基本完成升级。此外，在国标委的大力支持下，将继续加快推动充换电标准制修订工作。

4. 加氢基础设施开始加速发展

当前，中国已建成运营加氢基础设施共计14座，包括北京永丰加氢站、上海安亭加氢站、深圳大运会加氢站、郑州宇通加氢站、同济新源大连加氢站、云浮思劳加氢站、佛山南海瑞辉加氢站和丰田加氢站等8座固定站，以及南通百应加氢站、中山沙朗加氢站、上海电驱动加氢站、上海神力加氢站、郫都区加氢站、东风特汽加氢站等6座撬装加氢站，分布于北京、上海、大连、佛山、云浮、如皋等10个城市。其中，大连加氢站具备场内风光互补制氢功能和70MPa加氢能力，其他加氢站氢源主要为外供。此外，据不完全统计，在建及有明确建站规划的加氢站达20座以上。

从企业来看，目前，神华新能源、舜华新能源、氢枫及富瑞特装均制定了氢气供应基础设施建设规划：神华新能源已开始在如皋启动加氢站建设；舜华新能源计划在上海建设加氢站走廊；氢枫计划在上海、江苏、浙江、广东和京津冀建设共10座加氢站；富瑞特装致力于建设液氢供应网络，计划在陕西、广东、河南、河北等地建设液氢工厂。其中神华新能源主导建设的如皋加氢站预计在2018年10月建成，技术方案上充分考虑了不同车辆（大巴、物流车、乘用车）的不同加氢需求及不同车载储氢形式（大巴和物流车车载储氢为35MPaⅢ型瓶，乘用车为70MPaⅣ型瓶）。其还根据SAEJ2601和SAEJ2601－2对氢气加注过程的要求，结合自身情况，自主开发了氢气加注过程的流体力学和传热学算法，以及加氢过程的控制算法，从而实现氢气快速、安全加注。此站是国内首座符合上述标准的加氢站，不但为国内燃料电池汽车的运行提供了支撑，也为丰田、本田、现代等燃料电池乘用车今后在中国的推广奠定了基础。

随着燃料电池汽车的推广应用，相关产业配套也已全面展开，氢能产业正在加速发展。

专栏七　张家口冬奥会风电制氢基地

张家口是京津冀地区主要的生态涵养区和新能源基地之一，风电资源丰富，在制氢产业方面具有特有的资源优势，拥有全球最大的风电制氢工程和首个风电制氢工业应用项目。张家口每年有超过100亿度电不能联网外送，利用这些风电及波谷电量“制氢”，可高效利用电量、减少浪费，从而降低制氢成本。此外，风电制氢过程中没有二氧化碳排放，这给大规模“制氢”“储氢”“加氢”带来终端使用层面的绝对优势。

按照规划，张家口市将利用风电制氢优势加速建设地区相关的氢能综合利用产业体系，计划建设京张奥运氢能高速公路，以及多个风光电氢综合能源利用示范项目，并将于2018年率先启动百辆氢燃料电池客车示范运营，最终实现19个区县加氢站全覆盖，公交车全部实现氢燃料电池化发展。此外，氢燃料电池客车还将服务2022年冬奥会。

2017年8月，亿华通与张家口市政府在望山园区签约“可再生能源产业化应用示范园建设项目”。该项目位于张家口市桥东区大仓盖镇梅家营村望山循环经济示范区，建设内容包括1座制氢站和配套加氢站（见图7－1）。其中，制氢站采用电解水制氢技术，电力来源为可再生能源风电。项目总投资5亿元，总占地面积150亩，计划分两期建设完成。一期设计产能2000Nm³/h（约4吨氢气/天），投资1.2亿元，占地面积50亩，计划于2018年5月建成投产。建成后，每天可为300辆氢气燃料电池客车提供氢燃料补给。二期设计产能10000Nm³/h（约20吨氢气/天），投资3.8亿元，占地面积100亩，计划于2019年内建成投产。建成后，每天可为1500辆氢燃料电池客车提供氢燃料补给。

图7－1 亿华通望山园区大型制氢厂

五 开放创新、融合发展，新能源汽车产业国际化发展富有成效

秉承开放创新、融合发展的理念，中国新能源汽车产业“走出去”趋势明显。近年来，新能源汽车企业积极参与国际分工，充分利用国际资源，努力开拓国际市场，加速布局海外产业，深入开展国际合作。

（一）新能源汽车产业“走出去”能力日趋增强

1. 海外出口发展迅速

近年来，中国新能源汽车产业加快融入全球市场，整车出口遍布全球。

比亚迪、江淮、北汽新能源、长安、宇通等新能源车企立足本土，开展全球布局，进入美、欧、日、韩等发达国家和地区的汽车市场，产品在50余个国家的200多个城市实现运营和使用（见表22）。

表22　2017年比亚迪新能源汽车出口

国家	产品销售情况
美国	纯电动大巴市场占有率超过80%
英国	纯电动双层大巴伦敦市场占有率超过90%
日本	比亚迪K9于2015年投入京都，2017年12月投入冲绳
澳大利亚	获澳洲最大电动巴士订单，被堪培拉指定为首批纯电动巴士供应商
新加坡	投入100辆比亚迪e6，组建东南亚最大纯电动出租车队

2. 海外研发布局加快

近年来，自主品牌车企注重整合国内外优势研发资源，积极设立国际化新能源汽车研发中心。海外研发中心设立地主要集中于美国、欧洲和日本等，积极聘用全球优秀研发人员，紧跟美、日等国先进技术，中国新能源汽车的设计研发水平迅速提升。例如，比亚迪分别在美国、欧洲、日本成立分公司，设立前瞻性的全球研发中心，自身研发能力快速提升。北汽新能源积极打造“北京研究总院+五国七地”的全球研发战略布局。新兴车企更加注重海外研发中心的建设，如合众汽车已经成立美国硅谷智能驾驶研发中心、意大利都灵设计中心（筹）、德国工程与技术中心（筹）、上海与嘉兴技术研发中心等，形成“四国五地”研发布局。

3. 海外建厂步伐加快

比亚迪已经在巴西、匈牙利、法国、美国和厄瓜多尔等国建立新能源客车工厂（见表23）。例如，在南加州兰卡斯特市，比亚迪建立了纯电动公共汽车工厂和动力电池工厂，目前纯电动公共汽车工厂二期建设已经正式启动。比亚迪还计划在巴西坎皮纳斯城设立新能源大巴工厂。吉利在英国投资5000万英镑，设立新能源商用车新工厂。除整车企业以外，动力电池企业也积极开展海外建厂。2018年7月9日，宁德时代与德国图林根州政府正式签署了投资协议，拟投资 2.4 亿欧元，在图林根州埃尔福特市设立电池生产基地及智能制造技术研发中心，该生产基地计划于 2021 年投产，2022 年达产后将形成 14GWh 的产能。

表 23　比亚迪海外工厂建设情况

厂址	领域	覆盖区域
巴西	新能源客车	巴西
匈牙利	新能源客车	欧洲
法国	新能源客车	欧洲
美国	新能源客车、卡车	北美
厄瓜多尔	新能源客车	南美

4. 海外并购较活跃

目前，通过开展国际并购等方式来获得先进技术及专利，已成为中国新能源汽车企业进一步提升国际竞争力的重要手段。在万向集团收购美国动力电池公司 A123 和电动汽车公司 Fisker Carma 后，宁德时代、重庆小康等新能源汽车企业也加快了海外并购进程（见表 24）。

表 24　2017 年新能源汽车主要海外并购事件

并购方	出售方	并购金额	并购要点
宁德时代	维美德汽车	3000 万欧元	宁德时代收购维美德 22% 股份，双方合作将聚焦于为电动汽车和混合动力汽车提供项目管理、工程设计及蓄电池槽，双方的合作将增强宁德时代整体实力并强化调整其市场定位，使其能够快速进军欧洲电动车市场
重庆小康	美国 InEVit	3300 万美元	全资子公司 SF MOTORS 收购 InEVit100% 股权，以进一步夯实在电动汽车电池系统研发和设计领域的战略布局
奥立仕	日本电动车 GLM	1.13 亿美元	完成收购日本从事制造及销售电动车的公司 GLM Co.，Ltd85.5% 股权及尚未行使购股权

（二）新能源汽车市场国际化水平持续提升

1. 合资合作进入新阶段

在“走出去”的同时，中国新能源汽车产业也注重“引进来”。2017年以来，大众、福特、宝马等外资企业均在电动车领域成立或准备成立合资公司。自主品牌积极引进国外先进技术和高端人才，提高合资合作水平，实现相关纯电动车型的本土化生产（见表25）。

表25　新能源汽车合资企业建立情况

中资企业	外资企业	合作时间	合作内容
吉利汽车	沃尔沃	2017年8月4日	成立领克汽车合资公司
		2017年8月4日	成立吉利－沃尔沃技术合资公司,共同开发下一代纯电动汽车平台技术
江淮汽车	大众汽车集团	2017年12月22日	江淮大众汽车有限公司正式成立,生产纯电动乘用车,未来将形成年产10万辆纯电动乘用车的生产能力
北汽新能源	戴姆勒	2017年6月1日	签署合作框架协议
		2017年7月5日	签署了新的框架协议,共同注资建立纯电动汽车生产基地
		2018年3月8日	戴姆勒入股北汽新能源
长城汽车	宝马	2018年2月23日	签署合作意向,实现MINI纯电动车型的本土化生产
东风汽车	雷诺－日产联盟	2017年8月27日	建立易捷特新能源汽车有限公司,联合开发电动汽车,并在全球销售
众泰汽车	福特	2017年11月8日	组建众泰－福特汽车有限公司,设计开发、生产并销售一系列采用合资公司品牌的经济型纯电动乘用车
华晨汽车	雷诺	2017年12月15日	成立华晨雷诺金杯汽车有限公司,主要业务涉及轻型商用车和新能源汽车领域,还将引入雷诺新轻型商用车并在华生产

2. 外资企业加快中国市场布局

中国发展新能源汽车的空前力度以及巨大的潜在市场空间，吸引着海外汽车巨头的关注，大众、宝马、丰田等企业均将中国作为其重要战略市场。根据中国市场需求，加快在中国市场投放新能源汽车产品的进程，同时积极布局出行服务市场。例如，大众汽车集团规划2020年在中国市场销售40万辆新能源汽车，2025年达到150万辆，将布局小型轿车、两厢轿车、SUV等全线车型产品。基于电驱动MEB平台，到2025年大众汽车集团在华市场投放的新能源车型数量将在40款以上。相关信息如表26所示。

表26　国外车企布局国内新能源汽车市场

企业	在华计划
大众汽车集团	·2017～2019年投放基于现有车型生产的新能源汽车产品 ·2020年，启动基于MEB平台的纯电动汽车的生产 ·到2025年投放不少于40款新能源车型
宝马	·投放BMWi3、BMWi8、全新BMW5系插电式混合动力、BMWX1插电式混合动力、BMWX5插电式混合动力及BMW7系插电式混合动力等产品 ·开展全新大型客户体验式营销活动MISSIONI，强化BMW电动出行和产品体验 ·联手国内充电服务企业，布局充电服务市场，计划2018年底充电桩数量达8万个，覆盖全国超过100个城市
丰田	·开展氢燃料电池汽车测试，并在常熟建立氢燃料供应站 ·计划推出纯电动小型SUV，同时引入并国产插电式混动版雷凌和卡罗拉
特斯拉	·特斯拉将于上海临港建设超级工厂，该超级工厂集研发、制造、销售等功能于一体，规划产能50万辆
奔驰	·加深与比亚迪的合作，推进腾势品牌发展 ·加强同北汽集团的合作，计划2020年实现奔驰EQ电动车型国产化
通用	·2016～2020年，在中国市场推出10款新能源车型
雪铁龙	·计划六年内完成电气化布局，到2023年，旗下80%车型采用纯电驱动或插电式混动驱动 ·与东风集团合作开发e－CMP平台，将于2019年推出首款新车

（三）开展多层次国际交流合作

1. 中德、中美双边合作持续深入

近年来，中国积极推进新能源汽车领域的国际合作，先后与美国、德国等开展合作，实现了互利共赢发展。

（1）中德电动汽车联合研究中心

2010年，由科技部与德国联邦教研部共同牵头，启动了中德电动汽车联合研究中心，由同济大学、清华大学、慕尼黑工业大学等15所高校、科研机构和19家企业共同参与（见图59）。

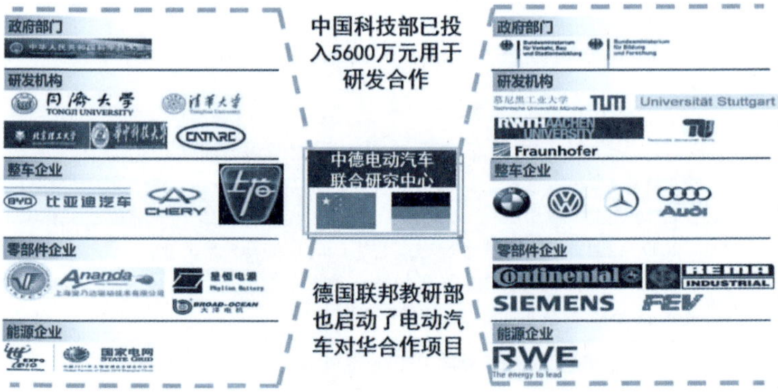

图59　中德电动汽车联合研究中心参与主体

近年来，双方在电动汽车互动示范运行、充电标准制定等方面开展了深入合作。2016年“中德电动汽车充电项目”第三阶段正式启动（见图60）。

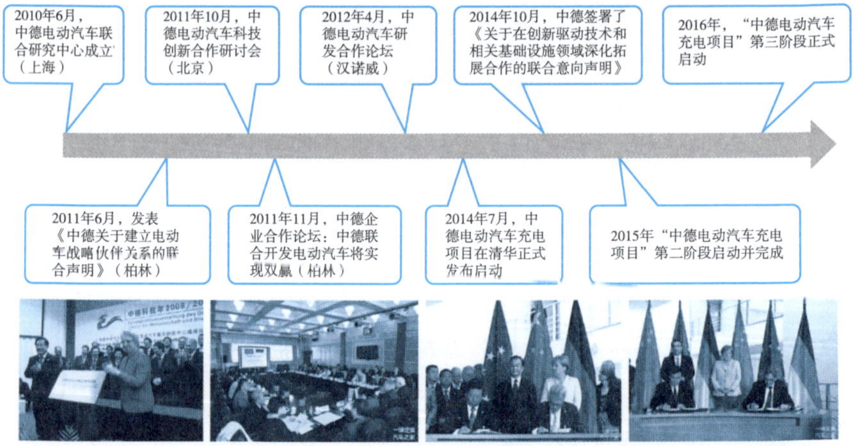

图60　中德电动汽车联合研究中心大事记

（2）中美清洁能源联合研究中心

根据中美两国政府签署的《关于中美清洁能源联合研究中心合作议定

书》和中美清洁能源联合研究中心指导委员会会议达成的共识，中美双方同意支持清洁煤、清洁能源汽车和建筑节能等三个优先领域产学研联盟的合作研发。其中，清洁汽车联盟积极开展中美合作交流活动，分别于2017年4月和11月，召开“第十二届中美电动汽车与电池技术研讨会”“中美清洁能源联合研究中心清洁汽车联盟技术年会”，围绕新能源汽车核心技术的开发应用展开了深度交流和研讨（见表27）。

表27　清洁汽车联盟主要参与机构

国别	参与机构
美国	密西根大学、俄亥俄州立大学、麻省理工学院、桑迪亚国家实验室、橡树岭国家实验室、美国环保署、联合生物能源研究所
中国	清华大学、上海交通大学、中国科学院、北京理工大学、武汉理工大学、同济大学、天津大学、吉利汽车、中国普天、万向汽车、长安汽车、上汽集团

2. 多边合作机制取得有益探索

（1）电动汽车倡议（EVI）

2010年，中美在首届清洁能源部长级会议上共同提出的电动汽车倡议（EVI），得到了法、德、日、英等近10个国家及国际能源署的积极响应并开展多边合作，选取上海嘉定建立了功能完善的国际电动汽车示范区，开展了政策研究、数据采集、技术验证、标准规范等一系列国际合作研究。该倡议旨在促进全球电动汽车的发展，成功举办了系列活动（见表28）。截至目前，参加EVI的国家达到15个，包括中国、美国、法国、德国、英国、挪威及日本等。

随着EVI工作进入新的发展阶段，EVI的主要成员国在清洁能源部长级会议（CEM）框架下，主导发起了EV30@30挑战行动，目标是“至2030年，电动汽车销量占到全球新车销量的30%”。为进一步推进EV30@30挑战行动目标的实现，EVI提出了全球电动汽车示范城市发展项目（Global EV Pilot City Program，PCP），并组织了CEM-2018电动汽车示范城市论坛（Global EV Pilot City Forum，PCF）。

表 28　电动汽车倡议（EVI）近期主要活动

重大活动	主要内容
EV30@30 挑战行动	·2017 年 6 月 8 日在北京正式发布，目标是“至 2030 年，电动汽车销量占到全球新车销量的 30%”
PCP	·计划 5 年内在全球招募 100 个电动汽车友好城市，围绕电动汽车推广的政策法规、城市规划、充电技术、共享出行等方面开展广泛的国际合作与交流 ·经科技部批准，中方秘书处由中国汽车工程学会和上海汽车城集团公司联合组建，截至目前，全球共有来自 11 个国家的 33 个城市加入了该项目
PCF	·2018 年 5 月 28 ~ 29 日在芬兰成功召开，由赫尔辛基市政府主办，中国汽车工程学会、上海汽车城和国际能源署协办 ·围绕电动汽车推广政策、电动汽车与交通融合发展、城市公交系统电动化、充电基础设施建设等议题开展研讨

（2）国际氢能燃料电池协会（筹）

国际氢能燃料电池协会（筹）由中国汽车工程学会发起，通过批准成立，在民政部正式注册。目前有 62 家成员单位，涵盖了六个方面，分别是整车、燃料电池及零部件、氢能与基础设施、大学及研究机构、政府部门与行业组织、投资机构（见图 61）。

图 61　国际氢能燃料电池协会（筹）成员单位

国际氢能燃料电池协会（筹）致力于打造覆盖氢能燃料电池汽车全产业链的国际交流平台，开展燃料电池汽车和氢基础设施示范推广活动，通过国际信息交流平台和媒体宣传等方式，促进全球燃料电池汽车的技术进步和商业化推广。目前，国际氢能燃料电池协会（筹）已成功举办两届国际燃料电池汽车大会，并与 H_2 Korea、Hydrogen Council 等开展国际合作，共同推动氢能及基础设施建设的发展。此外，国际氢能燃料电池协会（筹）计划于 2018 年 10 月在如皋、南通、盐城和上海四个城市，开展覆盖百万人的氢能燃料电池汽车科普巡游活动，参与企业包括国内外整车和燃料电池系统及零部件企业、氢能及基础设施企业，进一步推动燃料电池汽车科普宣传和知识普及（见图 62）。

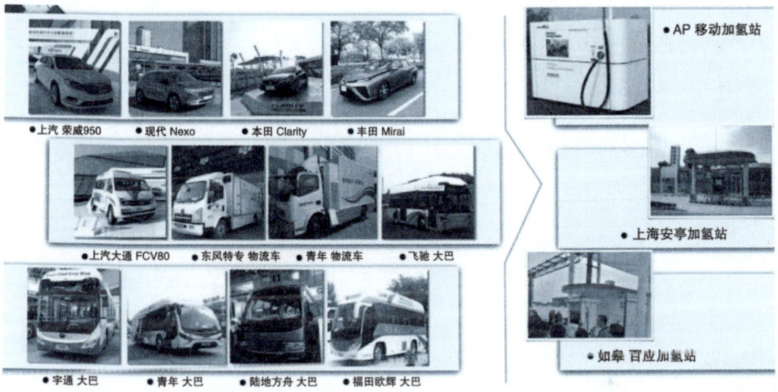

图 62　参与科普巡游部分车辆及氢气保障设施

3. 积极开展前瞻技术领域国际合作示范

（1）“促进中国燃料电池汽车商业化发展”项目

“促进中国燃料电池汽车商业化发展”项目是科技部和联合国发展计划署（UNDP）联合申请的全球环境基金（GEF）项目，中国汽车技术研究中心作为项目办公室，参与单位包括科技部、地方政府、高校及科研机构、中国汽车技术研究中心、中国汽车工程学会及相关企业（汽车制造企业、工业材料企业、石油公司、石油产品制造企业、公交公司等）。项目在北京、上海、郑州、佛山和盐城 5 个城市进行燃料电池汽车和加氢站示范，实现燃料电池汽车和燃料电池技术改进、成本降低，提升国产燃料电池汽车质量和性能，加快燃料电池汽车技术能力建设，以及进一步提升可再生能源大规模产氢技术，促进中国燃料电池汽车的商业化发展。

（2）“中国新能源汽车和可再生能源综合应用商业化推广”项目

“中国新能源汽车和可再生能源综合应用商业化推广”项目是由工业和信息化部与联合国工业发展组织（UNIDO）联合申请的全球环境基金（GEF）项目，由中国汽车工程学会作为项目办公室，旨在促进可再生能源和新能源汽车在中国的融合发展。项目将在上海盐城和如皋开展新能源汽车和可再生能源综合应用的技术示范与验证，研究提出新能源汽车和可再生能源综合应用商业化推广的发展路线图和鼓励政策，开展商业化发展模式研究和标准法规框架制定，以及信息传播与交流等工作。其中，千辆级新能源汽车与可再生能源综合应用示范，将围绕智能充电系统、园区微网、车网互动（V2G）能源管理中心等开展技术和商业化示范验证等（见图 63）。

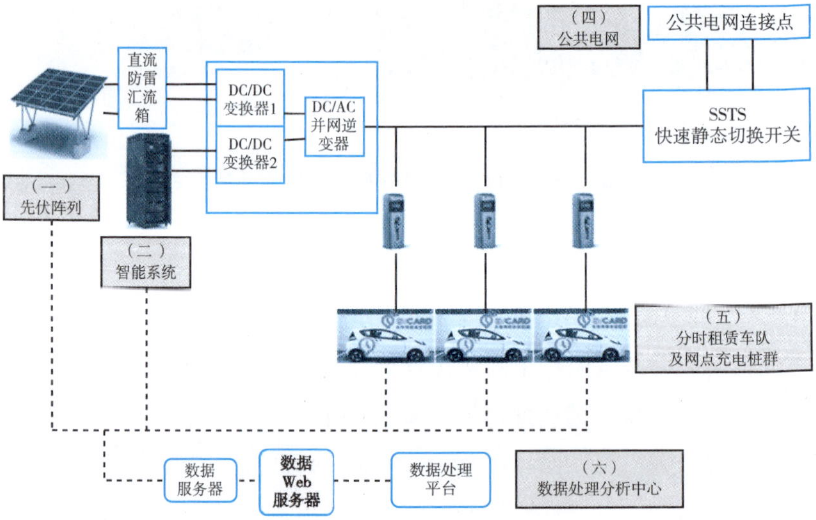

图 63　新能源汽车与可再生能源协调发展

六　综合政策效果显著，新能源汽车推广的经济、能源和环境效益日趋显现

（一）新能源汽车推广的经济和能源效益分析

汽车产业是建设制造强国的重要支撑，是国民经济的重要支柱。汽车产业健康、可持续发展，事关人民群众的日常出行、社会资源的顺畅流通和生态文明的全面跃升。[①] 2017 年，汽车工业重点企业（集团）累计实现利税总额 6349.9 亿元（占当年税收收入的 4.40%）。[②] 汽车工业从业人数在 300 万人以上。可以说，汽车行业的宏观政策调控及汽车工业的转型动态，将对整个国民经济、财税收入、社会就业、能源及环境等产生深刻影响。

大力发展新能源汽车既是国家宏观战略性规划，也是汽车工业内部的一次重要转型。随着新能源汽车成为世界汽车工业转型方向，中国在推广新能源汽车方面提出了非常明确的政策目标，并颁布了一系列相关政策。这些政策在新能源汽车产业的技术提升、产业化发展、市场推广等方面起到了重要的推动作用。根据中国汽车工业协会数据资源中心统计，截至 2017 年，中国新能源汽车累计生产 180 万辆，已经连续三年位居全球新能源汽车产销量第一。从市场增速、产业链成熟度、投资热度等来看，新能源汽车已经成为推动经济社会可持续发展的重要引擎，并由此促进了经济、社会、资源、环境等多方面的良性发展。

1. 中国发展新能源汽车的经济和社会效益分析

（1）带动产业链投资超过万亿元

产销层面的规模增长带动了产业链方面的项目投资。根据公开信息整

① 工业与信息化部：《汽车产业中长期发展规划》。

② 工业和信息化部：《2018 年 1 月汽车工业经济运行情况》，http：//www. miit. gov. cn/newweb/n1146312/n1146904/n1648362/n1648363/c6059977/content. html；财政部：《2017 年财政收支情况》，http：//www. mof. gov. cn/mofhome/guokusi/zhengfuxinxi/tongjishuju/201801/t20180125_ 2800116. html。

理，截至2017年上半年，新能源汽车项目投资总额达到10262亿元，涉及整车生产项目超过200个，由此带来的产能达到2124万辆。[①] 除港澳台地区外，全国所有省、自治区和直辖市都已有新能源汽车生产项目落地。与此同时，新能源汽车发展带动了社会资本汇集，各地社会资本和地方政府纷纷合作成立产业基金，开展新能源汽车及产业链相关项目建设（见表29）。

表29　部分地区新能源产业发展基金情况

投资主体	基金情况
中金国泰股权投资公司、天津滨海高新技术产业开发区、金沙江资本	100亿元新能源汽车专项基金
湖北长江产业基金、上海蔚来汽车、武汉东湖高新区	100亿元湖北长江蔚来新能源产业发展基金
辽阳市国资公司、上海檀实资产管理有限公司	100亿元中铁中基辽阳新能源汽车全产业链发展基金
南京浦口	50亿元新能源汽车产业基金
北汽产投联合、北汽新能源、亦庄国际产投公司	100亿元安鹏·中国新能源汽车产业发展基金
辰韬资本、杭州高新	10亿元新能源汽车产业基金
深圳坪山区、沃特玛公司	30亿元坪山区新能源汽车产业基金
抚州市投资发展(集团)有限公司、抚州高新区发展投资集团有限公司、抚州市金融控股有限公司、抚州金控基金管理有限公司	53.5亿元抚州市新能源汽车产业基金
车和家、常州武进国家高新技术产业开发区	40亿元专项产业基金
广元市、广元广财股权投资基金管理公司、四川兴元股权投资基金管理公司	10亿元广元市新能源汽车产业发展基金
如皋市	30亿元新能源产业发展基金
电咖汽车	25亿元新能源产业发展基金
贵港市	100亿新能源汽车产业发展基金
思度控股集团、隆德资产、江东国盈资产、民生银行、开源证券	50亿新能源产业基金
杉杉股份	5亿元新能源汽车产业股权投资基金

资料来源：根据公开信息整理。

① 相关数据来自《万亿级的新能源汽车投资狂潮正改变中国的汽车产业版图》（《经济观察报》）。

除直接投资外，新能源汽车整车生产项目达产后将带来投资金额3倍左右的预期产值，有效实现了投资的撬动作用（见表30）。新项目建设也促进了地方就业岗位的增加，产生了积极的经济与社会效益。但值得注意的是，当前新能源整车生产项目产能总量已超过政府宏观规划提出的新能源汽车年度推广目标，存在重复建设及产能过剩风险。

表30　部分新能源汽车项目投资和达产后产值情况

投资项目名称	投资金额（亿元）	达产后产能（万辆）	达产后预估产值（亿元）	新增就业岗位（个）
吉利宁波杭州湾新区PMA纯电动汽车项目	145	30	600	
南京金龙武汉新能源基地项目	51	1	100	
北汽西南新能源汽车生产基地项目	30	30	100	3000
申龙客车南宁基地	29.55	4	89.91	
广汽智联新能源汽车产业园	450	40	1700	20000
常德中车新能源汽车项目	20	1	450	10000

资料来源：根据公开信息整理。

（2）新能源汽车出口形成一定的规模

随着中国新能源汽车推广和应用的扩大，企业在各方面加大投入，并迅速成长起来。目前，部分龙头企业在新能源汽车领域形成了一定的国际竞争力，并实现批量出口，出口目的地涵盖欧美等发达国家和地区。据统计，2017年新能源车出口数量超过10万辆，占汽车出口总量的10%，年出口额达到3.7亿美元（见表31）。

表 31　2017 年中国新能源汽车出口情况

车辆类型	出口量(辆)	占比(%)	出口金额(万美元)	占比(%)
纯电动汽车	104254	9.8	25855	1.83
插电式混合动力汽车	2167	0.2	11470	0.81
常规混合动力汽车	94	0.01	1329	0.09
传统汽车	956891	90	1371110	97.3

资料来源：乘联会，《2017 年中国新能源汽车出口分析》，https：//www.d1ev.com/kol/62881。

2. 新能源汽车推广带来的能源效益明显，推广至今累计节油900余万吨

为系统评估由新能源汽车保有量增长带来的能源效益，本报告采用“车辆保有量×燃料经济性指标×年行驶里程”的方法来进行测算。测算结果表明，随着中国新能源汽车保有量的快速增长，尤其是大型新能源客车保有量的快速增长，新能源汽车的能源效益逐步显现。2011～2017 年，新能源汽车累计节约成品油 900 余万吨，其中 2017 年当年节约成品油约 450 万吨，约为上海市所有机动车一年的燃油消耗量。《节能与新能源汽车产业发展规划（2012－2020 年）》提出，到 2020 年，纯电动汽车和插电式混合动力汽车累计产销量超过 500 万辆，据此可以预计，至 2020 年，新能源汽车当年可节约成品油约 1000 万吨（见图 64）。

（二）中国发展新能源汽车的环境效益分析

针对电动汽车全生命周期减排问题，行业内已经开展了长期的研究，主要采用生命周期分析研究方法，全面考虑一次能源开采及处理－燃料生产/储运/加注－车辆运行（称为“燃料周期”）以及原材料开采和运输－材料生产－零部件加工及装配－车辆报废回收（称为“材料周期”）等多个环节。中国汽车工程学会组织行业开展了汽车全生命周期温室气体和大气污染物排放评价研究，目前行业内基本形成共识，即推广电动汽车能够实现一定程度的减排。

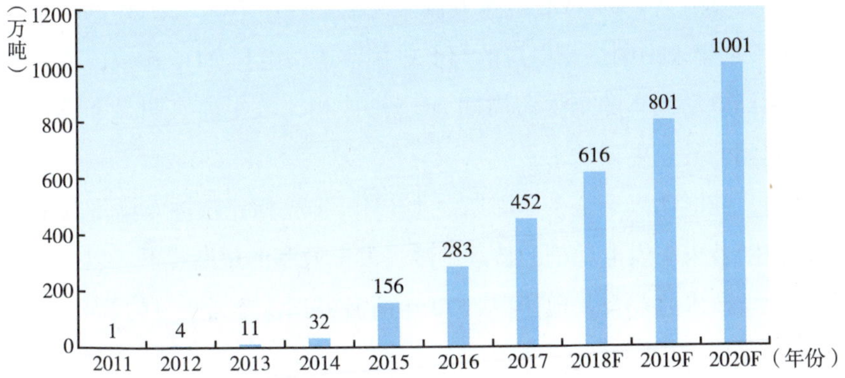

图 64　2011～2020 年新能源汽车年节约燃油效果测算与预测

注：2011 年之前新能源汽车的产销量较小，故未纳入测算。

1. 新能源汽车具有一定的温室气体减排效益

在现阶段，新能源汽车相比传统汽车已经显现一定的温室气体减排效益。以典型 B 级车为例，纯电动汽车的“燃料周期”温室气体排放相比汽油车降低约 13%，尽管车辆“材料周期”的温室气体排放与传统汽油车相比有一定提高（约 40%），但在全生命周期内仍然具有温室气体减排效益，削减比例约为 6%。

此外，新能源汽车的温室气体减排效益与车辆的百公里能耗水平密切相关。百公里电耗低于 23. 2kWh/100km 的纯电动汽车，温室气体排放将低于百公里油耗 6. 87L/100km（2016 年中国乘用车平均油耗水平）的汽油车。百公里电耗低于 16. 9kWh/100km 的纯电动汽车，温室气体排放将低于百公里油耗 5L/100km（2020 年乘用车平均油耗目标）的汽油车。

未来随着电力清洁化和新能源汽车及零部件的制造技术提升，新能源汽车的温室气体减排效益将进一步提高。

2. 新能源汽车可显著减少 VOC 排放，NO_X 排放与汽油车相当或更低

VOC 和 NO_X 是城市空气 $PM_{2.5}$ 和臭氧的重要前体物。以典型 B 级车为例，纯电动汽车的全生命周期 VOC 排放比汽油车低 78%。这主要是由于全生命周期 VOC 排放主要来自车辆运行阶段，纯电动汽车运行阶段零排放的

特征，使其具有显著的 VOC 减排效益。纯电动汽车 NO_X 排放比汽油车低约 4%，由于近年来中国燃煤电厂的超低排放改造，电厂 NO_X 排放因子显著下降，因而纯电动汽车的全生命周期 NO_X 排放相比数年前有明显下降，达到与汽油车相当甚至更低的水平。

目前，纯电动汽车全生命周期一次 $PM_{2.5}$ 排放相比汽油车尚不具备减排优势。但随着未来煤电比例的持续下降、发电效率的逐渐提升，以及电厂先进复合除尘技术的普及，预计在 2030 年前后可具备较为明显的 $PM_{2.5}$ 减排优势。

3. 发展小型化车型以及优化电池容量选型、推行废旧电池回收利用，有利于进一步提升新能源汽车的节能减排效益

发展小型化车型，有利于降低车重，从而获得较优的能耗性能，也有利于降低车辆“材料周期”的能耗与排放，从而提升全生命周期节能减排效益。

动力电池的制造是车辆“材料周期”的重要排放环节，盲目追求高续航里程、大容量电池，将导致车辆的“材料周期”能耗与污染物排放显著上升。此外，大容量电池将导致车重增加，降低运行阶段的能耗。因此，优化电池容量选型，有利于实现新能源汽车的节能减排效益。

废旧动力电池梯级利用可在风/光储能、智能电网削峰填谷、偏远地区分布式供电、通信基站后备电源等领域发挥作用。国家发改委等五部门在 2016 年联合发布的《电动汽车动力蓄电池回收利用技术政策》中，明确指出电池回收的责任主体是其生产企业，并将筹建新能源汽车动力电池溯源信息管理系统，以跟踪记录动力电池的回收利用情况，废旧电池需遵循先梯级利用后再生利用的原则。根据现有研究结果，对电动汽车废旧动力电池进行梯次利用，能够降低纯电动汽车的全生命周期温室气体与污染物排放。以 NO_X 和一次 $PM_{2.5}$ 为例，其减排比例高达 10% 以上。

B.4

后补贴时代的新能源汽车产业发展

冯锦山　吴胜男*

摘　要： 目前，我国新能源汽车产业正处于导入期向成长期过渡阶段，新能源汽车补贴退坡呈现不可逆的发展趋势，2020 年中国新能源汽车将进入“后补贴时代”。本文围绕“后补贴时代”新能源汽车产业发展，客观总结我国新能源汽车产业在技术产品、市场应用和政策环境等方面仍存在的一系列重要挑战，尽快明确后补贴时代产业发展新思路、及时制定后补贴时代新能源汽车支持政策对产业健康可持续发展十分重要。基于全生命周期成本分析方法，量化分析新能源汽车技术经济性，结合新能源汽车产业、技术和经济性等综合分析结果，提出产业发展新路径、新思路和新对策，保障新能源汽车产业可持续发展。

关键词： 新能源汽车　后补贴时代　生命周期成本　发展新思路

2015～2018 年，中国连续调整新能源汽车推广应用财政补贴政策，提高技术门槛要求，完善新能源汽车补贴标准。从补贴政策调整节奏来看，新能源汽车补贴加速退坡是不可逆转的大趋势。同时，工业和信息化部、财政

* 冯锦山，中国汽车工程学会产业研究部副部长，研究方向为汽车产业和科技战略；吴胜男，中国汽车工程学会产业研究部高级经理，车辆工程硕士，研究方向为新能源汽车政策和产业研究。

部、商务部、海关总署、质检总局联合公布了《乘用车企业平均燃料消耗量与新能源汽车积分并行管理办法》，建立了2020年财政补贴资金退出后的长效发展机制。总体来看，中国新能源汽车将在2020年进入“后补贴时代”。

一　新能源汽车产业发展阶段判断及主要标志

（一）产业生命周期各个阶段的主要标志特征

产业生命周期是指一个产业从出现、成长到完全退出社会经济活动所经历的完整周期，一般分为导入期、成长期、成熟期和衰退期四个主要阶段。各个阶段在行业参与者数量、市场规模和增长率、技术发展、进出壁垒、产品价格和企业盈利以及行业政策标准等方面存在不同特征（见图1）。

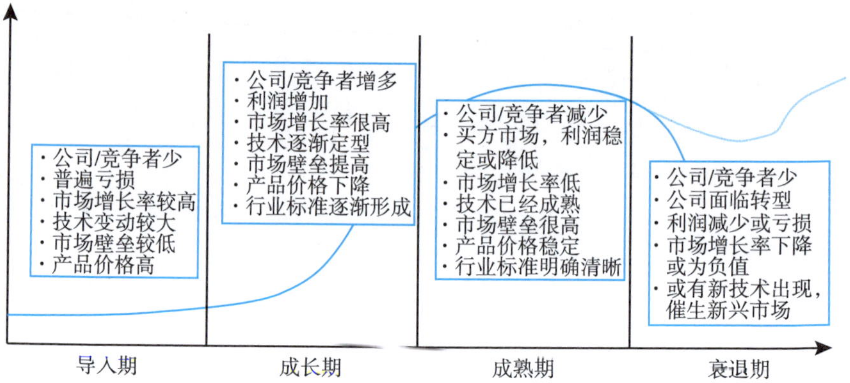

图1　产业生命周期主要阶段及其标志

专栏一　光伏产业生命周期分析

光伏发电是指利用半导体材料制成的太阳能电池在吸收太阳光后产生光伏效益，将光能转化为电能的过程。

导入期（1998～2005年）：1998年，中国开始重视太阳能发电的应用潜力，并推出第一套3MW多晶硅电池及其应用系统示范项目。2000年，无锡小天鹅集团、山禾制药、无锡高新技术风险投资等8家国企共同融资成立无锡尚德，从事晶体硅太阳能电池片及组件的研发与生产。在此阶段，市场进入者数量较少，投资成本较高，难以盈利。地方政府采用协助筹集资金，以及土地、用电和税收等优惠措施，大力支持光伏产业发展。2003年，中国太阳能电池产量12MW，2004年为50MW，2005年高达139MW。此时光伏产业市场增长率较高，需求增长较快，主要企业侧重于开辟新用户、占领市场，但此时技术上还存在较大的不确定性。

成长期（2005～2007年）：在国际市场利好的背景下及中央和地方政策的积极引导下，中国光伏企业数量迅速增长，整个光伏产业快速发展。根据赛迪智库光伏研究所统计数据，2007年，中国从事太阳能电池生产的企业多达50余家，硅锭/硅片生产厂家70余家，光伏组件生产企业200余家。各大企业迅速扩大产能，市场增长率连年提升。2003～2007年，中国光伏产量年均增长率高达191.3%，远高于全球光伏产量年均增长率53%。2007年，中国太阳能电池的产量达1088MW，成为全球太阳能电池第一大生产国。这一时期，产品及竞争者数量增多，产业规模迅速扩大，发电成本显著降低，市场占有率位居世界前列，市场竞争力明显提高。

成熟期（2007～2011年）：2009年，财政部、科技部、国家能源局联合发布了《关于实施金太阳示范工程的通知》及《金太阳示范工程财政补助资金管理暂行办法》，助推光伏产业进一步放量发展。在政策利好和投资拉动下，这一时期，光伏电池制造已达世界先进水平，多晶硅冶炼等关键技术日趋成熟，中国已形成包含硅材料及硅片、光伏电池及组件、逆变器及控制设备等在内的较为完整的制造产业链。2011年，中国多晶硅产量达到8.4万吨，太阳能组件产量达到21GW，同比增长100%，占全球总产量的60%，行业总产值超过3000亿元，行业利润大幅上涨。截至2010年12月，在美国证券市场公开上市的中国光伏企业共11家。

调整期（2011～2013年）：2011年，在全球光伏市场需求增速逐渐减缓、产品出口阻力大增、光伏产业发展不协调等多重因素作用下，中国光伏制造业出现阶段性产能过剩，产品价格大幅下滑。尤其是企业遭受欧美"双反"调查，普遍出现经营困难，产能严重过剩，企业数量迅速减少。2012 年，光伏企业减少 50%，80% 的多晶硅生产企业停产，整个产业进入发展低谷期。2013 年以后，国务院发布《关于促进光伏产业健康发展的若干意见》，提出要积极开拓光伏应用市场，加快调整产业结构，进一步促进核心技术进步，严格规范产业发展环境和秩序，完善相关并网管理服务。在此意见指导下，国家能源局、工信部、财政部等多个管理部门也相应出台了系列政策。总体来看，在政策调整作用下，中国光伏产业逐渐进入回暖期（见图 1－1）。

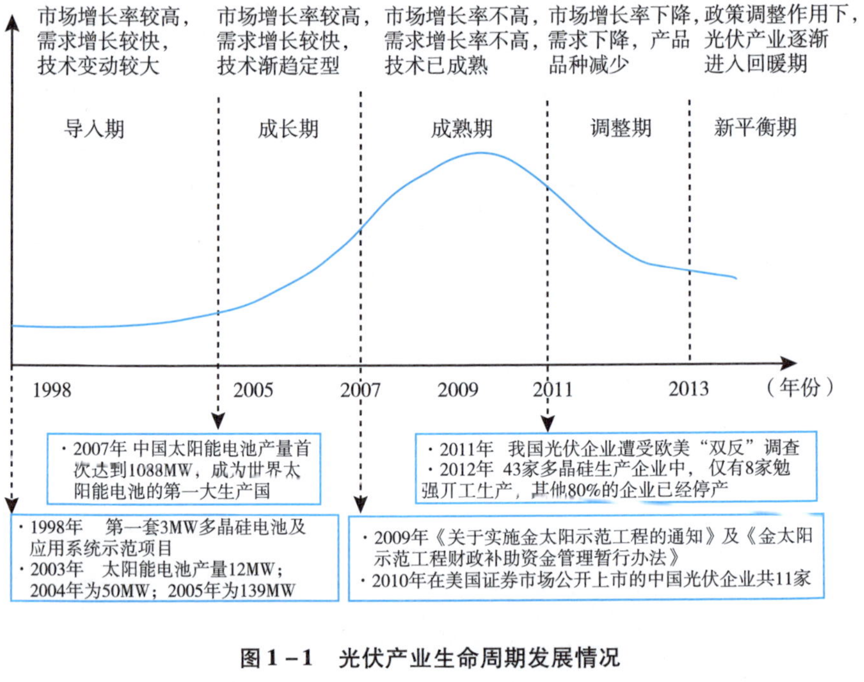

图 1－1 光伏产业生命周期发展情况

（二）对中国新能源汽车产业当前发展阶段的判断和解读

2012 年，国务院出台《节能与新能源汽车产业发展规划（2012－2020

年）》，中国新能源汽车产业化开始起步。经过六年发展，今天的中国新能源汽车产业进入了新的发展时期。下文基于产业生命周期理论和相关特征标志，分析研判当前中国新能源汽车产业发展阶段。

1. 市场参与者众多，符合成长期阶段特征

根据新能源汽车国家监测平台统计，截至 2017 年 3 月 25 日，在新能源汽车国家监测平台累计注册整车企业 326 家。同时，新能源汽车产业仍有新进入者不断入局。目前，北汽新能源、长江汽车等 15 家新进入企业获得了纯电动汽车生产资质，产能规划共计 85 万辆。此外还有数十家企业正在申请新能源汽车生产资质。在动力电池领域，近年来市场集中度快速提升，行业整合趋势日益明显。2017 年，共有 98 家动力电池单体配套企业以及 2 家燃料电池企业为国产新能源汽车提供配套，企业数量相比 2016 年减少 1/3，但动力电池企业数量依然较多（见图 2）。整体来看，中国新能源整车和关键零部件行业参与者众多，符合产业生命周期中成长期阶段特征。

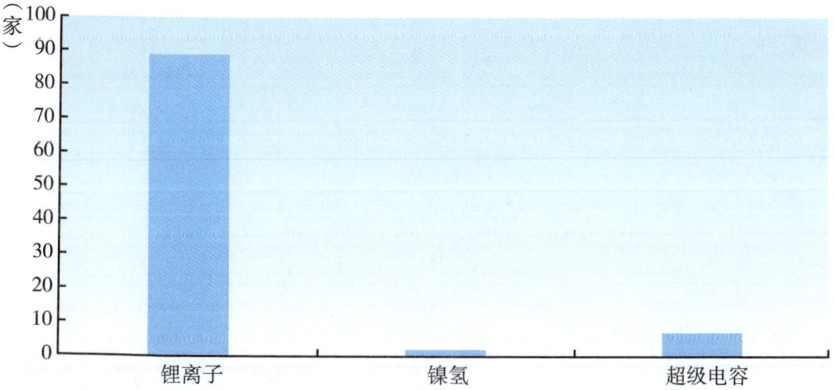

图 2　2017 年动力电池单体配套企业数量

资料来源：中国新能源汽车动力电池产业发展报告（2018）。

2. 市场增长率较高，符合成长期阶段特征

自 2009 年“十城千辆”示范工程启动以来，中国新能源汽车应用规模逐

渐扩大。2015年以后，新能源汽车市场呈现高速增长态势，近5年年均复合增长率接近130%，连续三年销量世界第一。在政策的大力推动下，新能源汽车市场需求释放，市场增长率较高，符合产业生命周期中成长期阶段特征。

3. 多种技术路线并存，符合导入期阶段特征

经过多年发展，中国新能源汽车明确了三纵三横的技术路线，并在实际发展过程中，衍生出多种技术解决方案。以新能源客车为例，其拥有长续驶里程充电式、中续驶里程浅充式、短续驶里程快充式，以及换电式、在线充电式、增程式、插电式混合动力等多种技术方案。此外，在充电技术路线上，也存在快充、慢充、换电和无线充电等多种方式（见表1）。总体来看，目前，中国新能源汽车在技术上存在较大的不确定性，呈现多种技术路线并存的发展态势，符合产业生命周期中导入期阶段特征。

表1　新能源客车典型技术方案

类型	长续驶里程充电式	中续驶里程浅充式	短续驶里程快充式	换电式	在线充电式	增程式	插电式混合动力
典型储能装置	磷酸铁锂	磷酸铁锂	钛酸锂	磷酸铁锂	超级电容（超级电容+磷酸铁锂）	磷酸铁锂+内燃机（氢燃料电池）	燃油（燃气）强混系统+电容+电池
车重	重	中等	较轻	较重	较轻	较轻	较轻
一次充电续驶里程（km）	200~300	100~150	50	100~200	20~40	400以上	400以上
基础设施	站内快慢充	站内浅充	站内快充	换电站	接触式（非接触式）在线充电	站内充电+燃油（氢）加注	站内充电+燃油（燃气）加注
充（换）电时间	夜间为主	移动充电车	进站休息时	全日	在线	—	夜间为主
综合成本	高	较低	较低	最高	较低	—	较低

4. 市场进入壁垒较低，符合导入期阶段特征

目前，中国新能源汽车市场竞争较为激烈，行业集中度相对不高，还

未出现行业垄断格局，龙头企业还未形成壁垒，在不考虑政策壁垒的前提下，市场进入门槛相对较低。截至目前，共有北汽新能源、长江汽车、前途汽车等15家新建车企相继取得了生产资质，更有数十家新建车企在积极申请生产资质的过程中。出行服务逐渐成为汽车销售和汽车后市场以外的第三大重要市场，这也为新进入者提供了新的市场切入点。总体来看，新能源汽车市场进入壁垒相对较低，竞争主体日益多元化，符合产业生命周期中导入期阶段特征。

5. 产品价格尚不能与传统汽车产品相匹敌，符合导入期阶段特征

整体来看，新能源汽车与传统燃油汽车还有一定的成本差距，去除国家和地方购置补贴，新能源汽车售价仍然比传统燃油车高，仍不具备平价竞争能力，还需要政府补贴，消费者对新能源汽车的认知度与接受度还有待提高。此外，充电基础设施发展还很不完善，目前绝大多数充电桩运营商都处于亏损状态，行业盈利情况较差。

6. 行业标准体系基本形成，符合成长期阶段特征

近年来，中国加快构建电动汽车技术标准体系，已制定发布全产业链标准122项（见图3），基本形成了新能源汽车标准体系，对新能源汽车产业的发展提供了必要支撑，符合成长期阶段特征。

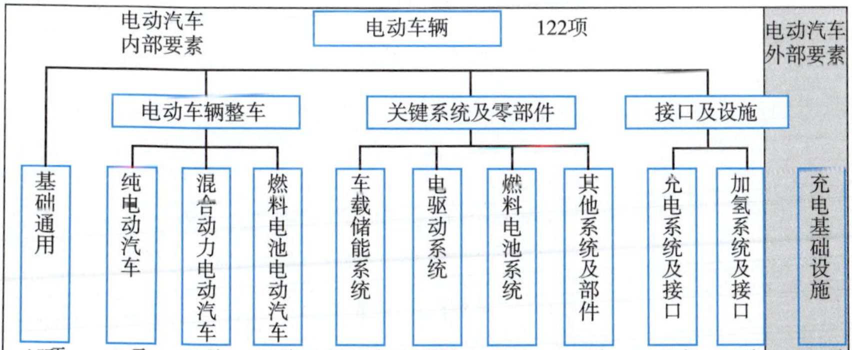

图3　中国电动汽车标准总体情况

综合分析，目前中国新能源汽车产业处于导入期向成长期过渡的关键节点，需要多方不懈努力和相互协作，促使新能源汽车产业早日迈入成长期（见图4）。

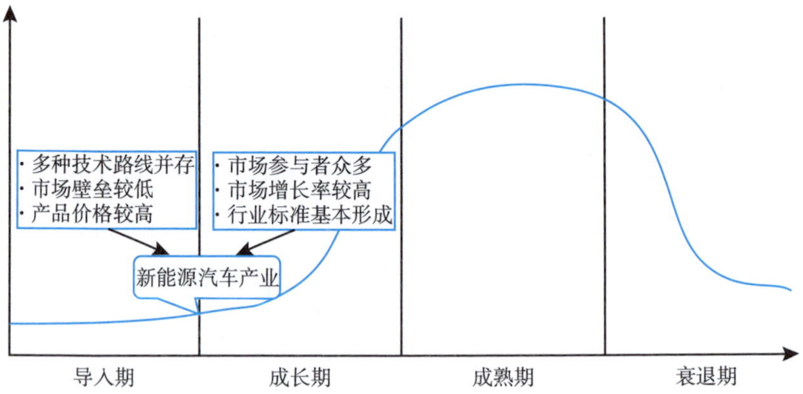

图4　中国新能源汽车产业发展阶段

（三）未来中国新能源汽车发展展望

《节能与新能源汽车技术路线图》《汽车产业中长期发展规划》提出了中国新能源汽车的总体愿景和目标是，到2030年新能源汽车逐渐成为主流产品，汽车产业初步实现电动化转型。具体来看，到2020年新能源汽车年销量占总销量的7%～10%，到2025年达到15%～20%，到2030年达到40%～50%（见图5）。

根据《节能与新能源汽车技术路线图》，2020年、2025年、2030年新能源汽车推广规模分别为200万辆、700万辆、1500万辆，其中，燃料电池汽车分别为5000辆、5万辆、100万辆（见图6）。在推广应用领域上，到2020年，在部分城市家庭用车、租赁服务、公务车领域实现纯电动和插电式混合动力汽车的大规模应用，在商用车领域启动燃料电池汽车示范，并实现其在公交客车、市政物流等领域的批量化应用；到2025年，在多数城市

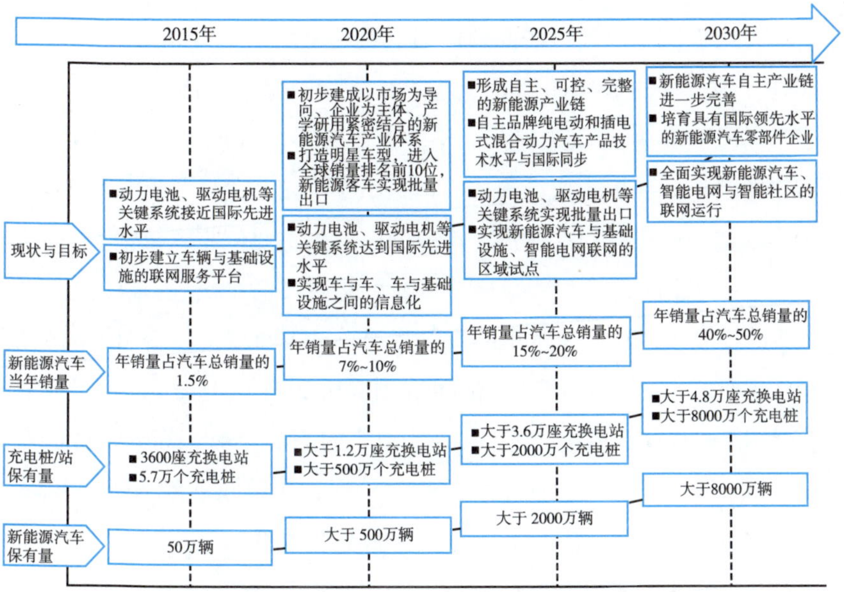

图 5　中国纯电动和插电式混合动力汽车发展蓝图

的公共领域和私人领域实现新能源汽车的大批量应用，在全国范围内大批量应用新能源汽车。

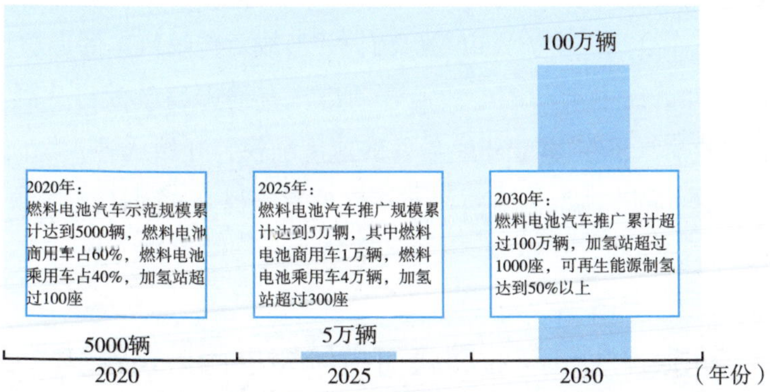

图 6　中国氢燃料电池汽车发展蓝图

结合《节能与新能源汽车技术路线图》《汽车产业中长期发展规划》等文件，蓝皮书研究小组经过研究形成如下观点。

2018～2025年，我国总体处于新能源汽车产业导入期向成长期过渡的关键发展阶段。其中，2018～2020年的前半阶段，纯电动汽车和插电式混合动力汽车会进一步扩大市场规模，达到200万辆，燃料电池汽车开始启动示范推广。这一阶段，新能源汽车产业的发展仍主要依靠政策驱动。2020～2025年，将正式进入“后补贴时代”，在新能源汽车双积分、财税及非财税激励政策的推动下，新能源汽车的市场驱动力量不断增强，新能源汽车相对于传统汽车而言，首次购置额外成本回收周期从10年以上逐步降至5年左右，在继续保留车购税优惠的情况下，新能源汽车的竞争力逐步接近传统汽车。

2025～2030年，为后补贴时代的第二阶段，政策驱动效应进一步递减，税收优惠政策逐步退坡，在2027年前后，典型新能源汽车相对于同级别传统燃油车在全生命周期成本上打平时间，进一步从5～6年缩短至3～4年。至2030年，新能源汽车在购置环节与同级别内燃机汽车的价差接近于零，新能源汽车快速替代传统内燃机汽车的市场份额，并逐步成为主流产品。

2030～2050年，纯电动和插电式混合动力汽车在购置阶段与传统汽车的价差已经接近消失，而其在使用环节，相对于传统汽车而言，将产生显著的经济性。再加上电动化与智能化、网联化、共享化的叠加，纯电动和插电式混合动力汽车会进一步扩大市场份额，并形成对传统汽车的颠覆性替代。预计到2050年，纯电动和插电式混合动力汽车的市场份额将达到60%～70%。燃料电池汽车在2030年之后发展速度加快，开始从导入期向成长期过渡，伴随着可再生能源制氢技术经济性的逐步提升，预计至2050年，燃料电池汽车市场份额将达到20%～30%。

二　新能源汽车产业健康可持续发展面临的重大挑战

在产业发展规划的引导下，在各级政府的共同推动下，中国新能源汽车产业取得了显著成效，并成为全球新能源汽车发展浪潮的主要推动者和引领者。

在看到重大进展和成绩的同时，还应清醒地认识到，当前阶段，中国新能源汽车产业仍未正式进入成长期，正处于从导入期向成长期过渡的关键阶段。在这一关键阶段，如果能够攻坚克难，实现产业的平稳过渡，则新能源汽车产业将进入更加依靠内生增长动力驱动的快速成长期；如果政策不能实现有序衔接，并保持一定时期内的稳定性、连贯性和可预期性，新能源汽车产业则有可能止步于导入期向成长期过渡的这一阶段，甚至存在倒退的风险。

（一）市场培育和进一步发展面临的挑战

1. 新能源汽车能否在限购城市和非限购城市之间取得平衡发展

当前，财税激励和赠送牌照是新能源汽车私人消费的主要驱动因素，这也导致新能源乘用车销量主要集中在北京、上海、深圳、广州等限购城市（见图7、图8）。大量非限购城市的发展潜力巨大，但市场仍未被充分激活。2015 年，纯电动乘用车在限购地区的销量占全国总销量的 58%，2016 年上升到 60%。2017 年，在新能源乘用车的销量中，八个限购城市的销量占比虽然有一定下降，但仍然达到 45%，远高于限购城市传统汽车销量占比。

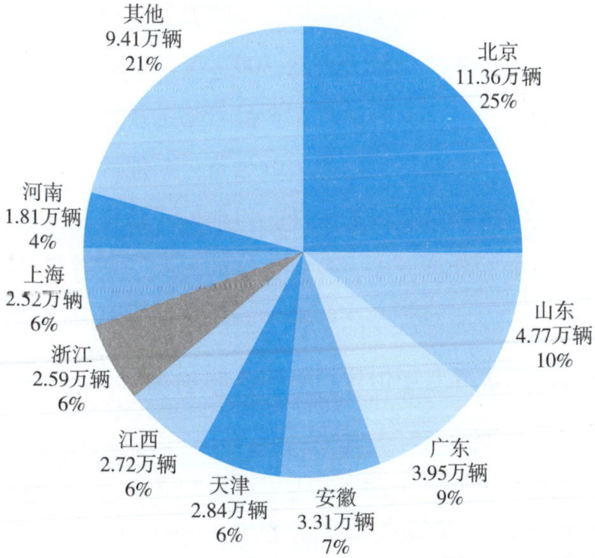

图 7　私人领域纯电动乘用车推广量主要集中在限购城市

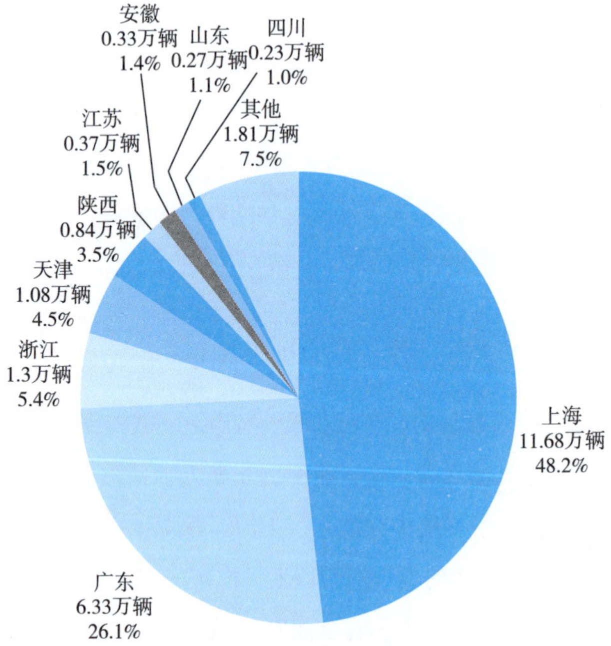

图 8　私人领域插电式混合动力乘用车推广量主要集中在上海、广东

造成新能源汽车在限购城市和非限购城市发展失衡的主要原因，在于新能源汽车在性价比方面差距仍较大。在 A00、A 级乘用车领域，新能源汽车整车产品价格普遍是同类传统燃油汽车产品价格的 2 倍左右，即便有新能源汽车补贴政策，在缺少牌照优惠的非限购城市，新能源汽车与传统汽车相比仍处于一定的劣势。燃料电池汽车方面，目前处于从样车到量产车转变的发展阶段，技术成熟度和性价比尚未经过市场的检验。这意味着，2019～2025 年，仍然需要保持对新能源汽车的整体支持力度，并在未来 5～8 年内保持政策的稳定性、连贯性和有序衔接，这样才能有效推动新能源汽车产业真正地从导入期进入成长期。

2. 如何创造市场新需求，在共享出行、城市物流等更多领域扩大推广

新能源汽车双积分政策是新能源汽车供给侧一项重要的制度安排，在今后一段时间将发挥重要的基础性政策作用，也给新能源汽车企业带

来了较强的驱动力和政策预期。而在消费侧，进一步扩大新能源汽车的市场推广领域，创造更大的市场需求也迫在眉睫，如果不能同步拓展新能源汽车市场推广领域，也会使双积分政策的有效实施存在不确定性风险。

尽管新能源汽车购置成本还显著高于同级别的传统内燃机汽车，但在使用环节，其经济性则明显优于传统内燃机汽车。这意味着，年使用里程更长的共享出行、城市物流等领域，新能源汽车的经济性将明显优于私人消费领域（见图9）。在蓝天保卫战大背景下，在部分城市正在酝酿的新增共享汽车必须是新能源汽车的政策推动下，新能源汽车将面临一个新的较大的市场机会。

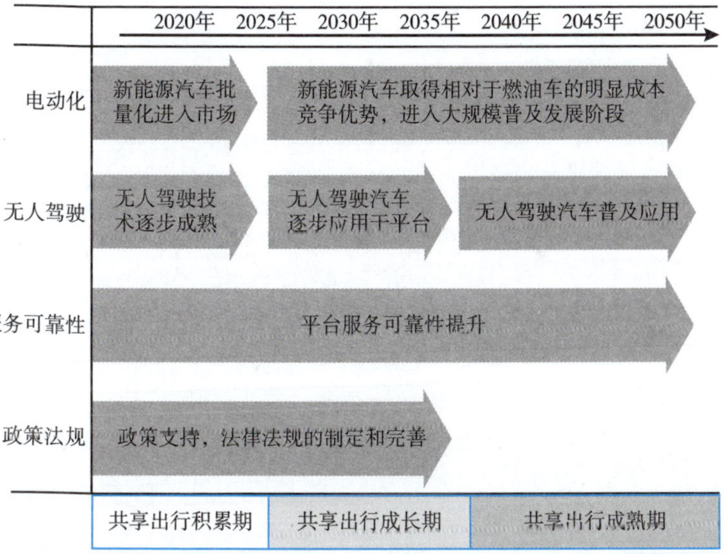

图9　共享出行将成为新能源汽车重要推广领域

资料来源：中国汽车共享出行发展趋势研究报告。

3. 公共充电基础设施盈利性及其商业模式的可持续性在较长时间内面临难题

目前，充电站盈利模式以收取充电服务费为主。北京、天津、河北、上海、山东、山西、江西等省市均出台了充电服务费标准（见图10）。以西安为例，乘用车充电服务费上限为 0.40 元/kWh，在全国处于低位。在充电桩布局不合理、各公共充电桩运营企业互联互通水平较低等条件制约下，目前公共充电桩使用率普遍低于 15%，运营企业基本无法实现盈利，这已成为制约充电行业发展的突出问题。考虑到公共充电设施可以提供快充的能源补给，具备较强的公益性质，因此需要对公共充电设施进行科学定位、合理布局、统筹发展。

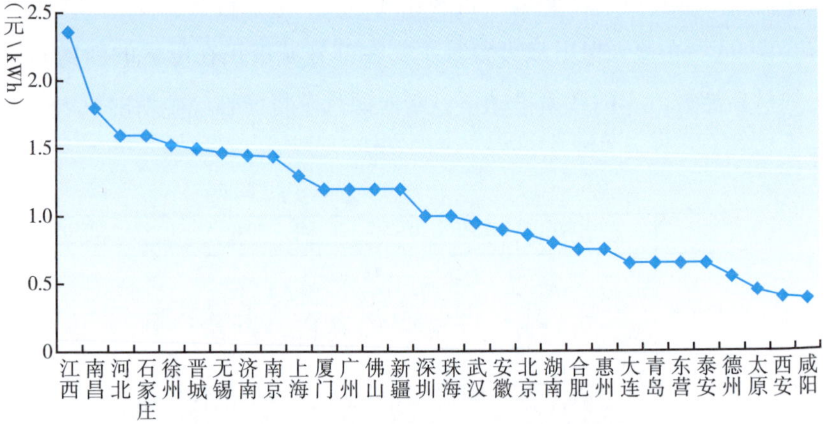

图 10　主要城市及地区充电服务指导价格对比

（二）产业核心竞争力的形成面临的挑战

1. 在动力电池等核心技术领域尚未取得突破性进展

2012～2018 年，在技术进步和规模效益的共同作用下，动力电池在能量密度实现倍增的同时，成本出现大幅下降。但是，总体上动力电池能量密度、循环寿命等核心指标仍未取得根本性突破，技术发展远远没有成型，甚至面临的不确定性还比较大。即便是市场上已经占据重要位置的企业，就未来动力电池技术进步的不确定性，也面临较大的挑战，下一代动力电池技术研发尚未形成系统布局（见图 11）。骨干企业在燃料电池技术创新和产业化方面重视不够、投入不足，与日、韩等国的差距有拉大的风险。

2. 产业资源相对分散，集中度不高，存在产能过剩隐忧

据统计，中国新能源汽车企业超过 450 家，2017 年有实际生产的约 64

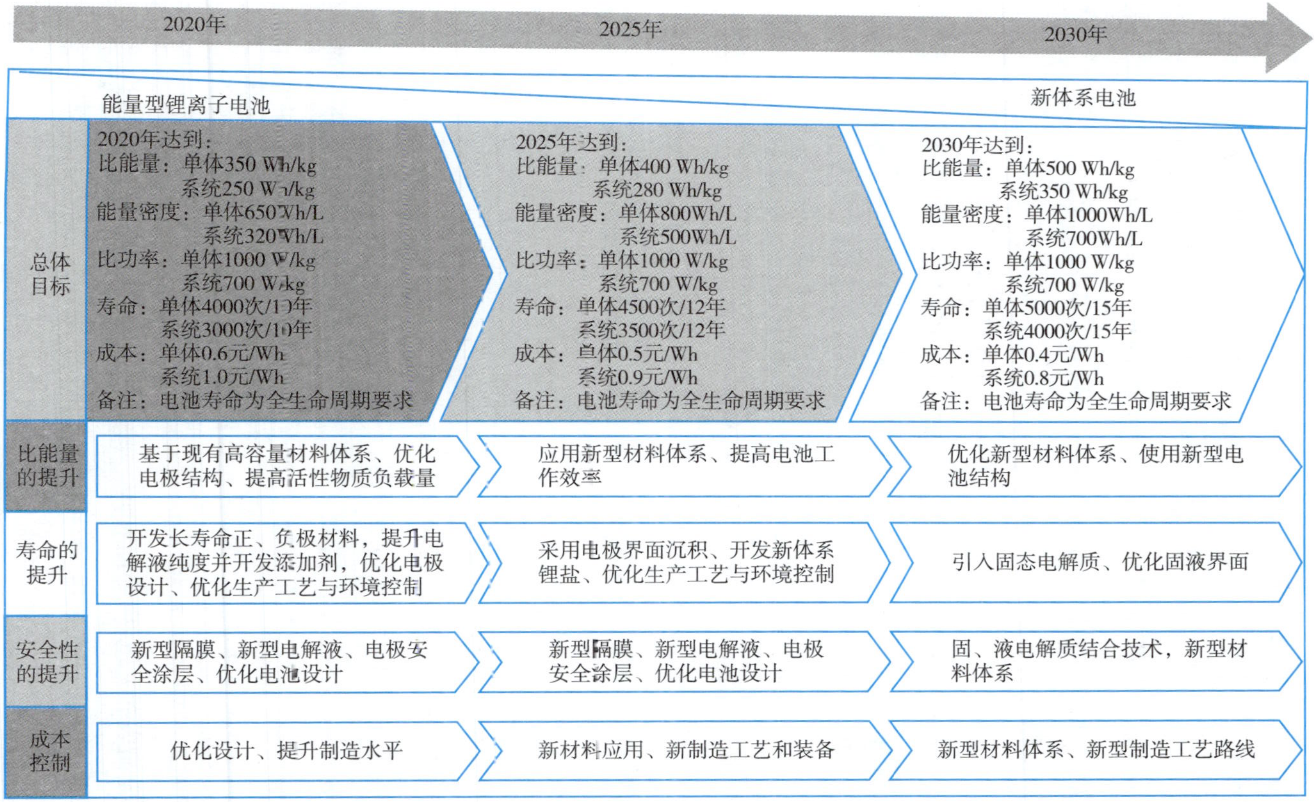

图 11　动力电池技术路线图目标要求

家，新能源汽车车型上千款。这种不尽合理的产业结构，导致研发投入相对分散，也不利用规模经济的形成。在引导社会资本进入、适度放开纯电动乘用车资质的背景下，新能源汽车及动力电池等关键零部件产业发展受到各方关注，社会投资意愿强，但盲目发展问题开始凸显。一些地方和企业不具备产业基础，也缺乏关键技术和产品研发能力，但热衷于新建新能源汽车项目和动力电池生产项目，加剧了低水平重复建设和产能过剩的风险。

3. 产业链部分环节仍比较薄弱，关联产业支撑不够

当前，中国新能源汽车产业链虽然已经初步贯通，并具备产业链完备的优势，但还存在一些薄弱环节；同时，与汽车工业相关的基础元器件等关联产业的支撑不够。首先，上游零部件和材料领域，动力电池系统的核心控制器件、燃料电池用高速空压机、氢循环泵等方面的基础比较薄弱；其次，产业链中游环节的数字化研发和制造方面也存在不小差距；最后，在产业链下游领域，新能源汽车二手车流通、废旧电池梯次利用和回收利用等配套体系尚未有效建立，新能源汽车产业链的“最后一公里”亟须打通。

4. 汽车电动化、智能化、网联化、共享化四化叠加，如何利用有限的资源实现汽车四化面临一定的挑战

据欧盟委员会统计，2016 年大众、丰田、通用等国际汽车巨头在研发方面的投入分别达到 136 亿欧元、80 亿欧元、69 亿欧元，分别位于全球研发投入的第 1 位、第 10 位和第 13 位。国内上市汽车企业研发投入前五位分别是上汽、比亚迪、长城、北汽、广汽，投入金额分别为 94 亿元、45 亿元、32 亿元、28 亿元、24 亿元，五家合计 223 亿元，约合 30 亿欧元，仅相当于大众汽车一家企业研发投入的 22%。而国内其他汽车企业研发投入金额更加有限。在此情况下，面对新一轮科技革命和产业变革，特别是汽车电动化、智能化、网联化、共享化的加速叠加，部分企业在研发投入方面面临较大的挑战，造车新势力面临的挑战可能更大。

（三）政策环境方面面临的挑战

1. 如何构建适应后补贴时代新能源汽车产业高质量发展的政策框架体系

正如前文所述，当前中国新能源汽车产业正处于从导入期向成长期过渡的关键阶段，结合下文对新能源汽车未来成本变化趋势和技术经济性的分析来看，这一过渡阶段很可能会延续到2025～2027年。而进入后补贴时代之后，新能源汽车产业和技术发展将呈现新的阶段性特征，这需要建立一套以非财税激励政策为主、以财税激励政策为辅的新的政策框架体系；同时，行业管理也需要结合产业技术的新特点持续优化。当前，针对2020年之后的接续政策，整体研究不够、政策储备不足，影响新能源汽车产业的发展预期。因此，加快研究构建后补贴时代的新能源汽车政策框架体系，进一步增强政策的连贯性、稳定性和可预期性，显得尤为迫切。

2. 双积分政策等非财税政策能否作为主体性政策顺利接力和衔接财政补贴政策

2012～2020年实施的以财政补贴和税收优惠政策为主体的新能源汽车财税激励政策，构筑了中国新能源汽车发展政策的主体框架，对新能源汽车产业的快速发展起到了主要的驱动作用。随着财政补贴政策在纯电动和插电式混合动力汽车购置环节的退出，2020年之后，特别是2020～2025年，新能源汽车在缺乏有效支持政策的情况下，与传统汽车相比仍不具备竞争力。因此，以双积分政策为主体框架的非财税激励政策，能否使新能源汽车发展实现有序衔接，面临不确定性风险和挑战，亟须出台应对措施。

3. 能否形成统一、开放、竞争、有序的新能源汽车市场管理政策环境

尽管在过去的10年中，特别是近5年来，新能源汽车经历了爆发式增长，产销量和保有量占据全球的半壁江山，但快速发展的背后仍有一定的隐忧。其中，由地方保护造成的市场碎片化和竞争不充分问题仍然存在，在新的经济和贸易形势下，无论是对外开放，还是对内开放，都需要持续推进，在部分地区新能源汽车还存在无序发展甚至冒进发展的苗头，这些都是后补贴时代需要应对的重大问题。

三　后补贴时代新能源汽车的规模经济、全生命周期成本及消费者选择

（一）规模经济和技术进步带来新能源汽车直接成本削减

相对传统汽车来说，新能源汽车带来的主要是动力系统的变革。相对于同级别的传统内燃机汽车，新能源汽车成本的增加主要来自其动力电池系统成本的增加，以及驱动电机系统、电控及电附件成本的增加。其中，典型新能源汽车的这些新增成本中，动力电池占比在70%左右，占据主导地位。而动力电池成本的削减则主要受到规模经济和技术进步的影响。2013～2018年，动力电池单体成本与年度产量的关系如图12所示，可以清晰地看出动力电池成本伴随电池技术进步和规模量产呈现明显的下降趋势。

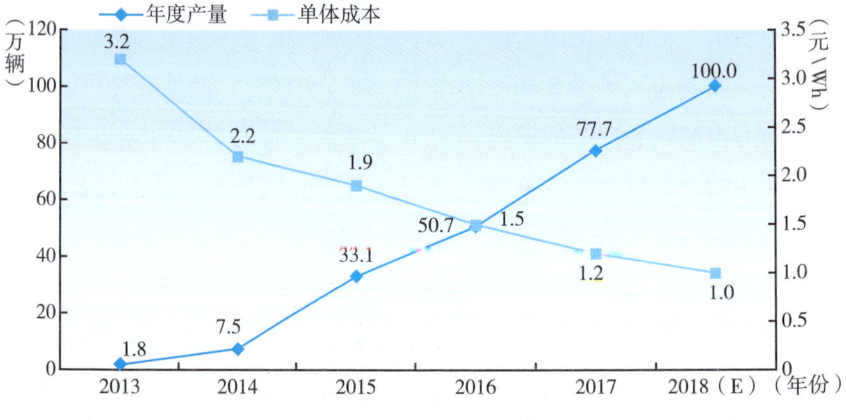

图12　新能源汽车动力电池单体成本与年度产量的关系（2013～2018年）

注：2018年数据是根据新能源汽车发展趋势进行的预估。

学习曲线也称为经验曲线，指随着累计产量的增加，单位产品的成本会以一定的比例下降。学习曲线首先在飞机制造业中被发现，当飞机的累

计产量增加100%时，平均单位工时就下降20%，即下降到产量倍增前的80%，其后发现很多行业也存在这种现象。学习带来成本下降的原因是随着生产经验的丰富，操作人员的操作速度提高，报废率和更正率降低，操作程序改进，模具设计优化，以及价值工程和价值分析的应用，较低的固定成本摊销等。

如果将学习曲线应用于动力电池成本与新能源汽车量产之间的关系来近似模拟动力电池成本与动力电池量产之间的关系（设定每一辆车装载的动力电池容量不变），可以发现，在过去的几年中，动力电池随新能源汽车产量的倍增，大致呈现25%的学习效率。其中，2015年，新能源汽车产量在短时间内翻了两番，而动力电池成本也出现较大幅度下降，由于产量倍增是在规模较小时发生的，其总体对成本降低的促进效应较大，而单位产量的变化则低于其他年份。对于2019～2025年以及2026～2030年来说，如果按照25%、20%的学习效率（相关行业普遍存在20%的学习效率，通常在10%～30%，此处分两个阶段，分别以25%和20%计），至2030年动力电池单体成本的变化趋势如表2所示，这种趋势与《节能与新能源汽车技术路线图》中提到的未来动力电池单体方面的目标也基本吻合。具体如表2、图13所示。

表2　动力电池成本变化趋势和预测（2013～2030年）

年份	新能源汽车年度产量(万辆)	动力电池单体成本(元/Wh)	动力电池学习曲线效率(%)
2013	1.8	3.20	
2014	7.5	2.20	15
2015	33.1	1.90	6
2016	50.7	1.50	27
2017	77.7	1.20	26
2018E	100	1.00	26
2019E	150	0.87	25
2020E	200	0.80	25

续表

年份	新能源汽车年度产量(万辆)	动力电池单体成本(元/Wh)	动力电池学习曲线效率(%)
2021E	257	0.74	25
2022E	330	0.69	25
2023E	424	0.64	25
2024E	545	0.59	25
2025E	700	0.55	25
2026E	815	0.53	20
2027E	950	0.51	20
2028E	1106	0.49	20
2029E	1288	0.48	20
2030E	1500	0.46	20

注：①在本项研究中，假设每一辆汽车的电池装载量是相同的且在未来也装载同样多的电池，用新能源汽车的产量来代替电池的产量，进而通过新能源汽车产量与动力电池成本之间的关系，来模拟动力电池量产与动力电池成本之间的关系。

②表中，2020 年、2025 年、2030 年新能源汽车产量预测数据来自《汽车产业中长期发展规划》《节能与新能源汽车技术路线图》等，其他年份的产量数据则根据重要节点年份的产量插值而来。

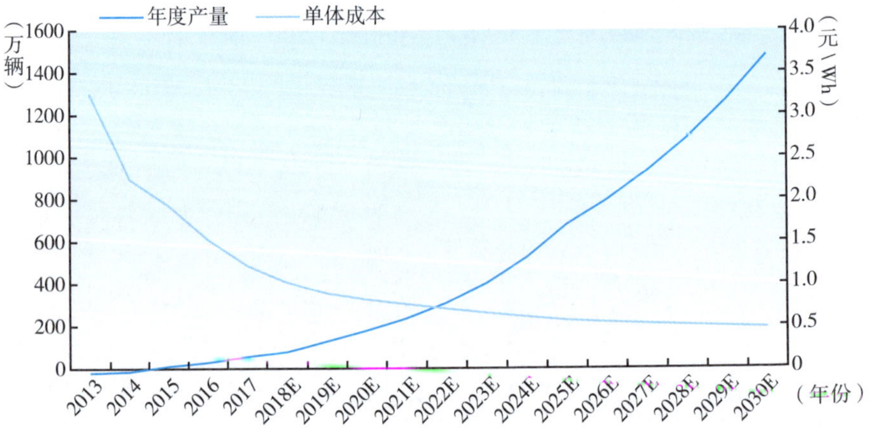

图 13　新能源汽车产量与动力电池成本变化趋势预测（2013～2030 年）

（二）新能源汽车全生命周期成本分析

新能源汽车私人消费市场是新能源汽车市场化推广的主流阵地，新能源汽车私人消费市场的顺利启动，是新能源汽车产业从导入期进入成长期的重中之重。下文主要以私人领域新能源乘用车用户经济性分析为焦点，重点分析未来不同量产规模的情况下新能源乘用车经济性的变化趋势。

1. 基本参数和设定

当期阶段 A00 级和 A 级乘用车占私人消费领域 80% ~90% 的市场份额，占据了市场主导地位。本报告选择典型的 A00 级和 A 级新能源乘用车进行经济性分析，其中，为了便于新能源汽车与同级别传统内燃机汽车的成本比较，将两种汽车动力系统的不同部分定义为 B 模块成本，将 B 模块成本之外正常的物料、研发、销售等成本摊销定义为 A1 模块成本；对于新能源汽车，将由于尚未达到新能源汽车量产而额外分担的研发、营销、推广等方面的费用定义为 A2 模块成本，则新能源乘用车经济性测算的设定参数如表 3 所示。

表 3　新能源乘用车经济性测算基本参数

成本		A00 级私人乘用车		A 级私人乘用车	
		A00 级 EV（BB EV）	A00 级燃油（BB）	A 级 EV（DH EV）	A 级燃油（DH）
整车参数	整备质量（kg）	1240	1020	1575	1265
	电池装载量（kWh）/燃料电池功率（kW）	31		43.5	
	驱动电机功率（kW）	55		120	
	续驶里程（km）	251		300	
	发动机排量（L）		1.4		1.5
	车长（mm）	3730	3730	4631	4632

续表

成本			A00 级私人乘用车		A 级私人乘用车	
			A00 级 EV (BB EV)	A00 级燃油 (BB)	A 级 EV (DH EV)	A 级燃油 (DH)
整车成本（万元）	A1 模块成本（含研发、营销、推广等摊销，基础间接成本）		3.39	3.39	5.48	5.48
	A2 模块成本（新增间接成本，研发、营销、推广超出传统汽车的部分）		2.79		4.74	
	B 模块成本	电池系统	4.65		6.53	
		电机系统	0.55		1.2	
		发动机、变速器及尾气处理系统		1.6		2.2
		电控及电附件	1.0		1.4	
		B 小计	6.2	1.6	9.13	2.2
	合计		12.38	4.99	19.33	7.68
购置税（万元）			0	0.43	0	0.66
使用环节费用	电费价格（元/kWh）	私人充电桩	0.5		0.5	
		公共充电桩	1.3		1.3	
	百公里电耗（kWh/100km）		13			15
	燃油价格（元/L）			7.37		7.38
	百公里油耗（L/100km）			5.3		5.9
	年行驶里程（万 km）		1.23	1.23	1.23	1.23

注：①基于相关专家的调研结果，A00 级乘用车的发动机、变速器及尾气处理系统估测分别在 0.6 万元、0.9 万元和 0.1 万元。A 级乘用车的发动机、变速器及尾气处理系统估测分别在 0.8 万元、1.2 万元和 0.2 万元。未来受限于燃料消耗量限值标准的日趋加严，以及排放标准的不断提升，这部分成本将持续走高。

②A 模块成本包括同级别电动汽车和燃油汽车相同部分的物料成本，以及营销、研发等间接成本。此处将车辆售价作为汽车的总体成本计算。

③年行驶里程数据来源于国家信息中心的调查结果。

④假设车辆 90% 状态下采用私人充电桩充电，充电费按 0.5 元/kWh 计，采用公共充电桩充电的比重为 10%，充电费按照中间水平的 1.3 元/kWh 计。

2. A00级纯电动乘用车经济性分析

（1）A00级纯电动乘用车在2018年当期阶段经济性估算

以某典型A00级纯电动乘用车整车成本（以厂商指导价计）12.38万元为例，与此具有可比性的燃油车整车成本（以厂商指导价计）为4.99万元。为了便于进行经济性估算，分别分析二者A1、A2和B模块成本之间的关系。二者的A模块成本大约为3.39万元，纯电动版的B模块成本主要为：电池系统4.65万元，电机系统0.55万元，电控及电附件部分约1万元（见图14）。传统汽车的B模块主要由发动机、自动变速箱、排气系统等组成，其成本约为1.6万元（其中发动机成本约0.6万元，自动变速器成本约0.9万元，排气系统成本约0.1万元），见图15。

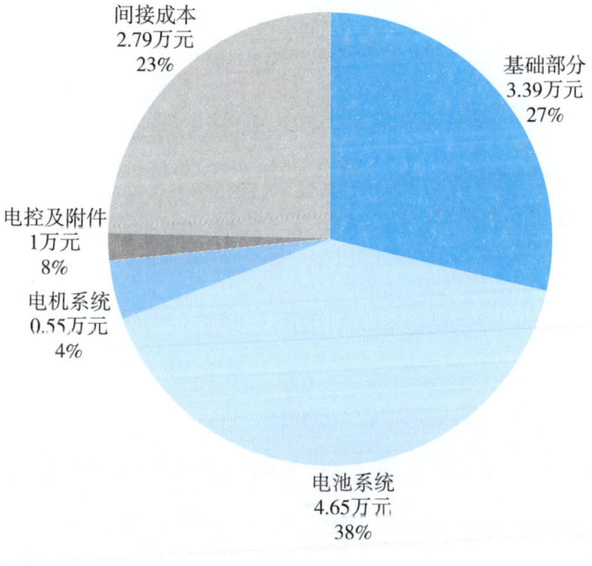

图14　A00级纯电动乘用车成本构成

在全生命周期成本分析的框架下，得出如下结论：A00级纯电动乘用车与具有可比性的传统燃油车相比，在没有补贴的情况下，其在全生命周期内的第15年可回收购买电动版多付出的成本，在全生命周期内实现与同级别

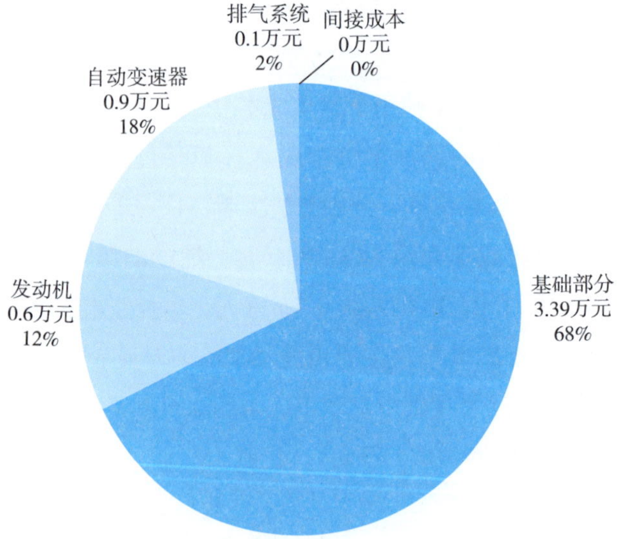

图 15　A00 级燃油乘用车成本构成

传统燃油车的经济性持平。[①] 而在当前有国家和地方补贴的情况下，A00 级纯电动乘用车的经济性则具备与燃油车相当的竞争能力。其中，在只有国补的情况下，投资回收期为 8 年，在同时有国补和地补的情况下，投资回收期缩短为 4 年，如图 16 所示。

（2）后补贴时代 A00 级纯电动乘用车经济性估算（2020～2030 年）

本部分重点分析在未来新能源汽车产量和成本出现明显变化的情况下，A00 级纯电动乘用车的动态经济性。其中，对于 A 模块成本，设定 A1 模块成本在未来没有变化，其主要变化来自 A2 模块成本。因为新能源汽车大规模量产前还存在非常显著的规模不经济性，包括研发、营销等成本的分摊，后续

① 站在消费者的角度，买电动汽车相较燃油车多付出的成本相当于一种投资，其很难接受如此长的投资回收期，因此这种情况下对消费者基本上不能形成有效激励。作为经济人和理性人，其通常情况下希望 5 年，甚至 3 年内回收额外付出的成本。本报告认为，如果是 5 年的投资回收期，则消费者会有一定的积极性；当投资回收期为 3 年时，则认为新能源汽车与传统汽车具有相当的竞争力；在新能源汽车与同级别燃油车购置成本打平的情况下，则认为新能源汽车取得了对传统燃油车的明显优势，市场替代效应将迅速增强。另，本报告的经济性测算暂未考虑资金的时间价值。

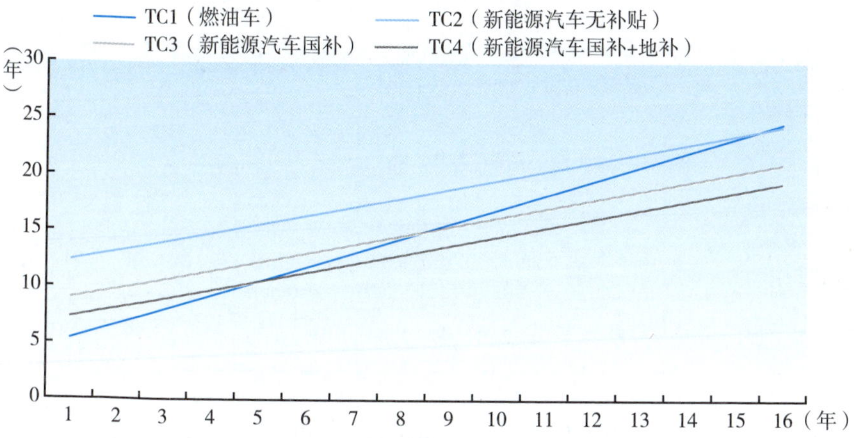

图 16　当前情况下 A00 级纯电动乘用车的经济性测算

注：TC1 = 5.42 + 1.28n；TC2 = 12.38 + 0.8n；TC3 = 8.98 + 0.8n；TC4 = 7.28 + 0.8n。

随着新能源汽车进入大规模量产阶段，这一成本将逐渐降至零。B 模块成本主要来自新能源汽车产量的增加，动力电池、电机、电控等成本的逐年降低，以及传统燃油车发动机、自动变速器等成本的增加。结合多方面的资料和数据来源，纯电动汽车与传统汽车的动态成本分析如表 4、图 17 所示。

表 4　纯电动汽车与传统汽车的动态成本分析

单位：万元

类别|年份		2018	2020	2021	2022	2023	2024	2025	2026	2027	2028	2029	2030
A1 模块成本（含间接成本）		3.39	3.39	3.39	3.39	3.39	3.39	3.39	3.39	3.39	3.39	3.39	3.39
A2 模块成本（新增间接成本）		2.79	2.49	2.19	1.89	1.59	1.29	1.09	0.89	0.69	0.49	0.29	0
B 模块成本	电池系统	4.65	3.10	2.87	2.67	2.48	2.29	2.13	2.05	1.98	1.90	1.86	1.78
	电机系统	0.55	0.49	0.48	0.46	0.45	0.44	0.42	0.42	0.41	0.40	0.40	0.39
	电控及附件	1	0.84	0.81	0.77	0.74	0.71	0.68	0.66	0.64	0.63	0.61	0.60

续表

类别丨年份		2018	2020	2021	2022	2023	2024	2025	2026	2027	2028	2029	2030
	发动机、变速器及排气系统	1.6	1.8	1.8	1.9	2.0	2.1	2.2	2.2	2.3	2.4	2.5	2.6
A00 EV 整车成本合计		12.38	10.31	9.74	9.18	8.65	8.12	7.71	7.41	7.11	6.81	6.55	6.16
A00 燃油整车成本合计		4.99	5.19	5.19	5.29	5.39	5.49	5.59	5.59	5.69	5.79	5.89	5.99

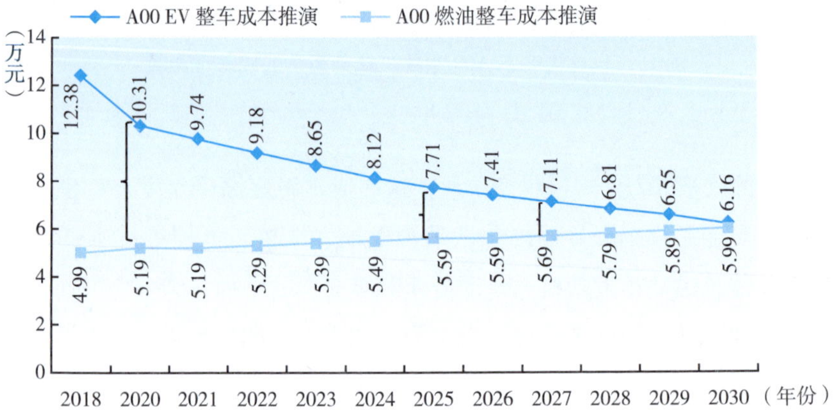

图 17　A00 级新能源汽车与传统汽车成本价差推演（2020～2030 年）

相对于同级别的传统汽车来说，纯电动汽车多出的成本部分可视为一种投资，在后续使用环节，主要通过燃料等使用成本的节约予以收回。通常情况下，在车辆的首次保有环节，7～8 年的周期能回收，才代表纯电动汽车与同级别燃油车的经济性基本持平，而有一定投资吸引力的是 3～5 年的回收期，如投资回收期在 1～3 年，则可认为纯电动汽车已经具备较强的竞争优势。

从后补贴时代 A00 级纯电动乘用车经济性推演来看，在 2020 年财政补贴退出、车购税延续的情况下，其与同级别传统车的价差仍然在 5.12 万元，投资回收期长达 12.8 年（见图 18），不具备与传统汽车的竞争力。这预示着，虽然2020年财政补贴政策退出，但对新能源汽车总体的政策激励和支持力度不应降低，特别是非财税激励政策。考虑到部分非财税政策可以货币量化，如限购城市的牌照赠送，限行城市关于时间、区域的限行等，都可以在一定程度上进行货币化。例如，上海一块车牌的拍卖价在6万~10万元，新能源汽车在工作日不限行，而传统燃油车限行1天，则从使用价值来说，新能源汽车的使用价值比传统汽车增加1/7。

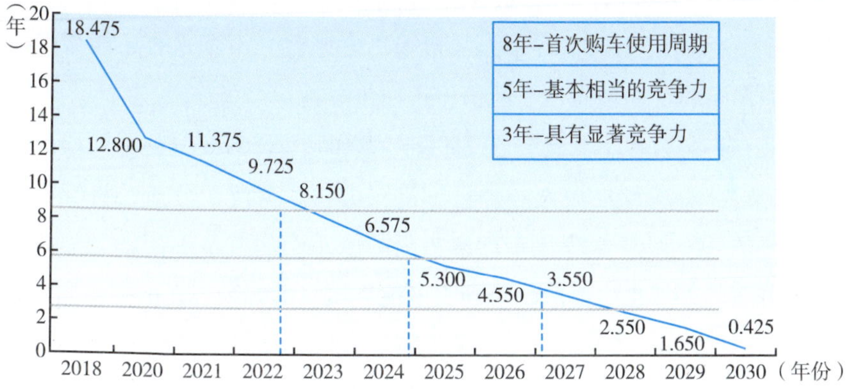

图18　A00级新能源汽车相较传统汽车差价的投资回收期（2020~2030年）

2025~2027年，这个阶段是财政补贴退出、车购税延续情况下，A00级纯电动乘用车逐步取得与传统车竞争优势的过渡阶段，投资回收期从5~6年降至3~4年，这也意味着对于A00级纯电动乘用车而言，一定程度上具备了与传统汽车相比的竞争力，购买新能源汽车变得“有利可图”。在这一阶段，A00级纯电动乘用车将迎来市场驱动占主导的快速发展时期。

2028~2030年，这个阶段A00级纯电动乘用车在财政补贴退出、车购税延续的情况下，可取得相对传统汽车的领先优势，投资回收期降至3年以内。至2030年，A00级纯电动乘用车甚至与同级别传统内燃机汽车的差距完全消失，电动汽车在使用环节的经济性优势凸显，市场发挥主导作用，A00级纯电动乘用车可形成对同级别传统燃油汽车的快速乃至颠覆性替代。

（3）后补贴时代不同电池装载量对A00级纯电动乘用车经济性的影响

由于前期补贴政策的关注点更多聚焦在新能源汽车的续驶里程上，补贴的额度也与新能源汽车续驶里程高度挂钩，这在一定程度上促进了新能源汽车的技术进步和产品竞争力的提升，但同时也对产品技术和产品结构造成了一定的扭曲。较为典型的是A00级新能源乘用车受补贴政策调整影响，大幅提升续驶里程，上文分析的基于现状的A00级新能源乘用车典型车型，其实际的动力电池搭载量达到31kWh，综合工况续驶里程达到251km。在2020年补贴政策退出的情况下，从市场因素来看，市场是否还能接受高续驶里程、高价格的新能源汽车还值得进一步分析。

因此，本研究接下来选择在250km、200km、150km三种不同续驶里程情景下，对A00级新能源汽车经济性进行分析。为便于分析，将三种不同续驶里程的A00级新能源汽车理解为同一款车型的三个不同续驶里程，其在成本方面的差异也主要取决于动力电池装载量的多少。在上文相同的分析框架下，可以得出A00EV－250、A00EV－200、A00EV－150以及传统燃油汽车在未来的成本变化趋势如图19所示。其中，2020年，三种续驶里程情景下A00级纯电动乘用车与传统内燃机汽车相比，仍然分别有5.12万元、4.62万元、4.12万元的差价。这个时点补贴政策已经退出，需要继续保持税收优惠政策，并发挥非财税政策的更大作用。同时，开发和生产续驶里程适中、紧密贴合市场需求的产品也较为重要。2030年，纯电动汽车的成本已经接近甚至低于传统燃油汽车，在这一阶段，无需其他支持政策，A00级纯电动汽车即可获得显著的竞争优势，并形成对传统燃油汽车的大规模替代。

从三种不同续驶里程A00级纯电动汽车相较同级别传统内燃机汽车的投资回收期分析则得出更具体、更量化的结论。2020年，A00EV－250、A00EV－200、A00EV－150的投资回收期分别达到12.8年、11.55年和10.3年（见图20），尽管基本上做到了全生命周期成本与传统燃油汽车持平，但考虑到消费者的普遍消费心理是希望3～5年内实现持平（未考虑资金的时间价值），因此在2020年没有财政补贴的情况下，三种不同续驶里程

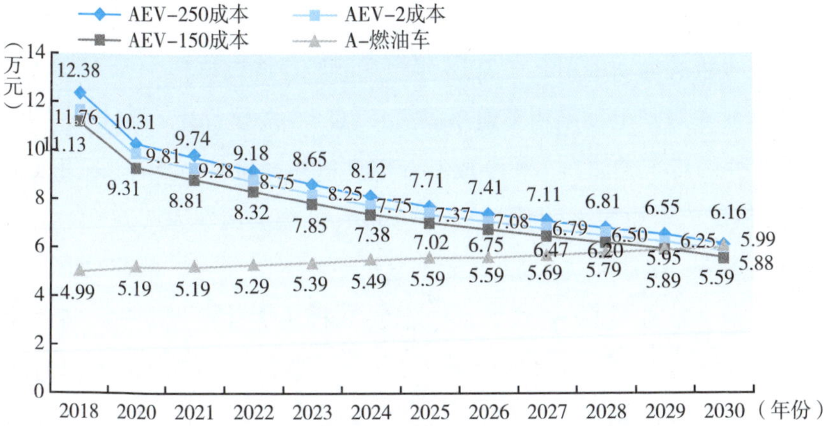

图 19　不同续驶里程 A00 级纯电动乘用车与同级别燃油车的成本变化趋势推演（2020～2030 年）

注：由于动力电池梯次利用及残值等多方面数据未知，且根据本文的观点，未来动力电池成本将稳步下降，本项分析设定纯电动汽车和燃油汽车的残值相同。下同。

A00 级纯电动汽车与传统燃油汽车相比均没有竞争力。其中，A00EV－150 在 2023～2025 年投资回收期为 3.58～6.15 年，最先获得与传统内燃机汽车相当的竞争力，其他两类则要相应再滞后 1～2 年。

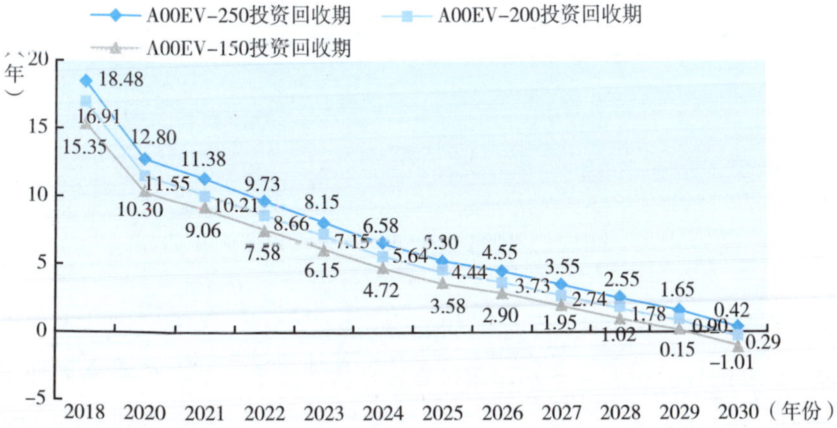

图 20　不同续驶里程 A00 级纯电动乘用车与同级别燃油车的投资回收期测算（2020～2030 年）

3. A级纯电动乘用车经济性分析

（1）A级纯电动乘用车在2018年当期阶段经济性估算

某典型A级纯电动乘用车整车成本（以厂商指导价计）为19.35万元，具有可比性的传统燃油汽车整车成本（以厂商指导价计）为7.68万元。二者的A1模块成本约为5.48万元，纯电动版A2模块成本为4.74万元，B模块成本主要为：电池系统6.63万元，电机系统1.2万元，电控及电附件部分1.4万元（见图21）。传统燃油汽车的B模块主要由发动机、自动变速箱、排气系统等组成，其成本约为2.2万元（其中，发动机成本约0.8万元，自动变速器成本约1.2万元，排气系统成本约0.2万元），见图22。

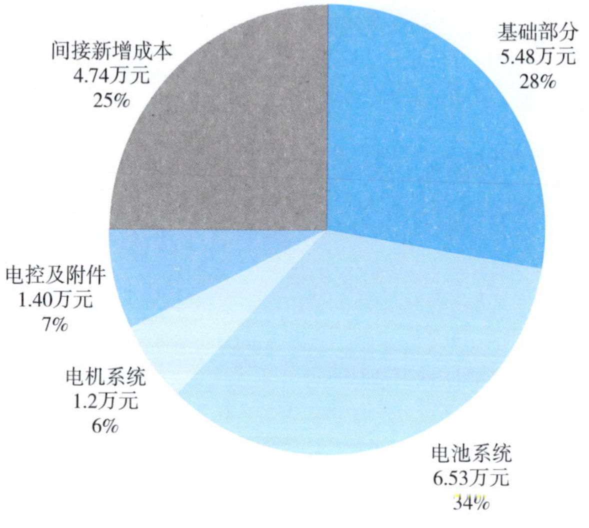

图21　A级纯电动乘用车成本构成

根据全生命周期分析框架，本研究得出如下结论：A级纯电动乘用车与具有可比性的传统燃油车相比，在没有补贴的情况下，其在全生命周期内无法回收购买电动版多付出的成本。在全生命周期内，A级纯电动乘用车与同级别传统燃油车的成本难以持平。在仅有国补的情况下，投资回收期为13年，在国补和地补同时存在的情况下，投资回收期为9年，具体如图23所示。

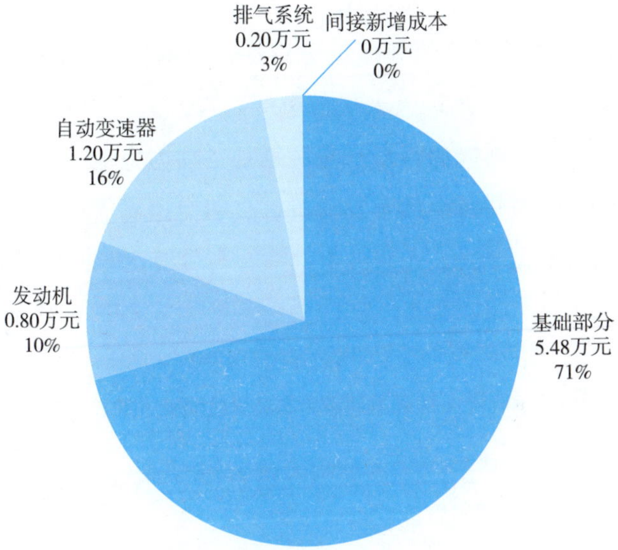

图 22　A 级燃油乘用车成本构成

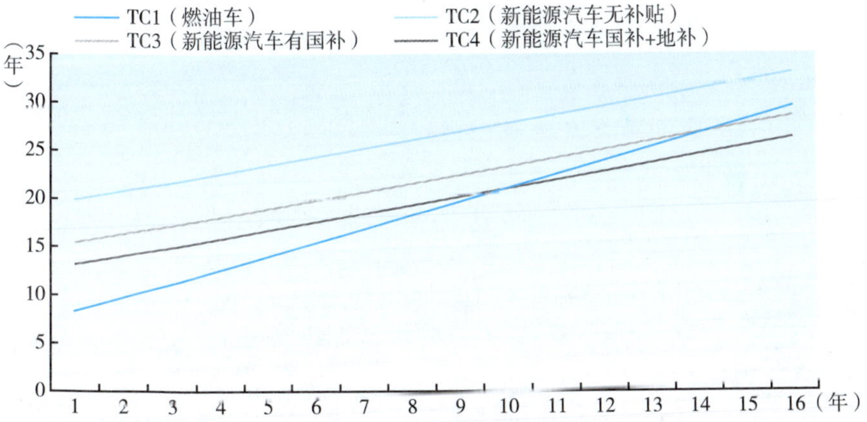

图 23　当前情况下 A 级纯电动乘用车经济性分析

注：TC1 =5.42 +1.28n；TC2 =12.38 +0.8n；TC3 =8.98 +0.8n；TC4 =7.28 +0.8n。

（2）后补贴时代 A 级纯电动乘用车经济性测算（2020 ~2030 年）

本部分重点分析在未来新能源汽车产量和成本出现明显变化的情况下，A 级新能源乘用车的动态经济性。其中对于 A 模块成本，设定 A1 模块在未来没有变化，其主要变化来自 A2 模块成本，因为新能源汽车大规模量产前还存在非常显著的规模不经济性，包括研发、营销等成本的分担，后续随着新能源汽车进入大规模量产阶段，这一成本将逐渐降至零。B 模块成本主要来自新能源汽车产量的增加，动力电池、电机、电控等成本的逐年降低，以及传统燃油车发动机、自动变速器等成本的增加。结合多方面的资料和数据来源，A 级纯电动汽车与传统汽车的成本分析如表 5、图 24 所示。

表 5　后补贴时代 A 级纯电动乘用车经济性测算（2020～2030 年）

单位：万元

类别 | 年份		2018	2020	2021	2022	2023	2024	2025	2026	2027	2028	2029	2030
A1 模块成本（含间接成本）		5.48	5.48	5.48	5.48	5.48	5.48	5.48	5.48	5.48	5.48	5.48	5.48
A2 模块成本（新增间接成本）		4.74	4.0	3.6	3.2	2.8	2.4	2.0	1.6	1.2	0.8	0.4	0
B 模块成本	电池系统	6.53	4.35	4.02	3.75	3.48	3.21	2.99	2.88	2.77	2.66	2.61	2.50
	电机系统	1.2	1.1	1.07	1.04	1.01	0.98	0.95	0.94	0.92	0.91	0.89	0.88
	电控及附件	1.4	1.18	1.13	1.08	1.03	0.99	0.95	0.92	0.90	0.88	0.86	0.84
	发动机、变速器及排气系统	2.2	2.6	2.6	2.7	2.8	2.9	3.0	3.2	3.3	3.4	3.5	3.6
A00 EV 整车成本合计		19.35	16.11	15.3	14.55	13.8	13.06	12.37	11.82	11.27	10.73	10.24	9.7
A00 燃油整车成本合计		7.68	8.08	8.08	8.18	8.28	8.38	8.48	8.68	8.78	8.88	8.98	9.08

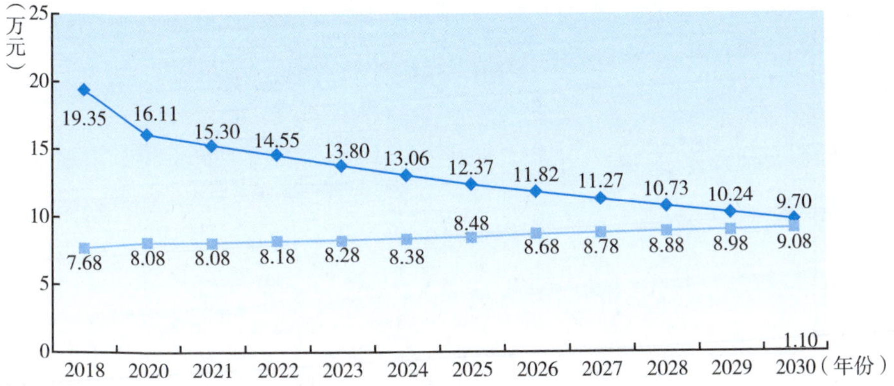

图 24　A 级新能源汽车与传统内燃机汽车成本价差推演（2020～2030 年）

从后补贴时代 A 级纯电动乘用车经济性推演来看，在 2020 年财政补贴退出、车购税延续的情况下，A 级纯电动乘用车与同级别传统燃油汽车的价差仍然在 8.03 万元，投资回收期长达 14.9 年（见图 25），不具备与传统汽车的竞争力，这种差距比 A00 级所体现的要更大。这预示着，虽然 2020 年财政补贴政策退出，但对新能源汽车总体的政策激励和支持力度不应降低，特别是非财税激励政策。考虑到一些非财税政策可以货币化，如限购城市的牌照赠送，限行城市关于时间、区域的限行等，都可以在一定程度上货币化。例如，上海一块车牌的拍卖价在 6 万～10 万元，新能源汽车在工作日不限行，而传统燃油车限行 1 天，则从使用价值来说，新能源汽车的使用价值比传统汽车增加 1/7。

2025～2027 年，这一阶段是财政补贴退出、车购税延续情况下，A 级纯电动乘用车逐步取得与传统汽车竞争优势的过渡阶段，投资回收期从 7～8 年降至 4～5 年，这也意味着 A 级纯电动乘用车相对于传统汽车，具备了一定的市场竞争力。在这个阶段，A 级纯电动乘用车将迎来市场驱动占主导的快速发展时期。

2028～2030 年，这一阶段在财政补贴退出、车购税延续的情况下，A 级纯电动乘用车取得相较传统汽车的领先优势，新能源汽车投资回收期降至 3 年以内。至 2030 年，A 级纯电动乘用车与同级别传统内燃机汽车的差距

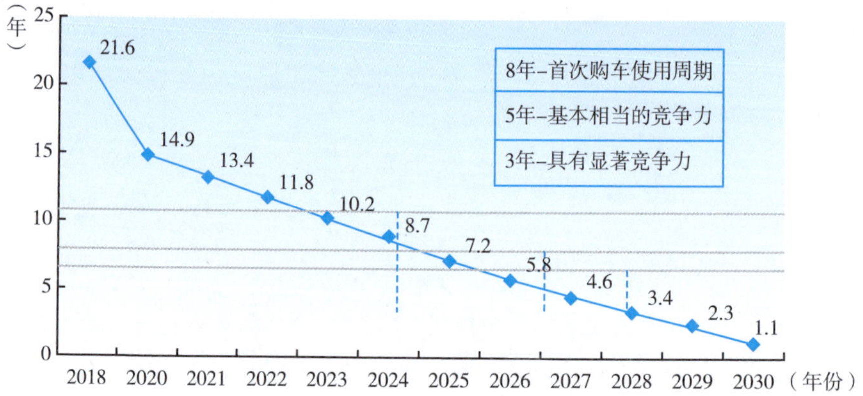

图 25　A 级新能源汽车投资回收期预测（2020～2030 年）

完全消失，其成本甚至要低于传统内燃机汽车，而电动汽车在使用环节的经济性优势凸显，市场将发挥主导作用，A 级纯电动乘用车形成对同级别传统燃油车的快速乃至颠覆性替代。

（3）后补贴时代不同续驶里程对 A 级纯电动乘用车经济性的影响

根据对行业的调研，目前典型 A 级纯电动乘用车的续驶里程在 350 km 左右，部分车企业还在规划 400 km 以上的更高续驶里程产品。在 2020 年补贴政策退出的情况下，从市场因素来看，市场是否还能接受高续驶里程、高价格的新能源汽车值得探讨。

下文则选择了 400km、300 km、200 km 三种不同续驶里程情景，对 A 级纯电动乘用车经济性进行分析。为便于分析，本研究将三种不同续驶里程的 A 级新能源汽车视为同一款车型，因涉及不同续驶里程，其在成本方面的差异主要取决于动力电池装载量的多少。在上文相同的分析框架之下，可以得出 A 级 EV－400、A 级 EV－300、A 级 EV－200 以及传统燃油车在未来的成本变化趋势如图 26 所示。2020 年，三者与传统内燃机汽车仍然分别有 9.03 万元、8.03 万元、7.03 万元的差价，尽管这一时点补贴政策已经退出，且保持税收优惠政策，A 级纯电动乘用车的经济性仍有较大的提升空间。在进一步发挥非财税政策作用的同时，适当调整续驶里程来降低成本也是一个重要选项。2025～2027 年，中短续驶里程的 A 级纯电动汽车投资回收期降至 3～6 年，纯电动汽车开始取得市场竞争优势。2030 年，纯电动汽车的成本已经接近甚至低于传统内燃机汽车，在这个阶段，无需其他支持政策，A 级纯电动汽车即可获得显著的竞争优势，并形成对传统内燃机汽车的大规模替代。

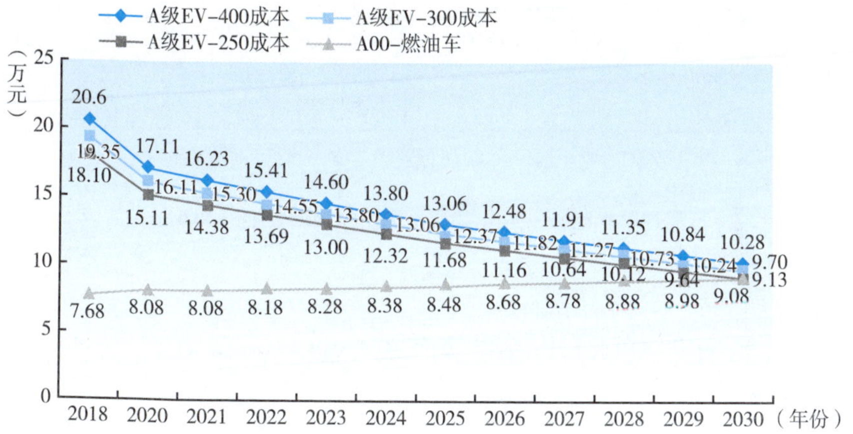

图 26　不同续驶里程 A 级纯电动乘用车与传统燃油车的成本推演（2020～2030 年）

从三种不同续驶里程 A 级纯电动汽车相较同级别传统内燃机汽车的投资回收期分析，则得出更具体、更量化的结论。2020 年，A 级 EV－400、A 级 EV－300、A 级 EV－200 的投资回收期分别达到 16.72 年、14.87 年和 13.02 年（见图 27），尽管可实现全生命周期成本与燃油车持平，但考虑到消费者的普遍消费心理是希望 3～5 年内即可实现成本持平（未考虑资金的时间价值），因此，2020 年在没有财政补贴且不考虑牌照等非财税激励政策的情况下，三者与内燃机汽车相比均没有太大的竞争力。A 级 EV－300、A 级 EV－200 在 2026～2028 年投资回收期达到 2～6 年，最先获得与传统内燃机汽车相当的竞争力。此时，动力电池成本在整车中的占比已经大幅下降，因此，A 级纯电动汽车的续驶里程有可能在财政补贴退坡的 2020～2023 年有所下降，而在 2025 年之后再逐步提升。

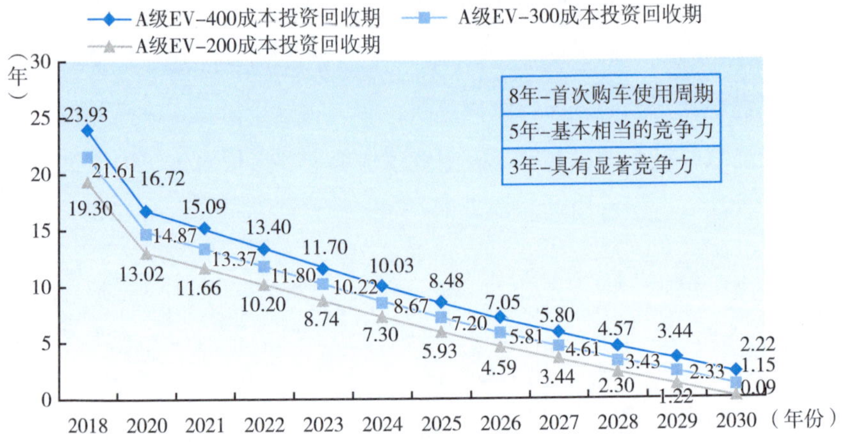

图 27　不同续驶里程 A 级纯电动乘用车的投资回收期（2020～2030 年）

四　新时代新能源汽车产业发展新思路

通过前文对新能源汽车产业、技术、经济性的分析，可以看出，新时代的新能源汽车产业已经进入从导入期向成长期过渡的关键阶段，并呈现独特的阶段性特征。同时，蓝天保卫战、节能减排、数字经济等宏观环境向好，总体上挑战和机遇并存，新时代的新能源汽车产业需要新的发展思路。

首先，在产业发展导向方面，应坚持节能环保、产业升级的总体政策目标，坚持一张蓝图绘到底。《节能与新能源汽车产业发展规划（2012　2020年）》《汽车产业中长期发展规划》《节能与新能源汽车技术路线图》勾勒了我国未来一段时间的新能源汽车产业发展蓝图，是节能环保、产业转型升级的发展导向和指引。建议在相关的政策法规、发展路径等方面，坚持这种政策导向，不宜过于注重某一类细分领域技术，甚至单一维度的某些指标。否则，不仅容易与总体的发展导向产生偏差，也可能对新能源汽车产业发展造成一定程度的扭曲。

其次，基于前文对 2020～2030 年新能源乘用车经济性的推演，建议在未来5年左右，保持新能源汽车政策支持力度的总体稳定。针对由新能源汽车财政补贴退坡乃至最终退出所产生的不利影响，应在延续税收优惠政策的基础上，综合利用双积分、牌照优惠、使用便利等各种非财税激励政策，并辅以油耗法规、国六排放、蓝天保卫战等措施形成倒逼之势。总之，应通过非财税政策的激励效应及法规的倒逼效应，抵消财政补贴政策退坡对市场的不利影响，从而推动新能源汽车产业顺利度过从导入期向成长期过渡的关键阶段。

最后，应坚持市场为主、政策为辅。新时代应更多依靠和激发市场力量，让市场发挥基础性作用。在新能源汽车推广的路径方面，不同使用场景、不同商业化应用模式及不同技术类型、不同续驶里程的新能源汽车，具有不同的技术经济性，其中技术经济性相对较好的应当加快发展，比如新能源汽车在共享出行领域的应用，以及新能源商用车在环境保护需求强烈区域的应用。此外，电动化和智能化的融合将创造市场新需求，而车电分离等模式创新均可以持续提升新能源汽车的技术经济性。同时，应继续发挥政策引导作用，保持财税政策和非财税政策的总体协调，保持一定的财税和非财税政策的综合支持力度，持续加严油耗和排放法规，形成倒逼，坚决取消地方保护等负面政策障碍，总体形成发展合力。

五　后补贴时代新能源汽车推广主要路径

（一）推动限购城市和非限购城市新能源汽车推广的平衡发展

1. 非限购城市发展潜力巨大，是实现新能源汽车产业由导入期迈向成长期的重要推手

仅靠在北京、上海、深圳等限行限购城市推广新能源汽车是不够的，唯有使新能源汽车在大批非限购城市实现规模化应用，中国新能源汽车市场才能实现可持续稳定发展。私人消费领域新能源车推广应用的提速是当前的重要课题。

（1）非限购城市汽车消费潜在需求巨大，为新能源汽车推广提供了广阔空间

随着经济和社会的不断发展，中国城市居民消费水平大幅提升，特别是三、四线城市人均 GDP 增速较快。在新型城镇化发展的助推下，中国三、四线城市汽车消费需求呈现进一步扩大的趋势。根据《汽车周刊》2016 年的统计报告，2017 年欲购车用户中三线及以下城市（三线 30%、四线 8%、乡镇 39%）占比达到 77%，远超一、二线城市（见图 28）。未来三、四线城市将成为主要的新车增量市场。

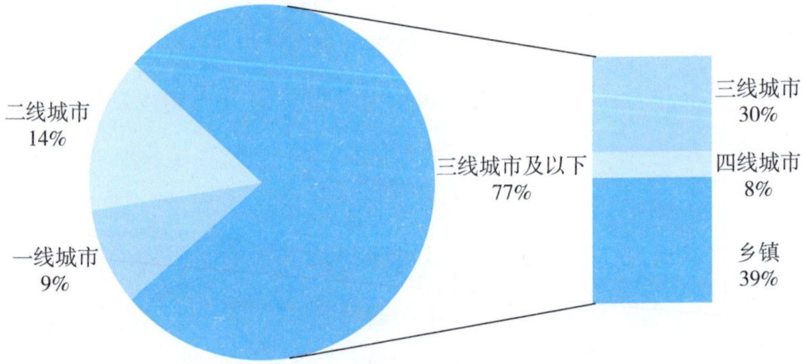

图 28　2017 年各级城市购车意愿

（2）非限购城市新能源汽车市场发展空间巨大

2017 年，新能源汽车已在全国 300 余个城市的私人消费市场实现销售，私人消费市场规模达 45.3 万辆，但主要集中在北京市、上海市、深圳市、杭州市、天津市等限行限购城市，新能源汽车在非限购城市的广阔市场没有被启动（见图 29）。但是，近年来郑州、潍坊、南昌和柳州等非限购城市私人消费市场的发展较为迅猛。未来随着一线大城市继续严控车辆总量，中小城市凭借充电条件便利、停车位资源充足等利好条件，将产生巨大的发展潜力。

在大批非限购城市新能源汽车市场开启的情景下，按东部、中部和西部地区市场渗透率分别达到 2%、1% 和 0.5% 计算，中国新能源汽车私人消费

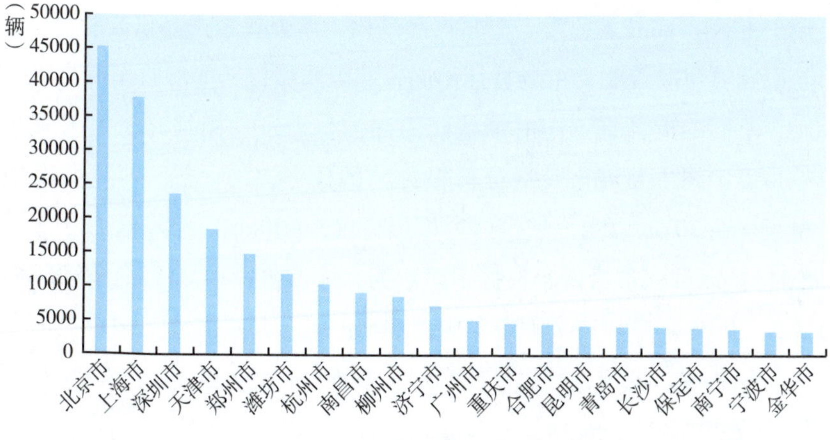

图 29　2017 年新能源汽车私人购买数量按城市分布情况（前 20 位）

市场保有量有望达到 200 万辆，有助于实现 2020 年新能源汽车保有量 500 万辆的目标（见图 30）。

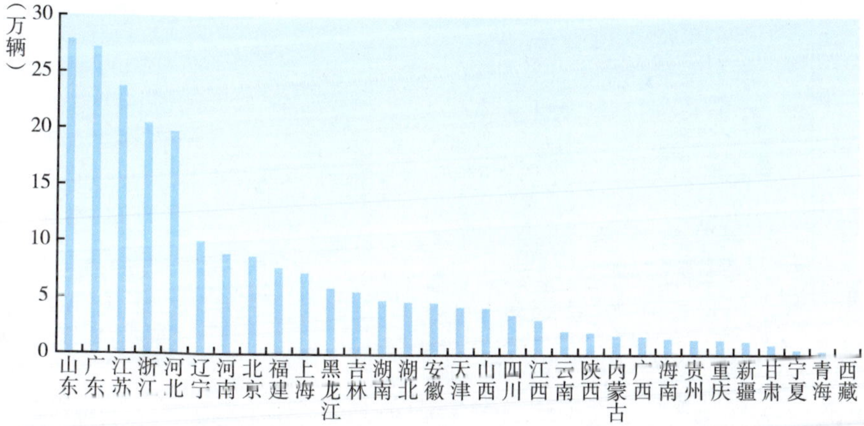

图 30　不同市场渗透情景下新能源汽车分区域推广数量预测

注：以 2017 年各省份新能源汽车推广量为基准，假定非限购城市新能源汽车市场渗透率达到目前限购城市相应水平。上海市新能源汽车市场渗透率已超过 2%，因此，预计市场渗透率按 3% 计算。

2. 非限购城市新能源汽车私人消费市场推广主要策略

（1）推动产品技术研发，丰富产品结构，增强普惠产品供给能力

与限购城市政策驱动市场特征不同，非限购城市新能源汽车市场则由需求驱动，不同的市场有不同的消费能力和消费需求。根据高德地图《2017年第一季度中国主要城市交通分析报告》的数据，二、三、四线城市日均出行里程均在30km以内，城市内短途出行（3～30km）市场潜力不断提升（见图31）。以柳州市为例，根据调研数据，城市出行中80%的车辆载乘不超过2人，90%的车辆行驶里程不超过30km/天。与一线城市用户更加关注汽车产品的品质、设计、智能化技术水平不同，二、三、四线城市用户对购车价格以及使用成本更加敏感，注重经济性和实用性，购车目的多为家庭代步用途。

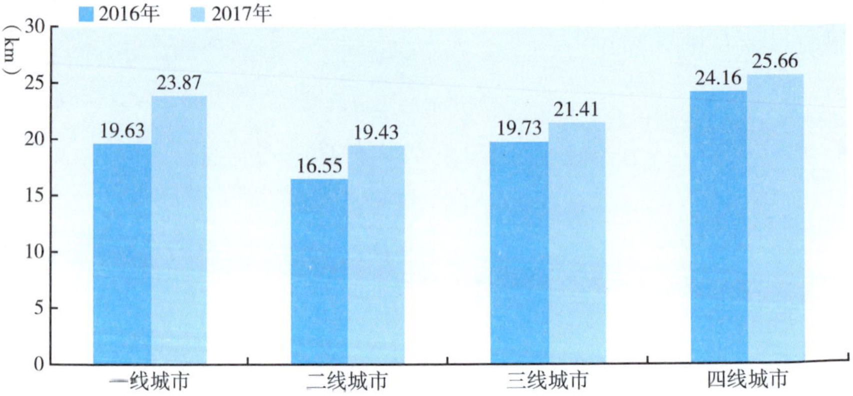

图31　高德地图2016年和2017年一季度各级城市日均出行距离

面对多元化市场需求，整车企业技术路线和产品型谱需要逐渐从由政策驱动回归到由市场需求引导上来，新能源汽车产品需要满足不同细分市场、不同用户群体的差异化需求。

针对大规模经济型购车需求，可采用“国民车＋新能源汽车”相结合的模式，定位10～100km出行场景，以小型化、轻量化、中短里程产品为

突破口，满足二、三、四线城市用户群体的代步出行需求，主要承接中小城市的新车增量需求，满足人民日益增长的美好生活的需要。

宝骏 E100 是上汽通用五菱推出的首款纯电动汽车，2017 年 8 月正式上市。E100 精准把握和贴合用户的实际需求，产品定位为“城市家庭的第二辆车”，产品设计紧贴购买人群的实际需求，极大促进了普通用户使用新能源汽车（见表 6）。据统计，柳州市将宝骏 E100 作为家庭第二辆车的用户中，88% 以上的日常出行优先选择 E100，燃油车使用率大幅下降。购置 E100 后，几乎不使用燃油车的用户比例更高达 42%。

表 6　A00 级典型纯电动乘用车主要指标

主要指标	知豆 D3	宝骏 E100
长宽高(mm)	2795 × 1585 × 1590	2488 × 1506 × 1670
电机总功率(kW)	30	29
纯电动最大续驶里程(km)	210	200
电池充电时间(h)	快充:无;慢充:4h	快充:无;慢充:8h
最高车速(km/h)	105	100
百公里耗电量(kWh/100km)	11. 5	—
电池容量(kWh)	23	19. 2
厂商指导价(万元)	14. 38	9. 39

（2）以地方政府为主体，优化新能源汽车使用环境，全力拉动私人消费市场

在后补贴时代，地方政府是新能源汽车推广应用的责任主体，是推动限购城市和非限购城市新能源汽车平衡发展的关键因素。地方性的激励政策必须发挥主导作用，因地制宜地出台可实施、易操作的综合措施，打好政策激励工具组合拳，建立鼓励新能源汽车应用和限制燃油车使用的长效机制，充分拉动新能源汽车市场需求（见图 32）。

加快推动财税激励由购置阶段向保有和使用阶段转移。在后补贴时代，需要将新能源汽车购置补贴资金逐渐转向支持充换电基础设施建设和运营、

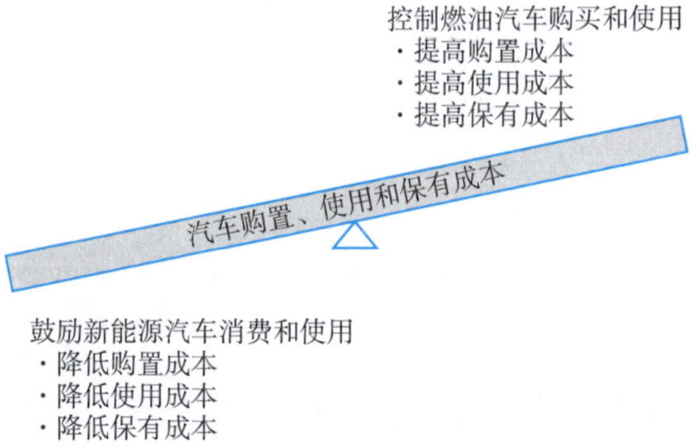

图 32 燃油汽车和新能源汽车购置、使用和保有成本变化趋势

新能源汽车使用和运营等环节。具体政策激励工具主要包括一次性使用补贴、牌照工本费减免、充电费用优惠、停车费用减免、私人充电桩购置补贴、强制车险费用减免、道路通行费用减免等。通过在使用环节加大政策激励力度，快速抵偿新能源汽车和传统燃油汽车的购车价差，加大使用阶段的优惠和便利力度。

突出交通出行独特优势，重视环保及交通等非货币激励政策的应用。在购车补贴政策逐步退坡的后补贴时代，新能源汽车产品在价格上与传统燃油车相比仍不具备竞争优势，需要尽快构建良好的使用环境，在停车、充电、路权等方面，完善新能源汽车使用环节的优惠措施，从而实现新能源汽车市场可持续发展。进一步研究落实新能源汽车专属号牌的便利措施，全方位落实特殊路权措施，通过综合激励手段，增强新能源汽车的比较优势，培育私人消费市场。根据实际情况，适时推出路权差异化激励措施，有序使用专用车道，如在保障公交车正常运行的情况下，允许新能源汽车在早高峰期间使用公交专用道。设置并确保停车和充电专用车位，提高新能源汽车使用便利性。此外，还可以对新能源汽车设置车辆特殊通道，包括注册登记绿色通道、年检绿色通道、环保标志发放绿色通道等。

有序探索设置零排放示范区，进一步提高新能源汽车使用便利性。研究表明，中国新能源汽车地区推广数量与其环境污染程度没有相关性。因此，未来可参考英国牛津市“零排放区”计划，在国内“2 + 26”个重点城市有序推行零排放区域试点，选择城市核心区域、旅游景点等对环保需求较高的区域，开展相关试点示范，对燃油车和不同技术路线车型进行分类管理，分时段、分区域限行燃油车，并制定相关鼓励和处罚措施，明确新能源汽车在路线和时间等方面享受优惠。对违反规定的处以不同程度的经济罚款，进一步提高燃油车生命周期成本，凸显新能源汽车使用“特权”。

构建统一公平的市场环境，为消费者带来更大的品牌选择空间和较高性价比产品。地方保护主义不仅破坏市场发展，导致市场调节作用失衡，而且严重阻碍技术进步，造成市场碎片化，不利于新能源汽车产业的长远发展。尽管国家要求不得开展任何形式的地方保护，近年来各省市也逐步取消地方新能源汽车目录，开放新能源汽车市场，但不可否认的是，地方保护的问题依旧存在，形式各有不同。在后补贴时代，需要站在国家层面坚决破除地方保护行为，构建统一公平的市场环境。

专栏二 柳州模式

柳州市作为国内典型的三线城市，城市资源、消费水平、交通环境等均有自身特点。2017 年，柳州市通过政企联动、市场驱动、配套推动等重点措施，快速打通新能源汽车私人消费市场，新能源汽车销售 13424 辆，其中宝骏 E100 单车型销售 11232 辆（见图 2 - 1），且全部为个人消费用户，“柳州模式”初见成效。

因地制宜、因城施策是“柳州模式”的核心理念，其具体举措如下。

1. 政企三级联动，创新政府推广工作方式

2017 年初，由柳州市政府倡导发起，市新能源汽车推广应用工作领导小组牵头，联合市内上汽通用五菱、东风柳汽等重点企业，启动实施“政企三级联动”工程，通过“整体规划及重大问题决策——具体指导及资源协调——工作落实”的三级良性循环，达到自上而下规划传达与指导以及自下而上快速推进的实施效果（见图 2 - 2）。

2. 建立完整的科学管理和政策保障体系

针对打造“柳州模式”的对应需求，柳州市经过研究和统一发布，已

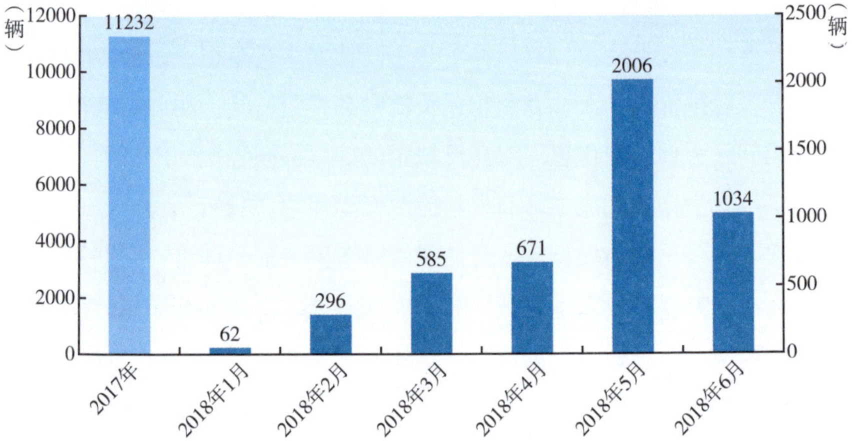

图 2－1　宝骏 E100 2017 年和 2018 年上半年月度销量

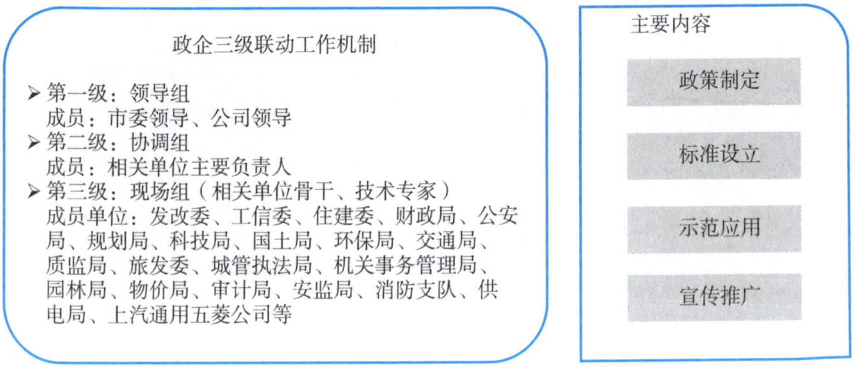

图 2－2　柳州市新能源汽车推广政企三级联动工作机制

出台近 10 项包括市政府、财政、城管、物价、质监等部门在内的新能源汽车推广应用的一揽子配套政策，全面统筹保障资源配置。政府与企业密切合作，在政策出台后，通过大数据分析，及时了解用户使用中的短板，及时有针对性地调整相关规划。

3. 全面推进示范工程建设和推广传播

推广初期，在生活小区、机关单位、学校、医院、商业超市、主干道路等地点选定示范区域，全面引入政府资源、产品、基础设施建设、商业运营模式等，构建全新的示范工程。目前，已落地示范小区35个，示范机关单位66家，示范学校64家，示范医院6家，示范企业36家，示范商业区22个，示范道路2条。通过示范工程的推进，以点带面、复制推广，发挥了良好的示范效应，对新能源汽车示范工程推广传播起到巨大的促进作用。

4. 以产品和用户为核心，因地制宜地打造推广生态

2017年，“柳州模式”的打造主要围绕宝骏E100纯电动车进行。E100准确地把握和贴合用户的实际需求，产品定位为“城市家庭的第二辆车”。为打开私人消费市场，推动新能源汽车走进千家万户，在政府和企业的共同构建下，柳州实施直营模式。在车辆购置方式上，实现相关手续全部在交车点完成的一条龙服务。另外，因地制宜地提供购置补贴。

5. 攻克充电难题，方便使用成为推广核心驱动力

充电基础设施建设方面，“柳州模式”制定充电插座建设总体规划，集中在住宅小区、机关单位和企业、大型商场三类区域，极具针对性地开展充电插座建设和网络布局，优先满足用户最为迫切的充电需求。目前，共计完成充电插座建设6600多个，遍及小区、机关单位、商场超市等公共区域。分布范围囊括了柳州市内全部城区及周边5个县区。独创以充电插座为主，小容量、便利性、广覆盖的基础设施建设，与建设普通充电桩相比，已累计节约电力容量23935kW，节约建设成本3.2亿元（以7kW充电桩，7万元成本测算），如图2－3所示。

6. 创新配置专属资源和路权，激励电动化出行

专属停车位建设方面，“柳州模式”将新能源汽车专用车位的建设纳入城市管理体系，在实际规划建设中，在以政府为主导的同时，倡导全民参与设计，充分调动全社会的力量，创新解决停车问题。在施划专用泊位的同时，道路执法部门积极开展专项整治行动，培养和引导市民形成正确停放习惯。用车便利方面，柳州市实行差异化的新能源汽车交通管理政策，允许使用公交专用道，不受单双号限行限制。在公共资源免费使用方面，着重在使用端发力，鼓励新能源汽车的实际运行。

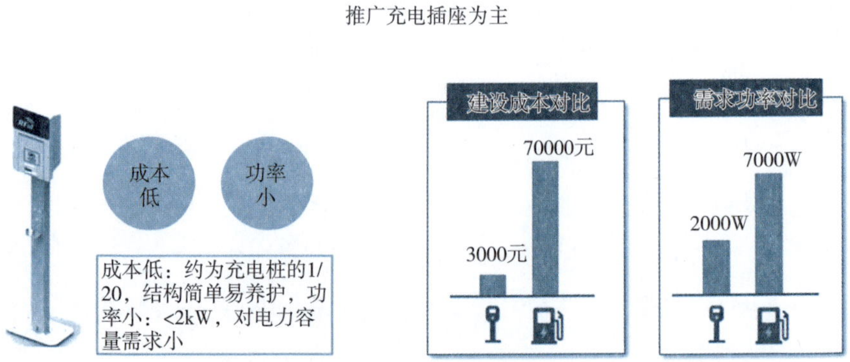

图 2－3　充电插座和充电桩成本及功率对比

（二）在“蓝天保卫战”战略部署下，重点领域重点突破，加快新能源商用车推广应用步伐

1. 公共领域商用车电动化意义重大

近年来，党中央、国务院高度重视生态环境保护工作。党的十九大报告提出，持续实施大气污染防治行动，打赢蓝天保卫战。中央财经委员会第一次会议明确提出，打好柴油货车污染治理攻坚战。2018 年，北京市、广东省、深圳市、上海市等地纷纷出台相应的蓝天保卫战行动计划，均提出将高排放车整治、加快新能源汽车推广作为工作重点。

商用车节能减排是蓝天保卫战的重要内容。根据《中国机动车环境管理年报（2018）》，我国移动源污染问题日益突出，已成为空气污染的重要来源。2017 年，全国柴油车保有量占汽车保有量的 9.4%（见图 33），但排放的氮氧化物（NO_X）接近汽车排放总量的七成，颗粒物（PM）超过九成（见图 34）。因此，强化治理以柴油车为代表的移动污染源，对改善空气质量、打赢蓝天保卫战意义重大。

2. 新能源商用车技术适应性分析

目前，中国新能源商用车各类车型技术成熟度、市场竞争力和应用规模等情况不一，需要综合考虑车辆技术、成本与使用用途/移动距离等因素，

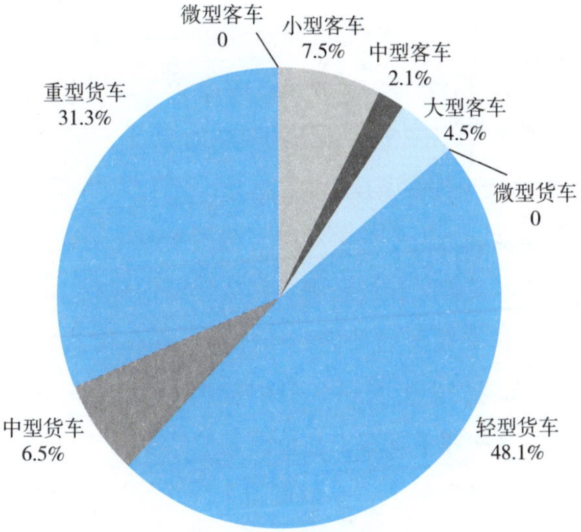

图 33　按车辆类型划分的柴油车保有量构成

资料来源：《中国机动车环境管理年报（2018）》。

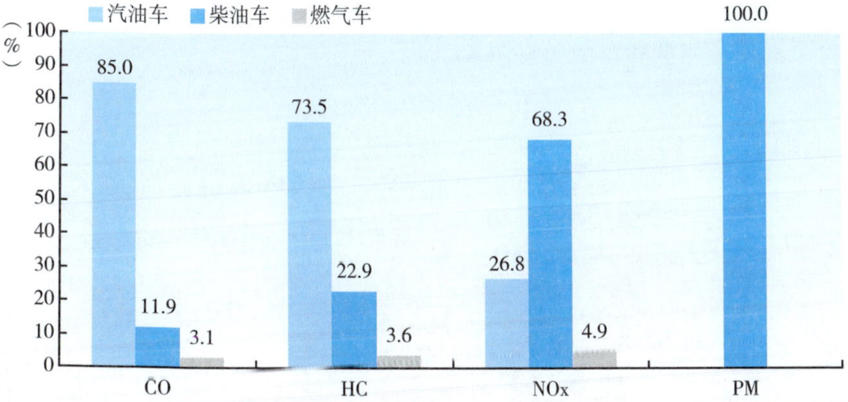

图 34　不同燃料类型汽车的污染物排放量分担率

资料来源：《中国机动车环境管理年报（2018）》。

研究不同技术路线的适用性，鼓励市场和企业合理选择车辆技术路线，实现技术路线多元化发展，发挥各技术路线优势。

在新能源客车领域，纯电动客车具有低噪声、零排放、低运营成本的优点，适用于公交、定点班车等应用领域。目前，新能源客车已在公交领域广泛应用，实现规模化发展，技术相对成熟。燃料电池客车技术适用性和环境适用性较高，具有广泛适用于公交、客运、旅游等应用领域的能力，是替换传统燃油客车的终极方向，但目前燃料电池客车技术尚未成熟，处于发展初期阶段。

在新能源货车领域，当前纯电动货车适用于短途运输、特定区域和特定线路，不适用于城际或省际长途行驶。具体分场景来看，在城市和城际货运领域，纯电动货车具有显著的节能、环保、低噪声优势，运输半径不超过200km，车型覆盖6吨以下轻卡和6～18吨中重卡，尤其是用于商场超市配送、快递物流等领域的厢式货车。在市政领域，多用于洗扫车、垃圾收集和转运车、渣土车等环卫专用车，车型覆盖12～18吨中重型货车。在特定作业领域，适用于港口、矿山、厂区等封闭区域，或短途定点线路的货物转运，车型覆盖6～14吨中型货车和重型牵引车。插电式混合动力货车可用于城郊货运、城际货运和省级货运等应用场景。在技术、经济性、配套设施等条件允许的情况下，氢燃料电池将是传统车辆的理想动力装置替代品，适用于全系商用车领域和车型（见图35）。

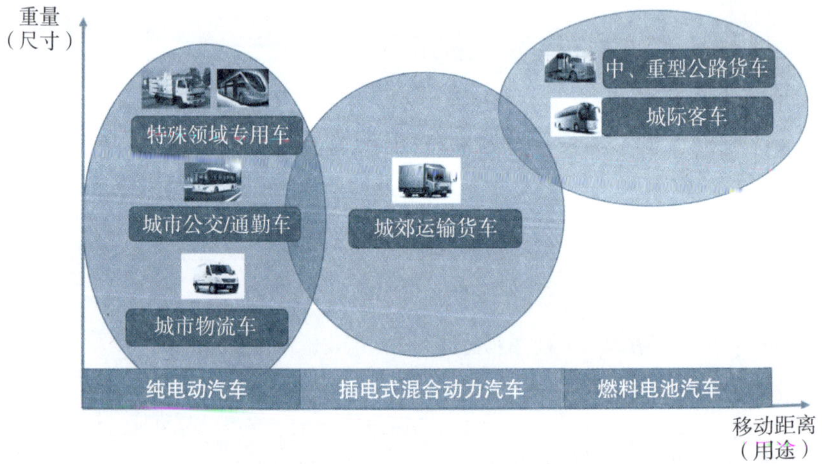

图35　不同技术路线新能源商用车使用场景

3. 中国公交车电动化进展良好，货车电动化处于起步阶段，替换市场空间大

2017 年，中国新能源客车实现销售 12.72 万辆，保有量超过 40 万辆。公交车电动化发展良好，对缓解柴油车污染做出巨大贡献。以深圳市为例，截至 2017 年底，深圳市已累计推广应用纯电动公交车 1.6 万辆，除了保留一定非纯电动车作为应急运力以外，深圳已在全市范围内实现专营公交车辆全部纯电动化。公交车全面纯电动化对改善深圳大气环境质量、守护“深圳蓝”、建设“美丽深圳”具有重要意义，全市电动公交车辆年度替代燃油总量 34.5 万吨，减少二氧化碳排放 135.3 万吨，减少氮氧化物、非甲烷碳氢、颗粒物等污染物排放 431.6 吨。在货车领域，中国纯电动物流车发展较快，其他用途货车电动化处于起步阶段，存量和新增体量大，需要技术、产品和扶持政策同步配合。

4. 新能源商用车主要推广策略

（1）落实“蓝天保卫战”目标，加快存量电动化替换进程，明确商用车全面电动化发展节奏

推广使用新能源商用车，需要重点突破、远近结合，充分尊重现有市场的发展状况和技术演进的规律，在技术适用性好、技术成熟度高的应用场景加快电动化替换进程。根据《国务院关于印发打赢蓝天保卫战三年行动计划的通知》，未来三年应该“加快推进城市建成区新增和更新的公交、环卫、邮政、出租、通勤、轻型物流配送车辆使用新能源或清洁能源汽车，重点区域使用比例达到 80%；重点区域港口、机场、铁路货场等新增或更换作业车辆主要使用新能源或清洁能源汽车。2020 年底前，重点区域的直辖市、省会城市、计划单列市建成区公交车全部更换为新能源汽车。在物流园、产业园、工业园、大型商业购物中心、农贸批发市场等物流集散地建设集中式充电桩和快速充电桩，为承担物流配送的新能源车辆在城市通行提供便利”。

（2）建立激励和约束并存的长效机制，确保商用车节能环保、可持续发展

建议将新能源商用车推广数量与城市空气质量紧密挂钩。针对大气污染严重的地区，研究建立新能源商用车管理长效机制。地方政府需要形成明确

的领导、管理与协调机制，采取经济补偿、限制使用、严格超标排放监管等技术、经济、行政、法律方面的综合手段，为新能源商用车规模化推广提供坚实的政策保障。

1）激励政策

在重点区域有序推行货车零排放区试点，并逐步扩大范围，两年时间实现示范区零排放。对零排放货车不限营运证数量、不限行，免征高速通行费和过路过桥费。加大对提前报废柴油货车（黄标车和国三排放车）且置换为新能源汽车产品的补贴力度。

2）约束机制

在重点区域提前实施国六排放标准，限制高排放车辆使用，大力推进高排放车辆的淘汰更新。加强事中事后监管，严格执法，建立公平、公正、法治的市场环境。基于大数据技术，建立倒查机制，对排放造假的柴油货车生产企业、用户进行严厉处罚。

（3）优势领域优先突破，加速推广新能源物流车

邮政车、物流货运车等电动物流车主要应用于支线配送和末端派送，运行时间和路线较为固定，发展潜力较大。基于电子商务发展带来的巨大市场需求，全国快递量快速增长，物流车市场需求也在持续增加。在环保压力叠加的作用下，中国电动物流车市场需求呈现巨大的增长潜力，乐观估计，到2020年，中国电动物流车保有量将达到40万辆。因此，需要瞄准新能源物流车巨大发展潜力，优先在新能源物流车领域重点突破，着力突破当前规模化推广存在的制约瓶颈，扩大推广规模。

1）解决路权、运营资质等瓶颈问题，提高新能源物流车易用性

研究显示，放开路权可使每辆电动物流车完成原先2～3辆燃油车的运输量，经济性大大提高。因此，引导地方政府从购车补贴政策逐步向电动物流车路权使用、通行证、免费停车等与传统燃油车差异化的通行与停车优惠政策倾斜，这对推动电动物流车规模化放量发展至关重要。建议优化完善城市物流配送体系，研究快递及城市物流配送领域新能源汽车道路便利通行政策，未来在更多地区对电动物流车放开路权，在条件适合的城区对电动物流

车实行全天候（或固定时段）、全路段通行，以及一定的停车和充电优惠，提高新能源物流车在市区的通行便利性，从而加快和规范新能源汽车在城市物流配送领域的推广应用（见表7）。

表7　部分城市电动物流车非财政补贴激励措施

序号	城市	具体措施
1	北京	打造绿色末端物流配送体系，补贴淘汰高排放老旧柴油货车
2	上海	交管部门分期向纯电动货运车发放《货运汽车通行证》
3	深圳	建设全国纯电动绿色配送创新城市，电子备案登记获得通行路权；停车首小时免费
4	天津	本市核发号牌的纯电动物流车可不受货车限行措施限制
5	广州	允许符合相关要求的纯电动物流车辆在城市道路行驶
6	重庆	主城区范围内，设计总质量不超过2.5吨的新能源货车享受路权
7	郑州	纯电动物流配送、邮政快递等车辆，允许其在市区全天候、全路段通行，对在公共的专用停车位充电的新能源汽车，享受免收停车费优惠
8	武汉	从事城市配送的新能源物流车可按规定路线通行
9	太原	纯电动货车不限行。对从事城市配送的新能源物流车发放通行证，可按规定路线通行
10	西安	从事城市配送的新能源物流车享受通行便利

资料来源：地方政府官方网站整理所得。

此外，地方政府还应在运营资质等方面提供便利，为电动物流车租赁平台提供电动物流车运营牌照等优惠。在电动物流车的办证手续、检测标准、城市通行、临时停车等方面给予更大力度的政策保障。

2）探索新型商业模式

面对初始购置成本高、部分支持政策落实难等推广难题，需要创新推广策略，政府、整车企业、电池企业和充电运营商等应共同探索商业模式，持续扩大新能源物流车推广规模。

电动物流车整车销售模式。图36为电动物流车整车销售模式的结构框架，其涉及四个参与者——物流企业（或司机）、代理商、汽车企业和充电运营商，其中物流企业或司机为用户。物流企业（或司机）购买新能源汽车，拥有电动物流车产权，可以选择公共直流快充或私人交流充电两种模式进行补电。前者是通过厂家赠送的随车充电设备，完成物流车的日常交流电源充电，在这种情况下只需支付相应电费，与家用电器的用电方式类似，电费直接交给电网公司或者物业管理公司。后者是当物流车在外运营作业电量不足时，可以通过专业运营商建设的社会公共充电桩进行充电，实现快速的电能补充，保障运营工作中的快速补电。在该模式中，整车企业通过车辆销售实现了盈利，另外还可以获得国家的政府补贴。因此，即使除去未来5年车辆的售后质保、维修费用，其销售利润率也要远高于传统燃油物流车。

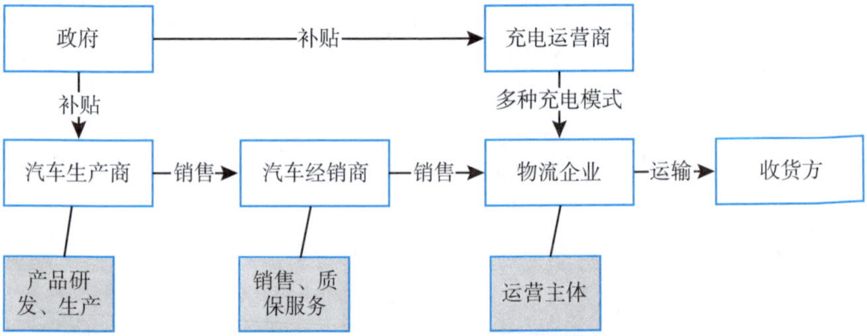

图36　电动物流车整车销售模式

整车销售模式还应用了金融工具，客户采取分期付款的支付模式，实现了销售方与购买方的双赢。

整车租赁模式。整车租赁模式指汽车租赁企业向整车企业批量购买电动物流车，转手向物流运输企业或个人提供长期车辆租赁的模式（见图37）。这种模式中，汽车租赁企业购买车辆并拥有车辆产权，负担车辆的折旧、维保、保险等基本成本；物流运输企业（或个人司机）仅需要向租赁公司缴纳一定租金，并承担日常使用的充电费用。

分时租赁模式。随着共享经济的兴起，在乘用车分时租赁的影响下，物流车领域也兴起分时租赁模式（见图38）。与电动物流车整车租赁模式相比，分时租赁模式更加灵活、趋于平台化管理，主要面向C端（消费者）临时用车的货主。

分时租赁模式运营架构特点：①专业平台运营商是分时租赁模式的核

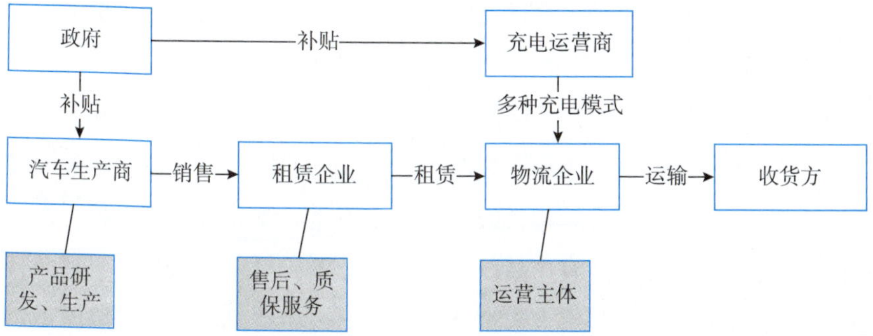

图 37　电动物流整车租赁模式

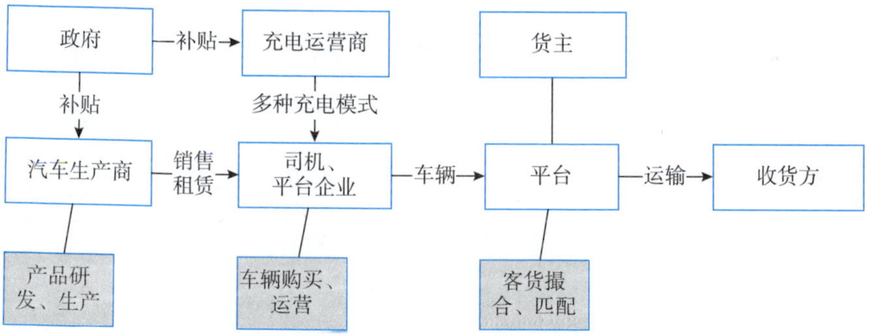

图 38　电动物流车分时租赁模式

心，其将司机、货物、需求、监控、充电、车辆、支付等要素高度整合，构成全新的物流生态圈，提供线上线下电动物流车使用的解决方案；②物流公司或司机在专业运营平台公司线下网点租赁电动汽车，可以轻松实现车辆“即用即还”；③充电运营商或供能商为电动汽车提供固定或移动补电充电支持，保障电动汽车实现能源管理实时检测；④货主通过线上 APP 发布物流车需求，根据物流车的实际运营里程支付物流费用。

当前，国内企业如斑马快跑、地上铁租赁（深圳）有限公司等开展了分时租赁与电动物流车应用相结合的探索实践。斑马快跑公司主要采用电动物流车分时租赁模式，主要提供车货匹配服务，客户通过 APP 提出需求，斑马后台系统会派单给附近的司机。同时也与 B 端签订合同，做好车辆调度来承运相关货物。斑马与全国新能源汽车企业合作，通过融资租赁或者采购来获得车辆。

3）开发市场需要的适宜车型

从供给侧来看，电动物流车生产企业应基于同城支线配送和末端配送的实际运行需求，充分考虑载货空间、车辆载重量、续驶里程等多种因素，积极开发适宜车型，提升适宜产品供给能力。此外，电动物流车还应提高智能化、网联化水平，充分利用大数据技术，根据订单情况动态实时匹配最优配送路线，降低空驶率和行驶距离，从而提高运行效率。

（三）加强新能源汽车在共享出行领域的推广

汽车共享出行可以分为网约车、分时租赁、顺风车、P2P 租车等。其中，顺风车（拼车）、快车（拼车）、专车可以归为网约车（见图 39）。

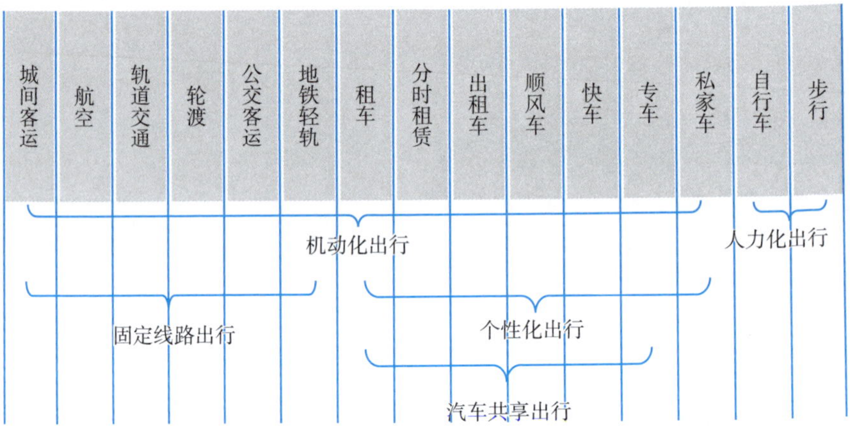

图 39 汽车共享出行和私家车出行在社会主要出行模式中的位置和关系

根据车辆所有权和使用状态，可以对汽车共享出行进行矩阵式划分（见图 40），下文重点研究分时租赁和网约车领域。

1. 中国共享出行市场广阔，新能源化趋势明显

作为共享经济最重要的组成部分，汽车共享出行模式正在被越来越多的百姓接受。自 2010 年起，随着新型汽车共享出行模式即基于移动互联网的

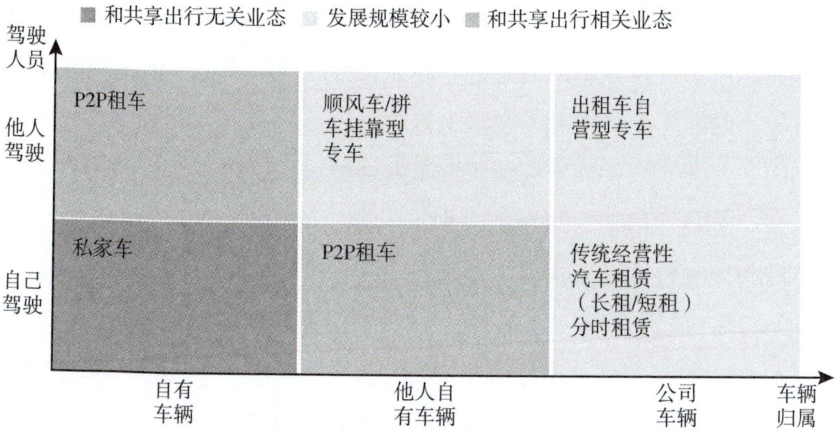

图 40　不同车辆所有权和使用状态的汽车共享出行分类

共享出行（特指专车、快车、顺风车、线上出租车和线上租车）的发展，汽车共享出行步入全面快速发展阶段。截至 2017 年底，汽车共享出行用户规模已经超过 4.5 亿，2017 年交易额为 2010 亿元，同比增长 56.8%。汽车共享出行里程呈现和私家车相反的增长趋势，增速从 2013～2014 年的 1.4% 增长到 2016～2017 年的 18%（见图 41）。截至 2017 年底，全社会汽车共享出行渗透率达到 15.02%，相当于在所有小汽车出行里程中，15.02% 的里程由汽车共享出行完成。

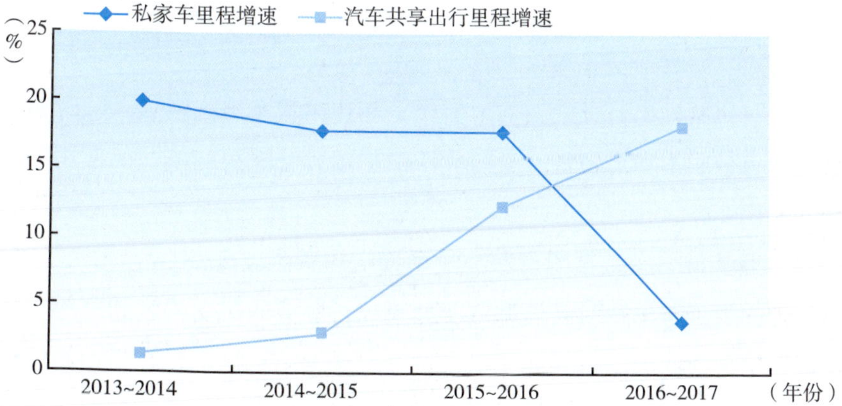

图 41　2013～2017 年汽车共享出行和私家车出行里程增速

大部分用户驾驶需求为短途驾驶，对车辆续驶里程不做较高要求，归还后的新能源汽车可在停车位上充电。因此，共享出行模式和电动汽车使用规律具备较高的匹配性。同时，共享出行成本比传统出行方式低，具备使用经济性，因此，共享汽车成为新能源汽车发展的最佳路径。新能源汽车共享出行也符合“创新、协调、绿色、开放、共享”的发展理念。近年来，各大汽车厂商和分时租赁运营商纷纷开始布局共享出行领域。

2. 新能源汽车共享出行经济性高，消费者接受意愿逐步提升

（1）新能源汽车共享出行成本对比

以上海嘉定区汽车城到虹桥机场2号航站楼为例，分别对出租车、EVCard分时租赁的出行成本进行对比分析。按出租车计费方式，从上海嘉定区汽车城到虹桥机场2号航站楼距离25km，出租车费用83元，经过高架桥高速费10元，全部费用共计93元。采用EVCard分时租赁方式，荣威e50或奇瑞eQ车辆价格按照每分钟0.6元计，时间40～50分钟，费用为24～30元，加上高速费，共计34～40元（见表8）。

表8　EVCard主要运营车型及租赁价格

运营车型	租赁价格	备注
之诺1E	1元/分钟或360元/天	
荣威e50	0.6元/分钟或180元/天	2017年4月单价调整,0.1元/分钟为城市服务费
奇瑞eQ	0.6元/分钟或180元/天	2017年4月单价调整

通过对比两种出行方式，可以看出，相比出租车出行模式，分时租赁出行模式的出行成本相对较低，且行驶距离越远，分时租赁模式的使用经济性越高（见图42）。

（2）新能源汽车共享出行服务接受程度和意愿较高

为进一步了解用户对新能源汽车共享出行服务的接受程度和意愿，中国汽车工程学会与滴滴出行开展了联合调查，调查结果显示，在当前新能源汽车基本满足城市出行需求的情况下，46.5%的用户愿意接受新能源汽车共享出行服务，而未来则有超过60%的用户愿意接受新能源汽车共享出行服务，

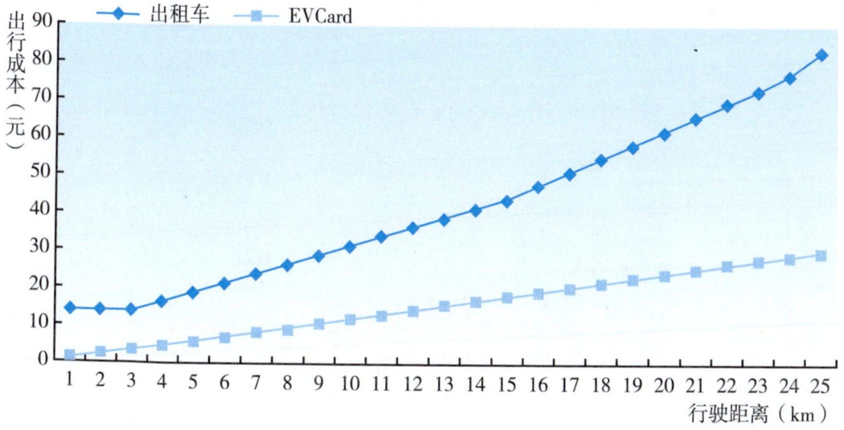

图 42　不同交通出行方式对比

比当前提高 13.6 个百分点（见图 43）。[①]

分城市级别来看，新一线城市、二线城市对新能源汽车共享出行服务的接受程度比一线城市高。当前在新能源汽车基本满足城市出行需求的情况下，一线城市用户愿意接受新能源汽车共享出行服务的比例为 43.6%。一线城市的新能源汽车保有量显著高于新一线城市和二线城市，但用户对新能源汽车充电、售后服务、二手车市场等存在一定疑虑，导致其对新能源汽车共享出行服务的接受程度明显低于新一线城市和二线城市。调查中在未来条件下，一线城市用户对新能源汽车共享出行服务的接受程度仍然低于新一线城市和二线城市（见图 44）。

（3）新能源汽车共享出行市场前景可期

根据罗兰贝格最新报告《新一代汽车：提供按需出行服务的定制电动汽车》，预计在欧洲、美国和中国，包括出租车在内的新型汽车年均潜在市场规模将保持稳步增长，2020 年最高可增至约 100 万辆，中国将占据 60% 的市场份额（见图 45）。

① 本次汽车共享出行用户调查样本 15056 个，有效样本 12325 个，调查区域涵盖了限购城市和非限购城市共计 12 个。

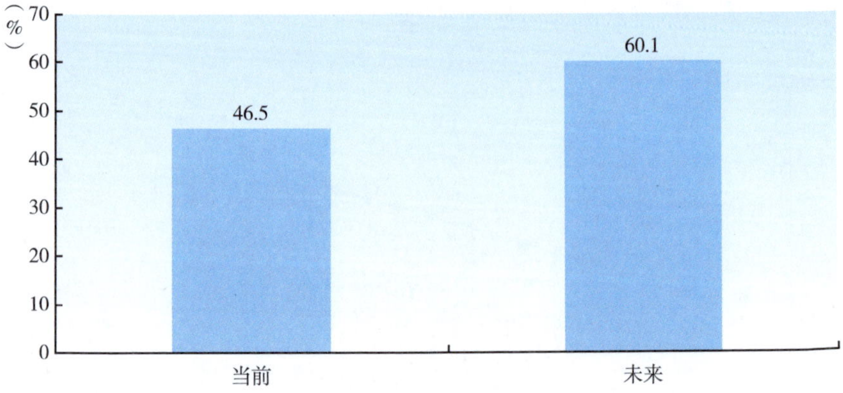

图 43　用户对新能源汽车共享出行的接受意愿

注：Q1. 当前新能源汽车具有更好的节能减排效果，基本满足城市出行需求，但是续驶里程比传统燃油车要短，此情况下您更愿意选择？

Q2. 在未来的汽车共享出行中，新能源汽车续驶里程和售价与燃油车相当，此情况下，您更愿意选择？

资料来源：滴滴用户问卷调查结果。

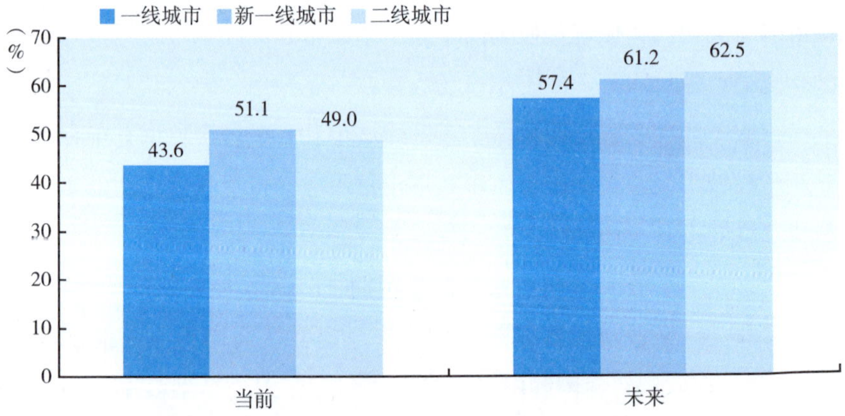

图 44　不同城市用户对新能源汽车共享出行的接受意愿

3. 新能源汽车共享出行推广主要策略

（1）进一步明确汽车共享内涵定义

2016 年 7 月 27 日，交通运输部、工信部等七部委联合发布《网络预约

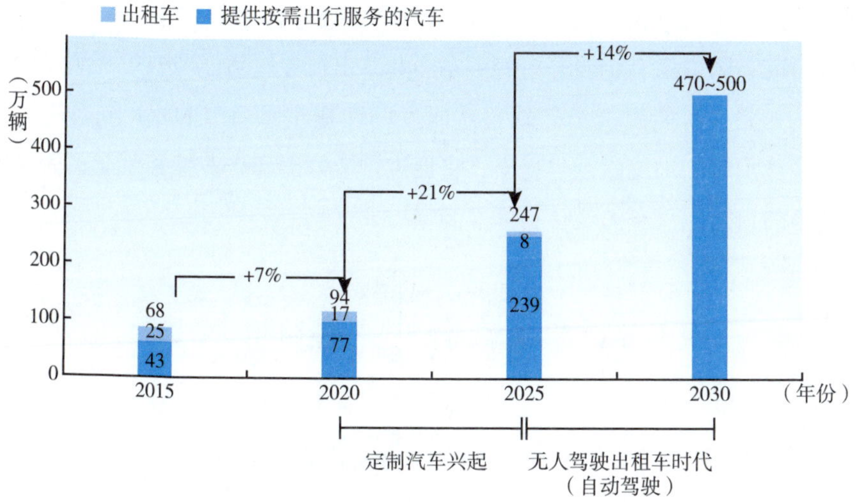

图 45　新型汽车市场规模预测

资料来源：罗兰贝格。

出租汽车经营服务管理暂行办法》，并于同年 11 月 1 日起施行，标志着网约车的合法化。2017 年 8 月 8 日，交通运输部、住房和城乡建设部制定的《关于促进小微型客车租赁健康发展的指导意见》正式出台，鼓励使用新能源车辆开展分时租赁，大大促进了新能源汽车分时租赁规模化发展。但是，目前中国在国家层面尚未有对汽车共享的统一定义和标准划分，需要进一步统一确定相关术语定义和内涵，统一出台支持各类新能源汽车共享发展的指导意见。

（2）明确产品定位，联合产业链打造真正为共享出行定义的新能源汽车

鼓励企业充分挖掘用户需求特征，借助大数据等互联网技术，改进产品设计和性能，促进产品研发品质提升，根据不同共享出行需求，开发专门适合于共享的新能源汽车产品，汽车的功能和构造应该能够快速适应不同的设计选择，满足高效办公、休憩和娱乐等多元化需求。全新开发的汽车可以通过降低复杂性和生产定制化来节约成本。罗兰贝格研究显示，定制汽车可以显著降低汽车从研发到上市的成本，节约比例高达 50%（见图 46）。因此，

研发生产用于共享出行的专属产品，将进一步契合出行需求，降低经济成本。目前，国内已有企业开始着手布局共享出行专属新能源汽车产品设计及生产，如北汽新能源推出一款自主研发的两座车型 ARCFOX1 作为共享车型；滴滴发起的洪流联盟也提出，将促进行业协会和企业互相赋能，探讨用于共享的新能源汽车的设计和标准制定。

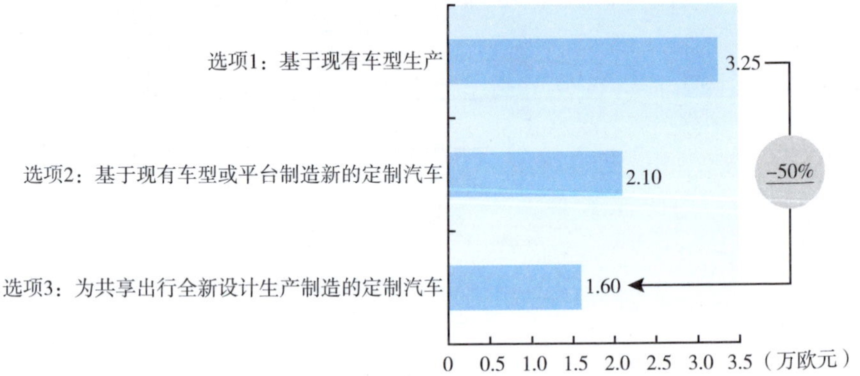

图 46　不同方式生产的汽车产品生产成本对比

（3）加快汽车共享和智慧城市、智能交通深度融合发展

随着新一轮科技革命和产业变革的蓬勃兴起，新材料、新一代信息技术、人工智能等新兴技术与汽车产业不断融合，汽车和交通产业加速向电动化、智能化和共享化方向发展。电动化、智能化和共享化将成为城市出行新趋势，三者的快速渗透将在中国引发重大出行变革。目前，国家对于电动化和智能化均有明确的发展规划和扶持措施，建议尽快将汽车共享化出行纳入汽车产业顶层设计，并从国家层面组织编制“中国电动化、智能化和共享化汽车发展规划”，明确指引，统筹推进。同时，汽车共享出行是交通领域重要出行方式之一，在未来可预期的时间内，新能源共享汽车的应用将与传统的城市公共交通体系形成互补关系，不仅对城市空间资源、道路资源及交通体系产生重大影响，也对智慧城市、智能交通的建设提出新要求。建议国家给予高度重视，把握发展的重点方向，从国家层面加强汽车共享与交通、

能源、电信、城市、环境的协同发展，统筹发展、提前规划，将汽车共享纳入综合运输体系规划和城市综合交通体系规划，研究共享出行专用车道（HOV 车道）等，形成具有中国特色、优势互补、协同推进的顶层设计。各城市也要研究探索共享汽车在当地城市交通中的合理定位，制定当地绿色出行比例目标，促进共享汽车有序规范发展。

（4）进一步完善配套政策，突破供给端发展瓶颈，拉动共享出行需求

各地方政府应尽快出台新能源汽车共享发展指导意见及管理办法，提高新能源汽车在共享出行中的占比。建议各地出台新能源汽车共享发展管理细则，明确要求新增网约车和分时租赁车必须为新能源汽车，并在经营牌照、指标及审批流程等方面，对新能源共享汽车予以支持。目前，上海、深圳已经出台相关规定。2018 年 5 月 31 日，上海市交通委员会印发《上海市小微型客车分时租赁管理实施细则》，明确规定，在本市从事分时租赁经营活动的车辆，应当为 9 座及以下小微型纯电动载客汽车。2018 年 6 月，《深圳市网络预约出租汽车经营服务管理暂行办法（修正草案送审稿）》要求，网约车辆应为轴距 2650 毫米以上的纯电动小汽车，禁止非纯电动车辆新注册为网络预约出租车。此外，各地还应明确管理思路和机制，在新能源共享汽车报废年限及里程、信用、安全等方面，出台相应的规范和标准，约束和指导行业健康有序发展。

进一步开放停车资源，加大对新能源共享汽车的支持力度。停车位是新能源汽车共享出行服务的核心资源。特别是对于分时租赁模式，用户使用频率较高的仍然是 A 借 A 还的形式，即哪个站点取车，还要还到哪个站点，这种模式极大地限制了分时租赁的灵活性，用户体验较差。从全国来看，实现 A 借 X 还（即自由流动式）的难度较大，共享电动车随意停放要占用城市资源，要想实现 A 借 X 还就必须有足够的停车位。建议地方政府在停车位权属、停车用地优惠、停车场建设投资等方面给予支持。一是划分新能源汽车共享专用停车位；二是参考欧洲模式，由政府和运营公司签约，在固定区域内开放停车资源，合理收费、月度结算，实现停车位共享和自由流动。

共享出行与环境保护紧密结合，鼓励地方建立新能源汽车共享出行

大数据信息平台，并制定相关奖励措施。以运行里程等数据为基础，核算不同新能源汽车共享出行平台和运营商的环保积分，根据在节能环保、提高交通出行效率等方面的贡献来制定相应的鼓励措施，提供环保补贴、营业税或所得税减免的税收优惠政策。同时，对于用户需求端，也可根据用户个人累计出行里程，设立相应奖励，鼓励民众广泛参与新能源绿色共享出行。

开展新能源汽车共享示范项目。对于中小城市，可在政府办公区、旅游景区、特色小镇、产业园区等区域积极开展新能源汽车分时租赁示范项目，策划实施“绿色通勤”“绿色旅游”试点工程，鼓励公众使用新能源汽车分时租赁服务并提出改善意见和建议，加强社会宣传和公众普及。

（5）共享出行服务企业要强化自身的运营能力，积极联合产业链优势力量，共同推进新能源汽车共享出行规模化发展

共享出行和汽车产业联动发展，鼓励出行平台企业积极整合汽车产业上下游资源。平台企业和汽车企业协同合作，对汽车的全寿命周期进行协同管理，不仅可以提高共享汽车使用的可靠性，还可以降低共享出行汽车的运营和维护成本，让新技术普惠大众。鼓励平台采用新能源汽车和自动驾驶技术，加快汽车产业共享化、智能化、电动化、网联化发展。

跨界创新，加快共享出行企业与充电企业、保险企业等的深度合作，提高后市场服务质量。新能源汽车共享运营面临的一个问题是充电难，在“互联网＋”背景下，出行服务企业可以与充电运营企业深度合作，结合大量的车辆和充电设施数据，经过大数据和算法进行智能筛选，选择最佳充电方案。例如，滴滴发布的洪流联盟，提出将与联盟成员共建智能化、数据化充电服务。此外，在保险领域，网约车和分时租赁等的发展势头较为迅猛，新的保险需求应运而生，需要保险公司与出行企业深度合作，充分利用大数据技术，在车辆安全、承保理赔、维修等方面协同合作，全面提升共享出行业务的用车安全、保险理赔、车辆维修等服务，提高用户体验和服务质量。

（四）加快能源基础设施规模化、网络化、智能化发展和互联互通

1. 加大区域建桩推广力度，进一步解决充电桩数量不足等问题

充分利用大数据技术，深度研究实际用户充电行为习惯，针对城市商务区、办公区、宾馆饭店、大型超市、高速服务区、旅游景点、公共停车场、4S 店等充电需求旺盛的场所，加快开展充电基础设施网络布局，优先满足用户最为迫切的充电场景需求。另外，加强居民区充电桩建设分类指导，积极落实新建居住区停车位应 100% 建设充电设施或者预留充电设施安装条件的要求，加强老旧居住（小）区充电设施建设，结合老旧小区更新改造，改善充电设施条件，确保满足居民区充电基础设施用电需求。

2. 明确公共充换电站定位，优化公共充换电设施建设布局

按照“因地制宜、快慢互济、经济合理”的要求，加快构建以用户居住地停车位、单位停车场等慢充设施为主体，以公共充换电站为补充的充电基础设施体系。同时，统筹整合公共资源，做好公共充电基础设施建设整体规划。结合不同地区的实际情况，深度挖掘城市停车供电需求，充分考虑路网结构、车流信息和用户习惯等影响因素，科学合理设定公共充换电设施建设规模、空间布局及具体选址，进一步提升公共充换电站利用率，避免资源浪费和闲置。

3. 加快充电基础设施的互联互通

充电设施互联互通主要包括车桩充电接口互联互通、充电交易结算支付互联互通和充电服务信息互联互通。一是继续推动《电动汽车及充电设施充电接口及通信协议标准互联互通实施方案》的实施，建立充电设施检测认证制度，确保标准落地执行。二是进一步完善《电动汽车充换电服务信息交换》系列标准，加快地方级充电设施公共数据采集与监测服务平台建设，积极整合不同企业平台充换电服务信息资源，实现互联互通。三是全面落实《电动汽车充电服务支付互联互通实施方案》，构建全国统一的支付体系，实现结算体系标准化。

4. 探索可持续发展的充电运营模式

鼓励充电运营商充分利用社会资源，积极探索创新运营模式，支持众筹建桩、PPP等模式的发展，进一步破解充电基础设施“建设难、盈利难”的难题，推动充电基础设施布局更加完善、数量不断增多。探索特许经营模式，鼓励由专业充电运营商统一负责运行和维护管理，推动充电基础设施向专业化发展。积极创新商业模式和盈利模式，基于充电服务平台拓展代运营和代运维服务、充电信息服务和广告服务、保险和救援等增值服务。

5. 推动充电基础设施智能化和共享化

重点突破智能充电关键技术，加快柔性充电技术推广应用。鼓励组建电动汽车充电服务专业运营公司，在充分考虑用户使用特征和需求的基础上，开发并应用智能服务平台，提供充电导航、状态查询、充电预约、费用结算等一站式服务，进一步提升充电服务智能化水平。建立充电车位分时共享机制，在条件充分的重点区域开展共享充电试验示范，鼓励私人充电设施的智能化改造，并向社会公众开放并提供共享充电服务，进而提高充电基础设施利用率。

6. 加快加氢站设施网络化建设

加强加氢站设施网络化建设顶层设计，重点研究编制并完善加氢站设计、审批、建设及运营规范，合理规划和布局加氢站建设地点。鼓励能源企业参与或布局城市区域氢能基础设施建设，推动氢走廊建设示范推广，优化燃料电池汽车城际和区域化运行环境。加快建设现场制氢－储氢－加氢一体化示范站、加氢站与加油站/充电站合建示范站，构建适度超前于氢燃料电池汽车发展的氢能供给网络体系。

专栏三　长三角氢走廊建设规划

从世界范围来看，国外开始积极推进加氢站设施网络化建设，如北欧氢走廊计划、加州跨城市氢走廊发展规划等，加氢基础设施网络化开始提速。其中，北欧氢走廊计划将在北欧各国主要城市之间建立互联的氢能网络，该项目已获欧盟基础设施基金“连接欧洲设施（CEF）”的资金支持。该项目预计耗资1940万欧元，将于2020年底前完成。新的北欧加氢站网络将使燃料电池汽车能够在挪威、瑞典、丹麦和芬兰等国的大都市之间行驶，在北欧国家的首都之间实现交通零排放。到2020年，实现利用可再生能源生产氢气，新建加氢站8座，满足100辆燃料电池汽车运行需求。

中国也开始积极探索加氢站设施网络化建设模式。2018年4月，由中国汽车工程学会和国际氢能燃料电池协会（筹）联合上海市及江苏省苏州、南通、如皋、盐城四个城市共同举办，清华大学、同济大学等高校以及中石油、国家能源投资集团、上汽集团、上海机动车检测技术研究中心、上海国际汽车城、东方电气集团、英美资源集团、壳牌集团、中国钢研集团、丰田汽车、法国液化空气集团、美国空气化工、德国林德集团等企业参与，正式启动《长三角氢走廊建设发展规划》，根据规划目标，“长三角氢走廊”将充分利用这一地区的资源和区位优势，以长三角高速公路为纽带，通过创新模式引领区域产业聚焦、升级，打造世界上独一无二的氢能与燃料电池汽车产业经济带。

《长三角氢走廊建设发展规划》根据各城市的氢能燃料电池汽车推广情况，循序渐进地推动长三角氢能基础设施的网络化发展。将加氢站进一步细分为目的地加氢站和以连接为主要功能的连接加氢站。城市内注重加氢站群的打造，争取形成一定的加氢站群，城与城之间重在连接和加氢站走廊建设。

（五）积极探索“车电分离”新型商业模式

近年来，动力电池技术的不断提升和价格的不断下降，为新能源汽车换电模式提供了较好的发展环境，行业内开始探索不同于技术层面的新型换电模式，积极促进从车电物理分离向车电价值分离模式转变。车电价值分离是指在换电模式基础上，消费者购买裸车，动力电池则由第三方电池管理公司统一持有和管理，消费者以租赁方式获得电池使用权，从而实现车电价值分离。

1. 有利于解决新能源汽车推广过程中的难题

车电价值分离模式是指在换电模式基础上，消费者购买裸车，以租赁方式获得电池使用权，由电池管理公司负责统一运营管理。这一模式有利于解决新能源汽车推广过程中存在的购置成本高、充电不便利等难题，近年来已在公交、出租等特定运营市场得到应用。随着动力电池性价比的不断提升，以蔚来汽车、北汽新能源为代表的整车企业，开始逐步向私人用户推广这一模式。

（1）可有效解决新能源汽车购置和使用成本“前高后低”的问题

采用车电价值分离模式，改变电池使用方式，可大幅降低购车成本。北汽新能源 EU 快换版去掉电池成本后，消费者的购车费用仅为 7.98 万元，低于同级别燃油车价格（见表 9）。此外，车电分离模式统一利用数字化手段进行管理，可降低电池全生命周期成本。对比同级别燃油车，换电模式的生命周期成本具备较高的经济性。

表 9　EU 快换版用车成本对比

单位：元

类别	同级别燃油车	EU 快换版	费用直降
购车价格	86900	79800	-7100
用车成本	42780	25296	-17484
保养成本	5128	1320	-3800
小计	134808	106416	-28392

注：①购车成本：参考同级别燃油车主销车型价格；EU 快换版按照 12.98 万元的定价，客户只需支付 7.98 万元购买车身。②用车成本：同级别燃油车百公里油耗 10L，7.13 元/L，按 3 年行驶 6 万 km 计算。

2. 有利于破解新能源汽车充电不便和里程焦虑的难题

据调查统计，有接近 65% 的消费者不具备在家安装充电桩的条件，且快充桩存在排队常态化问题。以蔚来汽车换电模式为例，蔚来汽车推出由专属桩、超充网络、换电站、移动充电车、蔚来云和蔚来专员组成的综合服务体系。2020 年，蔚来汽车计划在全国范围内建设 1100 余座换电站（见图

47），并投放1200余辆移动充电车。在换电模式上，蔚来汽车采用全自动换电方案，三分钟完成换电，甚至比加油时间还短。

图47　蔚来汽车换电站

3. 有利于促进新能源汽车与资源、能源协调发展

（1）有利于提高动力电池回收利用效率

新能源汽车动力电池报废年限一般为5～8年，随着新能源汽车保有量的不断增长，预计于2020年左右新能源汽车及动力电池将进入报废高峰期，动力电池的回收利用决定着新能源汽车产业链的高效循环和可持续发展。在车电分离模式下，动力电池由第三方动力电池专业运营平台统一维护管理、回收利用，可以提高动力电池梯次利用和锂电池原料回收利用效率，确保动力电池回收和再利用的高效、可持续运营，一定程度上可降低新能源汽车大规模普及带来的锂、钴、镍等资源风险。

（2）有利于提高充电智能化水平和可再生能源利用水平

第三方动力电池专业运营平台统一对动力电池进行集中有序管理，利用电网谷电集中充电，可有效避开充电峰值，减少对电网负荷的冲击。同时，第三方平台可充分利用“互联网+”新技术、新模式，与分布式可再生能源有效结合，发挥电动汽车、电力储能与可再生能源巨大的协同效益。北汽新能源发布“擎天柱计划”，拟在全国100座城市建设并运营光储换电站3000座，满足50万辆车的换电需求。同时，该计划拟将新能源车辆、动力电池、换电站、光伏发电与能源互联网深度融合。

专栏四　北汽新能源发布“擎天柱计划”

2017年11月，北汽新能源发布“擎天柱计划”。这项计划旨在通过换电和电池再利用技术，对新能源汽车、动力电池、换电站、光伏发电进行深度融合，构建集约、智慧、便捷的绿色出行生态，实现新能源汽车全生命周期能源高效利用，推动新能源汽车的可持续发展。到2022年，“擎天柱计划”预计投资100亿元，在全国范围内建成3000座光储换电站，累计投放换电车辆50万辆，梯次储能电池利用超过5GWh（见表4－1）。

表4－1　“擎天柱计划”实施“三步走”

第一阶段 （2016～2017年）	北汽新能源＋奥动新能源＋出租车公司，三方联合共建换电站，初步组建公共出行运营平台和梯次储能运维平台，组建以光储能换电站为中心的城市级能源互联网； 建成换电站100座，运营车辆10000台； 梯次储能电池综合利用100MWh
第二阶段 （2018～2020年）	换电站＋储能，从北京、厦门、广州、深圳、兰州、西安等地辐射展开，组建各城市公共出行运营平台和梯次储能运维平台，组建以光储能换电站为中心的区域级能源互联网； 建成换电站1000座，运营车辆100000台； 梯次储能电池综合利用1GWh
第三阶段 （2021～2022年）	在全国范围内开展，覆盖全国主要城市及重点城乡区域，组建以光储能换电站为中心的全国范围的能源互联网； 建成光储换电站3000座，运营车辆500000台；梯次储能电池利用5GWh

作为“擎天柱计划”的核心载体，分布式光储充换电站的整个系统由控制舱、能量舱、回收舱、光伏、电网等组成，可实现互动式发电、供电和并离网运行，能更好地发挥削峰填谷作用，促进骨干电网平稳运行，并助力可再生能源产业协同发展。

➢ 发挥分布式储能作用，消纳富余的清洁电力能源。白天依赖光伏发电系统运行，将清洁电力源源不断地输入储能系统，电池从储能系统中吸取电能，供换电车辆使用。在此过程中，网上的云端控制器将监控所有环节的数据，通过云平台进行多个分布式光储换电站智能管理，满足新能源汽车能量快速补充。夜间，光伏发电系统停止工作，储能系统吸收电网的电力，享受峰谷优惠电价，为电池补充电能，供换电车辆使用。

➢ 作为能源供应的战略储备，稳定骨干电网运行，促进能源清洁化。例如，夏日正午及前后是使用空调的高峰期，而对于电动汽车来说是一个相对比较空闲的时间段，可以发挥分布式光储充换电站的能源储备作用，为城市供应电力，减少电网压力。另外，当电网出现断电现象，或储能系统电量饱和时，可以向周边的商业区、医院、住宅等外部用电者供电，直接创造售电效益。

4. 车电分离模式需要统筹各方资源协调发展

当前，汽车企业和运营商积极推动“换电模式”发展，但这一模式依然面临动力电池规格尺寸不统一、产业链协调难度大、换电站网点布局不够等诸多问题，对这一模式的普及发展形成制约。因此，需要科学定位换电模式，明确发展路径，近期宜以出租车和网约车为突破口，带动换电站网点建设，逐步向私人用户市场渗透。这一发展过程需要国家、社会和产业的共同努力，统筹资源，攻克难题。具体来看，政府的促进措施应重点关注以下方面：加快统一换电模式电池标准，提高各大换电站通用性；成立国家级产业发展研究机构，引入电力、能源等行业外力量，开展跨领域商业模式创新协调；设立产业投资基金，支持建设第三方动力电池资产持有和运营管理平台，对换电模式动力电池进行全生命周期、全数字化管理。企业方面，可以联合产业上下游组建换电联盟，共同出资成立运营公司，实现在整车、动力电池、能源等各自优势领域的互补融合。如北汽产投、北汽新能源、奥动新能源、优电科技、北京普莱德已组成换电联盟，城建重工（唐山曹妃甸）新能源汽车科技有限公司、奥动新能源也成立京津冀换电联盟等。行业机构层面，可以依托行业平台资源优势，加快推动动力电池共享技术平台建设，积极推进换电模式相关团体标准研究等，为换电模式进一步发展提供平台支撑。此外，随着新能源汽车和动力电池的放量增长，电池资产全生命周期持有管理运营这一模式将促进新的市场主体的加入，也为传统能源企业转型提供发展路径和发展契机，未来跨界合作的趋势将更加明显。

专栏五　北汽新能源车电价值分离商业模式

北汽新能源于2018年7月5日正式启动了车电价值分离商业模式，并率先在北京推广运营。未来将根据换电站建设节奏，在全国具备条件的城市对非运营车辆提供车电价值分离的商业模式服务。

车电价值分离是在换电模式基础上推出的使动力电池所有权与使用权分离的一种商业模式。客户购买整车后，由电池管理公司回购电池产权，客户以租赁方式获得电池使用权，实现车电价值分离，降低客户初始购车成本。电池所有权转移给换电运营商后，其全生命周期的商业价值将得到激活。新模式下，换电运营商将承担更大的社会与环保公益责任，通过对电池统一的运营、管理、维护、保养、回收、拆解，深度挖掘电池的使用价值，有效延长电池的生命周期，使资源物尽其用，创造良好的社会、环保效益。

➢ 一次换电仅需2分46秒。无需等待，随换随走；仅需扫描二维码，无需任何复杂操作；无需自建充电桩，无需担忧限号限行。

➢ 2.78公里换电服务圈。100座换电站遍布北京，像加油站一样高密度布局；平均半径2.78公里即可找到一个换电站，打消里程焦虑。

➢ 对私的车电分离降低购车成本，应对价高痛点。目前市场上，A级纯电动轿车价格在13万~15万元，A0级纯电动SUV的价格在8万~11万元，而EU快换版去掉电池成本后，消费者的购车费用仅为7.98万元，低于同级别燃油车价格。车电分离降低了购车门槛，以A0级车的价格尊享A级车的空间，且无电池衰减维修顾虑，保值率更高。

➢ 使用成本低于同级别燃油车。EU快换版动力等同2.0L燃油车动力，百公里电费仅42元（见表5-1），相比同级别燃油车可节省约18元，每年可节省约3600元。

表 5－1　典型车型相关技术参数

车型	动总	最大功率	最大扭矩	百公里能耗	百公里费用	每公里电/油费
CRV	2.0L	114kW	175N·m	8.47L	60.4 元	0.60 元
帝豪 GL	1.8L	98kW	170N·m	8.38L	59.7 元	0.60 元
EU300	电机	100kW	250N·m	17kWh	42.0 元	0.42 元

➢ 高保值。EU 快换版使用 3 年内车身可享 5 折高保值回购政策。

六　新能源汽车产业竞争力提升新对策

（一）以双积分为主体，构筑后补贴时代新能源汽车新政策体系

1. 建立完善的新能源汽车双积分交易市场和配套政策

在后补贴时代，从政策的推动力度和作用范围的广度深度来看，只有双积分政策能够像当前的新能源汽车财政补贴政策一样，成为新能源汽车政策体系的主体。因此，建议在后续的新能源汽车双积分政策的实施过程中，尽快建立完善的新能源汽车双积分管理、交易、评估及相关的配套政策，加快建立开放、竞争、公正的新能源汽车积分交易市场。

2. 基于技术成熟度实施差异化的适度的财税激励政策

结合上文进行的新能源汽车技术经济性分析，鉴于 2025～2027 年，新能源汽车才能在完全不依赖任何财税和非财税政策激励的情况下，取得对同级别燃油车的明显竞争优势，建议对新能源汽车的税收激励政策在后补贴时代的第一阶段 2021～2025 年能够继续延续，2025 年之后逐步退坡。鉴于燃料电池汽车在技术和产业发展方面仍处于导入期的初级阶段，建议对于燃料电池汽车的财政补贴政策在后补贴时代的第一阶段2021～2025 年能够继续延续，2025 年之后在评估研究后确定是否退坡。

3. 制定进一步促进新能源汽车出行便利性的支持政策

相对于财税政策和双积分政策影响的广泛性，牌照优惠、不限行、专

用停车位等使用和出行便利性方面的政策措施，在特定城市、特定领域具有非常重要的作用。例如在八大限购城市，影响消费者新能源汽车购车意愿的因素中，牌照优惠的重要程度甚至高于财政补贴。在一些实施尾号限行的城市，新能源汽车可以得到豁免，相当于新能源汽车的使用价值相比传统燃油车高出1/6。而随着蓝天保卫战等环保需求的日趋强化，部分省市开始筹划建立零排放示范区以及燃油车限行的区域，这些对新能源汽车出行便利性的间接利好政策，都将转化为新能源汽车的性价比优势和竞争力优势。

4. 不断加严汽车油耗和环保方面法规形成持续倒逼效应

未来油耗法规和排放法规的不断加严，将带来传统汽车成本的不断上升，从而推动汽车企业主动调整产品规划和结构，逐步增加新能源汽车的比例，以达到2025年4.0L/100km的新车平均油耗目标。而国六排放标准的实施，也使传统汽车面临不断上升的成本压力。因此，建议进一步严格实施汽车油耗和排放标准，对汽车行业形成倒逼机制来推动新能源汽车产业的发展。

（二）统筹协调，产学研深度协作，推动动力电池等核心技术突破，持续提升新能源汽车性价比

1. 创新产业投资基金，突出对优势企业、优势产品及关键技术创新的支持，重点支持整车集成、关键零部件技术突破和产业化

在新时代背景下，需要把创新作为推进新能源汽车发展的主引擎，按照市场化原则对各类产业资源进行有效整合，完善产学研深度融合的技术创新体系，进一步推动核心技术攻关和关键共性技术突破，不断提升产业基础、共性和前沿技术的持续研发能力及核心竞争力。积极运用产业投资基金，扶持骨干企业发展和创新平台建设，重点围绕动力电池、驱动电机、电控系统、生产装备、回收利用等新能源汽车产业核心环节，加大研发资金投入，推动核心技术攻关和关键共性技术突破，进一步增强新能源汽车产业自主创新能力和核心竞争力。

2. 依托国家动力电池创新中心和龙头企业，开展动力电池核心技术研发，促进新能源汽车锂离子动力电池综合性能提升，超前布局研制下一代动力电池和新体系动力电池

（1）促进新能源汽车锂离子动力电池综合性能提升

重点开发高比能量、高安全性的动力电池技术，实现动力电池系统能量密度提升和成本下降。支持开展高镍三元正极材料、富锂锰基固溶体正极材料、高比容量硅碳负极材料和高电压电解液的工程化和产业化研究，加强正极、负极、隔膜及电解液等关键材料匹配技术研究，并持续开展电池体系设计、动力电池模组设计、工艺开发、装备等基础研究，推动实现新型锂离子动力电池的产业化，全面提升动力电池产品综合性能，建成具有国际竞争力的新能源汽车锂离子电池产业体系，有效促进新能源汽车综合竞争力提升到可与同级别传统汽车相抗衡的位置。

（2）加快下一代新体系电池研发应用

依据《节能与新能源汽车技术路线图》的规划目标和方向，加快研发锂硫电池、金属空气电池、固态电池等新体系电池，大力发展金属锂、硫/碳复合电极、空气电极、固态电解质等新材料，尽快解决相关科学基础问题、工程基础问题。围绕高性能碳硫复合材料制备技术、高稳定性锂或锂合金负极制备技术，以及锂硫电池制备技术的优化等开展相关研究，实现锂硫电池比能量超过500Wh/kg；重点开展高效廉价氧催化电极制备技术研究、金属电极制备技术研究、高稳定性电解液技术研究及防电解液挥发和碳酸盐化技术研究，实现金属空气电池比能量超过700Wh/kg；研究离子在固体电解质本体材料中的输运机制，载荷子（离子和电子）在多相颗粒界面之间输运动力学机制，以及锂合金负极体积膨胀等科学问题，突破高稳定性、高离子电导率固态电解质的制备技术、高比能正极材料技术、锂负极体积膨胀抑制技术和界面修饰技术，获得比能量超过400Wh/kg的固态锂电池，满足新能源汽车对高安全性、高可靠性动力电池的需求。

（三）供给创造需求，全面推动电动化与智能化、网联化的融合发展，大幅提升新能源汽车的性能和产品品质

1. 明确三化融合发展顶层设计，全面推动跨产业协同发展

随着互联网与汽车的深度融合，安全驾乘、便捷出行、移动办公、本地服务、娱乐休闲等需求充分释放，迫切需要加快电动化、智能化、网联化三者深度融合发展进程，以满足日趋多元化的出行需求。因此，需要从国家层面对电动智能汽车发展进行全面、长期的战略部署和跨领域、跨产业、跨部门的统筹协调。加快建立电动汽车和智能汽车创新发展统筹协调机制，充分调动和汇聚政府部门、龙头企业、行业组织和研究机构等多方力量和资源，构建跨行业、跨领域的协同创新体系，实现电动化与智能化、网联化三者相互融合、相互促进。

2. 依托国家智能网联汽车创新中心，加强跨平台协同创新，提高新能源汽车智能化和网联化水平

国家智能网联汽车创新中心（以下简称“创新中心”）是为践行《中国制造 2025》关于制造业创新中心的战略布局，由中国汽车工程学会、中国汽车工业协会两家行业机构共同发起。创新中心的功能定位是国家层面创新战略的核心智库、创新技术的研发中心、创新服务的公共平台和创新人才的培育基地，旨在成为新兴产业培育者（引导）、产业发展促进者（孵化）、企业研发协同者（转移 & 服务），如图 48 所示。创新中心自组建以来，聚焦国家战略需求和引领行业发展的基础、共性问题，为中国智能网联汽车建设新型产业生态提供基础模块和共性平台，为抢占未来技术竞争制高点，提升中国智能网联汽车产业的核心竞争力提供助力。

国家智能网联汽车创新中心集聚了政府、行业和人才等方面的优势资源，是智能网联汽车技术创新与成果转化平台。一方面，在技术链条上，以市场需求为导向，依托创新中心的优势资源，加强与新能源汽车相关企业、平台的技术协同创新，实现智能化、网联化与电动化结合的前瞻基础及关键技术的开发突破。另一方面，有效利用创新中心的机制优势，以电动汽车为

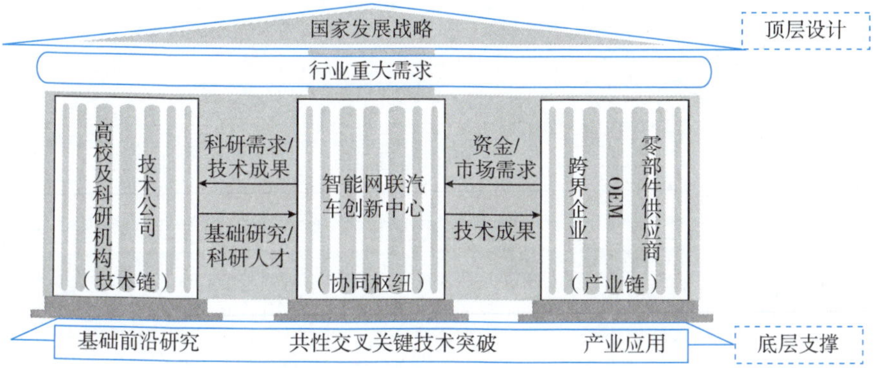

图 48　国家智能网联汽车创新中心业务定位

载体，在智能化、网联化技术产生、扩散、商业化和产业化链条上实现有效衔接，推动技术创新与成果转化，提升电动汽车产业竞争力。

3. 进一步完善先进质量体系管理，加强新能源汽车、智能网联汽车及关键零部件全过程管控，全面提升产品和服务质量

目前，中国已基本建立汽车质量管理体系，涵盖了产业链各个环节。随着电动化与智能化、网联化的融合发展，汽车产业外延不断扩大，汽车产业链日趋开放，跨界融合、跨界竞争促使企业不断进入，并面临汽车质量的挑战与考验。同时，动力电池、激光雷达等新关键总成，以及充换电站、加氢站等基础设施等众多新兴领域，有待加强质量管理。因此，需要不断完善汽车质量管理体系，以适应新时代汽车产业发展的需要。建议全面推进先进质量管理体系建设，使管理范围从传统汽车领域向动力电池系统、电驱动系统、智能驾驶系统，以及出行服务等新兴产品和服务全面延伸，积极推进新能源汽车、智能网联汽车及其各主要总成和关键零部件（包括动力电池、电机、电控），以及激光雷达、毫米波雷达、高清摄像头、图像识别系统、高速通信系统等产品的全过程管控。开展对新能源汽车和智能汽车的质量评价，推动车辆智能化系统（分总成）的法规标准、检测、准入等管理体系建设，保障新兴产品、服务的整体质量一致性、安全性和可靠性，实现新能源汽车和智能网联汽车产品质量全面升级（见图 49）。

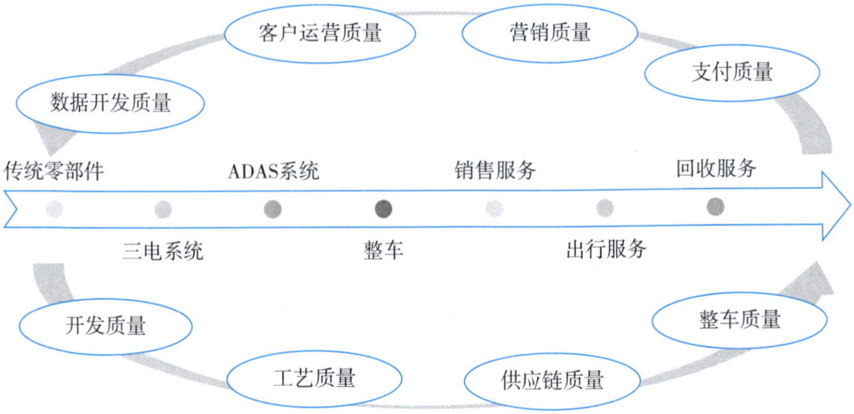

图49 新能源汽车和智能网联汽车质量管理范围

（四）在更加开放的产业发展环境中，利用好国际、国内两种资源和两个市场，提升国际化水平

随着经济全球化的不断深入，中国新能源汽车产业在海外迎来重大发展机遇，需要统筹利用国际、国内两种资源，开展多维度、深层次国际合作，培育全球创新引领能力。

1. 鼓励和支持新能源整车和零部件企业“走出去”，积极参与全球竞争

积极探索利用金融渠道支持新能源汽车企业“走出去”，加快设立中国品牌汽车海外发展基金，支持国内优势企业技术输出、产品出口及到国外投资建厂。鼓励国内企业加强与国外高水平企业在新能源汽车技术和人才交流、项目合作及成果产业化等方面深化合作，更深更广地融入全球供给体系。同时，鼓励新能源汽车零部件企业在为国内企业配套的基础上，实现为全球汽车整车制造商配套，形成一批具有国际影响力的新能源汽车零部件企业集团。

2. 加强政策支撑，提高国际化服务和保障能力

继续更新完善“走出去”的公共服务产品，创新投资管理方式，加快推进境外经贸合作区建设，推动新能源汽车产业对外投资合作。发展出口信贷，支持新能源汽车企业拓展国际市场，引进国外先进设备和关键技术。进一步

深化通关制度改革，为新能源汽车产业相关企业提供通关便利。自 2018 年起将新能源汽车列入海关主要统计商品。加强新能源汽车技术标准、政策法规等方面的国际交流与合作，促进新能源汽车相关标准法规体系与国际接轨。建立国外新能源汽车技术贸易措施数据库并及时跟踪对比，促进中国技术规范输出，助推自主企业跨越国外技术贸易壁垒。利用政府、行业机构等多层次合作机制，积极参与国际标准、规则制定，针对汽车产业面临的国际市场准入壁垒，加快推动国际互认，更好地服务中国品牌新能源汽车企业“走出去”。

3. 鼓励中外企业开展深层次、高水平合资合作，引导合资企业出口

利用国际汽车巨头高度重视中国新能源汽车市场的机遇，创新合资合作新模式。鼓励合资合作企业加大研发投入，提高本地化开发新能源车型比例。同时，充分发挥中国市场规模、供应链等优势，引导合资企业以中国制造基地为大本营，促进新能源汽车出口到世界各国，进而带动我国新能源汽车产业的海外发展。

4. 逐步放宽外资股比限制，欢迎国际汽车企业“走进来”

2018 年，新能源汽车的外资股比限制已经取消。按照党中央、国务院的部署，进一步落实汽车行业的开放要求，放宽外资股比限制。进一步贯彻落实习近平总书记在博鳌亚洲论坛上的讲话精神，秉承开放合作理念，坚持市场化导向，逐步放宽外资股比限制，创造公平诚信的竞争环境，让更多产品和商业模式参与竞争。

（五）积极开展智能电动汽车、智能交通、智慧城市深度融合发展的前瞻示范和推广应用

随着能源革命和新材料、新一代信息技术的不断突破，汽车产品加快向新能源、轻量化、智能化和网联化的方向发展，汽车正从交通工具转变为大型移动智能终端、储能单元和数字空间。汽车智能化、信息互联化与城市智慧化融合发展是未来城市发展的核心。因此，需要结合当前新能源汽车、共享出行及智能交通等新模式和新技术，积极开展示范企业、示范工程、示范城市三位一体综合示范，统筹推动智能电动汽车与智能交通、智慧城市协调发展，促进新能源汽车产业加快与智能电网、可再生能源等相关产业共融发展（见图 50）。

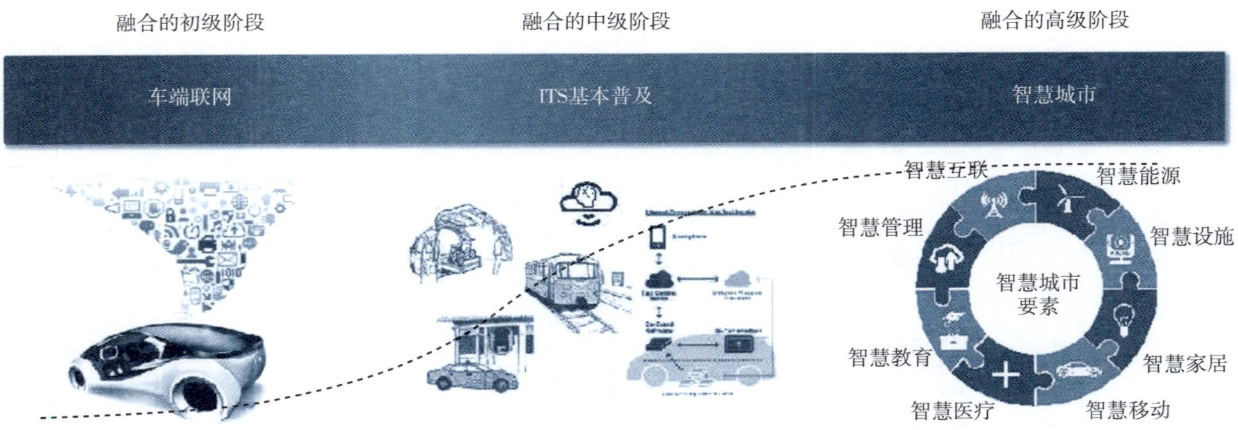

AI应用	局部互联、人机交互	驾驶辅助、V2X、个人助理	群体智能与移动出行服务统筹
智慧城市水平	ICT与特定服务的局部应用	交通ICT普及、车与相关要素互联	全时空、全领域智慧化
	智能传感设施封闭区域内应用	智能传感设施普及程度逐步提升	
云应用	特定云平台服务的单向应用	移动服务云平台逐步建立与运营	移动、能源、家居、医疗等全领域智慧化

图50　智能汽车、智能交通、智慧城市融合发展三阶段

智慧城市是以高效的信息和通信技术为核心，涵盖能源、家居、出行、医疗、城市管理等生活方方面面的智慧化城市生态。从世界范围来看，建设智慧城市已上升为国家战略高度，逐步成为世界各国的共识。美国采取创新引领方式，出台《智慧城市与社区联邦战略计划：共同探索创新》等；欧盟采取政策引导方式，陆续发布《欧盟智慧城市计划》《未来物联网战略》《智慧城市和社区的欧洲创新伙伴关系》《Horizon 2020 研究计划》；日本和韩国采用政企合作模式，分别出台《X－Japan 系列战略》《U－City》；新加坡采用项目驱动模式，相继出台《IT2000－智慧岛计划》《“智慧国家2025”计划》等。在各大战略指导下，阿姆斯特丹、巴塞罗那、哥伦布、哥本哈根、赫尔辛基、首尔等代表性城市纷纷围绕智慧出行、智慧能源、智慧设施、智慧管理等领域开展特色示范工程。

（1）雄安新区智慧城市建设

结合雄安新区建设工程，开展智能新能源汽车、智能交通和智慧城市深度融合的综合示范，将智能网联汽车示范应用与雄安新区智能交通整体规划设计有机融合，对充电设施、智能电网、加氢站、智能交通设施、信息通信等基础设施进行科学规划、系统部署和分步推进，建立布局有序、方便快捷、互联互通、安全运营，能够支撑新能源汽车和智能网联汽车发展的综合性的能源和信息基础设施体系，推广“新能源汽车＋智能网联汽车”的商业化示范运营模式，探索未来智慧城市的新型汽车社会生态，建立智能网联汽车发展与智慧城市建设统筹协调的样板工程。

（2）上海、盐城新能源汽车和可再生能源综合应用的技术示范和验证

作为国家智慧试点城市，上海、盐城将开展新能源汽车和可再生能源综合应用商业化推广示范，促进和加强新能源汽车与可再生能源协调发展。具体包括：电动汽车与电网融合、电动汽车与分布式可再生能源微电网融合、电动汽车与电网互动（V2G）、退役动力电池储能，以及移动充电车和能源管理系统（见图51）等。

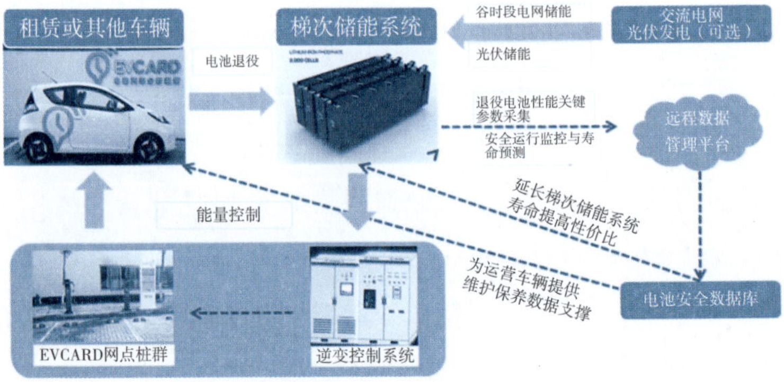
租赁或其他车辆
EVCARD
电池退役
梯次储能系统
谷时段电网储能
光伏储能
交流电网
光伏发电（可选）
退役电池性能关键参数采集
安全运行监控与寿命预测
远程数据管理平台
延长梯次储能系统寿命提高性价比
能量控制
为运营车辆提供维护保养数据支撑
电池安全数据库
EVCARD网点桩群
逆变控制系统

图 51　能源管理中心

B.5
氢经济背景下燃料电池汽车产业发展新机遇

郑亚莉　赵立金*

摘　要：　氢能是一种二次能源，具有来源多样、洁净环保、可储存可再生等特点，可以同时满足资源、环境可持续发展的要求。发展氢能和燃料电池汽车对我国实现能源供给结构转变，实现清洁能源消费具有重要意义。本报告详细介绍了美国、日本、欧盟各国在氢能和燃料电池汽车领域的发展愿景、战略部署和发展现状，分析了国外氢能和燃料电池汽车发展对我国的启示；研究了中国发展氢能和燃料电池汽车的优势和有利条件，论证了未来交通体系中燃料电池汽车将与电动汽车互补共存，描绘了我国发展氢燃料电池汽车的战略蓝图，最后提出我国发展氢能和燃料电池汽车的建议和保障措施。

关键词：　氢经济　氢能　燃料电池汽车　能源革命

一　能源革命与氢经济发展的重要意义

氢能作为二次能源，具有制取来源广泛、易于储存和运输应用高效环保等特点，可以同时满足能源和环境可持续发展的要求。氢燃料电池技术是未来实现智能住宅、智能建筑、智能交通、智能城市中燃气网络和电网互联互通，建立智能能源网络体系的重要途径，对中国实现能源供给从集中式向分

* 郑亚莉，中国汽车工程学会技术标准部项目总监，环境科学与工程硕士，研究领域为新能源汽车、氢能和燃料电池的政策和技术研究；赵立金，中国汽车工程学会技术标准部部长，动力机械及工程硕士，研究领域为新能源汽车、动力电池、氢能和燃料电池的技术政策研究。

布式的结构转变，实现可再生能源的高效利用，实现全社会能源利用效率最大化具有重要意义。

（一）氢能作为二次能源，是未来能源结构转型的重要保障

在未来的能源结构中，可再生能源占比将大幅提升，超过30%。《巴黎协定》提出控制全球平均气温上升幅度小于2℃，并努力小于1.5℃的目标，这需要从根本上改变能源供应和需求。目前，全球化石能源占一次能源的82%，可再生能源占14%，核能占4%。根据IEA预测，在全球气温上升幅度低于2℃的情境下，到2050年，可再生能源在总体能源结构中的份额将增加3~5倍。到2050年，能源结构中可再生能源将占2/3左右。

根据中国的能源规划，到2020年，中国非化石能源占比将达到15%；到2030年，达到20%左右，并且新增能源需求主要为清洁能源；至2050年，能源消费总量基本稳定，非化石能源占比超过一半。

可再生能源制氢是化解目前电力行业产能结构性过剩问题和未来清洁能源转型的重要保障。一方面，由于可再生能源的固有特性，其与用能需求很难保持一致；另一方面，可再生能源受天气条件影响波动性明显，而电网要求电力供应和需求实时相匹配，因此，可再生能源的供应与需求在时间和空间上很难匹配。利用可再生能源制氢，将实现可再生能源的大规模、长时间存储，并且可以灵活转化为电能、热能等，应用于交通、建筑、工业等各个方面。

氢能具有来源广泛、储存形式多样、应用广泛的特点，将是重要的二次能源。在现在的能源系统中，能源供应主要依赖于化石能源，并且能源供应和需求之间多为单向连接；在未来的能源系统中，氢能作为主要的二次能源，通过氢能可以将不同的能源供应和能源应用联结起来（见图1）。

（二）氢能和燃料电池技术是实现清洁能源消费的重要手段

燃料电池技术可以实现氢能的高效利用。工业、建筑、交通是节能减排的三大领域。燃料电池的能效可以达到40%~60%，可以实现将氢能高效地应用于交通、建筑和工业等领域（见图2），是未来实现节能减排的重要手段。

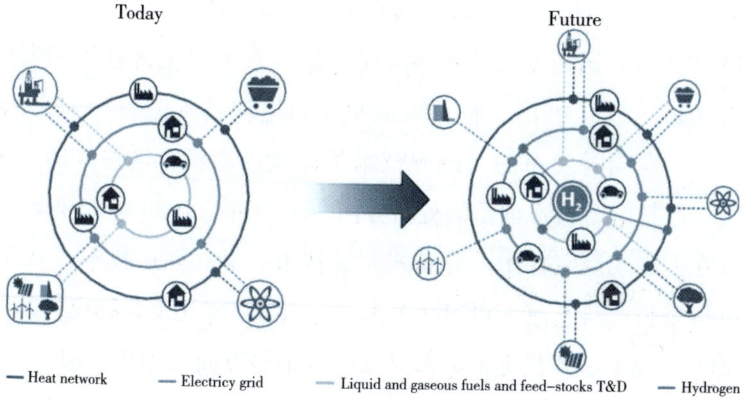

图 1　现在和未来的能源系统结构

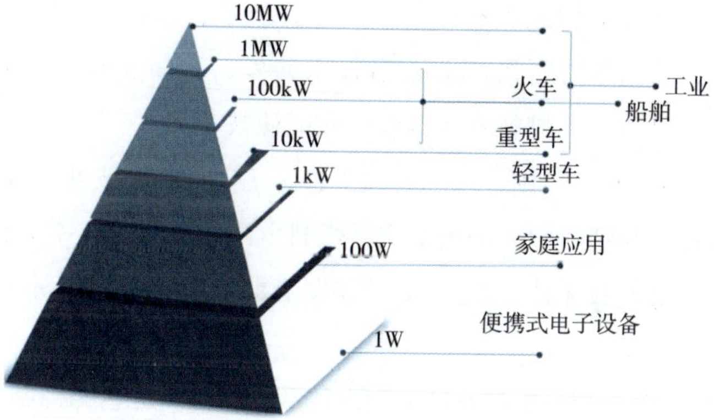

图 2　燃料电池的应用领域

（二）氢燃料电池汽车是中国能源战略、交通战略、汽车战略的重要组成部分

1. 氢能与燃料电池既是中国能源技术革命的方向，也是创新战略、交通、制造业及汽车产业发展战略的重要组成部分

中国高度重视氢能燃料电池产业。近两年，国家相关部委密集出台的《能源技术革命创新行动计划（2016～2030 年）》《国家创新驱动发展战略纲要》《“十三五”国家科技创新规划》等，纷纷将发展氢能和燃料电池技

术列为重点任务，将燃料电池汽车列为重点支持领域。

2016年3月，国家发改委和国家能源局发布了《能源技术革命创新行动计划（2016–2030年）》，将“氢能与燃料电池技术创新”列为15项重点任务之一。在同时发布的《能源技术革命重点创新行动路线图》中，提出了氢能与燃料电池技术创新的战略方向，2020年、2030年和2050年的创新目标及在大规模制氢技术、分布式制氢技术、氢气储运技术、氢气/空气聚合物电解质膜燃料电池（PEMFC）技术、甲醇/空气聚合物电解质膜燃料电池（MFC）技术、燃料电池分布式发电技术等方面的创新行动。

2016年5月20日，中共中央、国务院印发《国家创新驱动发展战略纲要》，指出：“发展引领产业变革的颠覆性技术，不断催生新产业、创造新就业。高度关注可能引起现有投资、人才、技术、产业、规则‘归零’的颠覆性技术，前瞻布局新兴产业前沿技术研发，力争实现‘弯道超车’。”其中包括“开发氢能、燃料电池等新一代能源技术”。

2016年8月18日，国务院印发《“十三五”国家科技创新规划》，在发展现代交通技术与装备中，提出要突破燃料电池动力系统技术；在发展引领产业变革的颠覆性技术中，提出要“开发氢能、燃料电池技术等新一代能源技术”。

2. 燃料电池汽车是节能与新能源汽车的战略方向，是氢能和燃料电池产业发展的主要着力点

氢燃料电池汽车具有零排放、续驶里程长、燃料加注快等典型特点，是未来汽车技术发展的重要趋势之一。同时，发展燃料电池汽车对改善能源结构、发展低碳交通具有非常显著的意义。

2016年11月19日，国务院印发《“十三五”国家战略性新兴产业发展规划》，明确提出：“系统推进燃料电池汽车研发与产业化”。具体提出，“加强燃料电池基础材料与过程机理研究，推动高性能低成本燃料电池材料和系统关键部件研发。加快提升燃料电池堆系统可靠性和工程化水平，完善相关技术标准。推动车载储氢系统以及氢制备、储运和加注技术发展，推进加氢站建设。到2020年，实现燃料电池汽车批量生产和规模化

示范应用。”

2017 年 5 月，科技部和交通运输部发布的《“十三五”交通领域科技创新专项规划》提出“发展燃料电池汽车核心专项技术”。具体要求，深入开展电堆关键材料和部件的创新研究及产业化研发，大幅提高燃料电池电堆产品性能、寿命，降低成本。加大燃料电池发动机辅助系统研发力度，重点突破空压机、氢循环泵等关键部件及其系统集成技术。优化升级燃料电池动力系统技术，重点突破高功率密度乘用车燃料电池发动机和长寿命商用车燃料电池发动机技术、燃料电池/动力电池混合动力集成控制与能量优化管理技术。实现燃料电池整车批量化生产，初步实现商业化。

2017 年 4 月，工信部和发改委发布的《汽车产业中长期发展规划》提出，布局包括燃料电池动力系统在内的新能源汽车创新链，加强新能源汽车技术研发及产业化，逐步扩大燃料电池汽车试点示范范围。

2016 年，在国家制造强国建设战略咨询委员会和工信部支持下，中国汽车工程学会组织来自企业、高校、科研机构、行业组织等方面的 500 余位专家、学者，历时逾 年，编制了《节能与新能源汽车技术路线图》，其中氢燃料电池汽车技术路线图为其七大领域之一。该路线图提出，中国氢能燃料电池汽车发展的愿景是：到 2030 年，实现百万辆氢能燃料电池汽车上路行驶目标（见表 1）；到 2050 年，与纯电技术一起，实现汽车零排放目标。

表 1　中国氢燃料电池汽车产业发展规划

中国氢燃料电池汽车产业发展规划	
2020 年	燃料电池汽车示范规模累计达到 5000 辆，其中商用车占 60%，乘用车占 40%； 建成 100 座加氢站
2025 年	燃料电池汽车推广规模累计达到 5 万辆，其中商用车 1 万辆，乘用车 4 万辆； 建成加氢站 300 余座
2030 年	燃料电池汽车推广规模累计超过 100 万辆； 加氢站超过 1000 座，其中可再生能源制氢达到 50% 以上

二 国际氢能发展愿景与近期实践

氢能是各国未来能源战略的重要组成部分，氢能与能源系统融合发展是各国共同的战略选择。日本、美国、欧盟、德国等发达国家和地区纷纷将氢能上升到国家能源战略的高度，将氢能作为未来能源系统的重要组成部分，重点关注对氢能和燃料电池全产业链的支持。并认为，氢能和燃料电池全产业链的规模化发展，是促进氢能和燃料电池技术提升和成本下降的关键，也是实现氢能和燃料电池新能源在未来能源体系中扮演关键角色的重要途径。

氢能发展的热潮，起始于20世纪末燃料电池的加速发展。各国政府从本国能源供应角度出发，纷纷制定氢能发展规划。与此同时，丰田、通用、宝马等汽车制造商也都加大投入，支持燃料电池汽车的研发，开展燃料电池汽车相关示范。

（一）美国以氢能经济为基础的发展蓝图与实践

美国政府一直关注自身的能源安全问题，并以此为出发点，将氢燃料电池作为实现能源安全的重要途径。美国的氢能社会发展战略与方向主要以能源安全为出发点，根据不同阶段的能源供应特点，共分为三个阶段，并从国家立法、支持政策和示范应用等方面确保了美国在氢能和燃料电池技术方面的世界领先地位。

1. 第一阶段：前景研究和探索阶段（20世纪70年代至2001年）

美国氢能和燃料电池技术的研究始于20世纪70年代，美国环境署旨在以减少由化石燃料带来的日益恶化的空气质量问题为主要目标，研究主要聚焦于将氢能作为替代燃料，并且评估将其应用于汽车的效果。

以1990年发布的《氢能研究、发展与示范法案》为起点，美国将氢能作为减少进口石油依赖、加强能源安全的重要手段，同时项目支持机构从环境署转为能源部。1990～1999年，美国能源部主要对氢能的制取、储运进行了研究，并开展了氢能在不同领域应用的探索性示范。

1990年提出《氢能研究、发展与示范法案》，启动5年氢能研究计划，明确在1992～1994年拨款2000万美元，以期在最短时间内解决氢能生产、运输和应用等领域面临的关键问题，并提出建立氢能技术咨询委员会，指导未来氢能技术发展。

1996年发布了新的《氢能前景法案》，提出将在1996～2001年拨款超过1.6亿美元支持氢能技术的研发和示范。主要目标是促进氢能生产、存储、运输和使用方面的技术研发，开展私营部门参与的氢能在工业、家庭、交通和电力等领域的探索性示范。

在新能源汽车方面，这一阶段主要通过新一代汽车伙伴计划（PNGV），重点支持电动汽车和插电式混合动力汽车的研发，在燃料电池汽车方面的支持较少。

2. 第二阶段：能源安全和清洁能源背景下，全面支持氢能经济战略阶段（2001～2009年）

在保证国家能源安全和独立供应的国家能源战略背景下，2001～2009年，美国将氢能作为能源战略的重要组成部分。2001年以后，布什总统的国家能源政策以保证可靠、廉价和环境友好的现在和未来能源供应为主要目标，明确提出要开发包括氢能在内的下一代能源技术。2005年发布的能源政策法案将开展氢能、燃料电池和相关基础设施研究作为重要研发支持方向之一。

2001年，美国能源部发布了《2030年及未来的国家氢能经济转型愿景》（*A National Vision of America's Transition to a Hydrogen Economy——to 2030 and Beyond*）。该文件代表了政府开始向氢能经济转型的第一步。文件提出，美国氢能经济的发展愿景：氢能具备来源广泛、价格低廉、安全、国内供应等特点，可应用于国内所有区域和所有经济领域（见图3）。未来几十年内，美国将完成向氢能经济的全面转型。2002年，美国能源部发布了《国家氢能路线图》（*National Hydrogen Energy Roadmap*），路线图中描述了氢能制取、运输、储存、应用等各环节的现状、面临的问题及发展路径。

2006年12月，美国能源部和交通部联合发布了《氢能形势计划》

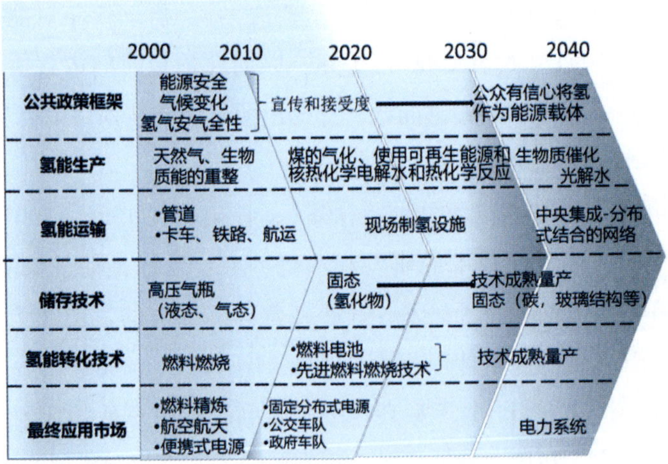

图 3　氢能经济转型路径概览

资料来源：《2030 年及未来的国家氢能经济转型愿景》，2001。

（*Hydrogen Posture Plan*），这是一份综合研究、开发和示范计划，其中提出建立以氢能为基础的能源体系的目标，明确了氢能社会发展阶段，以及各阶段中政府和企业等各方所起的作用（见图 4）。

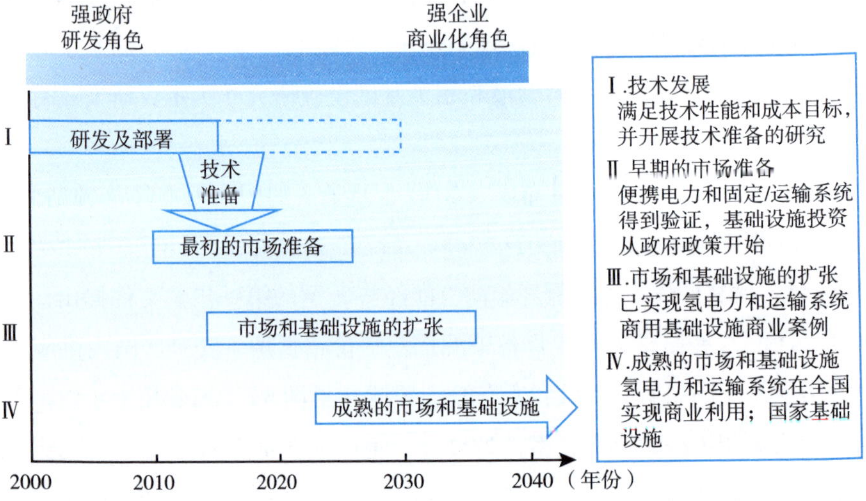

图 4　美国氢能经济发展阶段

资料来源：《氢能形势计划》（*Hydrogen Posture Plan*）。

其中包括将氢能经济由概念转化为现实的四个阶段。

- 技术研发阶段（2000～）：满足技术性能需求和成本目标，建立技术基础。
- 初步进入市场阶段（2010～）：便携电源和固定电站/交通领域开始商业化；以政府政策拉动基础设施投资。
- 扩大市场应用和基础设施扩张阶段（2015～）：氢能供应和运输交通领域已具备商业可行性，基础设施已出现商业化案例。
- 全面市场化和基础设施完善阶段（2025～）：氢能和交通系统在所有地区实现商业化，全国的氢能基础设施建立完善。

在这四个阶段中，政府和企业发挥了不同作用。在初期，氢技术只在有限的市场应用和示范，政府的任务是提供足够的保障，使该项目和示范工作顺利进行；到中期，政府可能会成为早期技术成果采纳者，其制定的政策将有利于企业向市场提供更多的氢能；企业将在中期和后期逐渐起到主导作用。

在氢燃料电池汽车领域，美国能源部设立了专门的项目，支持燃料电池汽车和相关的氢能基础设施发展。2002 年，美国能源部和美国汽车研究理事会（US Council for Automotive Research，US CAR）共同启动了美国“自由车伙伴计划”（Freedom CAR Partnership），重点开展可商业化的氢燃料电池汽车技术的研发。2003 年，将“自由车伙伴计划”（Freedom CAR Partnership）扩展至“自由车和燃料伙伴计划”（Freedom CAR and Fuel Partnership），同时将研发范围扩大到氢能基础设施领域。同时宣布，将拨款 17 亿美元实施“自由车和燃料伙伴计划”，其中 12 亿美元用于未来 5 年发展氢能制取、存储和运输等相关的技术和基础设施建设。

然而，由于各种条件制约，氢能和燃料电池汽车的发展并没有想象的顺利，氢能和燃料电池汽车的商业化迟迟没有到来。2007 年 12 月，美国国会通过了《能源独立和安全法案 2007》（*Energy Independence and Security Act of 2007*），提出对汽车产业实施行业平均能耗管理，重视汽车节能技术。在此之后设立的先进技术汽车制造贷款项目（Advanced Technnology Vehicles

Manufacturing Loan Program，ATVM)，支持电动汽车和混合动力汽车技术、燃料电池和天然气等替代燃料技术以及其他节能技术，支持的前提是生产的汽车能效较 2005 年提高 25%。

美国清洁能源战略下，氢能发展进入新阶段。奥巴马政府时期，发布了《恢复与再投资法案》《美国清洁能源安全法》《全面能源战略》等一系列能源法规和政策文件，这一时期的美国能源战略主要以加强清洁能源供给和提高能源利用效率为主题。在清洁汽车方面，插电式电驱动汽车（含插电式混合动力汽车、插电式纯电动汽车、燃料电池汽车）成为支持重点，支持的技术类型更全面。燃料电池技术是其能源战略的重要组成部分，是实现全球清洁能源市场竞争力，促进国内就业和经济发展的重要途径之一。

2011 年 9 月，美国能源部发布了《氢能和燃料电池项目计划》（*The Hydrogen and Fuel Cells Program Plan*），延续了 2009 年以前的支持体系，设立了跨部门的氢能和燃料电池项目，开展氢能和燃料电池领域的基础研究和应用研究、技术研发和示范应用，协调各方力量促进氢能和燃料电池技术的商业化。主要目标是：2011 ~ 2014 年，前期市场技术包括固定式电源（主要电源和备用电源）、叉车和便捷式应用；2012 ~ 2017 年，中期市场技术包括家用热电联产系统、辅助电源、公共车队和公交车；2015 ~ 2020 年及以后，成熟市场技术主要是以轻型车为主的主流交通应用。

总体来看，美国能源部从 2001 年开始对氢能和燃料电池技术给予了持续高强度的支持。虽然奥巴马政府的支持重心转向电动汽车和锂离子电池技术，但对氢能和燃料电池技术的支持保持在年度 1.4 亿美元左右（见图 5）。

3. 第三阶段：美国优先的能源战略下，大规模氢能应用战略阶段（2010年以后）

特朗普政府发布了“美国优先的能源战略”，将能源发展的核心放在能源自给自足和能源安全上。从对氢能和燃料电池技术的研发支持上看，政府将主要支持市场化前期的技术研发，而应用技术研发和示范将更多依靠行业力量，与此同时，特朗普政府停止了对先进汽车制造项目贴息贷款的支持和对购买电动汽车的补贴。这在一定程度上与 2006 年发布的

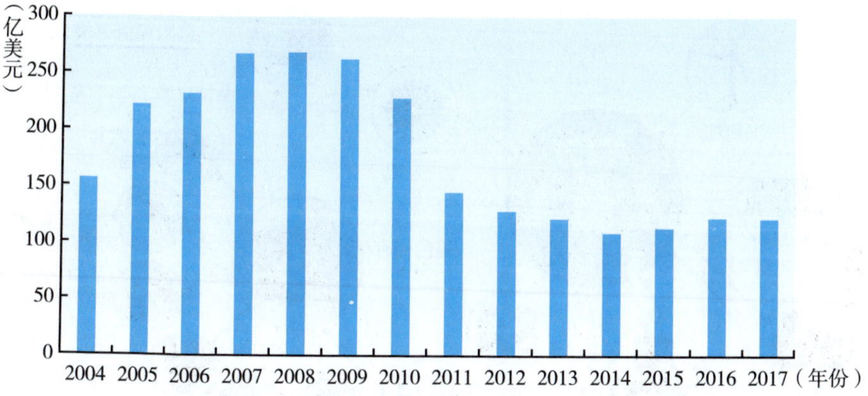

图 5　2004～2017 年美国政府对氢能和燃料电池领域的支持力度

《氢能形势计划》和 2011 年发布的《氢能和燃料电池项目计划》的发展规划是一致的。

美国以联盟形式开展联合研究，致力于建立大规模应用氢能的能源系统。2015 年，美国能源部提出大规模融合氢能（H2 @ Scale）的能源系统概念，旨在以氢能的大规模应用，带动氢能和燃料电池发展过程中技术和成本问题的解决。大规模融合氢能的能源系统包括天然气、风能、光能等可再生能源及核能、煤等多种能源制氢、储氢和输氢系统，交通、化工、冶金等产业用氢等各个方面。

在组织模式上，提出建立以美国国家实验室体系为基础、产学研机构共同参与的联合研究联盟，共同开展相关新技术的研发和示范。研发方向上，成立了 FCPAD 研发联盟（旨在提升燃料电池性能和可靠性）、ElectroCat 研发联盟（负责研发燃料电池用低成本的非铂系贵金属催化剂）、HyMARC 联盟（研发前沿储氢材料）、HydroGEN 联盟（负责先进氢能生产材料的研发）、可再生能源制氢联盟（拟建）等平台。美国能源部在 2016～2017 年支持了相关国家实验室联合开展研究，对 H2@ Scale 进行了可行性分析，并计划于 2018 年发布实现大规模融合氢能的能源系统的技术路线图（见图 6）。

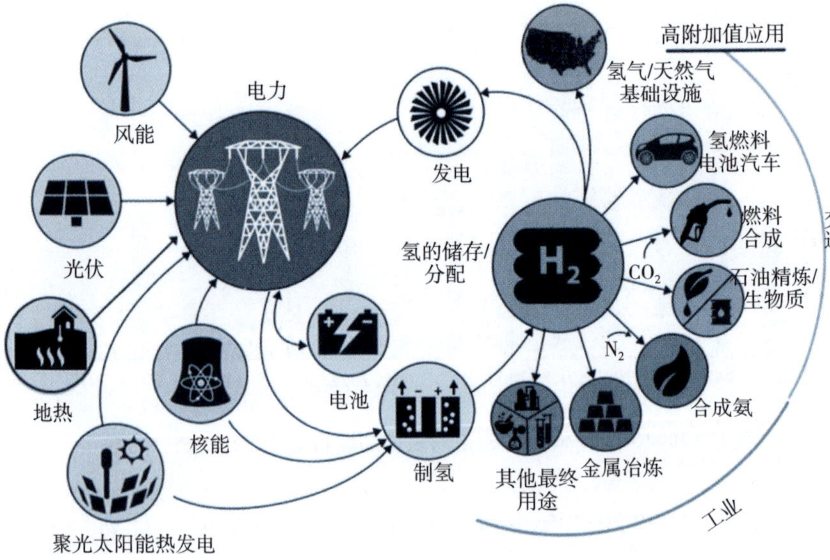

图 6　美国未来大规模应用氢能的能源系统（2018，H2@scale）

（二）日本以建设氢能社会为目标的发展实践

1. 日本氢能社会的发展设想

第一次石油危机爆发后，20 世纪 70 年代，日本开始氢能和燃料电池的技术研发。1981 年，日本通产省在“月光计划”中开始支持燃料电池的技术研发和示范，20 世纪 90 年代，丰田、日产、本田等日本车企启动了燃料电池汽车的研发，三洋电机、松下、东芝等启动了家用燃料电池的研发；2002 年，日本政府启动了燃料电池汽车和加氢站的示范；2005 年，启动了固定式应用领域燃料电池的大规模示范；2009 年，家用燃料电池投放市场；2015 年，燃料电池汽车投放市场。经过 30 多年的研发和示范，氢能和燃料电池技术进入市场化初期。

日本推广氢能和燃料电池技术的战略重点是以能源安全为前提，致力于实现氢能社会。作为能源供给严重依赖海外的国家，日本是世界上最早高度重视氢能发展的国家之一。日本经产省 2010 年发布的《能源战略规划》，第一次明确提出氢能和燃料电池技术是未来能源结构的重要组成部分。2013年6月，安倍政府发布了以经济复兴为目标的重要政策战略《日本复兴战略》，该战略确定燃料电池固定式应用和燃料电池汽车是重要的战略市场领域。提出2030年实现固定式燃料电池应用达到530万套，相当于10%的家庭应用比例。对于燃料电池汽车提出的目标是，促进标准法规制定和支持氢能基础设施建设，成为燃料电池汽车领域的领导者。2014年4月，日本发布《能源战略规划》，将氢能与电力和热能并列为未来最重要的二次能源，并提出加快实现氢能社会。

2017年4月11日，日本首相安倍晋三在首次召开的可再生能源及氢能部长会议上指出，日本将成为全球第一个实现氢能社会的国家，为此相关部委需要加快建立加氢站，合理制定加氢站标准法规，构建氢能产业链和推动氢能发电。

2017年12月26日，日本政府发布了氢能基本战略，提出2050年氢能社会建设愿景。指出氢能是日本应对能源安全和能源结构转型，以及减少二氧化碳排放两大挑战的重要抓手。

日本政府提出的未来氢能社会的发展愿景如图7所示。

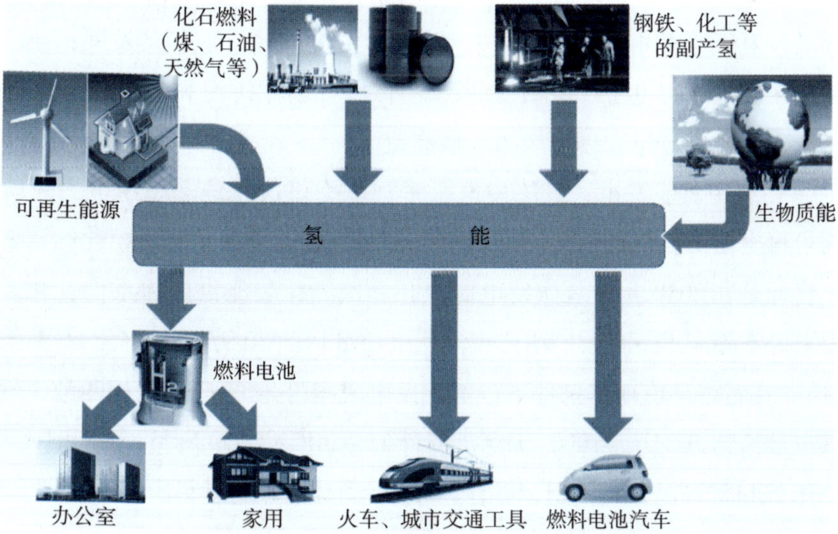

图7 日本氢能社会愿景

（1）实现低成本氢能供应：充分利用海外未利用的能源和可再生能源制氢。实现氢能低成本供应是实现氢能社会的必要条件，基本路径是采用未利用的能源制氢 + CCS，或利用可再生能源大规模制氢，同时建立支撑国际氢能供应的氢能储运基础设施。目标是到 2030 年，实现氢能供应量 30 万吨/年，成本降至 30 日元/Nm^3，之后再努力降至 20 日元/Nm^3，使之在考虑环境外部性成本后能够与传统能源相匹敌。

（2）建立国际化氢能供应体系：开发高效的氢能储运技术。日本将在 2025 年前后开展液氢储运示范，在 2030 年实现液氢储运商业化；2020 年初步建立有机液态储氢供应体系，2025 年前后实现商业化；在 2025 年前后，解决氢能直接燃烧过程中产生 NO_X 排放的问题，以及制造“零碳氨”过程中产生易燃物质和有害物质等安全问题；还将考虑利用“零碳氢”制甲烷技术。

（3）扩大日本的可再生能源供应和带动区域经济复兴。一是扩大可再生能源制氢：开发电制氢（Power to Gas，P2G）技术以保证可再生能源的稳定性，并解决储能技术问题。目标是在 2020 年将电解水制氢的成本降至 5 万日元/kW，在 2032 年使 P2G 技术商业化，可再生能源制氢成本降至与海外进口氢气成本相当。二是以本地化氢能供应带动区域经济发展：使用未利用的区域资源（包括可再生能源、固体废弃物、污泥和副产氢）提高本地化低碳氢能供应量，创造新的区域产业。

（4）利用氢能发电：氢能发电是常规电力供应系统和备用电力系统中提高可再生能源比例的重要保障，也是实现氢能市场稳定和规模化的重要依托。目标是在 2030 年使氢能发电商业化和国际化氢能供应体系商业化，氢能发电成本降至 17 日元/kWh，年氢能供应量达到 30 万吨（约合 1GW 发电容量）。在考虑环境成本条件下，氢能发电成本可与 LNG 发电相匹敌，年氢能供应量达到 500 万～1000 万吨（折合 15～30GW 发电容量）；同时，“零碳”甲烷和氨将被直接使用，并在 2020 年尝试在煤电燃料中加入氨。

（5）在交通系统中利用氢能。目标是到 2020 年，燃料电池汽车保有量达到 4 万辆，2025 年达到 20 万辆，2030 年达到 80 万辆；加氢站数量在

2020 年达到 160 座，2025 年达到 320 座；燃料电池公交车在 2020 年达到 100 辆，2030 年达到约 1200 辆；燃料电池叉车在 2020 年达到约 500 辆，2030 年达到 1 万辆；同时，日本也将推进燃料电池货车和小型燃料电池船舶的使用。

（6）在工业过程中利用氢能。将“零碳”氢能用于工业过程，以降低碳排放。

（7）家用燃料电池技术。对于家庭热电联产系统，至 2020 年，将质子交换膜燃料电池（PEFC）系统降低到 80 万日元，固体氧化物型燃料电池（SOFC）系统降至 100 万日元，以保证商业化运行。同时，开拓寒冷地区、欧洲和其他地区的供热市场。2030 年起，将基于“零碳”氢能供应系统，推广纯氢燃料电池热电联产系统。

2. 日本氢能社会发展路线图

日本经产省发布的《氢能及燃料电池技术路线图》，规划了实现氢能社会的发展路径。2014 年 6 月，日本经产省发布《氢能及燃料电池技术路线图》，并于 2016 年进行了更新。2016 版路线图坚持了 2014 版中提出的“三步走”策略：①扩大燃料电池的应用（移动动力源、固定式热电联产系统），形成世界领先的氢能和燃料电池市场；②引入氢能发电，形成大规模氢能供应体系，将氢能加入现有的能源结构中；③可再生能源制氢，实现“零碳”氢能供应。

该路线图中关于燃料电池汽车和氢能基础设施的发展目标为：2020 年，燃料电池汽车保有量达到 4 万辆，2025 年达到 20 万辆，2030 年达到 80 万辆。针对氢能基础设施，至 2020 年，建设加氢站 160 座，2025 年达到 320 座（见图 8）。路线图也针对家用小型热电联产系统提出了规模和成本目标。

3. 日本氢能社会的雏形——2020年东京奥运村

根据日本政府的相关规划，2020 年东京奥运村将使用氢能作为主要能源，初步实践氢能社会，实现环境影响低、能源来源广泛、对相关产业带动作用大、具备可靠的灾难应急系统的氢能社会雏形。

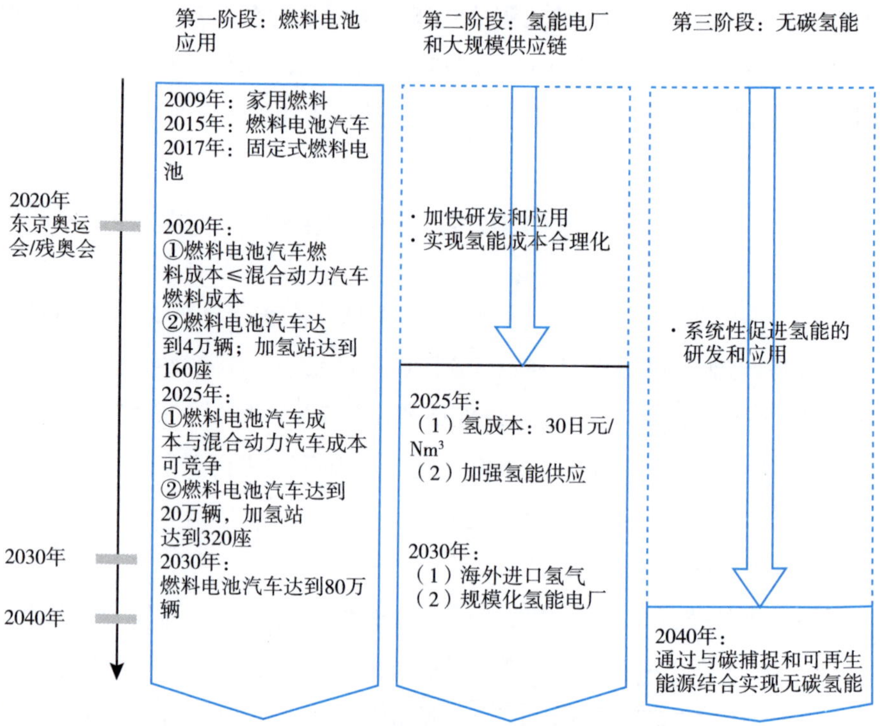

图8　日本氢能及燃料电池技术路线图（2016版）

在氢能供应方面，东京政府投入400亿日元（约合3.5亿美元）支持加氢站和其他基础设施建设，将铺设福岛－东京的供氢管道，以及在奥运村内建设氢管道和35座加氢站等，以保证奥运村住宿区、餐饮区和运动设施区的氢能供应。在氢能应用方面，奥运村建筑设施内将采用热电联产设备，在发电的同时供应热水。东京政府还计划投入6000辆燃料电池乘用车和100辆以上燃料电池公交车，保证奥运场馆用车，氢能轮船及水上巴士也将投入使用。

专栏一　氢能小镇是落地氢能应用的最佳载体，是实现氢能社会的雏形

北九州氢能小镇示范——世界上第一座氢能社区示范

2008年起，日本福冈就启动了“福冈氢能小镇”示范项目，目标是在福冈市和北九州地区开展氢能燃料电池示范。

九州政府与产业界、学术界合作，将发展氢能作为实现低碳社会的重要途径，以氢能技术研发、社会示范、人才培养、产业培育及国际合作为主线，推动氢能源实际应用于家庭及交通运输（见图1-1）。

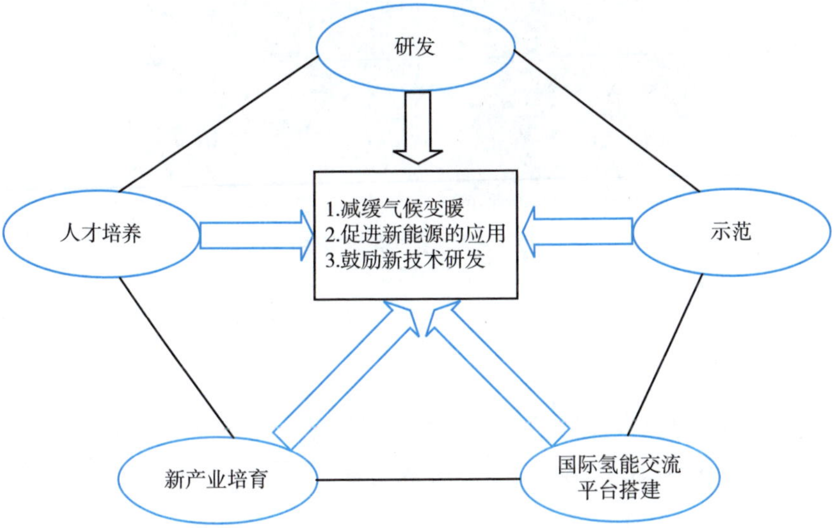

图1-1　北九州地区氢能小镇示范实施结构

在示范方面，建立基于社区的氢能示范小镇，这是世界上第一个氢能示范社区。氢能示范包括三大主要内容：①北九州加氢站（见图1-2）；②输氢管道（见图1-3）；③示范住宅。其中，加氢站主要利用炼钢工业副产氢气，经过两段式降压配送至输氢管道，再经输氢管道配送到加氢站。

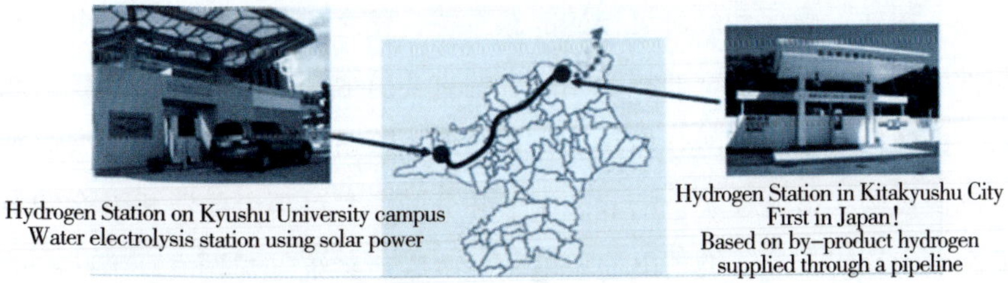

图1-2　北九州加氢设施

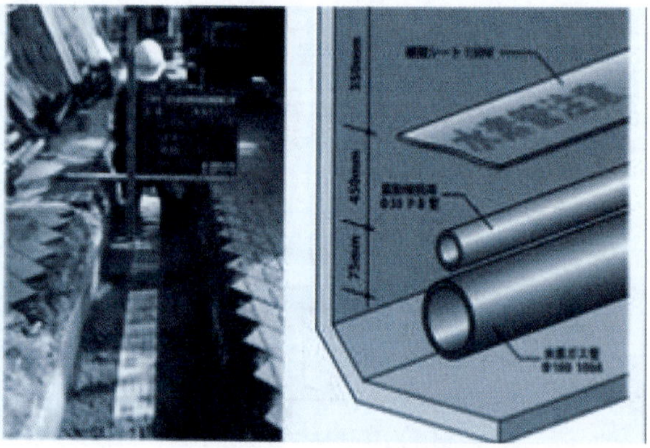

图1-3 氢气配送管道

（三）欧洲以能源清洁化为目标的氢能发展与实践

欧洲早在1989年就开始支持电解水制氢和氢能发电项目。在欧盟第五框架项目（FP5 1999～2002）下，共在氢能和燃料电池领域支持1.2亿欧元；欧盟的第六框架项目（FP6 2002～2006）对氢能和燃料电池技术分别支持经费1.26亿欧元和1.54亿欧元；欧盟的第七框架项目（FP7 2007～2013）成立了专门的燃料电池与氢联合行动计划项目（FCH JU），以促进氢与燃料电池技术的发展，总支持经费达到9.4亿欧元。

欧盟最新的支持研发计划地平线2020项目中对燃料电池的支持是通过燃料电池和氢能实施计划（FCH 2 JU）进行的，支持期限是2014～2020年。其目标是，到2020年，实现以氢能为能源载体，以燃料电池为能源转化系统，清洁、高效和经济可行的能源系统，使之成为可持续的安全能源供应与低碳固定式应用和交通技术相融合的重要组成部分。支持方向包括交通模块、能源模块及二者融合模块。交通模块包括道路交通、非道路交通及机械、基础设施；能源模块包括氢能制取和分配、与可再生能源相融合的氢能储能和电力均衡系统，燃料电池发电和热电联产系统（见图9）。

在欧盟战略能源技术计划框架下，氢能和燃料电池技术是提高能效和产业竞争力的技术之一。欧盟制定了《2020气候和能源一揽子计划》《2030

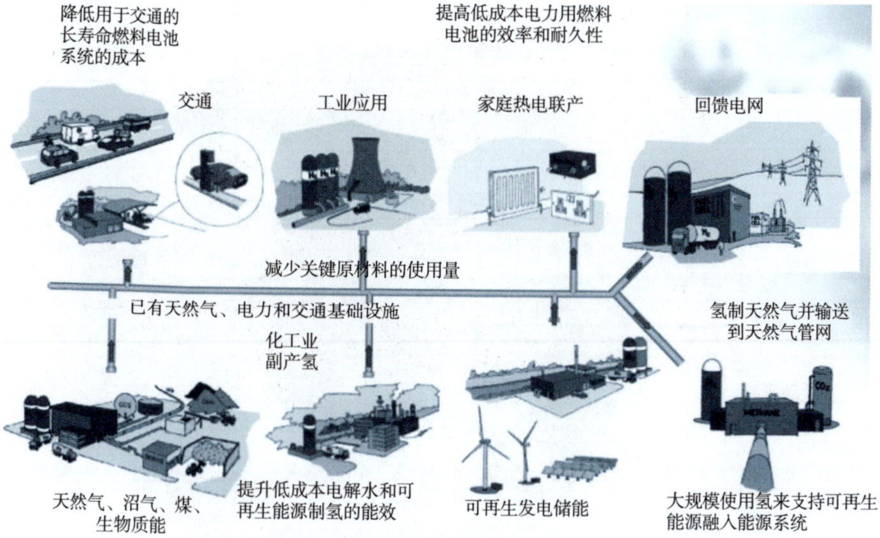

图 9　欧盟 FCH 2 JU 的支持领域及目标

气候和能源框架》《2050 低碳经济》等能源规划，其中都将氢能和燃料电池技术作为能源安全和能源转型的重要方面，欧盟在 2011 年发布的欧盟交通白皮书中，也将氢能燃料电池作为未来清洁城市交通的重要组成部分。在 2016 年 11 月公布的一系列旨在实现清洁能源转型的政策文件中，《可再生能源指令》《新电力市场设计指令和规范》等均提出将氢能作为能源系统重要组成部分。

2002 年，欧盟成立了氢能和燃料电池技术高层委员会，主要开展未来欧盟氢能发展愿景的研究。该委员会于 2003 年 6 月发布了氢能和燃料电池技术的未来展望（Hydrogen Energy and Fuel Cells——A Vision of our Future），提出了从化石能源经济转向未来氢能经济的愿景（见图 10），及欧盟氢能和燃料电池的发展路线图（A European Roadmap for Hydrogen and Fuel Cells）。

近中期阶段（至 2010 年）：①增加可再生能源发电，用于电解水制氢或直接并入电网；②提高化石能源效率和化石基液态燃料质量；③扩大可用于传统燃烧系统和燃料电池系统的来自天然气和生物质的液体燃料的使用；

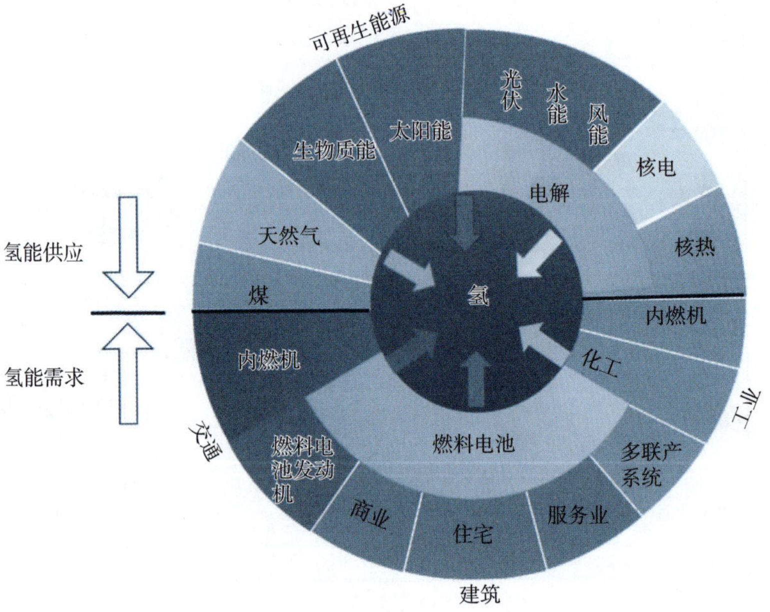

图 10　欧盟氢能和燃料电池未来展望

资料来源：Hydrogen Energy and Fuel Cells—A Vision of our Future。

④通过氢能和燃料电池系统的早期应用和示范，培育市场，提高公众接受度和体验度，充分利用现有的氢气管道系统；⑤研发固定式和交通用燃料电池内燃机，在不增加温室气体排放的情况下，支持氢能基础设施建设。

这一时期也将重点开展众多核心基础技术的研发，包括制氢、储氢、氢安全及燃料电池成本和耐久性等。

中期阶段（至 2020 年）：①继续增加生物质液体燃料。②增加用于燃料电池的石油基液体燃料和气体燃料的使用，增加包括煤在内的化石燃料制氢。这将有助于将传统燃料系统转化为氢能驱动的系统，从而向氢能经济过渡。③开展可再生电力制氢和生物质制氢的研发，持续研发其他“零碳”氢源，例如太阳能发电和核能。

中长期阶段（2020 年以后）：电力需求持续增长，氢能成为有益的补充。通过持续增加可再生能源和核能的使用，将电力和氢能共同作为能源载体，从而代替基于碳的能源载体。扩展氢能分配网络，稳定支持发展其他环境友好的燃料。

（四）氢能和燃料电池技术市场化前期的示范和应用情况

1. 全球燃料电池产量及应用领域

近年来，燃料电池领域持续快速增长，全球燃料电池产量累计达到2.3GW。2009~2015年，年均增长25%，主要应用领域是固定式应用。2016年，由于轻型燃料电池汽车在世界范围内的成功推广，交通领域燃料电池的应用增长了近200%，首次超过固定式应用。2017年，交通领域应用的增长势头保持强劲，增长率接近50%（见图11）。

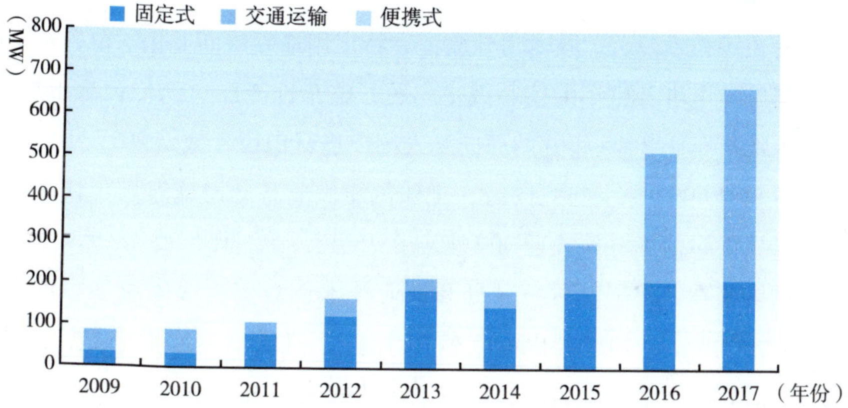

图11　全球燃料电池产量

从区域分布上看，亚洲和北美是主要生产地。由于燃料电池固定式应用和燃料电池汽车的增长，日本燃料电池产量领先。韩国和中国分别在电力系统和燃料电池系统方面有持续支持，美国在交通领域尤其是叉车和燃料电池汽车领域增长迅速（见图12）。

2. 交通运输领域应用情况

（1）燃料电池汽车

在各国政府的大力支持下，以丰田、本田、现代为代表的部分车企，经

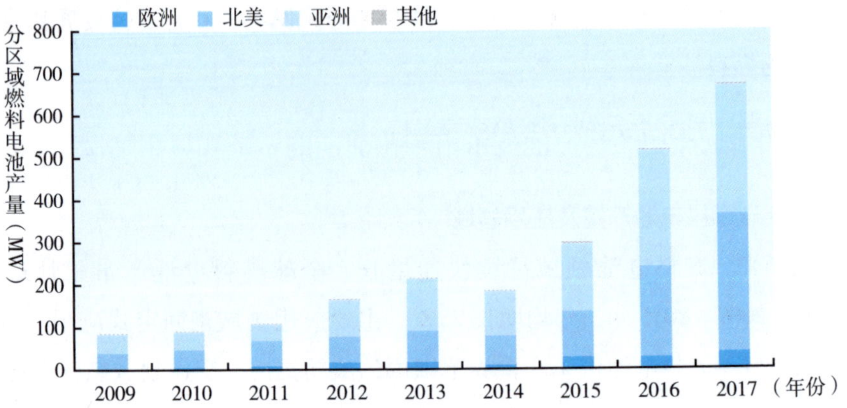

图 12　全球燃料电池分区域产量

资料来源：U. S. Department of Energy Fuel Cell Technologies Office，E4 Tech。

过多年的关键技术攻关、技术考核验证和特定用途领域商业化示范，基本解决了燃料电池电堆及整车的核心技术问题，整车性能已达到传统汽车水平。氢燃料电池汽车于 2015 年开始面向私人用户进行销售，截至 2017 年，全球累计销量超过 6000 辆。与此同时，全球氢能供应基础设施建设步伐逐步加快，已经建设运营加氢站接近 300 座。

从国内来看，在国家科技计划和产业技术创新工程等国家项目的支持下，我国持续开展了氢燃料电池汽车的研究开发工作，基本形成了从燃料电池电堆、燃料电池系统到氢燃料电池整车的配套研发体系及生产制造能力，并在北京奥运会、上海世博会、广州亚运会、深圳大运会等重大活动期间，进行了小规模的示范考核。在新能源汽车推广财政补贴政策和科技部与联合国开发计划署国际合作项目的支持引领下，以客车、物流等商用车型为先导，陆续在全国范围内启动了示范推广运营，目前累计运行车辆超过 1000 辆。

（2）叉车及其他专用车

叉车是仓储物流行业中必不可少的搬运工具，是重要的工业车辆。美国是燃料电池叉车的先驱，主要应用质子交换膜燃料电池（PEFC）和直接甲醇燃料电池（DMFC）。

美国在室外运行的叉车主要以汽油、柴油或丙烷等为燃料，室内运行的叉车出于控制室内空气质量的考虑，主要以铅酸电池为动力。与传统的电动叉车相比，燃料电池叉车具有加氢时间短、不需要换电和充电、运行效率高、不需要额外仓库空间存放电池等优点。

美国能源部主要通过复苏与再投资法案（The American Recovery and Reinvestment Act，ARRA）支持燃料电池叉车的应用，截至 2017 年，美国能源部共支持了 713 辆叉车的使用。美国对燃料电池叉车给予最多 3000 美元/RM 的税收优惠或 30% 的购买补贴。在示范运行的同时，美国能源部开展了大量的数据收集和分析工作，并公开研究成果。在政府的带动下，美国产业界积极投入和使用。截至 2017 年 4 月，美国已有超过 1.6 万辆燃料电池叉车在 20 个州运行，使用燃料电池叉车的企业超过 30 家，主要集中在物流、超市、食品批发等领域，如沃尔玛、可口可乐、FedEx 物流、全食等。燃料电池叉车的资助来源及数量如表 2 所示。

表 2　截至 2017 年，美国燃料电池叉车资助来源及数量

单位：万美元

资金来源	数量（现有及计划）
美国能源部 ARRA 资金	524
美国能源部其他拨款	189
产业界投资	15805
合计	**16518**

在交通运输领域的应用还包括机场地面服务车、重型货车或轮船的冰箱系统等附件设备供电等。欧盟从 2013 年开始支持开展燃料电池叉车和机场托运车的示范，已有超过 200 辆的示范规模。日本关西国际机场宣布，计划运行 400 辆丰田生产的燃料电池叉车。

3. 固定式应用情况

固定式应用包括分布式电力系统、家庭热电联产和备用电源等。

（1）家庭热电联产及分布式发电

在家庭热电联产（CHP）应用领域，技术最成熟、应用最广泛的是日本。应用的燃料电池有 SOFC 和 PEFC 两种类型，以 PEFC 为主。尽管技术上功率可以达到 50kW，但由于日本的主要目的并不是满足所有的家庭用电需求，而是满足在热水需求的同时优化用电需求，因此在日本应用的燃料电池热电联产系统功率多为 1kW 左右的微型热电联产系统。1990 年政府开始支持热电联产项目研究，自 2003 年组织开展示范，随着示范规模的扩大，成本开始下降，国家补贴也从 15000 美元降到 2017 年的 1000 美元。

燃料电池在日本家庭热电联产中的应用规模自 2009 年起开始了爆发式增长，至 2017 年 5 月，应用规模已超过 20 万套。与此同时，燃料电池家用热电联产系统的价格相比 2009 年下降 50% 以上，SOFC 和 PEFC 的成本分别达到 137 万日元/kW 和 115 万日元/kW。日本燃料电池在家庭热电联产领域的应用规模和价格如图 13 所示。日本计划在 2020 年达到 1400 万套，2030 年达到 5300 万套（覆盖约 10% 的家庭）。

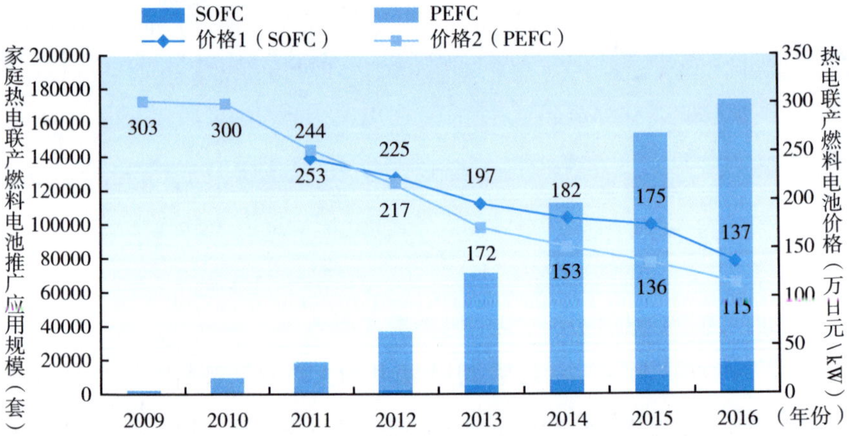

图 13　日本燃料电池在家庭热电联产领域的应用规模及价格

美国一些州鼓励使用燃料电池发电系统提高电力系统可靠性，减轻电网负担，减少电力系统排放。加利福尼亚州、康乃迪克州、新泽西州、纽约州等地方政府分别出台了激励政策，鼓励使用燃料电池分布式电力系统。超过

30个州将燃料电池技术纳入可再生能源配额制度（Renewable Portfolio Standard，RPS，自愿或强制性地增加可再生来源电力份额），该激励政策支持的项目包括热电联产项目和发电系统。

（2）备用电源

美国通过复苏与再投资法案（The American Recovery and Reinvestment Act，ARRA）支持燃料电池在备用电源领域的应用。美国的燃料电池备用电源多为4～6kW。截至2017年5月，美国能源部共支持燃料电池备用电源超过900套，支持金额达到1850万美元。在国家项目的带动下，美国已有燃料电池备用电源8567套，相当于43000 kW燃料电池系统。目前，41个州已经应用了备用电源。

燃料电池作为备用电源广泛应用在通信基站、铁路信号控制系统、政府办公、医院以及电网系统等领域。在通信领域，美国已有上千个通信基站将燃料电池作为备用电源。中国联通、中国移动也已在少数省市开展了技术示范和应用。2013年，全国通信标准化技术委员会发布了通信用氢燃料电池供电系统标准，用于指导氢燃料电池的设计、生产和制造。

4. 军用领域应用情况

军用领域的硬件需要结构简单、耐久性高、强度大、自主性高，并且需要有故障诊断系统和自我保护。燃料电池在军用领域的应用范围日益广泛，包括便捷式电源、前线和偏远地区空军基地的电力供应、监视系统备用电源、通信系统电源、长时间运行的无人机、水下无人机、非核潜艇的独立推进系统等。美国国防部已经针对上述领域开展了综合研究，并且提出了重点发展领域。

（1）军用便捷式能源

高能量密度的军用便捷式能源在未来指挥自动化战争中至关重要。除通信工具外，头盔显示器、便捷式计算机、数据调制解调器等都需要电能供应。该领域应用的主要挑战是系统的轻量化。目前该领域已有的25～55W便捷式燃料电池，是带有甲醇重整系统的质子交换膜燃料电池。SFC能源公司生产的JENNY 600S便捷式燃料电池，可以为电气设备直接供电，也可以为充电电池充电，供电容量为400 Wh。Ultracell生产的甲醇重整燃料电池也已经通过了美国军用测试规范。巴拉德生产的质子交换膜燃料电池，以硼氢化钠为直接氢能来源。低端的军用便捷式服务，通常可以用20W左右的直接乙二醇-阴离子交换膜燃料电池或直接甲醇燃料电池实现。可穿戴燃料电池+抛弃式的燃料盒将比传统锂离子电池的能量密度更高。

（2）无人机应用

机器人和无人机的出现改变了现代战争的战略和战术。多功能的无人机、用于扫雷的无人机、无人侦察机、自动水下侦察机等，是现代战争中减少伤亡的新式武器。这些不同应用需要的功率范围比较广，包括从低端微型无人机的10W到地面无人机的3kW，已研究的燃料电池类型有SOFC、PEFC和DMFC。美国空军研究所已经开展了燃料电池无人机的研究和示范，执行长距离飞行和保密任务。美国海军研究所进行了550W燃料电池无人机连续飞行26小时的试验。

（3）附属电力系统应用

战地用车和坦克需要车载电源为其电气系统和电力设备供电。该领域要求供电系统在静音状态发出的信号绝对少，在无人为干预情况下可以独立运行，在极端环境（温度、湿度、扬尘、冲击和振动等）条件下具有很高的可靠性，运行过程中不能留下可以观察到的尾气、化学物质、光或声音，并且释放热量也尽可能少。在这种情况下，相比传统柴油发动机，燃料电池具有非常大的战略优势。美国海军材料研究所已经对10kW的包含甲醇重整制氢系统的PAFC（磷酸燃料电池）开展研究。该系统也可用于偏远地区的应急电源和医疗救助系统电源。

（4）海战战舰应用

美国和英国都已开展了将燃料电池用于水面舰艇动力系统的研究项目。与燃气轮机和柴油发动机相比，燃料电池在该领域的应用具有无尾气、低噪声、低热排放、高效率、低振动、灵活的模块化设计等优势。该领域的功率需求为兆瓦级，可选技术包括SOFC、MCFC（熔融碳酸盐燃料电池）、

PAFC（磷酸燃料电池）和 PEFC。

燃料电池也应用于潜艇的不依赖空气的推进系统（Air Independent Propulsion System，AIP）。该系统通常是一个相对独立的附属系统，包括燃料生产、储存、氧气生产和配给、控制和仪表监控系统、微环境管理系统、安全系统及交互平台等，所需功率比作为动力系统的燃料电池低。

目前，氢能燃料电池在军用领域的应用已经在多个具体领域开展了多个小规模的示范项目，但在设计和工程实现方面，仍有重量和空间布局限制、平台安全隐患、可靠性等问题需要解决。

5. 氢能与可再生能源融合的应用和示范

由于风电、太阳能等可再生能源具有间歇性和波动性等特点，这使得可再生能源发电难以实现大规模并网消纳，弃风、弃光现象严重，而氢能易于存储且具有很好的可再生性，因此，可大规模消纳可再生能源，与可再生能源融合发展，成为能源绿色低碳转型的重要方向。

氢能被认为是智能电网和可再生能源发电规模化发展的重要支撑，并日趋成为多个国家能源科技创新和产业支持的重点。欧洲已经开展了多个电转气（P2G）示范项目，重点开展风能、太阳能等可再生能源电解水制氢，将氢气通过天然气管道输送或利用氢气制取天然气，以期为下游氢能应用提供便捷的基础设施。截至目前，欧洲地区已在运行的 P2G 项目大约有 40 个。

日本政府支持在福岛建设了 10MW 的 P2G 制氢项目，计划未来为 2020 年东京奥运会提供氢能。东芝公司在川崎市建设了一套利用太阳能电解水制氢的氢能供应系统（H_2 One），还计划在美国阿拉斯加、俄罗斯萨哈林等风力资源丰富的地区，合作建立风力发电厂，利用风电电解水制氢，然后再将液氢运回日本国内使用。

2018 年 1 月，中国已将“可再生能源与氢能技术”列为重点专项，重点支持太阳能光、电催化/热分解水制氢、储氢技术及电解水制氢技术等，以及开展大规模风/光互补制氢关键技术研究及示范。2015 年启动了河北沽源风电制氢项目，将新建 200MW 容量风电场、10MW 电解水制氢系统以及氢气综合利用系统。该项目设计年制氢能力1752万标准立方米，当前已完成风电系统装机工作，并启动制氢系统建设。

（五）国际经验对中国发展氢能和燃料电池汽车的启示

美国、欧盟和日本等发达国家和地区均将氢能作为重要的战略领域，持续、稳定支持氢能和燃料电池技术的研发，并在示范应用和推广方面进行了有益的探索和尝试，在技术研发支持、标准法规建设等方面积累了一定的经验。

1. 氢能和燃料电池技术迎来了发展的光明期

纵观国际氢能和燃料电池技术的发展，自20世纪70年代提出氢能经济以来，氢能经济的发展符合技术发展周期曲线（The Hype Cycle），如图14所示。在20世纪70年代经历氢能和燃料电池技术萌芽期后，各国和产业界对氢能相关新技术的过高期待，造成了21世纪初对氢能经济发展期望的膨胀。但是由于氢能成本和燃料电池技术迟迟没有产生突破性进展，而被认为是其竞争性技术的动力电池能量密度和成本却取得突破性进展，使得国际上大多数国家的技术路线发生变化，这是氢能发展的泡沫化低谷期。2015年前后，能源清洁化和能源结构转型为发展氢能带来了新的机遇，同时，氢能和燃料电池关键技术也取得了新的突破，氢能发展迎来了稳步爬升的“光明期”。

中国氢能和燃料电池产业的发展与国际氢能和燃料电池产业经历了相似的历程，展望未来，中国氢能和燃料电池产业也将快速发展，实现氢能社会的发展愿景。氢能将成为中国能源供应系统的重要组成部分，广泛应用于全国交通、建筑、工业等主要经济领域，大幅降低相关行业的温室气体排放和大气污染物排放。

根据2017年Hydrogen Council发布的《氢能规模化发展——未来全球能源转型的可持续路径》报告，在未来全球变暖控制在2℃以内的情境下，氢能将是未来能源转换的核心支柱。氢能将在未来能源系统中扮演重要角色：从能源供给角度，氢能将与大规模可再生能源融合并应用于发电，作为能源载体促进区域间能源传输，作为储能系统提高能源系统的可靠性；在应

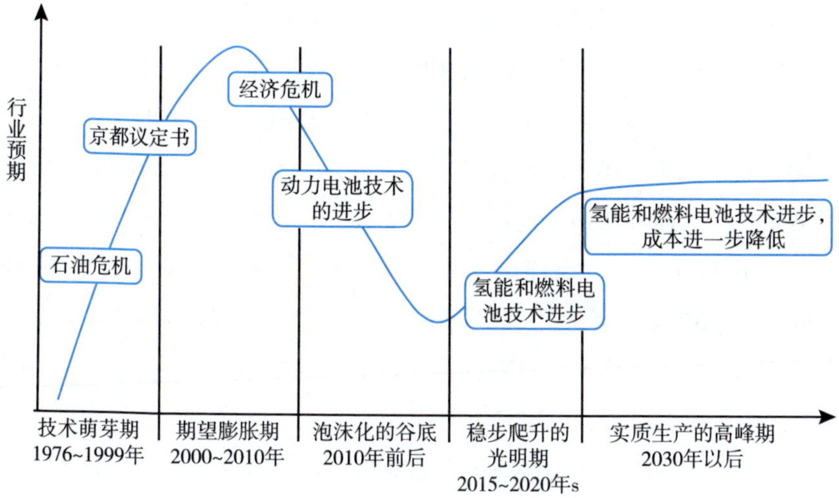

图 14　氢能发展的技术发展周期曲线（The Hype Cycle）

用端将促进交通、工业、建筑和化工原料的低碳化。

2050 年，氢能产量将从 2015 年的 8 EJ 增加到 2050 年的约 80 EJ，氢能将满足 18% 的全球终端能源消费需求或 12% 的主要能源消费需求。氢能应用将带来 6 万亿吨的二氧化碳减排量，相当于减排约 20%。2050 年氢能需求愿景如图 15 所示。

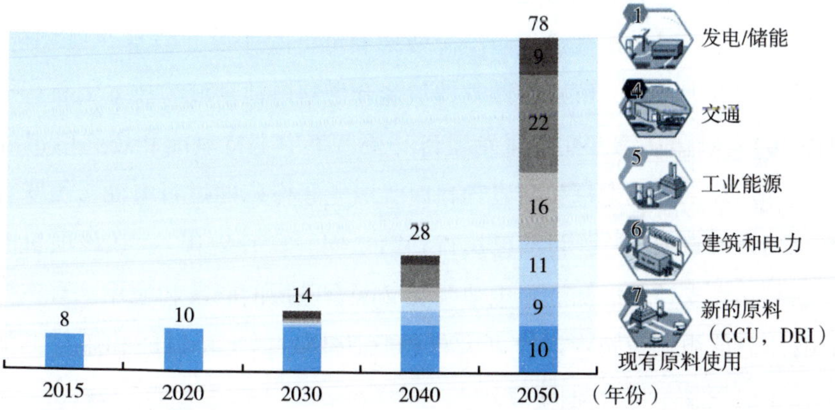

图 15　未来氢能需求愿景预测

资料来源：Hydrogen Council。

2. 加强顶层设计，编制未来氢能社会发展愿景和路线图

美国、欧盟、日本等发达国家和地区从能源安全、能源结构转型，以及可持续发展的战略高度，提出了氢能社会的发展愿景和具体的发展路线图。

美国成立氢能和燃料电池技术指导委员会。美国在1990年和2005年发布的两个关于氢能和燃料电池技术的法案中，均提出成立相关的技术指导委员会。在1990年发布的氢能研发和示范法案中，提出成立氢技术顾问团；在2005年发布的氢能法案中，提出成立氢能和燃料电池技术咨询委员会。其中，氢能和燃料电池技术咨询委员会计划由12～25位来自企业、研究机构、地方政府等的代表组成，主要开展工作如下：①对该法案支持的相关氢能项目实施进展进行评估；②对氢能生产和使用过程中带来的经济、技术和环境影响进行评估；③对研发项目的实施进展和效果进行评估，并提出建议。

与国外相比，我国对氢能社会发展的战略意义认识不到位，虽然在多个文件中将氢能和燃料电池技术作为重点领域，但并没有明确将氢能作为能源的发展愿景。我国虽然发布了《氢燃料电池汽车技术路线图》，对燃料电池汽车的发展愿景和技术路线有详尽的描述，但对于将氢能与燃料电池汽车融合发展的路径缺乏必要的研究。

3. 统筹资源，持续、稳定支持氢能和燃料电池技术

美国、欧盟和日本对氢能和燃料电池汽车均有集中、持续、稳定的支持。美国主要通过能源部成立由能源效率和可持续能源办公室（EERE）牵头的跨部门管理小组，统一协调支持氢能和燃料电池领域的技术创新和示范（见图16）。欧盟从第五框架研发项目开始，集中支持氢能和燃料电池领域的研发和示范，到第七框架研发项目时，成立了专门的燃料电池与氢联合行动计划项目（FCH JU），目前已执行到第二期（FCH 2 JU）。在该项目的框架下，可集中支持氢能和燃料电池及交叉融合领域的研发和应用。日本主要通过日本新能源产业技术综合开发机构（NEDO），支持氢能和燃料电池领域的技术研发和示范（见图17）。

4. 以重点领域应用示范带动整体燃料电池产业技术发展

在氢能和燃料电池技术的商业化初期，各国注重培育氢能和燃料电池领

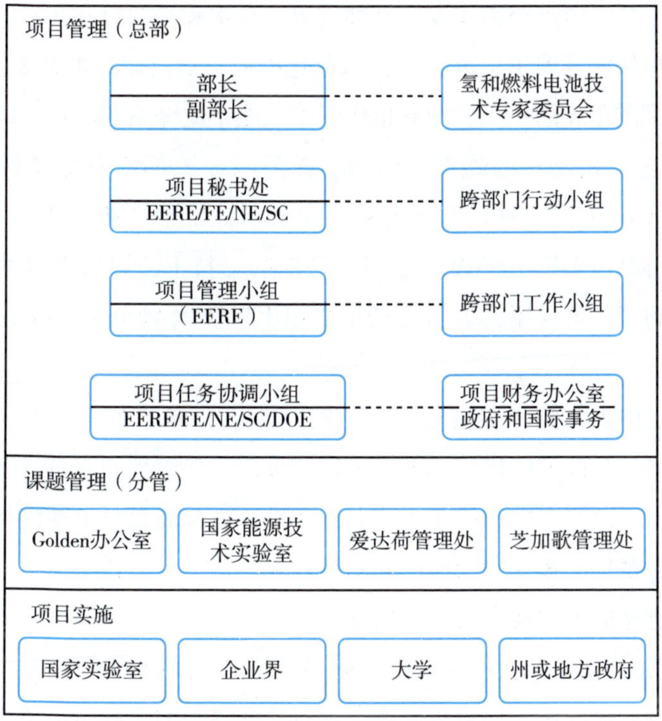

图 16　美国能源部氢能和燃料电池领域研发管理结构

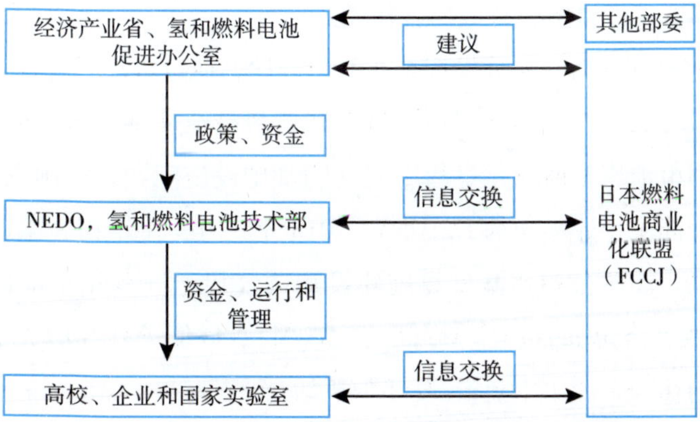

图 17　日本新能源产业技术综合开发机构（NEDO）

域的早期市场，由点至面实现突破性进展。日本和美国分别在家庭热电联产系统和叉车领域开展了示范应用和商业化推广，通过政府的研发投入补贴，有力带动了产业界的投入，同时也促进了氢能供应体系的建设、燃料电池关键技术的进步和成本的降低。例如，在美国能源部的资金支持下，截至2017年，美国共推广燃料电池叉车700余辆，带动产业投入1.5万余辆，共应用燃料电池系统105MW。在日本政府的支持下，燃料电池家用热电联产系统得到了广泛应用，2017年的价格相比2009年降低了50%以上，接近产业化水平。

为促进中国氢能和燃料电池汽车的商业化，应加大特定领域的示范力度，并建设配套的氢能供应基础设施。结合蓝天保卫战和重型货车污染治理攻坚战等，以公交车和物流车为商业化突破口，开展燃料电池汽车的示范运行。在示范过程中重视安全监控和示范效果评估，为燃料电池、燃料电池动力系统和整车的关键技术研发提供支撑。

5. 官产学研和金融界高效联合，推动氢能和燃料电池产业发展

在研发方面，各国均形成了官产学研共同参与的研发组织模式。欧盟负责氢能和燃料电池研发与示范项目执行的燃料电池与氢能技术联合执行体，由欧委会、欧洲工业团体和欧洲科研团体组成。美国围绕能源部、日本围绕NEDO也都形成了紧密、有效的合作模式。

在示范推广方面，充分发挥企业的积极性，通过跨部门联合，特别是汽车与能源行业紧密合作，共同推动氢能和燃料电池领域的示范应用和推广。为解决燃料电池汽车商业化过程中遇到的基础设施问题，美国发起了政府、整车企业和能源企业参与的H2 USA。2018年3月，由丰田、本田、日产等整车企业联合能源公司、基础设施建设运营公司、日本开发银行等在内的11家企业成立公司Japan H2 Mobility（JHyM），以促进日本加氢基础设施的建设，计划在未来四年内建设80座加氢站。

6. 根据技术和应用情况，科学合理制定和调整相关的管理规定和标准

为适应氢能和燃料电池汽车的发展，一方面，需要及时制定新的管理规定和标准；另一方面，也需要根据氢能和燃料电池发展的新情况，科学评估

并调整现有的管理规定和标准限制。例如日本加氢站的建设和运营要受《消防法》《建筑基准法》等的安全规定限制，为促进加氢站的建设，日本放宽了加氢站的建设距离和安全检查标准，提高了加氢站储氢压力等。因此，我国应考虑氢能和燃料电池汽车的发展情况，开展相关标准法规制修订工作，并加强与国际标准体系的交流与合作，加强国际标准和国内标准法规的双向转化，增强中国在国际氢能经济领域的主动权和话语权。

三　中国发展燃料电池汽车产业的有利条件和愿景目标

（一）在全球氢能经济发展趋势下，中国具备发展燃料电池汽车的有利条件

一是国家相关政府部门和地方政府将发展氢能和燃料电池汽车作为重要的战略方向。中国发布了一系列科技、交通、制造业及汽车产业发展的规划，均将氢能和燃料电池技术作为未来发展的重要战略方向之一。与此同时，北京、上海、辽宁、安徽、湖北、江苏、浙江、广东等地方政府，也出台了氢能和燃料电池汽车发展的战略规划，加大了对氢能和燃料电池汽车领域的规划和支持力度。

二是中国氢能资源丰富，可有力支撑氢燃料电池汽车规模化发展。中国氢能资源获取路径多样，不仅有丰富的工业副产氢气（焦炉煤气、煤制甲醇、合成氨、氯碱化工副产气等），也可通过清洁的风能、光伏、水力等可再生能源电解水制取，同时还掌握了利用煤气化、天然气重整等传统能源规模化制氢技术。据统计，中国每年可获得低成本工业副产氢超过 800 亿 Nm^3，这将有利支撑中国大规模氢能经济的发展。

三是中国积累了丰富的新能源汽车研发基础、产业技术及推广经验，将有力支撑中国燃料电池汽车产业的发展。中国高度重视新能源汽车的发展，通过十多年的努力，政府部门及产业界积累了丰富的新能源汽车研发、产业化和推广应用经验，形成了较强的电驱动系统技术体系和产业基础，将有效支撑中国氢燃料电池汽车的健康发展。

四是中国汽车市场容量巨大，易于率先形成规模效应，进而引领全球氢燃料电池汽车发展。中国汽车产业发展迅速，产销量连续八年位居全球第一，随着中国城镇化、城市化进程加速，将面临较大的增长空间，氢燃料电池汽车在中国规模化的应用将引领全球。

（二）未来氢能社会背景下，燃料电池汽车的发展蓝图

1. 燃料电池汽车与电动汽车协同发展、互补共存

从动力系统成本来看，燃料电池汽车适合长里程、高负荷的车型。根据燃料电池汽车动力系统与电动汽车动力系统成本的对比分析，可以看出，在续驶里程小于360km的范围内，电动汽车的动力系统成本比燃料电池汽车低；当续驶里程大于360km时，电动汽车的动力系统成本将高于燃料电池汽车；当续驶里程大于500km时，燃料电池动力系统成本比电动汽车低50%（见图18）。

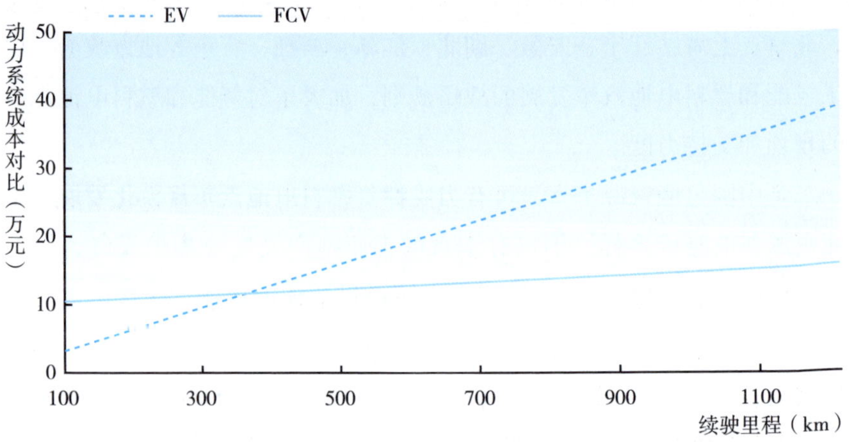

图18　燃料电池汽车与电动汽车的动力系统成本比较

注：动力电池成本按照1.8元/Wh、180Wh/kg计算；燃料电池动力系统成本按照商业化的成本计算（2030年预测值），1000元/kW，氢瓶按III型瓶1万元/个计算。

氢燃料电池汽车具有续航里程长、燃料加注时间短的优势，与纯电动汽车能够实现很好的互补，两者将共同发展、长期并存（见图19）。

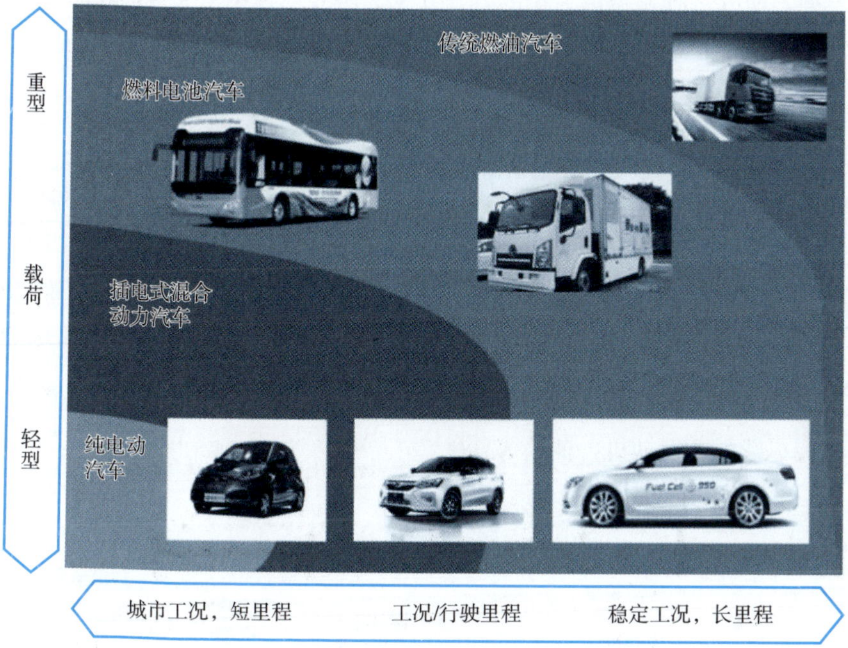

图 19　电动汽车与燃料电池汽车的适用领域

根据 Hydrogen Council 的预测，未来氢能和燃料电池技术将是实现交通部门低碳化的重要路径。2030 年，德国、日本、韩国和加州等国家和地区，燃料电池乘用车将占到 1/12，全球将有 1000 万到 1500 万辆燃料电池乘用车、50 万辆燃料电池货车。与此同时，燃料电池火车、轮船也将投入使用。2050 年，全球燃料电池乘用车将占总保有量的 25%，达到 4 亿辆；燃料电池货车将占总保有量的 30%，达到 500 万辆；燃料电池公交车将占总保有量的 25%，达到 1500 万辆；氢能驱动的火车将占总保有量的 20%。

2. 燃料电池汽车未来将可与传统燃油车和纯电动汽车相匹敌

（1）方法及关键参数

本研究选取典型传统 B 级燃油车作为基准车型，采用自下而上的方法，评估纯电动汽车和燃料电池汽车相对于传统燃油车的增量成本及其构成。首先，从传统燃油车、电动汽车和燃料电池汽车结构出发，分析三种车型的结构差异，研究三种车型的典型配置；其次，研究三种车型关键部件的现状成本和预测成本；最后，分析三种车型的现状成本和至2030年的预测成本。

A 三种车型的结构对比

从结构上看，传统燃油车、电动汽车和燃料电池汽车的车身系统、内饰和电器系统基本相同，主要差异在于汽车底盘的动力系统和车载储能系统。传统燃油车、电动汽车、燃料电池汽车的动力系统和车载储能系统如图20所示。可以看出，相比传统燃油车，电动汽车主要增加了动力电池、驱动电机、车载充电机等部件，燃料电池汽车主要增加了燃料电池电堆、燃料电池动力系统附件、储氢瓶等部件。同时，相对于传统燃油车，电动汽车和燃料电池汽车减少了发动机、油箱等部件。

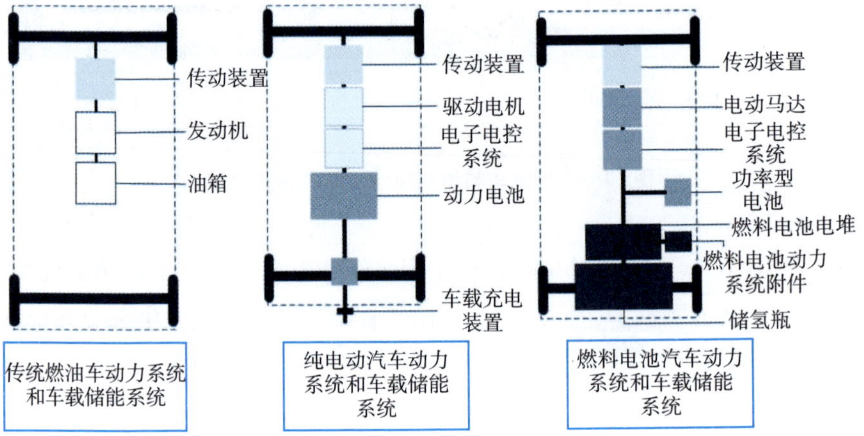

图20 传统燃油车、纯电动汽车、燃料电池汽车的动力系统和车载储能系统

B 三种车型的关键系统配置

本研究以传统B级燃油车为基准车型，对应选取纯电动汽车和燃料电池汽车的典型配置。对于电动汽车，选取续航里程为150km和300km两种车型，动力电池容量分别为22.5kWh和60kWh，电机功率分别为80kW和130kW。对于燃料电池汽车，目前主要有两种技术路线，国际上已量产的6000多辆燃料电池汽车为全功率型，配置全功率燃料电池+功率型动力电

池，而国内则主要为增程式燃料电池汽车，采用小功率燃料电池 + 能量型动力电池。本研究分别将丰田 Mirai 和上汽荣威 950 燃料电池汽车的配置作为参考，具体配置见表 3。

表 3　电动汽车和燃料电池汽车的配置参数

参数	BEV150	BEV300	FCEV114(丰田 Mirai)	FCEV30(上汽荣威 950)
FC(kW)	—	—	114	30
电机(kW)	80	130	113	100
电池(kWh)	22.5(能量型)	60(能量型)	1(功率型)	11.8(能量型)

(2) 传统燃油车、电动汽车、燃料电池汽车关键部件的成本及预测

A　动力电池系统成本预测

动力电池成本在纯电动汽车动力系统中占比较大，未来动力电池成本下降将是纯电动汽车成本下降的重要影响因素。根据中汽学会 2017 年针对动力电池行业的调研结果，目前动力电池平均成本为 1.8 元/Wh。未来由于动力电池单体和材料设计优化、高成本材料替代，以及规模化生产等因素，动力电池成本将持续快速下降，图 21 为各国规划的动力电池成本目标。本研究采用《节能与新能源汽车技术路线图》中动力电池目标成本数据，即 2020

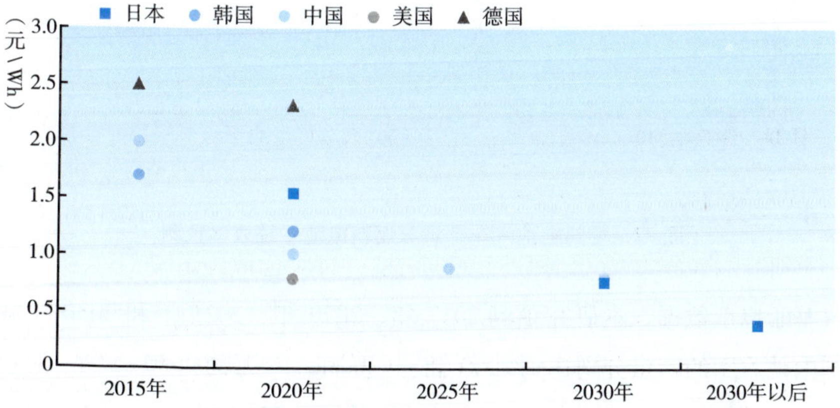

图 21　美国、日本、韩国、德国与中国的动力电池成本目标值

年、2025 年、2030 年分别为 1.0 元/Wh，0.9 元/Wh 和 0.8 元/Wh，与各国预测水平基本相当。

B　燃料电池动力系统成本预测

根据美国能源部 2017 年的预测，燃料电池系统年产量在 1000 套、1 万套、2 万套、5 万套、10 万套和 50 万套时对应的材料成本（每千瓦）分别为 179 美元、79 美元、64 美元、54 美元、50 美元和 45 美元，最终目标为 30 美元/kW（约合 189 元/kW）。中国 2016 年发布的《节能与新能源汽车技术路线图》中，燃料电池系统成本在 2020 年、2025 年和 2030 年分别将达到 1500 元/kW、800 元/kW 和 200 元/kW。中国和美国能源部的燃料电池系统预测值如图 22 所示。可以看到，在燃料电池汽车推广初期，中国燃料电池系统由于存在技术和国产化障碍，其成本高于国外，在 2030 年后将与国外相当，甚至更低。

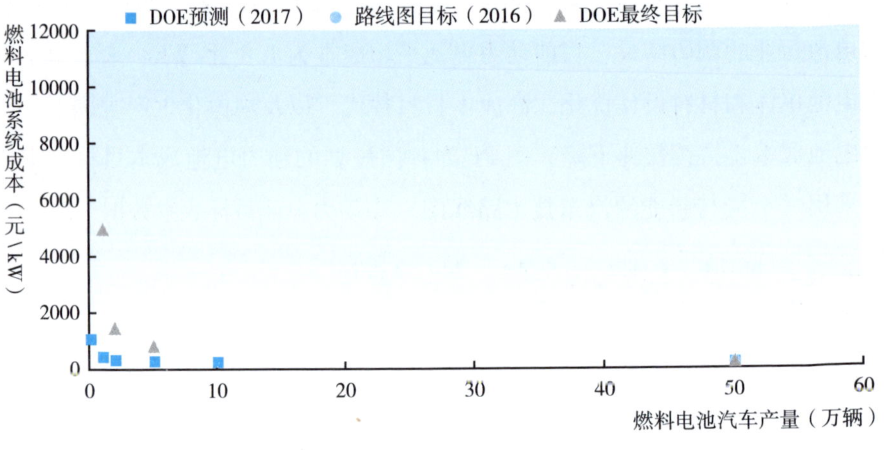

图 22　燃料电池汽车产量与燃料电池系统成本预测

基于以上数据，本研究预测 2017 年、2020 年、2025 年和 2030 年我国燃料电池汽车的产量分别达到 1000 辆、1 万辆、10 万辆和 50 万辆，对应的燃料电池系统成本分别为 5000 元/kW、1500 元/kW、800 元/kW、200 元/kW（见表 4）。

表4　基于燃料电池汽车产量规模的燃料电池系统成本预测

类别 \ 年份	2017	2020	2025	2030
燃料电池汽车产量(万辆)	0.1	1	10	50
燃料电池系统成本(元/kW)	5000	1500	800	200

C　其他关键部件成本预测

相对于传统燃油车，纯电动汽车的增量成本还包括电机系统及车载充电机等其他系统，燃料电池汽车的增量成本还将考虑车载储氢系统、动力电池等部件。基于行业调研，各关键部件的成本现状及预测结果如表5所示。

表5　电动汽车和燃料电池汽车其他关键部件的成本预测

类别 \ 年份	2017	2020	2025	2030
电机系统(元/kW)	100	50	35	30
其他电控系统(元)	5000	4500	4000	3800
功率型电池成本(元/Wh)	2.7	1.5	1.3	1.1

D　传统燃车的成本分析及预测

基于行业调研和文献调研，相对电动汽车和燃料电池汽车，传统燃油汽车增加了发动机、尾气处理系统、油箱等，典型B级车这些部件的现状成本约为2.15万元。随着节能环保要求越来越严格，传统燃油车成本将持续增加，预计在2020年、2025年和2030年将分别达到2.78万元、3.22万元和3.35万元。

（3）相对于传统燃油车，电动汽车和燃料电池汽车的成本增量现状

基于传统燃油车、电动汽车和燃料电池汽车的配置和关键部件成本预测，测算了相对于传统燃油车，电动汽车和燃料电池汽车的成本增量。相对于传统燃油车，电动汽车和燃料电池汽车的增量成本及构成如图23所示。

对于纯电动汽车，通常其动力电池成本占到动力系统总成本的70%～80%，动力电池成本是影响纯电动汽车动力系统成本的主要因素。因此，本

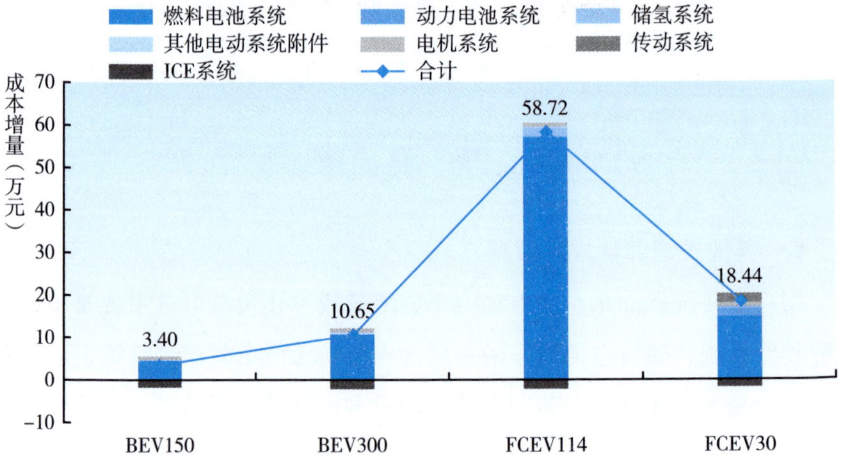

图 23　相对于传统燃油车，电动汽车和燃料电池汽车的成本增量及构成

研究选取续航里程分别为 150km 和 300km 两种配置的车型，动力电池成本分别占到其动力系统总成本的 73% 和 84%，动力系统总成本分别比传统燃油车高出 3.4 万元和 10.65 万元。

对于燃料电池汽车，基于量产的燃料电池系统成本 5000 元/kW 计算，全功率型燃料电池汽车和增程式燃料电池汽车两种技术路线下，燃料电池系统占燃料电池动力系统总成本的比例分别为 94% 和 73%，燃料电池汽车的成本比传统燃油车分别高出 58.72 万元和 18.44 万元。若考虑燃料电池汽车低产量情景下均摊上下游的研发成本，燃料电池系统成本达到 10000 元/kW，则燃料电池汽车的成本比传统燃油车分别高出 115.7 万元和 33.4 万元。

（4）相对于传统燃油车，电动汽车和燃料电池汽车的成本增量预测

BEV150 将在 2020 年可与传统燃油车相匹敌，全功率型燃料电池汽车将在 2030 年可与 BEV300 相匹敌，增程式燃料电池汽车将在 2025 年可与 BEV300 相匹敌，2030 年成本将低于传统燃油车。根据设定的技术和产业化进展情况，电动汽车与燃料电池汽车相对传统车的增量成本预测如图 24 所示。可以看出，BEV150 将在 2020 年与传统燃油车的成本接近，并在 2025 年低于传统燃油车；2030 年，BEV300 的成本仍将比传统燃油车高出 1.44

万元。相对于传统燃油车，全功率型燃料电池汽车在 2020 年、2025 年和 2030 年的增量成本分别为 16.95 万元、7.98 万元和 0.71 万元，在 2030 年成本将低于 BEV300。对于增程式燃料电池汽车，2020 年、2025 年和 2030 年其相对传统燃油车的增量成本分别为 5.31 万元、2.15 万元和 0.18 万元，在 2025 年成本将与 BEV300 相当，并将在 2030 年低于传统燃油车。

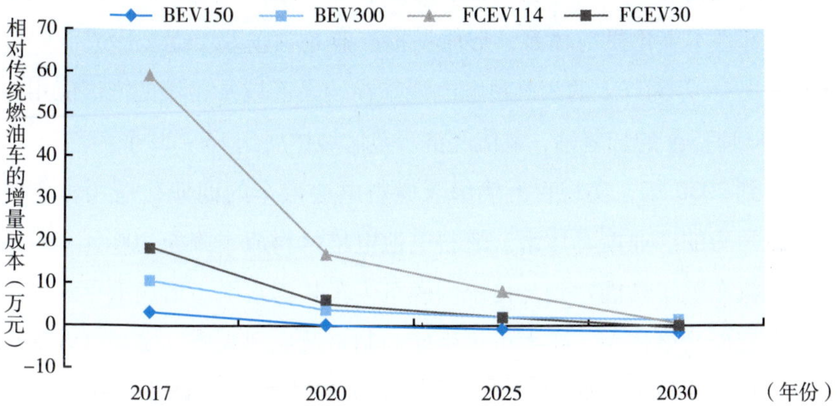

图 24　纯电动汽车和燃料电池汽车相对于传统燃油车的增量成本预测

3. 中国氢燃料电池汽车的发展监图

在氢燃料电池汽车领域，中国将力争经过 10～15 年的发展，建立起完备的氢燃料电池汽车研发体系，关键核心技术达到国际先进水平，建成具有国际竞争力的产业配套体系，实现百万辆级的氢燃料电池汽车商业化应用，建立起适度超前、满足燃料电池汽车需求的氢能基础设施供给体系，氢燃料电池汽车全产业链年产值突破万亿元。

——到 2020 年，实现万辆级氢燃料电池汽车规模化示范运行，基本建立起能够支撑产业发展的研发能力及生产制造体系。突破氢能供给、燃料电池关键材料及核心部件、系统集成等关键技术；燃料电池电堆冷启动温度达到 -30℃，最高效率达到 60%，材料成本降至 1500 元/kW；整车性能基本满足使用需求。培育形成一批氢能供给、燃料电池电堆、燃料电池系统等核心部件骨干企业。实现氢燃料电池汽车在特定地区公共服务领域 10000 辆以上的示范应用，形成以工业副产氢为主的氢能供给体系，建设完成150座以上的加氢站，建成5~6个各具特色的氢能经济示范区域。

——到2025年，实现十万辆级氢燃料电池汽车的推广应用，建立起完备的关键零部件本土化供应体系。燃料电池电堆冷启动温度达到-40℃，最高效率达到65%，材料成本降至800元/kW；大幅提升氢燃料电池系统性能，满足整车全工况使用需求。建立起完备的氢能供给、燃料电池电堆、燃料电池系统等核心部件本土化供应体系，形成一批产业龙头企业。逐步形成低碳氢能供应，实现10万辆以上的氢燃料电池汽车在较大区域及领域的推广应用，建设完成350座以上的加氢站，氢能经济示范区域扩展到15~20个。

——到2030年，实现百万辆级氢燃料电池汽车的商业化应用，建成具有国际竞争力的产业配套体系。燃料电池电堆材料成本降至200元/kW，氢燃料电池汽车整车性能达到与传统内燃机汽车相当水平。形成重点及热点区域的氢能分配网络体系，扩大可再生能源制氢及应用规模，实现百万辆级以上的氢燃料电池汽车商业化应用，建设完成1000座以上的加氢站，全国范围内实现氢能大规模应用。

四　燃料电池汽车大规模推广普及需各方共同努力

（一）创新研发组织模式，突破关键核心技术

技术的持续创新和突破是推动氢燃料电池汽车进入市场的核心驱动力，也是培育和发展燃料电池汽车产业的首要任务。需要中央政府、地方政府、行业机构与企业创新建立联合研发机制，共同努力、紧密合作，逐步攻克燃料电池电堆、燃料电池动力系统、燃料电池整车及氢能供给等核心技术，提升产业创新能力和产品技术水平，鼓励开展燃料电池创新性技术研究。

（1）建立国家与地方、行业与企业联动的创新研发体系

准确把握未来技术趋势，不断完善氢燃料电池汽车技术路线图，指引行业研发方向，提高研发资金投入效益和研发效率，规避技术研发风险。鼓励

依托龙头企业或产业技术创新联盟，建立氢燃料电池汽车国家技术创新中心和制造业创新中心，以产业需求为导向，市场化运作，开放式合作，以开展前瞻基础与共性交叉技术研发、服务科技成果转化为核心，建立研发平台及资源信息共享平台，提高产业核心竞争力。鼓励地方政府积极探索产学研联合创新的新模式、新机制，并在地方科技计划、创新平台建设等方面给予政策倾斜支持。鼓励企业开展自主研发，提高企业创新水平和市场化产品开发的能力。

（2）攻克高性能、低成本燃料电池电堆核心技术

开展质子传导机理、气体扩散层传质机理、电堆结构设计理论等基础科学研究，开发新型电极材料，研究燃料电池堆高效管理及低温启动等关键技术，攻克燃料电池电堆工程化关键技术，掌握单堆百千瓦级氢燃料电池技术。提高电堆关键材料、电堆规模化生产及智能化制造技术，提高膜电极、双极板等关键材料一致性，降低燃料电池电堆关键材料用量，提升车用燃料电池电堆的性能、延长寿命、降低成本。

（3）开发高比功率、长寿命燃料电池系统

研发燃料电池系统用空气系统、氢气系统和热管理系统等辅助系统部件；研究高功率密度、低成本、长寿命燃料电池系统总体布置，模块化结构及集成设计技术，燃料电池系统控制系统与关键工艺技术；研究燃料电池系统及其关键零部件的测试与评价技术。

（4）开发高性能、低成本燃料电池整车

面向商业化要求，研究整车综合热管理技术，提高氢气综合利用效率；研究动力系统多热源耦合高效加热技术，提高整车低温环境适应性；研究氢－电－结构耦合安全技术，提高整车安全性；匹配和优化燃料电池汽车电－电混合动力系统，开发燃料电池乘用车专用底盘、燃料电池专用DC/DC等，逐步提高燃料电池经济性、低温环境适应性和安全性，并降低整车成本，达到商业化应用水平。

（5）突破制氢、储/运氢、加氢关键技术

研究工业副产氢（焦炉煤气、煤制甲醇、合成氨及氯碱化工等）分离纯化制氢、高效低成本可再生能源制氢、分布式制氢－储氢－加氢一体化等

技术；研发高压气态储氢系统、低温液氢储/运系统及其他新型储氢装置；突破加氢站 70MPa 高压及液态加注技术和关键设备；开展低温液氢制取与储/运、化学运氢载体、液态加氢站等前瞻性技术研究。

（二）抓关键领域补短板环节，培育壮大产业链

构建完备的产业链是支撑燃料电池汽车大规模产业化的重要基础，也是提升产业综合竞争力的重要保证。依托研发、产业化及示范工程，抓住关键技术领域，提升产品技术水平，聚焦薄弱短板环节攻关，完善和均衡产业链。促进跨领域协同，分别构建“材料－零部件－整车”氢燃料电池汽车及“制氢－储/运氢－加氢”产业链，形成上下游联动的产业格局。

（1）聚焦关键技术领域，识别薄弱短板环节

在燃料电池方面，燃料电池用催化剂、质子交换膜、炭纸等关键材料多处于实验室和样品阶段。在燃料电池系统方面，空气压缩机、氢气循环泵、高效电力电子器件、70MPa 氢瓶等核心部件还没有成熟技术及产品供应。在氢能供给方面，氢气压缩机、氢瓶及阀组、小型化重整器、制氢/纯化分离装置等核心部件还没有成熟的产品。

（2）紧抓关键短板产品，培育壮大龙头企业

通过国家系列研发支持、产业扶持、示范工程等项目，鼓励整车企业、能源企业及装备制造企业联合行业投资基金及国内外社会资源，加大对氢能及燃料电池产业的投资力度，提升产业化水平，提高行业集中度。同时发挥地方产业发展主体作用，鼓励加大战略性投入，与国内外企业开展深入合作，培育和形成若干氢能基础设施建设运营、燃料电池关键材料及零部件龙头企业。

（3）鼓励产业上下游联合，努力培育补齐产业链

鼓励骨干车企主导或与电堆企业联合开发燃料电池系统/电堆，遵从市场规律研发、示范、推广适销对路的整车产品。鼓励骨干电堆企业主导或与材料企业共同开发膜电极、双极板材料及关键工艺装备。鼓励能源企业主导或与零部件企业共同开发氢气压缩机、氢罐及阀组、加氢站内相关设备、小型化重整器等核心部件，努力培育补齐产业链。

（4）创建有利的投融资市场环境，促进企业快速发展

创新优化投融资渠道，鼓励和吸引社会资本参与氢能及燃料电池汽车产业关键短板领域的战略投资、股权融资、信托投资及特许经营，同时试点探索开展众筹、互联网融资等新型多元化融资模式。努力为氢能及燃料电池汽车相关企业创建便捷、高效的投融资市场环境，促进企业不断创新发展。

（三）大力推进示范应用，以点带面有序推进

组织开展规模化示范推广，是提升产品技术水平、降低成本、完善配套体系和使用环境的有效途径，是加快推动氢燃料电池汽车产业化的重要抓手。需要因地制宜，选择重点区域及重点车型分阶段有序推进。通过若干重大示范工程和特色示范区建设，积累氢燃料电池汽车运营数据及经验，推动建立氢能及燃料电池汽车产业化应用点、线、网发展格局。

（1）着力打造一批氢燃料电池汽车示范区

充分发挥国家政策引导作用及地方政府积极性，在氢能资源及可再生能源丰富，以及经济发达、环保任务紧迫的城市（区域），选择一批粗具氢能及燃料电池汽车产业规模、地方特色突出的地区，推动特色氢燃料电池汽车示范区建设，探索不同氢燃料电池汽车发展模式。

（2）实施氢燃料电池汽车商业化示范工程

遵从市场规律及技术现状，先期以商用车为重点在公交、旅游、货运物流等领域开展氢燃料电池汽车应用示范，逐步扩大燃料电池乘用车示范范围，有序推进商业化应用。依托全球环境基金项目、2022 年冬奥会等重大活动，以氢燃料电池汽车示范为引领，开展制氢 – 储/运氢 – 加氢、氢燃料电池汽车商业化运营模式等若干综合性示范工程。

（3）加强氢燃料电池汽车示范评估与安全管理

在开展示范的过程中，需要做到示范规模与示范考核并重。一方面，注重加强示范过程中的综合评估，通过多类型的示范项目，积累氢燃料电池汽车和加氢站的运营数据，考核车辆技术经济性及可靠性、加氢设施服务能力，探索商业化运营模式，开展政策实施效果评估及调整。另一方面，还需

重视安全管理，加强使用过程中的安全检查及维护保养，逐步建立氢能及燃料电池汽车安全运营、运维服务及保障体系等规范。同时进行运营监控，开展制氢－储/运氢－加氢、燃料电池汽车运营示范全过程安全监测。

（四）科学规划布局，建立氢能供给体系

完善的氢能供给体系与合理的用氢价格是氢燃料电池汽车推广应用的重要前提和基本条件，也是当前氢燃料电池汽车商业化面临的最大挑战。汲取电动汽车充电基础设施建设经验，结合示范应用项目，开展多种供给模式的示范，建设形成适度超前于氢燃料电池汽车发展的氢能基础设施体系和网络。分阶段推进，有序建立车用氢气价格体系，实现单车氢气燃料使用成本低于同地区传统燃油汽车燃料使用成本。

（1）示范低碳、低成本氢能制取模式

根据国内氢能资源情况和分布特点，因地制宜，开展大规模低碳、低成本制氢，分布式制氢－储氢－加氢一体化示范。鼓励以工业副产氢（焦炉煤气、氯碱化工等）及弃风、弃光、弃水、弃核等可再生能源制氢方式为主，探索与碳补集和封存技术相结合的煤气化等化石燃料制氢路线。

（2）探索多形式储/运氢气模式

研究高压气态、低温液态及储氢材料等多种形式储/运氢技术，开展高于20MPa气氢、低温液氢储/运示范应用。鼓励短距离、小规模采用气态拖车运氢，中长距离、中大规模采用液氢罐车运输，长距离、大规模或城市管网探索氢气管道运输方式。鼓励与绿色港口/湾区建设相结合，探索跨区域氢能海运模式。

（3）科学规划布局加氢站建设

合理规划选择加氢站建设地点，建设与氢燃料电池汽车应用领域相适应的35MPa/70MPa加氢站。鼓励能源企业参与或布局城市区域氢能基础设施建设，打造氢能基础设施城际高速走廊，促进燃料电池汽车城际和区域化运行；建设现场制氢－储氢－加氢一体化示范站、加氢站与加油站/充电站合建示范站；建设形成适度超前于燃料电池汽车发展、多种供给模式并存的可

持续氢能基础设施体系。

（4）有序建立车用氢气价格体系

鼓励地方政府结合氢能资源情况，根据制氢、储/运氢成本建立相适应的车用氢气价格体系，稳定市场用氢价格，实现单车氢气燃料使用成本低于同地区传统燃油汽车燃料使用成本，保障市场规模化推广及使用需求。

（五）大力推进国际化，整合对接全球资源

开展高层次、高水平的国际合作，是顺应全球氢燃料电池产业融合发展潮流、快速提升产业国际竞争力的重要手段。需要进一步开放视野，大力推进国际化，加大对短板薄弱环节的战略性投入，增强对接、整合全球资源的能力，建设完善产业配套体系。同时，通过海外并购、本土化改造、文化融合等多种方式，对接全球市场，提升品牌竞争力。

（1）深入开展国际合作，利用全球研发及产业资源

结合汽车产业转型升级，支持国内氢能及燃料电池汽车相关企业充分利用全球创新资源，提升创新能力，联合开展共性关键技术、新产品、新装备研发。紧抓氢能及燃料电池汽车关键短板产品，围绕本土产业链建设，加大战略性投入，鼓励外资企业与国内企业或地方政府深化合作，在华建厂及设立研发中心。

（2）推动成立国际性组织，积极对接国际相关组织

整合氢能及燃料电池国内外优势创新资源，推动发起成立覆盖全产业链的国际组织，促进氢能燃料电池技术创新、产业链资源整合、氢安全技术研究、标准法规制定和市场推广等工作，提升国际影响力。加强与氢能及燃料电池国际组织的融合对接，鼓励积极参与国际标准制修订、国际氢能及燃料电池技术合作项目等多边合作，推动与国际先进标准、先进技术的对接工作。

（3）紧密结合国家重大战略布局，走向海外市场

紧密结合“一带一路”倡议等国家重大战略布局，鼓励氢燃料电池汽车相关企业通过在境外设立办事处、研发中心、生产基地等方式“走出去”，支持有实力的企业通过并购、合资等方式进入海外，对接全球市场。

（六）完善标准法规体系，提升测试评价能力

建立完善的标准体系及提升测试评价能力是提升产品技术水平，推动燃料电池汽车产品化、商业化的重要保证，也是有效开展行业管理、保证行业健康有序发展的重要支撑。在标准法规体系和测试评价能力建设方面，需要充分考虑我国氢能与燃料电池汽车产业发展特点，加强多渠道供给和国际交流合作，协调各方力量，完善氢能及燃料电池汽车标准法规体系，提升氢能及燃料电池测试评价能力，形成支撑产业发展的系统化服务能力。

（1）多方联动，多渠道加快标准研究

聚焦氢能及燃料电池汽车商业化推广关键环节，加大国标/行标研制力度，开展关键技术标准的制修订工作。同时，充分发挥团体标准市场反应快、研制时间短的优势，鼓励优先制定一批满足市场和创新需要的团体标准，以满足氢能及燃料电池汽车产业快速发展的需求。

（2）完善氢能及燃料电池汽车标准体系

制定车用氢气质量标准，制定车用氢气储/运等环节技术条件及产品认证标准。研究制定加氢站内储氢装置、加注设备等关键部件的试验检测和产品认证体系。研究制定适用于车用燃料电池相关的制造、测试、加氢等用氢场所的氢气使用安全技术标准体系。编制加氢站建设审批流程及指南，科学合理制定安全技术规范要求，形成完善的加氢站设计、审批、建设及运营规范，特别是加氢站消防标准的制定与审批。研究制定自助式和无人值守加氢站标准及油气合建加氢站建设标准。研究制定车载70MPa Ⅳ型氢瓶测试评价方法，燃料电池动力总成及整车相关的安全技术条件及试验规范等标准。

（3）提升氢能及燃料电池测试评价能力

针对氢能、整车、系统、零部件性能等方面，开展氢能与燃料电池汽车专用测试设备研究与开发工作，开展涵盖零部件、系统、整车、氢能四个层级的共性关键测试评价方法研究，形成全方位测试评价体系，建立公共测试平台，全面提升中国氢能与燃料电池汽车的测试评价实力。

（七）加强公众宣传教育，营造良好的发展环境

大力提升公众认知度及接受度、营造良好的发展环境是产业健康发展的重要保障。鼓励开展多样化的宣传教育及培训活动，大力提升公众、政府及行业对氢燃料电池汽车的认知度，树立氢能经济发展理念，营造一个创新氛围浓厚、政策环境优越的发展环境。

（1）提高公众认知度及接受度

支持建立氢燃料电池汽车体验及展示中心，通过对氢能及燃料电池汽车工作原理、安全性能、环保性能等内容的宣传教育，减少消费者对氢能及燃料电池汽车安全的顾虑。鼓励通过多媒体宣传、举办拉力赛、开展巡游等活动，加大对氢能及燃料电池汽车的公众宣传力度。

（2）构建良好的创新及创业环境

与氢燃料电池汽车产业需求相适应，加快培养氢能及燃料电池产业相关的研发、制造和运营人才；建设有利于产业领军人才跨境流动的良好环境，引进氢能燃料电池高端人才；建设良好的创新环境和创业空间，鼓励高校、科研院所通过转让、许可或作价投资等市场化方式转移科技成果，鼓励海外优秀人才归国创业。

（3）营造良好的氢能经济发展环境

通过开展政府公务服务用车、试乘试驾、国际交流等方式，提高各级政府官员对氢能及燃料电池汽车的认知度；推进政府部门树立氢能经济发展理念，提升政府公共服务能力和水平，建立有利于企业、行业、产业发展的良好格局；对损害消费者权益、弄虚作假等行为进行曝光，形成有利于氢燃料电池汽车消费的氛围。

五　保障措施

（一）加大政策扶持力度

建立国家层面长效投入机制，持续支持氢能及燃料电池基础科学、产业

化和综合示范应用。充分利用现有资金渠道，通过国家科技计划和工业强基、增强制造业核心竞争力、工业企业技术升级改造等国家重大工程，加大对氢燃料电池汽车技术研发和产业化的支持力度，突破关键核心技术，培育壮大产业链。发挥财政资金引导作用，实施氢燃料电池汽车产业技术创新专项工程，激励以企业为主体的联合创新体系建设，鼓励地方结合自身优势开展特色氢能经济示范。

（二）支持加氢基础设施建设

按照简政放权、放管结合、优化服务的要求，国家尽快建立完善的加氢站设计、审批、建设及运营规范，并明确新建加氢基础设施审批部门及流程，明确加氢基础设施建设及运营企业准入门槛和要求。

鼓励氢能经济示范区域加大对加氢站用地的支持力度，将新建独立占地的加氢基础设施用地纳入公用设施营业网点用地范围，根据可供应国有建设用地情况，优先安排土地供应。鼓励结合加油站、充电站，建设加氢基础设施，各地政府应协调相关单位予以支持。

（三）完善财税政策扶持体系

进一步完善氢燃料电池汽车财税政策支持体系。研究完善氢燃料电池汽车财政补贴政策，突出引导技术进步，确保在2025年前持续给予高强度的财政补贴；在车辆购置与运营、加氢基础设施建设与运营、车用氢气使用等方面，给予一定强度的财政补贴支持，研究制定基于氢气质量分级的车用及发电用氢气定价机制，以及利用弃风、弃光、弃水、弃核、工业副产气等制氢的补贴政策。加快制定中央和地方财政氢能基础设施建设运营补贴资金的管理办法和实施细则。

研究完善氢燃料电池汽车税收优惠政策。研究延长燃料电池汽车免征购置税的实施期限；研究制定先进燃料电池汽车、关键零部件、核心材料等的进口暂定税率和研发、生产、检测等重要装备进口关税优惠政策；研究氢燃料电池汽车及关键零部件研发、生产企业依法享受企业所得税、增值税等相关优惠政策；推进加氢站氢气免税政策研究。

积极探索促进燃料电池汽车发展的长效市场机制。研究完善新能源汽车碳配额、双积分等市场化激励政策，根据节能减排实际效果，给予燃料电池汽车更合理的碳配额或积分值。

（四）积极拓宽投融资渠道

鼓励和吸引社会资本特别是民间资本，通过战略投资、股权融资、信托投资、特许经营等方式，参与加氢基础设施建设、燃料电池汽车示范及相关运营维护工作。支持氢能及燃料电池汽车企业上市融资，推广股权、项目收益权、特许经营权等质押融资方式，积极推动设立融资担保基金。加强银企合作，创新金融服务，鼓励金融企业为氢能及燃料电池汽车产业企业提供优质、低成本的融资及企业承兑、无形资产抵贷等服务。引导现有产业发展基金向氢燃料电池汽车产业倾斜，并鼓励行业层面或者地方政府建立氢燃料电池汽车产业发展专项基金。

（五）加强行业管理与协同效应

依托国家现有新能源汽车协调及联席会议机制，加强部门协同配合，明确氢燃料电池汽车发展共识，强化对氢能示范区的监督指导、安全管理。支持行业组织承接政府转移职能，积极发挥其在政策研究、数据统计、标准制修订、产业联合攻关和国际合作交流等方面的重要作用。发挥行业机构（学会、协会）和产业技术联盟的优势，建立跨行业的组织协调机制，加强市场的协同作用，促进氢能及燃料电池关键基础技术的产业化应用，逐步推动氢能及燃料电池技术及产品在热电联供、交通运输、航空航天、深海航潜等领域的应用和联动协同发展。

B.6
新能源汽车与资源、能源、交通和未来城市的融合发展

王晓明　王　通*

摘　要： 随着新能源汽车的迅速发展和大规模普及，与资源、环境、未来交通和未来环境的协调发展成为亟待解决的问题。本报告分别从资源、环境、交通、城市四个角度入手，详细分析了新能源汽车发展所带来的影响和所受的制约，并提出了相应建议。新能源汽车发展可促进资源合理开采，但我国锂、钴、铂族金属等资源开采难度大、储量少，应尽量寻求替代能源；新能源汽车能源应兼具经济性和高效性，并满足消费者的使用需求，与新能源汽车相匹配的能源产业链需加速完善；在未来的智慧交通体系下，新能源汽车不仅要实现自身资源的合理供给和需求，还要与整个智能交通网络实现互联；未来智慧城市的构建需要将城市建设与新能源汽车相结合，与此同时，智慧城市的发展还需要资源、能源、交通、城市协调并进。

关键词： 新能源汽车　资源　能源　智慧交通　智慧城市

本报告研究的是，在新能源汽车的后补贴时代，尽管针对新能源汽车的补贴退坡，但由于新能源汽车电池成本下降和电池能量密度提升，以及5G、

* 王晓明，国务院发展研究中心产业经济研究部第一研究室主任，研究员，主要从事交通、环保、医疗、住房等公共领域的研究；王通，清华大学汽车工程系博士研究生，研究领域为自动驾驶汽车的线控转向。

智能驾驶的普及及用车环境和相关基础设施的完善，未来新能源汽车保有量和销量将持续大幅度增长。在新能源汽车大规模普及的过程中，需要与资源、能源、交通和城市相互协调。根据《节能与新能源汽车路线图》预测，到2030年，我国新能源汽车销量将超过1500万辆，占汽车总销量的40%以上，新能源汽车保有量将达到8000万辆。

随着汽车在社会交通体系中扮演的角色不断变化，新能源汽车如何实现与未来交通社会的协同发展，以及如何在保有量快速增长的情况下与资源、能源协同发展等，都是亟待解决的问题。

首先，新能源汽车与传统燃油车对能源、资源、交通和城市环境产生不同影响。在资源方面，新能源汽车的大规模普及会对锂、钴、镍等金属资源和稀土资源产生大量的需求，而这些资源存量有限，因此这些资源的储量可能会对新能源汽车的大规模普及产生影响，新能源汽车的技术路线也可能由于资源制约而发生改变。

在能源方面，由于新能源汽车的能量来源主要为电能和氢能等，不同于传统燃油车的化石能源，因此新能源汽车的大规模普及会给车用能源结构带来影响。

在交通方面，新能源汽车相对于传统燃油车来说，更易于成为无人驾驶技术的载体，因而新能源汽车的大规模普及将伴随智能交通系统的建立及车联网的大规模应用，将对道路交通管理和道路基础设施建设产生巨大影响。

在城市方面，由于新能源汽车可以实现零排放，相对于传统燃油车来说更具环境友好性，因而新能源汽车给城市环境将带来正向影响。

其次，新能源汽车的发展应当与资源、能源、交通和城市相协调。在新能源汽车对资源、能源、交通和城市产生影响的同时，资源、能源、交通和城市规划也应做出相应调整。

最后，新能源汽车的发展也需要配套基础设施的调整。例如电动车的大规模普及相对应的是充电桩的大规模普及，与智能交通发展相对应的是道路基础设施的更新换代。由于基础设施建设需要大量的前期投入和维护投入，所以建设与新能源汽车相关的基础设施之前要进行充分的协同规划。

一　新能源汽车与资源的融合发展

新能源汽车包括纯电动汽车（BEV）、插电式混合动力汽车（PHEV）和燃料电池汽车（FCEV），对于新能源汽车动力电池来说，锂、钴、镍和稀土金属等是不可或缺的。

（一）现有资源储量对新能源汽车大规模发展的制约

新能源汽车动力电池需要锂、钴、镍、稀土金属等资源，本节通过估算这些金属在地球上的储量和动力电池对这些金属的需求量，来分析这一资源因素是否会对新能源汽车的大规模发展产生制约。

我们假设未来新能源汽车的大规模发展可能出现以下几种模式：基本模式、配置替代模式、技术进步模式、燃料电池替代模式和材料替代模式。在基本模式下，汽车的动力电池按照现有的技术路线继续发展，即动力电池的能量密度稳步提高，新能源汽车（主要是纯电动汽车）的能量完全来自自身搭载的动力电池，那么到新能源汽车大规模普及的时候（假设2040年），地球上的锂、钴、镍等资源能否满足这么多新能源汽车的动力电池需求？在配置替代模式下，新能源汽车的能量既可来自自身搭载的动力电池，也可来自分布式储能电站，分布式储能电站的发展和完善，可以降低对动力电池的需求量，从而降低新能源汽车对这些资源的需求量。技术进步模式是指动力电池的能量密度大幅度提升，所需材料相应减少，也可以降低新能源汽车对这些资源的需求量。燃料电池替代模式是指未来的新能源汽车并不是以纯电动汽车为主，而是燃料电池汽车和电动汽车共同发展。材料替代模式是指未来新能源汽车的动力电池可以采用储量更加丰富的金属资源来替代储量有限的金属资源。下面对各种模式逐一进行分析。

1. 基本模式

假设按照现有的技术路线，电动汽车动力电池以锂离子电池为主，假设在2040年，所有的燃油车都被纯电动车（锂离子电池）替代，且纯电动车的续驶里程达到400km。动力电池的电能来源于电网，每辆车即便处于闲置状态，也需要配备满电的动力电池。对于电动汽车来说，动力电池需要锂、钴、镍等金属，电机需要稀土金属，燃料电池需要铂族金属。目前电动汽车所需要的资源在地球上的存量分别为：锂16Mt，钴7.1Mt，镍74Mt，铂族金属0.069Mt，钕12.8Mt，镝1.1Mt。[①] 三种锂电池对这些元素的需求量如表1所示。

表1　三种锂电池对各种元素的需求量

单位：kg/kWh

类别	Li	Co	Ni	Mn	C
LCO	0.113	0.959	0	0	~1.2
NCA	0.112	0.143	0.759	0	
NMC-111	0.139	0.394	0.392	0.367	
NMC-622	0.126	0.214	0.641	0.200	
NMC-811	0.111	0.094	0.750	0.088	

注：LCO，钴酸锂；NCA，锂镍钴氧化铝；NMC，氧化钴（数字表示镍、钴和锰在摩尔分数的基础上的比值）。

资料来源：Notter, D., Gauch, M., Widmer, R., Wagner, P., Stam, A., Zah, R., and Althaus, H. (2010). Contribution of Li-ion Batteries to the Environmental Impact of Electric Vehicles. *Environ. Sci. Technol.* 44, 6550-6556。

预测到2025年，NMC-622已经开始商业化，届时三种NMC锂电池的市场份额为：50%的NMC-622、35%的NMC-111、15%的NMC-811，其中NMC-111的市场容量为45GWh。在2025年之后，锂电池的市场具有一些不确定性，需要根据不同的场景来进行分析预测。

① 美国国家地理。

图1显示到2025年钴金属的供需关系，纵坐标表示从2002年至今各个国家开采的钴资源量，以及预计到2025年的预计开采量。对供给量的最小预测值（黑色虚线）是基于中国和刚果共和国有记录的开采和精炼能力的增长量，并假设其他国家的生产量不变，此时低预测值为2025年供给量的增长量为180千吨。对供给量的最大预测值（灰色线）假设在2025年供给量的增长量可以达到290千吨。从图1可以看出，尽管钴的供给量可以满足锂电池对钴需求量的较低估计值，但如果锂电池电动汽车快速发展，则可能出现钴资源的可用性问题。

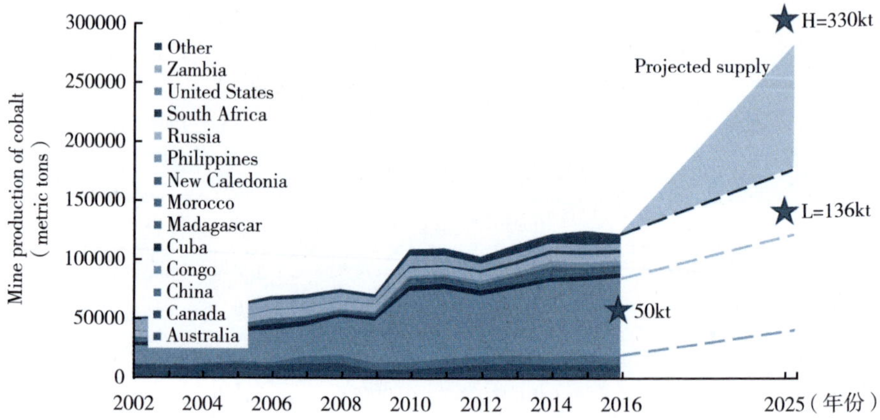

图1　锂电池中钴的需求量，包含按国家划分的历史供给量与当前和预期的供给量

注：星号表示2016年的需求量，单位为吨，以及2025年在高需求场景和低需求场景下钴资源的预测需求量。虚线表示基于钴资源已经公布的储量和储能扩展量预测的供给量。阴影部分表示供给量的线性增长情况。

资料来源：Elsa A. Olivetti, Lithium – Ion Battery Supply Chain Considerations: Analysis of Potential Bottlenecks in Critical Metals. Joule, 2017. 1: 229 – 243。

2.配置替代模式

配置替代模式是指新能源汽车的能量来源为新能源汽车＋分布式储能电站，即新能源汽车在运行时的能量来源于车上的动力电池，不运行时其上面的动力电池交由分布式储能电站进行管理，提供给其他有需要的车辆，这种车电分离的模式可以有效减少电池的保有量。且分布式储能电站的储能材料可以采用常规材料或退役的动力电池，因而可以节省一部分稀缺资源。

分布式储能技术有很多种，主要包括抽水储能、压缩空气储能、飞轮储能、超级电容储能、超导储能、铅酸电池储能、锂离子电池储能、钠硫电池储能、液流电池储能等。[①] 目前来看，抽水储能、压缩空气储能、飞轮储能和铅酸电池储能属于比较成熟的储能技术。

分布式储能可以促进新能源汽车用户用电方式的多样化。由于新能源汽车的加入，用户对用电的需求变得多样化，用户既可以选择交流（慢充）充电，也可以选择直流（快充）充电，动力电池的梯次利用也开始发展。在这一模式下，新能源汽车的广泛应用不会带来对稀缺资源的过度需求，可以保证新能源汽车与资源之间的可持续协调发展。

3. 技术进步模式

通过技术进步可以大幅度提高电池的能量密度，减少车用电池对资源的需求量。能量密度是指在一定空间或质量物质中存储能量的大小。2017 年 2 月，四部委联合印发的《促进汽车动力电池产业发展行动方案》提出，2017 年汽车动力电池的能量密度约为 120 Wh/kg，预计在未来三年内，每年将提升 30 ~ 40Wh/kg，到 2020 年，锂离子动力电池单体比能量要大于 300Wh/kg，系统比能量争取达到 260Wh/kg[②]，到 2025 年，单体比能量达到 500Wh/kg，到 2050 年，单体比能量可能达到 700Wh/kg。但电池的能量密度不会无限制的提高，能量密度的提高只能减缓新能源汽车对资源的消耗速度。

4. 燃料电池替代模式

在基本模式下，未来的新能源汽车是以纯电动汽车为主、燃料电池汽车为辅的，但随着燃料电池技术的进步，未来有可能燃料电池汽车和锂离子电

① 陈海生：《分布式储能的发展现状与趋势》，https：//wenku. baidu. com/view/57e730d2ba1aa8114531d915. html。

② 《促进汽车动力电池产业发展行动方案》，http：//www. most. gov. cn/mostinfo/xinxifenlei/fgzc/gfxwj/gfxwj2017/201703/t20170302_ 131554. htm。

池汽车并行发展，燃料电池市场份额的提升可以降低锂离子电池对稀缺资源的需求。

燃料电池是一种将燃料与氧化剂的化学能通过电化学反应直接转化成电能的发电装置①，比锂电池具有更高的能量密度（氢燃料电池的能量密度可以达到300~500Wh/kg）和更高的功率密度。质子交换膜燃料电池的最佳工作温度为60~100℃，最适宜汽车使用，质子交换膜燃料电池的催化剂为铂金催化剂。美国通用汽车公司2007年售卖的雪佛兰Equinox中，铂用量水平约为0.86g/kW，每辆车中铂用量达到80g左右，以铂的价格为1000美元/盎司计算，每辆车中铂的费用为2822美元，占燃料电池系统成本的20%以上。② 因而铂族金属的高成本和低储量可能会成为燃料电池发展的制约因素。

关于燃料电池的发展，主要汽车生产国已经制定了相应的规划。例如，日本政府宣布，计划在2020年国内燃料电池汽车保有量达到4万辆③，2030年之前达到80万辆，到2040年全面普及燃料电池汽车。英国预计2020年燃料电池车销量达到1万车辆。④ 我国也提出了一系列燃料电池发展规划，例如到2020年，燃料电池汽车达到1000辆的运行规模，到2025年，制氢、加氢等配套基础设施基本完善等。

燃料电池汽车对电动汽车的替代会降低新能源汽车对动力电池相关资源的需求，但燃料电池汽车对于稀土金属也有一定的需求，因而燃料电池的大规模普及可能会带来新的资源问题。

5. 材料替代模式

未来有可能会出现替代锂、钴、镍等金属的替代材料，从而用储量丰富的材料代替稀缺资源。对于稀缺资源的替代方案还包括，例如锂离子电池

① https：//baike. baidu. com/item/燃料电池/111249？fr = aladdin.

② https：//wenku. baidu. com/view/94583b9ddbef5ef7ba0d4a7302768e9951e76ee8. html.

③ 《日本却计划到2040年“普燃”政企合作打造核心竞争力》，http：//ny. chinacenn. com/nyzx/20180723/119287. html。

④ 《2016年中国燃料电池市场现状分析及发展趋势预测》，http：//www. chyxx. com/industry/201607/433233. html。

（Li，Co，Ni）可以用金属空气电池（Li，Mg，Zn，Al）代替，永磁电机（稀土金属）可以用感应电机（Al，Cu）来替代。

针对全球乘用车使用的动力电池资源（锂、钴、镍），基准情景下，电池的技术路线以锂离子电池为主，到2030年过渡到完全高镍三元（811），假设平均续航里程200km，对应当下约30kWh的电池容量。锰酸钾电池可以减少稀缺的钴元素用量，目前锰酸锂主要应用在插电式混合动力汽车上；预计在2025年以后，富锂锰基动力电池将得到广泛应用；到2040年之后，锂硫、金属空气电池或金属负极电池可能得到广泛应用。如果未来的技术发展能够实现用普通金属来代替稀缺金属来制造动力电池，那么新能源汽车的资源制约问题就能从根本上得到解决。

（二）新能源汽车在全球范围的资源制约

全球范围内的锂、钴、镍等资源存量如下。

锂资源：全球锂资源消费将呈指数级增长，锂产业链将经历系统性规模扩大；未来由于汽车电动化进程的不同、技术路线的不同、产品路线的不同，需求量存在较大的不确定性；短期内材料回收再利用效果不明显，2040年之后效果逐步显现。在极端的情况下，锂资源可能受限，因而必须提高资源回收率。

钴资源：全球钴资源消费量快速增长，但增长方式面临一定不确定性，短期内回收再利用效果不明显，2040年之前主要靠一次资源输入。相比锂资源，钴资源面临资源制约的可能性更大，即使在高回收率情况下，也存在资源受限可能性，对钴资源的开采能力是最大的变数。

镍资源：镍资源传统用途用量较大，镍资源面临资源制约的可能性高于锂，略低于钴，相对庞大的既有产能在一定程度上缓解了供需矛盾。高镍三元技术从资源角度大大加剧了镍资源的紧张，必须促进电池及其他高镍产业镍资源的回收。

综上，从中短期的需求和储量对比来看，稀缺度从高到低依次是钴 > 镍 > 锂；从长期来看，稀缺度从高到低依次是镍 > 钴 > 锂。

（三）新能源汽车在中国的资源制约

中国汽车保有量到2030年将达到4.2亿~4.6亿辆，到2050年将达到5.4亿~6.4亿辆（见图2），2030年和2050年的千人汽车保有量分别约为300辆和400辆。其中乘用车、货运汽车和客运汽车的保有量情况如表2所示。汽车保有量的不断增加带来的是车用矿产资源需求量的增加。

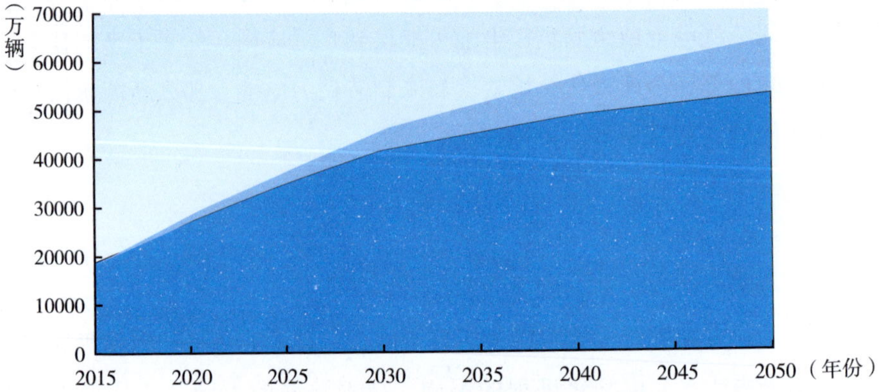

图2　中国汽车保有量预测

资料来源：彭天铎、注旭峰，《中国车用能源需求和关键材料资源可获性分析》，《中国工程学科》2018年第2期。

表2　未来不同用途车辆的保有量预测

单位：辆

年份	乘用车			货运汽车	客运汽车
	低	高	平均		
2030	3.8亿	4.2亿	4亿	—	—
2040	—	—	—	440万	3750万
2050	5亿	6亿	5.5亿	430万	3680万

资料来源：彭天铎、注旭峰，《中国车用能源需求和关键材料资源可获性分析》，《中国工程学科》2018年第2期。

常规的车用矿物资源包括钢材、镁合金和铝合金等。清华大学中国车用能源研究中心研究预测，到2050年，中国的钢材产能可以满足汽车的需求，车用镁合金加工产品在尺寸精度、内在性质及性能稳定性方面和国外仍有较大的差距，车用铝合金是中国大宗紧缺矿中之一，对外依存度较高。①

未来中国新能源汽车占比将不断提高，根据清华大学中国车用能源研究中心的研究结果，到2050年，中国乘用车、货运汽车和客运汽车中电动汽车和燃料电池汽车所占的比例如表3所示。

表3　未来不同用途车辆中新能源汽车的占比

单位：%

年份	乘用车		货运汽车		客运汽车	
	EV	FCV	EV	FCV	EV	FCV
2010	0	0	0	0	0	0
2020	2	0	0	0	20	0
2030	16	0	0	1	45	1
2040	33	3	0	13	50	13
2050	52	5	0	32	55	32

资料来源：彭天铎、注旭峰，《中国车用能源需求和关键材料资源可获性分析》，《中国工程学科》2018年第2期。

到2050年，中国乘用车、货运汽车和客运汽车中电动汽车和燃料电池汽车的保有量预测如表4所示，预计2020年、2030年、2050年动力电池的装机容量将分别达到120GWh、610GWh、1500GWh。

表4　2050年全国新能源乘用车、货运汽车和客运汽车的保有量预测

单位：辆

乘用车	货运汽车		客运汽车		
EV	FCV	EV	FCV	EV	FCV
2.86亿	2750万	0	138万	2024万	1178万

① 彭天铎、注旭峰：《中国车用能源需求和关键材料资源可获性分析》，《中国工程学科》2018年第2期。

在新能源汽车所需的矿产资源中，锂资源对新能源汽车的制约明显。2015年中国锂资源已探明储量为 5.1×10^6 吨，居全球第5位，但盐湖型储量超过80%。盐湖锂资源主要集中在青藏高原，开采难度大，目前开采量只占世界总量的5%，关键的锂材料和产品还依赖国外进口。[①] 因而锂资源短期内无法快速扩张以满足内需。2015年全国锂资源的用量已经达到20万吨，且以每年10%的增速在持续提升，预计到2020年碳酸锂总需求会达到46万吨左右，远远高于产量。[②]

中国是世界稀土资源储量大国，2015年总储量约为 5.5×10^7 吨（以稀土氧化物REO来计算），占世界总储量的44%，且矿种和稀土元素齐全、品位高、矿点分布合理[③]，就目前产能来看，完全能够满足未来新能源汽车的需求。

铂资源紧缺，明显制约新能源汽车的长期发展。中国是世界第一大铂消费国，2013年对铂的需求量达到73.1吨，且对铂的需求量逐年增长，但国内每年铂族金属的矿产量只有2～3吨。[④] 因而铂资源的匮乏和铂资源的高成本将制约燃料电池的大规模商业化应用。

中国锂资源储量丰富，长期来看不存在资源风险，但由于开采难度大，所以应以生态优先理念来推动青藏高原锂资源的开发，开展对低含量、低品位盐湖锂矿的高效分析，开展具有循环工艺特点的开发。钴资源缺乏，但产业链控制力强，主要依赖刚果进口。镍资源面临资源挑战，要加强存量镍的回收。

（四）小结

支撑新能源汽车发展的资源条件存在风险，其中，钴、镍危险程度更高，近期来看钴面临最大风险。必须将钴、镍、锂资源纳入战略资源考量，

① 中国电动汽车百人会：《中国电动汽车百人会2017年度报告》。

② http://libattery.ofweek.com/2016-06/ART-36007-8470-30001380_4.html.

③ 中国电动汽车百人会：《中国电动汽车百人会2017年度报告》。

④ 梁海峰、李颖：《世界铂资源形势及中国铂资源保障研究》，《地质评论》2015年第Z1期。

避免成为新能源汽车发展的绊脚石，要建立完善的回收体系（提升社会回收率和技术回收率，根据北京理工大学能源与环境科学院的研究预测，到2020年，全球废旧锂电池的数量约为250亿只①），进行资源勘探与开采（海洋资源的开采和利用），寻求需求端的技术替代（金属空气电池等）。未来的新能源汽车发展模式一定是上文提到的五种模式的混合，既有技术的进步、材料的替代，也有储能的发展等。

要使中国新能源汽车与资源协调发展，就应促进矿产资源的合理开发和利用，优化新能源汽车相关矿产资源的使用结构，最大限度地发挥中国矿产资源的经济效益和环境效益。将“开源”与“节流”相结合，在科学规划国内矿产资源开发利用的同时，积极开发利用境外矿产资源，开展国际合作。②

二　新能源汽车与能源的融合发展

新能源汽车的动力类型和传统燃油车不同，在考虑新能源汽车与能源的协同发展时，不仅要考虑能源需求侧的变化，还要考虑能源供给侧的变化，以及新的能源主体。

（一）新能源汽车使电网负荷增加

新能源汽车大规模的接入，给电网带来了不断上升的负荷。2016年9月，自然资源保护协会与国家发改委能源研究所、国家可再生能源中心联合发布的《电动汽车在上海市电力系统中的应用潜力研究》中，对电动汽车发展的常规情景和电动汽车发展的高速情景进行了预测，两种情景下的预测结果如图3所示。从图中可以看出，在未来十几年内，上海市的新能源汽车保有量将持续高速增长，这也反映了全国新能源汽车保有量的变化趋势。

① http：//libattery. ofweek. com/2016 – 06/ART – 36007 – 8470 – 30001380_ 4. html.

② 彭天铎、汪旭峰：《中国车用能源需求和关键材料资源可获性分析》，《中国工程学科》2018年第2期。

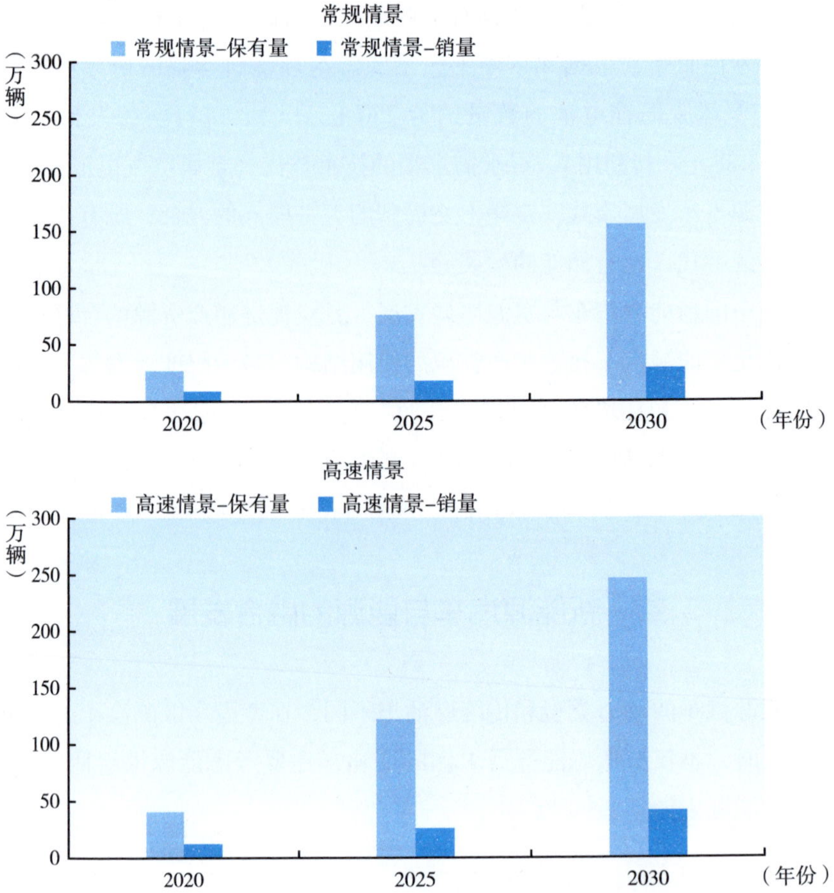

图3　上海市在常规情景和高速情景下2020～2030年电动汽车销量及保有量预测

资料来源：《电动汽车在上海市电力系统中的应用潜力研究》，http：//www. sohu. com/a/130545382_ 313719。

电动车保有量的增加对应的是电网负荷的增加，在常规情景和高速情景下，上海市2030年电网负荷的增加情况如图4所示。从图中可以看出，无论是常规情景还是高速情景，新能源汽车的普及都大幅度增加了电网的峰值负荷，尤其是上午10：00～11：00和下午19：00～20：00这两个时间段内，电网的负荷增加尤为明显。对电网来说，电网负担的峰谷相对差距越大，电网的效率越低，因而需要针对新能源汽车的充电时间进行合理的规划，来降低对电网峰值的增加量。

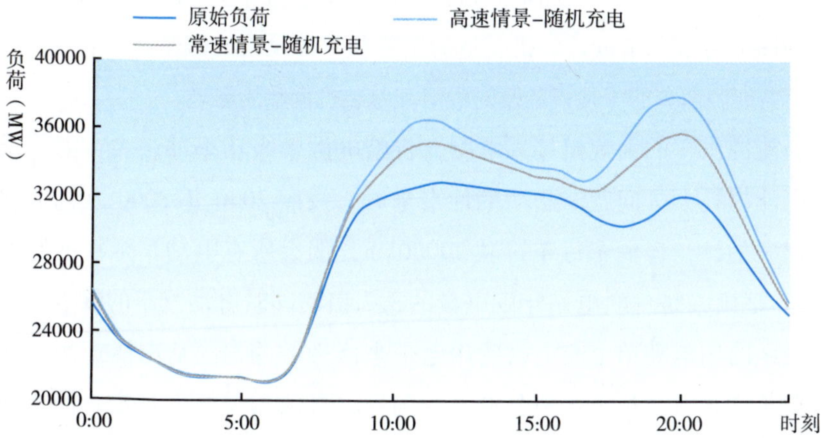

图 4　两种情景下 2030 年上海市夏季电动车充电负荷

资料来源：《电动汽车参与上海市电力需求响应潜力及经济性研究》。

相关研究认为，当电动汽车随机充电时，由电动汽车带来的充电高峰与电网原始负荷高峰并不重合。但到了 2030 年，电动汽车保有量大幅增加时，在普通情景下，如果不对充电时间进行规划调整，充电负荷将显著提升上海市傍晚电力负荷高峰，最高负荷出现在 20：00，负荷值为 35757MW，最低负荷出现在 6：00，负荷值为 21069MW。在高速情景下，如果不对充电时间进行规划调整，最高负荷出现在 20：00，负荷值为 37931MW，最低负荷出现在 6：00，负荷值为 21045MW。①

从上海市电动汽车给电网带来的负荷增加可以看出，要想消除电动汽车充电对电网的影响，就需要对电动汽车与电网之间的供需关系进行调整，未来电动汽车和电网之间的关系不仅仅是电网单向地对动力电池进行供电，而应是电动汽车与电网之间的互动模式。

（二）在发电侧应考虑新能源汽车的需求

新能源汽车的大规模普及使汽车从直接使用传统燃油向使用电能转变，

① 《电动汽车参与上海市电力需求响应潜力及经济性研究》。

这一转变势必会给电网增加负载负担，因而在电网的发电侧，要根据新能源汽车的用电需求，来进行装机容量的调整和基础设施的搭建。

1. 新能源汽车的大规模普及对供电源总装机容量的影响

新能源汽车的大规模接入电网，将给电网带来功率冲击大、电压控制难、电能损耗大等问题。从功率冲击来看，按照2030年8000万辆电动汽车的保守估计，每辆车每年行驶20000km，那么所有电动车全年的充电量为3200亿度，是三峡电站年发电量的3.3倍。同时电动汽车的接入，也会给居民区的用电和单个充电桩的用电带来巨大的冲击。从电压控制方面来看，重负载导致的过荷将引起低电压问题，目前相关标准规定，高压侧谐波总含量控制在4%左右，低压侧则应低于5%，这大大增加了充电桩设计的难度。从电能损耗方面来看，按照充电损耗率10%来估算，2020年电损将达到20亿度，2030年将超过300亿度（相当于整个海南省全年的用电负荷）。①

大规模电动汽车介入电网的随机无序充电，将会极大地增加系统负荷需求，使得电网需增加相应发电机组和配套电网设施，为这部分新增加负荷供应电能。电力公司通过智能充电管理系统检测电网的实时运行状态，并获取电动汽车的充电需求，根据实时电费信息和系统负荷水平，利用智能充电设备对电动汽车的充电进行调整控制。②

2. 能源基础设施的投资尽可能具备经济合理性

新能源汽车的充电基础设施具有初期投资大、建设维护时间长、投资回报周期长等特点。据估计，一个慢充充电桩的成本约3万元，一个快充充电桩的成本为10万元，一个中等规模充电站的成本在500万元左右。除了充电桩的投资之外，还有电网扩容方面的投资。国家电动汽车基础设施

---

① 《大规模电动汽车充电给电网带来的挑战和对策》，https：//www.baidu.com/link？url = wjM5tMXUm6SDdQMbHPSvAEiXg5mtwdV1ua - xoiGWZNTY1vAzkjK_ EpggEFzjhhT0TtytgyPfJHJvKB_ - FvciWJnEvigiz_ -4AES5pjAXrG3&wd = &eqid = d3257b0200007aff000000035b5e6d15。

② 黄锋：《含大规模电动汽车的电力系统动态经济调度问题研究》，广西大学硕士学位论文，2013。

发展规划指出，要在2020年建成完善的充电设施体系网，预计投资近600亿元。[①]在能源基础设施投资的基础上，还要针对新建的电网和已有电网进行智能电网的规划和搭建。

除了技术设施的投资以外，在电动汽车的电价制定上也要进行规划，制定电动汽车充电电价需要考虑三个部分：发电成本、输电成本和售电成本。目前国内的公共充电桩是由不同单位运营管理和收费的，除了收取电费外，还收取服务费，来弥补运营成本。基本的电费约1元/度，服务费视各地物价而不同，基本都在1元/度以内。电动汽车的电力需求具有周期性，即每天的充电负荷有波峰和波谷，因而未来在大规模普及的电动汽车的电价制定上，要考虑到电网的负荷率，即当电网负荷处在低谷时适当降低充电电价，当电网负荷水平处于峰值时适当提高电价，特别是分布式储能电站接入电网之后，电动汽车的充电时间应该与分布式储能电站的发电量及启停时间进行科学合理的协调。[②]

3. 新能源与新能源汽车紧密耦合

中国电动车百人会理事长陈清泰指出：电动汽车与可再生能源相结合将成为第三次工业革命的一大支柱。随着未来科技的进步，风电、光伏发电占比将越来越高。国网能源研究院的数据显示，2030年电网装机容量达到36.3亿RW，2050年达到57.5亿RW，增加的部分以清洁能源为主[③]，2030年清洁能源装机占比达到60%，2050年达到82%。与此同时，风电、光伏发电的成本持续下降，平价上网即将实现，但部分地区的弃风、弃光现象比较严重。根据国家能源局的统计数据，2017年全年弃风电量为410kWh，弃风率为12%，弃光电量为73亿kWh，弃光率为6%。电动汽车作为移动的能源载体，可以作为“光储充”一体化微电网的辅助储能装置，为电网消

① 帅翔宇、谈成、张圣威：《PPP模式在新能源汽车充电基础设施产业中的应用分析》，《经贸实践》2017年第16期。

② 史乐锋：《需求侧管理视角下的电动汽车充放电定价策略》，重庆大学硕士学位论文，2012。

③ 《2030、2050我国发电装机有望分别突破30、50亿千瓦》，http://www.china-nengyuan.com/news/118610.html。

纳绿色电力做出贡献。

分布式储能可以解决分布式电源接入和负荷快速增长给电力系统运行与规划带来的问题。[①] 对于分布式储能，目前国家已经出台了一系列指导意见和鼓励政策，例如2015年中共中央、国务院印发的《关于进一步深化电力体制改革的若干意见》提到“开放电网公平接入，建立分布式电源发展新机制”。[②] 2016年“十三五”规划纲要中关于能源发展重大工程提出，“加强多种电源和储能设施集成互补，提高电力系统的调节能力及运行效率”。[③] 针对城市的新储能模式，目前国内一些企业如中天科技、经纬锂能、华电集团、无锡尚德与北控清洁能源等，都针对“分布式清洁能源 + 储能”进行积极布局。2016年，亿纬锂能与江苏杨能股份有限公司签订《战略合作框架协议书》，凭借自身在锂离子电池方面的核心技术打造储能专用的磷酸铁锂电池；2017年6月开始建立的华电湘潭九华分布式能源站，将利用天然气为燃料，以冷、热、电联产技术为基础，与大电网和天然气管网组网运行，向九华范围内的企业提供电力。

未来，新能源汽车供电侧需要靠集中供电电网和分布式储能电站相结合的模式进行运营，以减轻电网负荷率的负担，合理分配电力能源。

预计到2030年，当电动汽车保有量达到8000万辆时，大部分电动汽车每天的停驶时间占一天的90%以上，如果每个电动车搭载50kW的电池，那么平均有1/4的汽车在闲置的时候插在电网上，那么大约有10亿kWh的电容量可以参与平衡可再生能源。[④]

目前，电网是单向给电动汽车补充电能，主流的模式是电网给电动汽车充电，另外还有电网给电池充电，然后电动汽车采用换电方式。未来，电动汽车的车载电池不仅可以为汽车自身供电，还可以作为智能电网中的移动储能单元，电动汽车与电网将是一种互动互联的关系，即V2G（Vehicle to

---

① 《国内外分布式储能规划、商业模式、前景分析》，《电网技术》2017年第11期。

② 中共中央、国务院：《关于进一步深化电力体制改革的若干意见》。

③ “十三五”规划纲要。

④ http：//www. 360doc. com/content/18/0113/11/41849486_ 721550651. shtml.

Grid)，这种互联模式需要建立类似加油站的分布式能量站，配备低成本、长寿命的兆瓦级储能电池。[①] 分布式光伏储能充电站可以实现“在地发电，就地消纳”，不需要大面积的土地建站，也没有电网接入的问题。“光伏 + 储能 + 充电桩”形成了一个多元互补的能源发电微电网系统，光伏自发自用，余度存储，不仅可以有效平抑对配电网的负荷冲击，还可以最大限度地利用峰谷电价，达到经济效益最大化。[②] 在充放电的时间分布上，可以根据不同运营模式（例如电动公交车、电动出租车和电动私家车）的运营时间，来对充电时间进行调整。未来，“光储充”一体化微电网甚至可以作为智慧交通的配套设施，支持智能路网、智能电网、智能信息网“三网融合”发展。

（三）电力需求侧要进行合理的能量管理

随着智能电网的发展，电力市场利益优化问题已经成为制约微电网电力市场发展的关键问题，在新能源微电网中，一些企业与家庭在实现自给自足的基础上还有多余的电力，可以给其他用户使用，进而促成了用户之间、用户与电力市场之间电交易的产生。[③] 电交易不仅改变了传统电力系统的运行方式，也改变了电力市场的运行方。2015 年 11 月，国家能源局印发《关于推进售电侧改革的实施意见》，明确提出逐步向社会资本开放售电业务，多途径培育售电侧市场主体，充分发挥市场在资源配置中的决定性作用，建立规范的售电市场化交易机制。[④]

售电交易平台是联系各类参与主体的重要纽带，主要参与主体包括电力

① 《电动汽车与电网之间的关系及发展趋势的研究》，http：//www. sohu. com/a/164542997_233844。

② 《“光伏 + 储能 + 充电桩”——新能源界最具潜力组合》，https：//www. baidu. com/link？url = Rb40JHrFDr5_ eWGT4jqoq8spRESNNj5YgvJzIRtmdy1QC8YNhBIiusbCSpGFvmp63NL_ k6Mzf6ZlNRdIoyTjQq&wd = &eqid = a35395e80001785e000000035b0bbc8b。

③ 张栩、温蜜：《智能微电网中一种多对多售电利益优化算法研究》，《计算机工程》2016 年第 43 期。

④ 《关于推进售电侧改革的实施意见》。

调度中心、电力交易中心、发电公司、售电公司以及用户等（见图5）。基于云计算技术、大数据技术、物联网等现代化技术，实现“售电＋互联网”的智能化售电运作模式①，使得电力能源既能满足新能源汽车的需求，又能保证经济性。

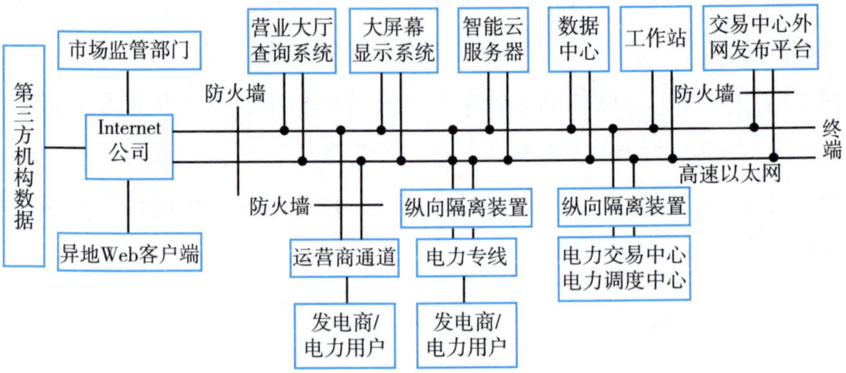

图5　交易运营平台配置框架

资料来源：任莹，《售电交易运营平台建设方案研究》，《吉林电力》2017年第45期。

从图6可以看出，当电动汽车达到一定规模以后，其主体是乘用车、公交车和出租车，这三者可以错峰充电，同时电动汽车的电池可以为电网提供辅助服务，作为电网的缓冲，增加电网的稳定性和可靠性。在电价的制定上，应充分考虑电网波峰和波谷的影响，从价格上对消费者的充电时间进行激励和约束。

（四）出现新的能源主体、商业模式和管理平台

动力电池的全生命周期包括动力电池的生产到使用、动力电池的梯次利用、动力电池的回收。② 传统燃油汽车的能源主体已经不能满足动力电池全生命周期的运行需求，在动力电池产业链中会出现新的运营主体，例如负责

① 任莹：《售电交易运营平台建设方案研究》，《吉林电力》2017年第45期。

② http：//www. escn. com. cn/news/show－505895. html。

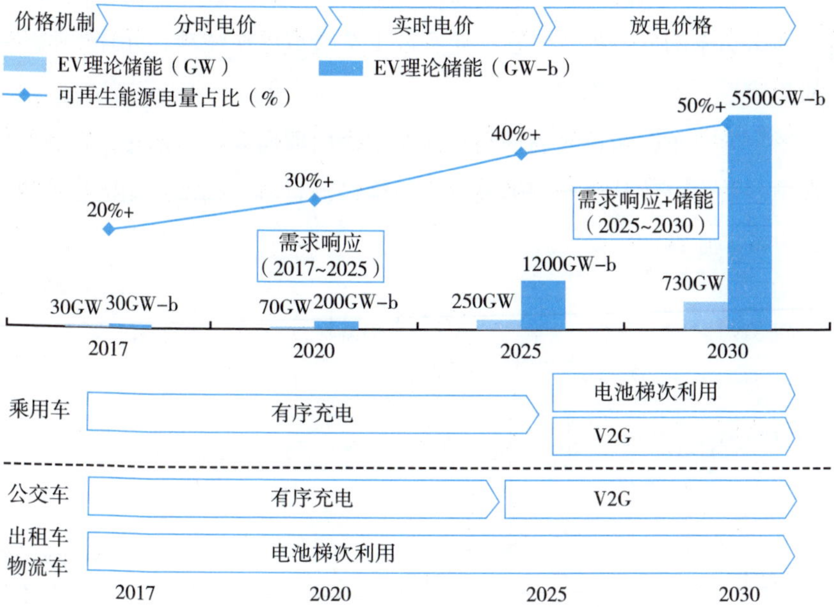

图 6　电动汽车与电网互动的基本路线

资料来源：http：//www. sohu. com/a/164542997_ 233844。

动力电池梯次利用的主体、动力电池回收主体，以及负责动力电池全生命周期管理的第三方。

1. 新的能源主体

目前，城市内的能源主体为加油站和分布式储能电站等，充电站只占很小的一部分，未来在新能源汽车大规模普及时，充电站将成为新能源汽车能源供给的主体。充电站与分布式储能电站相结合的智能供电站也将得到发展。预计到 2030 年，全国会建成超过 4. 8 万座充电站，风能、太阳能等将被接入充电服务网络，实现可再生能源与电动汽车融合的规模化应用。

2. 新的商业模式

新能源汽车获取能源的商业模式将不仅仅局限于目前的充电/换电模式。以目前应用最广泛的分布式光伏发电为例，其并网模式有自发自用、全额上网、余额上网共三种。自发自用模式对电网没有什么影响，但另外两种是向电网输送功率的并网模式，在一定程度上会造成电压波动，并且影响继电保护的配置。①

图7为以车企为核心的动力电池全生命周期商业模式示意，在新的商业模式中，动力电池从生产到退役将经历生产消费链、梯次利用链和回收利用链这三条产业链。

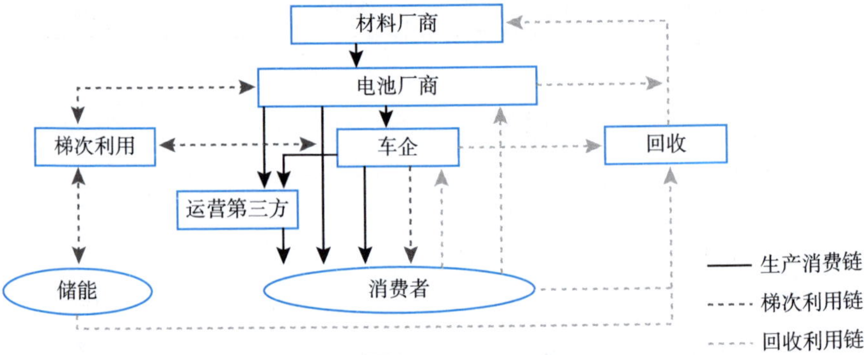

图7　以车企为核心的动力电池全生命周期商业模式

资料来源：赛迪顾问，http：//www. escn. com. cn/news/show－505895. html。

动力电池的生产消费链：从材料厂商到电池厂商、从电池厂商到车企、从车企到消费者的传统产业链，还包含新的运营模式，比如电池厂商直接与消费者之间的换电交易、车企与第三方运营商和消费者之间的交易。

动力电池的梯次利用链：电池厂商、车企将电池回收处理后再进行储能利用，或者应用到其他场景中。例如江苏南京市六合服务区（长春方向）高速路服务区光储充一体化充电站，为车辆充电的电能有一部分来源于光伏发电，而光伏储能电池来源于电动汽车退役的电池，实现了电动汽车动力电池的梯次利用。②

① http：//www. jiemian. com/article/910191. html.

② https：//mp. weixin. qq. com/s/－s3Hr9ltavVLBju0pVZvUA.

动力电池的回收利用链：回收利用链中，车企为责任主体，由车企自身或委托第三方对动力电池进行回收，将其中有用的金属重新加以利用，进入电池生产环节。

对于退役的动力电池来说，回收再利用的方式有两种：一是直接作为工业废品来进行报废和拆解，将其中有用的原材料提炼出来再利用；二是从汽车上退役的电池仍可以作为其他领域电能的载体而进行利用。目前国网已经建立了 30kW/MWh 梯次利用锰酸锂电池储能系统和 250kW/MWh 梯次利用磷酸铁锂电池储能系统。①

3. 新的管理平台

未来的车企不用专门做电池的全生命周期管理。在车电分离的模式下，由第三方电池资产管理平台提供面向个人用户的电池能源服务。电池管理公司可以分为重资产模式和轻资产模式，其中重资产模式是指换电模式，即电池和汽车的物理分离，或者采用电池租赁；轻资产模式是指新能源汽车和电力服务体系之间车电分开，对专门的电池平台公司来说，电池既作为产品，又作为资产，负责电池的全生命周期管理、梯次利用管理和回收拆解再循环。由于资源不会凭空产生，也不会凭空消失，因而自然界的资源开始投入社会使用之后，相当于资源进入了人类系统，在人类系统中的资源也可以进行开采和回收。但目前对于锂和稀土资源的回收率很低（不到 1%），这是由于锂资源回收价值比较低，理想回收率应可达到 90%。动力电池不同于传统的铅酸电池，其性能衰减至 80% 以下时就不再适合用作动力电池，但这样的电池却仍可以作为储能电池来使用。②

2018 年 2 月，工信部、科技部、环保部、交通部等七部委联合印发了《新能源汽车动力蓄电池回收利用管理暂行办法》，其中第七条指出“动力蓄电池生产企业应该用标准化、通用性及易拆解的产品结构设计，协商开放

① http：//libattery. ofweek. com/2016 – 06/ART – 36007 – 8470 – 30001380. html.

② https：//www. sohu. com/a/224978085_ 131990.

动力蓄电池控制系统接口通信协议等利于回收利用的相关信息，对动力蓄电池固定部件进行可拆卸、易回收利用设计”，第九条指出“电池生产企业应与汽车生产企业协同，按照国家标准对所生产动力蓄电池进行编码，汽车生产企业应记录新能源汽车及其动力蓄电池编码对应信息”，第十二条指出“汽车生产企业应建立动力蓄电池回收渠道，负责回收新能源汽车使用及报废后产生的废旧动力蓄电池”。[①] 目前的动力电池管理主要由生产者进行，要求生产者在产品全生命周期担责。未来可能会出现专门的电池管理公司，这种电池管理公司可能是电池重资产的持有者，也可能是电池全生命周期管理服务的提供者。

（五）小结

在新能源汽车大规模普及之后，由于新能源汽车的能量来源与传统燃油车不同，因而需要能源供给方和使用方都进行相应的调整，以满足消费者对新能源汽车的使用需求。在考虑消费者需求的同时，还要兼顾能源利用的经济性和高效性。在这种新的能量供给模式下，新能源汽车产业会出现一些新的主体，共同构建新能源汽车产业链。

三　新能源汽车与未来交通的融合发展

新能源汽车的能量来源发生变化，导致了新能源汽车税收结构的变化，在未来的智慧交通体系下，新能源汽车不仅要实现自身能源的供需平衡，还要与整个智能交通网络实现互联。

新能源公交车（纯电动公交车、氢燃料电池公交车等）、电动私家车、新能源货运汽车等各类新能源汽车所需要的相关交通设施不同，在未来的交通系统中需要有自己专属的行驶车道，并且新能源公交车与智能驾驶是相辅

① 《工业和信息化部　科技部　环境保护部　交通运输部　商务部　质检总局　能源局关于印发〈新能源汽车动力蓄电池回收利用管理暂行办法〉的通知》。

相成的关系，因而在新能源公交车与未来交通的协同发展过程中，还要考虑智能交通系统的建设。

（一）新能源汽车对道路交通基础设施的需求发生变化

新能源汽车的发展与智慧交通系统的发展密切相关，新能源汽车作为智慧交通系统的重要组成部分，对道路基础设施也有特殊的需求，比如专用车道和充电设施等。

1. 不同用途新能源汽车需要不同的车道

未来的智慧交通系统将做到人车分流和无红灯的畅行。对于不同用途的新能源汽车，例如新能源私家车、新能源公交车和新能源货运汽车等设置专用车道，既可以提高交通运输效率，还可以根据不同功能新能源汽车对交互式基础设施的不同需求有针对性地对道路进行改建和重建，例如针对新能源公交车的停靠点、针对新能源货运汽车的重量体积测量设施及针对新能源私家车的 HOV（High－Occupancy Vehicle Lane）和潮汐车道等。

对于新能源货运汽车来说，如果拥有封闭的专属车道，就可以最先使用无人驾驶技术，即节省了人力司机成本，又可以提高货运效率，大大降低事故发生的概率。对于新能源公交车来说，未来的新能源公交车可能有不同的动力系统（氢燃料电池公交车和纯电动公交车），不同动力系统的新能源公交车对道路基础设施的需求也不同，因而需要针对新能源公交车进行道路基础设施的配套建设。

2. 新能源汽车配套充电桩、加氢站等基础设施的规划建设与道路交通规划建设应协调一致

与新能源汽车配套的充电设施，不仅需要基本的充电基站建设，还需要电网的配合，以便对基站进行合理的电力分配。例如，为了解决不同用途新能源汽车（例如电动私家车、电动出租车、电动公交车和氢能源公交车等）的里程焦虑问题，需要合理规划充电桩或加氢站的间距，形成城市内和城市间的充电网络，提高出行效率。对于充电桩的建设，目前我国充电桩建设已粗具规模，截至 2017 年底，全国充电桩数量达 45 万个，公共

充电桩21万个。[1]从充电基础设施来看，建设运营规模10000个以上的企业有特来电、国网公司、万邦、中国普天，合计建设运营规模达到125911个，占全部充电桩的89%，此外，比亚迪、上汽安悦、南方电网、珠海驿联、富电科技等公司充电桩建设规模均在1000个以上。

（二）交通设施基建费用来源发生变化

传统汽车的税收主要有燃油税、汽车消费税、车辆购置税。一般燃油税是用来弥补交通的负外部性。[2] 燃油税是指政府对燃油在零售环节征收的专项性质的税收，通过征税的办法从油价中提取一定比例用作养路等费用。[3]

中石油的资料显示，中国成品油税收中，除去消费税、增值税，还有以消费税为税基的城建税、教育费附加即地方教育费附加。根据国家税务总局和财政部发布的《关于继续提高成品油消费税的通知》，2015年1月13日起，汽油、溶剂油和润滑油的消费税提升至1.52元/L，柴油、航空煤油和燃料油消费税提升至1.2元/L[4]，燃油税占成品油价的比重为40%左右。设置汽车消费税是为了调节消费者的车辆购买行为，而车辆购置税的征税对象是单位或个人在境内购置的汽车、摩托车、电车、挂车、农用运输车等，税率为10%左右。

当新能源汽车普及之后，一部分燃油税可以转化为电税。目前电价的构成为：上网电价+环保电价+政府性基金及附加+输配电价+线损。未来对于新能源汽车可以在电价的基础上征收电税。

当新能源汽车大规模普及后，汽车不再需要燃油，因而政府在燃油税方面的税收需要由其他方面替代。在新能源汽车大规模发展的同时，产生了大量电动汽车服务企业，主营电动汽车充电服务、智能充电平台建设、充换电

---

① https://www.d1ev.com/news/shichang/62036.

② 陈帅：《推进城市绿色交通发展的财政政策研究》，《物流工程与管理》2017年第36期。

③ https://baike.baidu.com/item/燃油税/6295222.

④ 《关于继续提高成品油消费税的通知》，http://www.chinatax.gov.cn/n810341/n810755/c1457410/content.html。

设施管理、电动汽车租赁、全产业链投资等[①]，这些企业都将成为新的税收来源。普通加油站出售的是成品油，缴纳的是增值税，电动汽车充换电营运方出售的是电力商品，也应缴纳增值税。[②]

除了电税及充电服务平台企业的税收之外，还可以对车辆征收道路使用税，以往的过路费只在高速公路路段征收，随着新能源汽车的普及以及智能路网的建立，可以根据车辆行驶里程征收道路使用税。

（三）新能源汽车与智慧交通相融合

新能源汽车大规模普及需要建立智能交通平台。智能交通平台通过对交通设施、专用车道等进行合理规划来满足新能源汽车需求，使新能源汽车成为共享出行和智慧城市的重要载体。

1. 智能新能源汽车与智慧交通的融合

继物联网、互联网之后，车联网成为未来智慧城市的一个重要标志，电动汽车与充电桩之间的互联互通也会进一步加快车联网的发展。在智慧交通体系下，出行地图的整合、全路网的扫描、移动电子眼等多方数据的融合，可以使交通大数据得以高效运转，做出智能的决策，可以实现汽车共享的最佳匹配，减少单车闲置时间。同时，充电设施与新能源汽车的智能协调与匹配，还可以解决新能源汽车的里程焦虑问题。相对于燃油车来说，新能源汽车的使用成本大大降低，且能够更加方便地提供出行服务。[③] 中国电动汽车百人会理事长陈清泰指出：电动汽车不只是用电能代替燃油，更是拉动新一轮工业革命的引领型产品，电动汽车具有极强的吸纳信息化、网络化、智能化、大数据、云技术等信息技术的能力。[④] 新能源汽车是智能交通系统的重要载体。

---

① 郭龙坤：《电动汽车服务企业纳税业务及税收筹划研究》，《中国管理信息化》2017 年第 20 期。

② 李昆泽：《电动汽车充换电业务涉税问题研究》，《商业经济》2016 年第 3 期。

③ 程维：《相信信仰的力量》，《中关村》2018 年第 4 期。

④ https：//baijiahao. baidu. com/s？ id = 1590178983706787758&wfr = spider&for = pc.

2016年国家智能网联汽车（上海）示范区封闭测试区开园，测试区内建有GPS差分基站、LTE－V2X通信基站、DSRC和LTE－V2X路侧单元、智能红绿灯和各类摄像头，园区实现北斗系统的厘米级定位和全WiFi覆盖，可以实现29种演示工况。[①]

2. 智慧交通对新能源汽车的要求

新能源汽车的发展应该适应智慧交通、绿色交通的需求。目前，新能源汽车在推广过程中出现一些问题，例如动力电池品质不高，缺乏监控系统，电机控制系统不稳定等。因而，需要加强对新能源汽车生产企业的资源整合，提升电池、电机和电控等关键部件技术水平。鼓励和规范社会资本进入智能交通服务出行市场，做好相关的政策制定、标准规范等研究工作，做好监管和服务工作，保障互联网背景下交通出行服务的网络及信息安全。[②]目前，国际上很多国家都在智慧交通领域制定了相关战略，例如美国的《ITS战略计划2015～2019》，搭建了未来智能交通系统的复杂体系架构，明确以智能化和网联化为主要发展目标；欧盟提出《ITS发展行动计划》和《欧盟未来交通研究与创新计划》；日本提出《世界最先端IT国家创造宣言》。

（四）小结

新能源汽车的大规模普及会对未来的交通产生显著影响，从新能源汽车基础设施建设的费用来源来看，需要找到新的税收来源来代替传统燃油车的燃油税收。同时，新能源汽车与智能网联汽车的发展相辅相成，在未来智慧交通系统下，新能源汽车动力电池全生命周期的使用、保养和维护都可以统一管理，通过大数据和云平台来合理规划新能源汽车的行驶路径、充放电时间和地点，建立高效的智慧交通体系。现有的道路和基础设施也将根据不同用途新能源汽车的不同需求而进行重新规划。

① http：//www. elecfans. com/qichedianzi/436999. html.

② 《交通部：推进绿色交通、智慧出行三大工作方向》，《汽车纵横》2017年第11期。

四 新能源汽车与未来城市的融合发展

新能源汽车的大规模普及将对未来城市产生重大影响。和传统燃油车相比，新能源汽车的能量来源发生变化，传统的加油站将不再适合新能源汽车的能量补给，因此在新能源汽车的发展过程中，基础设施建设需要进行相应的调整和替代；新能源汽车对环境更加友好，因而对于城市的环境优化可以起到促进作用；为了更好地布设城市内充电基础设施，需要对城市进行科学规划，以提高充电基础设施的利用率。

（一）城市的环境容量

党的十九大报告指出："必须坚持节约优先、保护优先、自然恢复为主的方针，形成节约资源和环境保护的空间格局、产业结构、生产方式、生活方式。探索零排放城市建设与加快发展可再生能源，是中国生态文明建设的必然要求和重要举措。"①

各地方针对新能源汽车的普及发展，颁布了一系列法规政策。成都市政府发布《成都市支持新能源汽车推广应用的若干政策》，提出：对购置新能源汽车给予补贴，即在中央财政补贴的基础上，对在成都市公安车辆管理部门注册登记的新能源汽车新车，按中央财政单车补贴额的50%给予市级配套补贴；加大充电基础设施建设力度，将新建居民小区配建停车位预留充电基础设施安装条件达到100%，鼓励已建居民小区电力增容；优化新能源汽车使用环境，新能源汽车在本市域内出行不受尾号限行限制。② 南京市政府发布《2017 年南京市新能源汽车推广应用财政补贴实施细则》，提出将对新

① 《习近平：决胜全面建成小康社会 夺取新时代中国特色社会主义伟大胜利——在中国共产党第十九次全国代表大会上的报告》，http://www.xinhuanet.com/politics/19cpcnc/2017-10/27/c_1121867529.htm。

② 《成都市人民政府办公厅关于印发成都市支持新能源汽车推广应用若干政策的通知》，http://gk.chengdu.gov.cn/govInfoPub/detail.action?id=91965&tn=6。

能源汽车的车辆购置、新建充电设施建设、新建充电设施运营进行补贴。①《北京市关于实施工作日高峰时段区域限行交通管理措施通告》提出，自2016年4月11日至2017年4月9日，纯电动小客车不受工作日高峰时段区域限行交通管理措施限制。《上海市鼓励购买和使用新能源汽车暂行办法（2016年修订)》提出，为缓解交通拥堵，采取机动车限行措施时，应当对新能源汽车给予优惠和通行便利。《2016～2020年宁波市新能源汽车推广应用实施方案》提到，对新能源汽车通行实行差异化管理，对符合相关规定的物流快递车、配送物流车等新能源汽车给予相应通行便利。②

国务院印发的《打赢蓝天保卫战三年行动计划》提出，将加快推进新能源汽车使用，同时推进燃油品质升级，加快推进城市建成区新增和更新的公交、环卫、出租、轻型物流配送车辆，使用新能源或清洁能源汽车，重点区域使用的比例达到80%。③ 2020年底前，重点区域的直辖市、省会城市、计划单列市建成区公交车全部更换为新能源汽车。城市内不同的环境空间对车辆的要求也会不同，例如城市中心人口密集的繁华商业地区和环境高度敏感地区（自然保护区等)，为了保证空气质量和环境空间，可以规定只允许电动汽车和新能源公交车进入；但对于高速公路或普通城市道路，则可以允许混合动力汽车行驶；对于人烟稀少的城市间的公路，则允许传统燃油车行驶。根据不同区域的环境容量而对进入的汽车进行限定，可以极大地改善城市环境。

（二）城市科学规划，充电基础设施高效利用

新能源汽车的大规模发展会给城市的布局带来变化，城市由单一中心变为多中心，随着中国城镇化的深入发展，大城市的发展中心逐步开始从

① 《关于印发〈2017年南京市新能源汽车推广应用财政补贴实施细则〉的通知》。

② 《关于印发〈2016～2020年宁波市新能源汽车推广应用实施方案〉的通知》，http://qyzc.ningbo.gov.cn/art/2016/10/31/art_6255_46.html。

③ 《国务院关于〈印发打赢蓝天保卫战三年行动计划〉的通知》，http://politics.people.com.cn/GB/n1/2018/0703/c1001-30120995.html。

“规模扩张”转向“结构调整”。[①] 充电基础设施作为电动汽车和插电式混合动力汽车补给电能的重要配套设施，其相对滞后的发展现状也是影响消费者对新能源汽车接受程度的因素之一。[②]

对于城市内新的商业区和居民区来说，充电桩、充电站的建设可以重新规划，但对于老旧小区来说，改变配电设施十分困难，因而老旧小区的配电扩容十分重要，光储充一体化解决方案可以从根本上解决有限土地的配电问题。针对城市充电设施的规划布局，国内外很多学者都进行了研究，例如，He F. 基于驾驶员行为和充电需求，探讨了如何优化公路网络上的公共充电桩，才能将旅行时间和充电时间最小化[③]；奥地利理工学院的 Asamer 通过 800 辆出租车的运营数据，来识别和估计电动出租车的充电需求，并规划了充电站的大体区域，来最大限度地满足电动车的充电需求[④]；北京交通大学的王俊秀结合通州区纯电动出租车的充放电数据，建立了以兼顾充电站运营者和纯电动出租车司机双方利益的总社会成本最小为目标函数的充电站布局规划优选模型，并设计相应的粒子群算法和 Voronoi 进行求解，对通州区进行充电站分布的最优化设计[⑤]。

城市内电力能源的来源，应以新能源（光伏、地热）为主。地热能是指由地壳抽取的天然热能，地热能在利用过程中对环境影响很小。根据能源杂志 *ENERGY* 的数据，煤发电产生的 CO_2 排放为 975g/kWh，而地热和光伏等可再生能源仅在电厂建造等项目中排放 CO_2，地热能的 CO_2 排放量仅为 15g 每度电。光伏新能源发电是通过太阳能电池组件对太阳能进行采集，然后通过光伏发电系统的逆变器将其转化为交流电，使用时用控制器进行控制

---

① 刘修岩：《多中心城市体系促进区域协调发展》，《中国社会科学报》2018 年第 4 期。

② 王燕妮：《新能源汽车涉水技术系统发展分析》，《中国科技论坛》2017 年第 1 期。

③ He F., Yin Y., Zhou J.. Developing Public Charging Stations for Electric Vehicles on Urban Road Networks. *Transportation Research Part C: Emerging Technologies*, 2015 (60): 227－240.

④ Asamer J., Reinthaler M., Ruthmair M.. Optimizing Charging Station Locations for Urban Taxi Providers. *Transportation Research Part A: Policy and Practice*, 2016, 85: 233－246.

⑤ 王俊秀：《北京市通州区纯电动出租车充电站布局规划研究》，北京交通大学硕士学位论文，2017。

和调节，同时具备充电蓄能的功能。太阳能光伏发电可以有效改善城市对传统能源的依赖，达到低碳经济、高效节能、绿色环保的目的①。目前已经有一些地区针对光储一体化电站进行尝试，例如江苏省常州市武进高新区建成了江苏省首家“不停电”智能充电站，该充电站包含分布式光伏电站、储能电池系统、直流充电机和交流充电桩②，白天将光伏电站发出的电上传至电网，晚上储能系统吸收低价谷电，并在白天用电高峰期时释放电能③。北汽新能源启动“擎天柱计划”，目的在于促进新能源汽车与能源互联网深度融合，构建绿色、智慧、集约、高效的能源利用闭环系统，打造绿色智慧出行的新生态。④

（三）城市内相关设施的替代性

新能源汽车的大规模发展推动城市内公共设施的更新。例如，随着电动汽车比例的增加，城市对加油站的需求减少，对充电站的需求增加。可在现有一些分布过密的加油站中增加小型充电桩等设施来将其改建成充电站，这种充电站在外形上与加油站类似，但投资成本只有加油站的10%，且对安全的要求比加油站低。⑤ 为了满足电动车停车和充电的需求，停车场位置需要与充电桩同步进行规划。此外，对于燃料电池汽车来说，还要考虑加氢站的建设规划。截至2018年2月，中国已经建成以及正在建设的加氢站共有31座，已经投入运营的有12座。⑥ 除此之外，广东省佛山和云浮地区、江苏省如皋和盐城地区、湖北省武汉和荆州地区等成为新的氢能热点地区。据不完全统计，全国规划的在建加氢站在20座以上，预计

---

① 卜华成：《太阳能光伏发电在节约型城市建设中的应用》，《现代经济信息》2018年第4期。

② 《光储充一体化充电站的未来发展与实际案例》，https：//mp. weixin. qq. com/s/－s3Hr9ltavVLBju0pVZvUA。

③ 《光储充一体化充电站的未来发展与实际案例》，https：//mp. weixin. qq. com/s/－s3Hr9ltavVLBju0pVZvUA。

④ http：//www. pcauto. com. cn/news/1092/10924595. html.

⑤ https：//baike. baidu. com/item/电动汽车充电站/7845147？ fr = aladdin.

⑥ 《中国加氢站建设进展及分布（截至2018年2月）》，http：//www. 360doc. com/content/18/0501/17/22751255_ 750262999. shtml。

到2020年全国将建设100座加氢站，2030年达到1000座。

针对城市内新能源汽车基础设施的建设，全国各地都提出了相关的发展规划。2017年北京市规划和国土资源管理委员会及北京市质量技术监督局联合发布了《电动汽车充电基础设施规划设计标准》，其中提到，要在居住、办公、商业、医院、文体、学校、交通枢纽等民用建筑物配建停车场，游览场所配建停车场，城市公共停车场、城市换乘停车场和高速公路服务区停车场等建设充电基础设施。① 应结合加油站建设加油充电共建站，或独立建设充电站。福州市政府发布的《福州市成品油分销体系“十三五”发展规划（2016～2020年）》，要求新增的加油站应考虑为加气站、充电桩的发展预留用地。《北京市电动汽车充电基础设施规划》中提到，北京市电动汽车充电基础设施规划应遵循“桩充为主、换电为辅、快慢充相结合、集中有序管理”的原则，逐步形成“统一规划、适度超前、合理布局、方便使用”的充电网络体系。②

基础设施建设的这些变化会带动通信、能源、车辆、道路等网联化的加快发展，也涉及各领域通信软硬件标准、通信规范等的发展。城市在空间上从单一中心模式转变为多中心模式，使得居民的出行范围扩大，出行需求也更加个性化，这对出行服务提出了更高的要求。

（四）小结

新能源汽车发展与新型城镇化建设、智能电网建设、交通枢纽规划、区域经济规划、通信网络规划等应相互融合。新能源汽车由于其能源的清洁性，会对城市的环境产生正向影响；城市有关汽车的基础设施会随着新能源汽车的不断普及而进行更新，例如原有的加油站会改建为充电站，城市内分布式电网会介入新的供电源和用电器；由于新能源汽车充电、停车需求的增加，以及汽车共享的发展完善，城市整体布局会发生变化，城市由单一中心

① 《电动汽车充电基础设施规划设计标准》，北京市地方标准DB11/T 1455－2017。

② 《北京市电动汽车充电基础设施规划》（征求意见稿）。

城市变为多中心城市，使市民出行更加便利，也能够保证新能源汽车相关公共设施的高效合理利用。

五 总结

新能源汽车的发展不仅是将汽车动力从燃油转向电力，还将对整个社会的资源、能源和环境产生深远影响，将是未来城市形态变化的重要驱动因素之一。

第一，新能源汽车的发展与所需资源将是相互制约又相互促进的关系。新能源汽车的大规模普及使得其对锂、钴、镍、稀土金属等资源产生大量的需求，从中长期来看，总体上新能源汽车发展所需的资源可以得到保障，但有一些资源可能偏紧。对于偏紧资源来说，在新能源汽车的发展初期就应该着重考虑新能源汽车所需资源的管理，以及资源与新能源汽车全生命周期结合的问题。未来可能出现资源管理的第三方平台，负责新能源汽车所需资源从源头到循环利用这一整个生命周期的管理。

第二，汽车电动化和能源的规模利用需要协同发展。未来新能源汽车将成为能源供需链的一个重要组成部分，新能源汽车需要电能和氢能等，与传统燃油车只需要汽油、柴油、天然气不同，需要将新能源汽车作为一个整体，建立一个新的能源管理系统。在能量来源方面，建立动力电池全生命周期的数字化管理平台；在用能方面，引导电动汽车使用者有序用能、有序充电，减少对于电网的冲击；在用能方式上，通过储能连接新能源，建立双向管理的创新模式（电池管理 + 运营公司），促使新能源和新能源汽车最大程度的协同和匹配。应让新能源汽车尽可能使用新能源，又尽可能减少对电网的冲击，提高全社会在能源基础设施方面的投资效益。电网方面也要根据新能源汽车的充电需求，进行适当的扩容，增加总装机容量，同时建立分布式能源系统。

第三，作为智慧交通的重要组成部分，新能源汽车不仅可以满足未来交通和未来城市对绿色出行的需求，还是高等级自动驾驶技术的主要载体。新能源汽车与未来智慧交通的融合发展将大大提高交通运输效率，降低事故率。在城市的交通规划中，要考虑电动公交车、BRT 公交车、氢燃料电池公交车专用车道配套的基础设施建设问题。新能源汽车与未来交通协同发展的主要目的，是解决道路设施效率与车辆运输工具使用效率的最佳匹配问题。类似丰田公司的“Just in time”（JIT，表示零部件应在正好的时间到达正好的位置的准时制生产）管理模式，既可以使生产资源合理利用，还可以减少排队时间、运输时间和准备时间。[①] 充分发挥数字化，互联化、平台化等工具的作用，同时在智慧交通的道路规划和管理过程中实现最优。在智慧交通领域，汽车共享可以有效地减少汽车的闲置时间，提高道路的使用效率。

第四，未来的城市更加注重绿色城市与新能源汽车的协同发展，将通过对环境空间的分级规划，来实现绿色城市的目标。城市空间的分级分类应与汽车的车型和使用分级相匹配，将城市分为几个区域，对不同的环境敏感区进行区别管理，高速公路和普通城市道路允许混合动力车或者燃油车行驶。未来的城市基础设施建设（例如停车场、充电站、加氢站等）也需要重点考虑与新能源汽车的协同。

智慧城市是以高效的 ICT 为核心，由智慧管理、智慧互联、智慧能源、智慧设施、智慧家居、智慧移动、智慧医疗、智慧教育构成的智慧化城市生态。汽车智能化、信息互联化与城市智慧化是未来城市发展的核心。在 L4 自动驾驶场景下，智慧城市具备空间分层、交通智能、人行物通、便捷高效、节能绿色、和谐共享等特点。智慧城市的实现，需要资源、能源、交通与城市并行协调发展。

---

① 丰田公司迈向 Just－In－Time 管理的道路。

B.7
新时代、新思路与新举措

石耀东*

摘　要： 经过近六年的不断探索与发展，我国新能源汽车产业取得瞩目成绩的同时也面临着新的形势和新的任务，迎来了属于自己的新时代。本文系统回顾和总结我国新能源汽车发展现状，梳理当前存在的主要问题，客观判断新能源汽车产业发展阶段，并从转换政府角色、转变产业政策体系、塑造产业新体系、加快低碳转型发展等方面提出新的发展理念和模式，最后从顶层设计出发，构建适应中国新能源汽车产业发展的战略体系，提出“三步走”路线图，明确阶段性目标与核心任务，全面推进新时代背景下新能源汽车产业高质量发展。

关键词： 新能源汽车　新时代　新思路　新举措

时光荏苒，距离课题组上一次发布以新能源汽车为主题的年度行业研究报告（《中国汽车产业发展报告（2012）》）已经过去了整整6年时间。也正是在6年前的夏天，2012年6月28日，国务院颁布了《节能与新能源汽车产业发展规划（2012－2020年）》，描绘了节能与新能源汽车发展的宏伟蓝图，明确了以纯电驱动为新能源汽车发展和汽车工业转型的主要战略取向，提出到2020年，纯电动汽车和插电式混合动力汽车生产能力达200万辆、累计产销量超过500万辆，燃料电池汽车、车用氢能源产业与国际同步发展

* 石耀东，国务院发展研究中心产业经济研究部副部长，研究员，研究领域为产业经济、能源与交通可持续发展等。

的规划目标。

这六年来，我们欣喜地看到，内外资企业投资与产能迅速扩张，“造车新势力”裹挟着强大的资本优势迅速崛起；动力电池、电机、电子控制和系统集成等关键技术取得重大进步，新能源汽车技术路线图已经勾勒出来，越来越多的车企投入巨资进行电动汽车专用平台的正向研发，仅宁德时代一家2017年研发投入就近16亿元；以宁德时代、比亚迪等为代表的一大批锂离子动力电池企业异军突起（甚至宝马汽车集团也大规模采购宁德时代公司供应的电池模组），生产规模、电池组能量密度、循环寿命、续航里程等核心指标和性能不断提高，产量及技术水平跃居世界首位；产业链和产业布局日渐完善，产品线不断丰富，在与传统内燃机汽车的直接竞争中不再是不堪一击，消费者认可度不断提高，市场份额稳定提升；顶层设计与推进机制不断强化，配套的财税与交通管理等激励政策不断完善；充电基础设施网络不断健全与优化，共享出行、车电分离等商业模式创新层出不穷；等等。在这些内外因素的交互作用下，中国新能源汽车产业取得了世人瞩目的发展，年产销量已经连续三年居全球首位，累计销量超过180万辆，超过全球的1/3。2017年中国新能源汽车产销量分别达到79.4万辆和77.7万辆，同比增长53.8%和53.3%，创历史新高，2018年有望超过100万辆。以比亚迪、北汽新能源等为代表的整车企业和以宁德时代等为代表的动力电池企业异军突起，成为行业内的全球翘楚。

六年后的今天，当中国经济步入发展动能转换、结构优化升级、迈向高质量发展水平的新时代，新能源汽车也开启了属于自己的新时代。我们回顾和总结过去这六年时间里中国新能源汽车发展的得与失、现实与希望、挑战与机遇，具有非常重要的战略意义和现实意义。

新时代呼唤新思路，新思路祭出新举措。这是一个从具体到抽象再回到具体、从微观到宏观再回归微观、从量变到质变再孕育新的量变的动态循环过程。

一　新时代面临新问题和新挑战

在新能源汽车产业一片欣欣向荣的景象背后，我们也无法回避一些现实的问题，甚至是严峻的挑战。

——在财政补贴退坡之后，即将实施的双积分政策能够起到我们期望的作用吗？燃油效率和新能源汽车双积分交易体系如何设计和交互运转得更加科学合理？我们没有现成的国内外成功经验可资参考。

——纯电动汽车的核心技术还亟待新的突破。如主流三元锂离子电池的循环寿命、环境适应性（如在环境温度在零下30℃以下）、快充技术、固态电池技术等，如何进一步提升，以满足日益严格的财政补贴标准和积分标准。

——随着一些国家公布的传统燃油车退市时间和一些城市燃油车禁行大限2025和2030年的临近，新能源汽车能否顺利接过接力棒，以防止汽车市场出现大幅度下滑？新能源汽车的整车可靠性、电池续航里程和循环寿命、充电网络的充足性和便利性、产品综合竞争力等，如何与已经发展了上百年的传统内燃机汽车直面竞争并取而代之？

——燃料电池汽车到底应该如何定位和发展？如何选择燃料电池汽车的战略布局和系统性推进时机？这个问题随着李克强总理不久前访问日本丰田公司建在北海道的燃料电池汽车工厂，引起人们的广泛关注。一些业界人士不禁产生这样的疑问：在产业界和国家投入空前的资源和力量来构建以纯电动和插电式混合动力为主要驱动形式的新能源汽车产业生态，包括国家和全社会投入巨资建设庞大的充电设施网络的情况下，我们是否在现阶段就应该战略性地转向燃料电池汽车？

中国新能源汽车的产业链是否完整可控和安全可靠？产业竞争力是否可稳执世界牛耳？不久前发生的中兴通信公司的芯片供应商美国高通公司被美国政府强令断供的“中兴事件”，给中国汽车业内所有人敲响了警钟。在国内汽车芯片完全依赖进口的情况下，安装了更多进口芯片的中国新能源汽车产业的安全和可控如何保证？

——2017年新能源汽车整车产能规划已经达到1100余万辆，明显超过了目前近80万辆的市场需求，而且这些产能的空间分布，与传统燃油车在地理空间上的相对集中明显不同，而是更广泛地分布在东南西北各个地区。动力电池同样如此，据估计，2013～2017年整体规划产能达到228GWh，而

2017 年实际只用了 37GWh，现阶段动力电池已表现出部分结构性的产能过剩。当然，在总体产能过剩的格局下，高能量密度、高充电效率和长循环寿命的高端产品的生产能力却处于供不应求的状态，因而导致动力电池行业呈现结构性产能过剩的趋势。现在来看，这一格局在短期内难以根本扭转。如何应对即将到来的产能过剩问题？

——失去了财政补贴作后盾的新能源汽车，在直面传统燃油车的强大竞争时，终端价格高、产品线短、残值低、充电时间长、电池衰减快等老大难问题，短期内难以找到有效解决途径。车电分离的商业模式创新是一条可行的路径，但是对于从事单一换电业务的第三方服务商而言，如何形成稳定、可靠的盈利模式，仍然是一个待解的难题。

——动力电池所需的稀缺贵金属资源的可持续供给存在很大的不确定性。如前所述，电动汽车动力电池需要的锂、钴、镍等金属，电机需要的稀土金属，燃料电池需要的铂族金属等资源，赋存有限，难以支撑全球范围内大规模的电动化浪潮。

——自 2018 年起，我们将迎来前一批老旧锂离子电池集中淘汰更新期，如何有效处理和梯级利用这些老旧锂电池，避免其造成大规模的环境污染，需要研究提出行之有效、建立在法制化和市场化基础之上、激励与约束相结合的治理机制和治理措施。

——弯道超车还是直道超越？我们曾经把新能源汽车发展比喻为弯道超车，但当中国坐稳了全球最大新能源汽车市场的头把交椅时，全球俨然正在进入直道冲刺阶段。在跨国汽车公司和“造车新势力”纷纷加快向电动化方向转型和发展，新能源汽车由可选项变为必选项的情况下，国内一些传统燃油车生产厂商还显得动作迟缓，对向哪个方向进行战略转型还在犹豫不决。这使得我们不得不为他们如何应对未来新能源汽车市场的激烈竞争表示担心。我们目前刚刚积累的一些优势，能够保持多久呢？

凡此种种，可以罗列出的问题清单可能还有很多，我们不一而足。面对这些纷至沓来的问题和挑战，对于政策制定者和业内企业家们而言，答案和应对之策是否已经成竹在胸？

二　新时代呼唤新思路，实现从新能源汽车大国向新能源汽车强国的跨越

中国新能源汽车的发展面临新的形势和新的任务，需要塑造出新的发展动能，创新发展模式，才能实现既定的战略目标。我们要对当前发展阶段、面临形势和一系列重大问题包括那些存在争议的话题，有一个全面的认识和清醒的判断。厘清问题，分清主次，方能理清思路，祭出妙手。

（一）保持清醒头脑，准确判断发展阶段

在过去的6年时间里，中国新能源汽车发展的技术水平、内外部环境、市场格局、产业链、政策环境和体制机制等都发生了翻天覆地的变化。例如，从国内形势来看，投资与市场规模、全球供应链、生产布局、技术水平、产业竞争格局、产品线宽度、产业协同体系、标准与法规体系、生态环保压力、中长期规划、市场准入、行政管理、市场监管、政策激励与推进机制等，都是6年前不可想象的。

但与此同时，我们也必须保持清醒的头脑。必须看到，尽管中国新能源汽车发展已经取得了世人瞩目的成就，但是无论是核心技术自控率、市场渗透率、产品可靠性、对贵金属资源的外部依赖程度，还是在产业政策的科学性、产业生态环境的完备性和适应性等方面，新能源汽车全面取代传统燃油车的内外部条件都还不够成熟。特别是短时间内，新能源汽车发展还离不开政府的一系列政策扶持，还离不开全球供应链的支撑（特别是核心技术和产品，如车载控制芯片）。从这个意义上讲，在现阶段，我们尚无法做出“新能源汽车主导全球汽车产业的新时代已经来临”这样的判断。

从根本上讲，对于发展阶段的准确判断和全面把握，决定着发展理念、发展思路、发展模式和发展举措的方向、结构和力度。因为不同发展阶段会呈现不同特征和趋势，会面对不同的问题和挑战，因而发展思路、战略选择和政策措施都会存在明显的差异性，不存在一以贯之、普遍适用（one size fits all）的发展模式和政策体系。

如前所述，2018～2025年，中国新能源汽车产业总体上仍将处于由导入期向成长期过渡的关键阶段。在这个过渡期，从市场参与者、市场增长率和行业标准体系等维度看，行业发展符合成长期的重要特征；而从技术路线、准入壁垒和产品竞争力等维度来看，其又符合导入期的重要特征。从上述对所处发展阶段的判断出发，弥补与先行者的技术代差，补足技术短板，实现核心技术和综合水平上的整体超越，推动产业步入自我强化的可持续发展轨道，仍然是现阶段中国新能源汽车产业的首要任务。

因此，我们的发展思路、产业政策、管理模式和监管手段，必须建立在顺应和把握这些阶段性特征和发展趋势上。

从国内外经验来看，后来者为实现追赶式发展，需要持续地集中优势资源，提供倾斜式财税扶持，形成政策合力，聚焦重点领域（通常是技术上和产业链上的短板），集中投入，培育市场，力争在短时间内实现突破性进展。在这个过程中，由于市场本身发育不完全，政府选择通常会对市场选择进行补充和完善，相辅相成，形成产业发展的主导性力量。

（二）转换政府角色，产业政策加快由纵向的政策体系向横向的政策体系转型

当然，随着产业发展和市场演进，以及技术的进步和市场机制的不断完善，政府的角色要发生重要转换，从主角转向配角，从业主单位转向第三方监理。关键在于如何使这一机制转换过程顺利实现，既不因政策突然转向而干扰原有的良性市场秩序，又能体现政府的战略意图。

从技术上看，主导性或主流技术（如纯电驱动）和相应技术标准开始形成，并逐渐占据主导地位。特别是业内主要厂商或厂商联盟大多沿着清晰可见的主流技术路线来发展。当然也会存在不同技术路线并行发展的现象。特别是对一些新市场进入者而言，为避开在位厂商的专利壁垒或垄断性供应，迅速形成自己的技术优势，他们也会探索不同的技术路线。例如动力电池领域，随着中国厂商在三元锂电池上的竞争优势日益稳固，国外一些电池

供应商开始寻求固态电池的技术路线。

例如，宝马汽车公司近期宣布将投资2亿美元在慕尼黑建立固态电池电芯研发中心，聚集200名工程师专门从事电芯级别的技术验证和开发；而大众汽车集团近期宣布向QuantumScape投资1亿美元，旨在2025年前建立固态电池生产线。该目标企业目前在固态电池领域拥有200多项技术专利。①

对于政府而言，技术创新政策应该侧重技术中性原则还是技术偏好原则，还是根据不同发展阶段而有所取舍，这是摆在决策者面前的难题或者是两难选择，因为当一种技术成为主导性或主流技术路线时，这些技术供给者通常会通过各种渠道来影响决策者，引导要素资源、创新资源、政策资源等源源不断地向他们排他性的集中。

从全局来看，在技术追赶阶段，集中创新资源进行局部突破，弥补技术落差，实现技术赶超，不啻是一种战略选择。但当技术追赶任务基本完成或接近实现，创新资源和政策资源再倾斜式地大规模导入原有技术领先者的手中，就容易形成技术垄断，进而成为一种市场垄断，阻碍新的竞争者的进入，阻断产业创新的生命力。

因此，在这个阶段，政府要实现产业政策体系的整体转向和调整，由前一时期选择性的、封闭的、倾斜式扶持的纵向产业政策体系，向后期横向的、更加公平和开放的、实施有效监管的横向产业政策体系转变，就是一种必然选择，也是更为合理的选择。

三 在供求关系深刻变化的背景下塑造产业新体系

中国的新能源汽车产业发展到这个阶段，全球第一市场的宝座看来相当的稳固。但是，催生产业发展与变革的力量却无时无刻地不在孕育和壮大，新的产业体系将逐渐形成。之所以说是一种新的产业体系，是因为它将打破原有的由传统燃油汽车厂商占主导地位的旧格局，打破由几大跨国汽车集团

① 《新能源汽车行业的市场竞争生态分析》，《新汽车观察》2018年7月25日。

主导形成的金字塔式的供应链和价值链，它是一个由一众新生力量全面深度参与，生生死死，进进出出，颠覆与被颠覆，你方唱罢我登台，竞争格局不断演变的历史进程，是一个不断催生新的产业链、价值链、数据链和创新链的颠覆性创新过程。

（一）市场准入及政策的变与不变

中国汽车产业正在变得更加开放和多元。对于充满生机的新能源汽车市场，包括民营和外资在内的各类社会投资主体，正以新市场进入者的姿态挤入正呈现一片红海的竞争性市场。但从政策层面上看，未来一个时期仍然会存在一定的进入门槛。对于属于新兴产业的新能源汽车行业，政府鼓励新进入者参与竞争是一个必然的、不变的战略选择。在政策感召下，除了传统厂商（包括整车和零部件厂商）外，越来越多的新进入者出现在这个原本由世界500强组成的豪华阵营当中，其中也包括外资和国内跨领域的业外战略性投资者，例如蔚来、小鹏、威马等所谓中国“造车新势力”的出现引起了广泛热议。还有一些在位厂商认为这些新势力中有一些是属于PPT造车或纸上谈兵，注定会是昙花一现。我们不知道这是不是一种自己上车却叶阻别人登车的“公交车效应”，但可以肯定的是，没有人比这些新势力的投资者更加关心自己投资的安全性与盈利性。我们需要的是创新活力和产业生命力，而不是一潭死水。追求变化，这是不变的。

就全行业而言，随着新投资者的进入，全行业投资和产能较导入初期显著增加，规模经济性也随着学习曲线的成本下探而不断凸显，但总体上仍难以与市场上的成熟产品（传统燃油车）进行面对面竞争。新能源汽车市场上每个在位厂商目前都还未形成稳定的盈利模式，但都不会放弃试错的机会，因为谁也看不准未来的变化方向，与其袖手旁观，不如热身寻机。

对于政策制定者而言，新进入者产生的鲶鱼效应无疑是有利于行业发展的，是政策鼓励的，这当然是不变的。但与此同时，成群的鲶鱼涌入本就不大的池塘里，可能造成局部缺氧和恶性断杀，也可能产生鱼目混珠等问题，这也是管理者所担心的事情。因而设置一定的准入门槛，规范竞争秩序，在产业由导入期进入成长期的过渡阶段，实施事前管理的规范准入制度，这通常会是管理者考虑的措施。当然，这种事前管理制度还应该建立在合法合规的基础上，建立在与事中、事后监管的有机衔接基础上。

从管理方式来看，随着新兴产业由导入期逐步转换到成长期，政府的管理理念和方式开始悄然转变，但是可能仍摆脱不了传统的思维惯性。对于汽车厂商和汽车产品市场准入的管理方式（如公告管理、关税壁垒等）和产业政策，对于现行管理职能、机构设置和职能配置的制度安排等，仍然存在路径依赖效应。但随着内外部形势的变化，以及市场化改革向纵深推进，管理者将开始主动寻求管理理念和管理方式的变化。在这个时期，来自外部的各种压力（例如市场开放），也会催促管理者加快管理模式和产业政策的调整步伐。

（二）引导市场格局出现期望的、微妙的结构性变化

尽管政府鼓励既有厂商投入资本和技术资源进行新能源汽车的研发和示范运行，但这些传统燃油车厂商由于前期不同的战略选择和投入程度，阵营可能出现分化。一些固守传统燃油车市场的知名厂商，前期对新能源汽车研发投入不足，或者动作迟缓，市场表现不佳。在双积分政策的影响下，一些厂商可能就此掉队，并被逐渐边缘化，甚至被迫与其他厂商进行战略重组，以适应清洁低碳化形势。特别是对那些将中国市场作为其全球最重要单一市场的厂商而言，能否在中国新能源汽车市场上站稳脚跟，将决定其未来在全球汽车版图上的位置和大小。

而另一些厂商可能出现相反的情况，得益于前期坚定的战略选择和持续投入，不管是在纯电动汽车领域还是氢燃料电池汽车领域，也不管是在整车正向开发制造还是核心部件研发供应（如动力电池、驱动电机）方面，都可能确立新的引领者地位。特别是对那些新晋厂商而言，持续融资能力在相当长的一个时期内将具有决定性作用。因此，对于政府而言，为它们提供产业投资基金等融资平台，将具有非常积极的意义。

从技术角度来看，由于新能源汽车的技术路线与传统燃油汽车存在较大

差异，那些原来专注于燃油汽车技术的部件供应商（如变速器供应商）可能面临生存危机。转型发展是一种必然选择。当然政府应该尽早鼓励和引导它们进行这种战略转型，而不是等到危机已经降临的时候。

导致原有市场格局发生微妙变化的因素，还可能来自业外的战略投资者和运营服务商。例如，电动汽车的基础设施供应商和运营商、第三方的充换电服务商、分布式可再生能源供应商、分时租赁服务商、车辆大数据平台运营商等。这些运营服务商能否持续盈利取决于其商业模式，而商业模式创新常常为政府政策和监管提供新的课题。

长远来看，新能源汽车市场格局的变化还可能引起能源行业市场格局的深刻变化。如网络型传统加油站乃至其背后的汽柴油燃料供应商，随着新能源汽车保有量的增加，以及传统汽车厂商燃油经济性的持续改善，其化石燃料的市场需求可能出现持续性萎缩。这也会逼迫传统能源公司进行战略转型，转向以可再生能源为主的绿色能源供应商和服务商。政府应引导那些传统国有大型能源企业未雨绸缪，加快主业结构性改革，为正在到来的电动化及更远的将来的氢能时代做好准备。

（三）推进产业联合重组，规范过剩产能的有序退出

随着前期投资所累积的大量产能的逐步释放，供过于求的买方市场终会形成，健全有序的市场退出机制，规范市场监管，保护消费者权益，都将成为需求侧的政策选项。

随着新能源汽车的持续快速发展，可供消费者自由选择的竞争性产品迅速增加，消费者的普遍关切，例如消费者的里程焦虑，产品安全性和质量可靠性，以及对充电便利性、购买和使用成本、售后服务水平等方面的追求，开始成为供应商的关注重心。随着产品和服务的演进，结构性变化开始出现。那些能够更好地满足消费者对于优异品质、性能的产品和服务需求的厂商开始占据主导地位，这将导致供给侧市场集中度不断提高。同时，这也意味着这一阶段会有一批产品和厂商被淘汰出局。对于政府而言，要积极引导无效低效产品和服务及生产能力有秩序的退出，做好售后服务、理顺债权债

务关系等方面的规范性监管，切实保护好消费者和债权人的合法权益。

由于市场监管的滞后性，市场上可能会出现各种不公平竞争的行为。由于存在劣币驱逐良币的威胁，市场开始呼唤政府外部监管力量的介入。但是在监管体系的建设上，政府还需要做好三项工作。一是解决好监管法规、标准、规范的全国统一性与监管机构属地化之间的协调问题，避免出现国家严而地方宽的现象。二是要加强监管能力建设，健全监管队伍，搭建基于现代信息网络的监管数据平台。三是不同监管部门（例如工信、交通、财税、公安、建设等部门）要统一执法平台，实现监管数据与信息的实时互通共享。

（四）加强资本整合和战略联盟，推动产业重组和结构合理化

通常情况下，当一个新兴的朝阳产业开始由导入期步入成长期时，为回避和分担不可预期的投资、技术与市场风险，或者为发挥各自优势实现优势互补，企业之间往往存在横向的业务整合与资本融合的冲动与现实需要。

对于中国新能源汽车产业而言，由于总体上仍处于由导入期向成长期过渡的阶段，前期大量涌入的社会资本正在形成相当大的生产能力，传统厂商与新晋厂商利益交错，多买多卖的供求关系等，都将促成市场的多层次性和充分竞争的格局。在这种情况下，企业之间的资本联系（如股权投资）和战略联盟关系就会发生微妙的变化，竞争中有合作，合作中有竞争，这应该是大多数企业的博弈选择。在促成产业创新联盟的过程中，社会中介机构往往起着独特的联结纽带作用。

从汽车厂商角度分析，它们与外部资本进行深度链接（包括联合股权投资和企业收购重组等）的动机是复杂的。一方面，基于理性的成本考量，一些传统整车厂商难以在一夜之间大规模转向新能源业务，从而使其传统燃油车业务领域形成大量的沉没资本，因而它们通常没有与原来的竞争对手组成战略联盟进军新能源汽车业务的强烈动机。另一方面，为实现技术优势互补，分散投资风险，汽车厂商在某些环节上也可能联手。例如，随着新能源

业务的深入，以及政策导向的日益清晰，汽车厂商可能会组成一个横向的战略联盟，如雷诺日产三菱联盟，联合开发并共享专用新能源汽车平台。当然，在新能源汽车业务发展初期，多数传统整车厂商会选择利用现有成熟的燃油车平台或模块，进行局部改造以便高效地建立新能源汽车生产平台，同时也通过与传统燃油车共用平台而控制住新能源汽车的高昂成本。

对于管理者而言，避免生产能力和布局过度分散，促进市场集中度的提高，形成垄断竞争的市场结构，是比较理想的局面。因此，政府为企业横向与纵向的资本联合与收购重组提供各种便利条件就显得尤为重要，尤其是参与重组的汽车企业是国有汽车集团的情况下，政府的推动作用是不可替代的。

对于那些被称为“造车新势力”的新晋新能源汽车厂商而言，战略联合几乎是其与生俱来的特征，从初始联合股权投资（包括那些裹挟着大量资本的互联网企业）到联合研发设计，再到平台融资、市场营销、品牌运营等，它们从进入这个行业那天起就贴着战略联盟的标签。当它们发展到一定阶段后，还会遇到资金、技术和人才等方面的障碍，这个时候寻求外部力量的支撑就会顺理成章。这些外部力量的支撑不仅来自产业界，也包括各级政府的财税与金融扶持。

还有一类企业层面的联合与重组必须引起重视，那就是内外资企业之间的资本联结与渗透。随着中国政府率先开放新能源汽车投资准入，跨国汽车公司以及国际金融资本不可能忽视中国这个全球最大、成长最快的新能源汽车市场。不管采取与中方合作伙伴合资建厂方式，还是采取内外资企业之间的股权投资与兼并收购方式，政府的外部推动都是必不可少的，特别是来自国有金融机构的支持。

无论采取何种形式的资本联合与企业重组，政府实施有效的合规性监管都是至关重要的。特别是对于那些可能产生强大的市场支配势力的收购与重组行为，从产业安全的角度出发进行有效监管，都是政府市场监管部门责无旁贷的职责。当然，如果融资与收购行为是在一个开放和成熟的资本市场上进行的，来自金融监管机构的专业监管也是不可缺少的。

四 限控和引导相结合，为汽车电动化开辟空间

（一）加快低碳转型发展，打好蓝天保卫战

李克强总理2017年3月5日在第十二届全国人民代表大会第五次会议上所做的政府工作报告中提出要打好“蓝天保卫战”，其中，加强机动车排放管理是一项重要举措。实际上，此举对倒逼汽车厂商加快电动化转型有着非常重要的作用。

从全球范围来看，实现低碳转型和可持续交通，是汽车产业电动化发展的根本动力。欧盟计划将于2021年实施乘用车CO_2排放量不得超过95g/km的法规，同时也在考虑到2025年、2030年把CO_2排放量在2021年水平上再削减15%和30%的计划。此外，欧盟还提出将LZEV（Low - Zero - Emission Vehicle，CO_2排放量不超过50g/km的车辆）的销量扩大至2025年总销量的15%、2030年总销量的30%的方针。

对于欧盟上述计划，代表大主机厂商利益的欧洲汽车工业协会（ACEA）表示，2030年实现CO_2排放量削减20%的目标更切合实际。他们强调，要实现2030年目标，电动车普及至关重要，而后者需要发达的充电设施网络和政府对电动车购车者的补贴。实现上述两点的关键不在欧盟，而在于各国的政策。①

美国特朗普政府并未沿着其前任奥巴马政府时期由美国环境保护署（Environmental Protection Agency，EPA）和国家高速公路安全管理局（National Highway Traffic Safety Administration，NHTSA）与加州政府联合制定的、作为全美统一标准的轻型车排放和燃效标准（MY2017 - 2025 CO_2、CAFE标准）继续向前走，反而认为该标准过于严格，会阻碍本国汽车产业的发展，于是宣布将放宽标准限制。而作为全美环保先锋的加州政府，还是

① 《新能源汽车行业的市场竞争生态分析》，《新汽车观察》2018年7月25日。

准备按计划执行本州更加严格的零排放法规（Zero Emission Vehicle，ZEV），要求整车厂必须销售一定量的FCV/EV/PHV，未达标者要缴纳罚金。另有9个州坚持跟着加州的标准走，因而造成美国有两个并行的CO_2排放和CAFE标准。

对于生态环境的考虑也是中国大力推动新能源汽车发展的重要推手。特别是那些大气污染形势比较严峻的地区，例如京津冀地区，机动车尾气排放通常成为本地$PM_{2.5}$首要污染源。根据北京市环保局最近公布的新一轮污染源解析结果，2017年全市$PM_{2.5}$年均浓度58微克/立方米中，区域传输贡献约20微克/立方米，其余近2/3均为本地排放。在现阶段本地排放贡献中，移动源占45%，是4年前解析结果的1.4倍。也正是基于这种考虑，2018年机动车总量配置指标由上年的15万辆减少至10万辆，其中新能源汽车指标保持6万辆不变，普通燃油车指标由9万辆减少至4万辆。在这种情况下，轮候申请新能源车的人数超过28万人，这也意味着新加入申请者大军的人，至少要等到2023年，才有机会拿到幸运指标，添了不少新的变数。

实际上除了北京，国内上海、广州、深圳等其他城市也实行了限购限行和差别化的交通管理政策。一方面对燃油车念起了紧箍咒，另一方面通过财税杠杆进一步向购买和使用新能源汽车倾斜。

展望未来，预计国内加入对燃油车实行限购限行管理的城市清单可能还会拉长。比如，近期西安市有关部门向社会征集行驶十年以上的老旧燃油车退市的意见，引起了不小的社会反响。我们还可以借鉴国外经验，在不断升级燃效标准的基础上，将整车每公里的碳排放量作为一项强制性标准来实施。

长期来看，建立全国性碳交易市场是实现全社会低碳转型的重要组成部分，因此，我们还应当着手考虑如何将汽车产业纳入未来实施的全国碳交易体系中去。

（二）未雨绸缪，为燃油车退市提前做好准备

如前所述，尽管近年来，以荷兰、挪威和德国等为代表的欧洲国家先后

提出了汽柴油车禁售时间表，其中挪威和荷兰更是率先提前到2025年全面禁售传统燃油车。甚至连我们的近邻印度也提出，到2030年要全面禁售传统燃油车。这表明越来越多的国家认识到新能源汽车代表着汽车产业未来的发展方向，代表着交通领域控制温室气体排放的国际共识和一致行动。新能源汽车市场近年来的发展势头也印证了这一大趋势。

作为汽车大国的法国为实现《巴黎协定》目标，计划从2040年开始全面停止出售汽油车和柴油车，将法国打造成为一个碳平衡的国家，并计划于2050年实现碳中和。政府将通过税收优惠政策加快淘汰使用年限超过20年，以及在2001年前出售的汽油车。

同为汽车大国的德国也在燃油车禁售问题上旗帜鲜明地表明了态度。尽管受到来自德国汽车协会（VDA）和全德汽车俱乐部的强烈反对（根据VDA分析，到2030年仍然有2/3的注册新车是燃油车或者混合动力车），德国联邦参议院还是以多数票通过了2030年后禁售传统内燃机汽车的提案。德国环保部门坚持要求严格控制汽车二氧化碳排放量，确保2030年新出售的汽车做到零排放。

但2025年和2030年也是倒计时，昭示着全社会而不仅仅是汽车厂商必须现在立刻行动起来，为2025年或2030年进行系统筹划和周到安排。从目前情况来看，新能源汽车发展势头虽好，但距离一个成熟的竞争性产业所必需的自我良性发展能力还有相当大的距离，如果离开政府政策和外在环境的支撑，它也有可能迅速跌落。例如传统燃油车禁售后，新能源车如不能顺利接续，就会出现我们不愿意看到的新车销售大幅度萎缩的局面。

尽管欧洲一些国家已经启动了传统燃油汽车退市的时间表，但是我们还必须看到，关于传统燃油汽车退市问题，国内外也存在较大争议。从国外来看，美国（联邦政府）、日本、韩国等其他汽车强国至今尚未明确表态，说明其国内对此问题并未形成一致意见。国内汽车业界实际上也存在不同声音。一种典型观点认为，相对于发达国家而言，中国仍是一个后起汽车大国，汽车千人保有量和市场渗透率远远低于欧美和日韩等国家，在新能源汽车产品力（性能、可靠性、价格和服务等）还明显不足以替代燃油车的情况下，不应贸然实施燃油汽车退市的措施，否则可能会对整个汽车产业造成较大伤害。

尽管从短期来看，中国的燃油汽车退市时间表尚难以面世，但这并不表明我们可以完全回避这个问题。我们还是应当未雨绸缪，把研究燃油汽车退市时间表的工作列入长期议事日程。我们必须清醒地认识到以下几点。

——汽车产业实现脱碳化和电动化，是一个无可回避的、终将到来的大趋势，越是及早顺应这个趋势并采取战略行动就越是主动。特别是当国际社会越来越多的国家进入燃油汽车退市行列时，我们再去讨论中国是否应该和何时退市，就会造成被动的局面。

——研究制定中国燃油汽车退市时间表可以产生强烈的倒逼机制，逼迫汽车产业加快脱碳化和电动化进程。这种倒逼机制的效力，甚至要强于不断趋严的排放法规和燃效标准。从某种意义上讲，它对汽车产业的影响堪比2001年中国入世时，业内人士对入世可能对本土汽车工业造成强烈冲击的担心。但我们今天回过头来看，入世究竟对中国汽车产业造成了什么影响，可能对我们今天争论是否应制定中国燃油车退市时间表问题有所启发。

——中国燃油汽车退市行动应当建立在合法合规的基础上。由于此事涉及千千万万普通居民家庭合法财产的拥有、使用和处置等基本权利，因此，依法定程序来制定和监督实施此种具体行政行为，在国家治理法制化和现代化的制度框架下，具有法律意义。

——行政机构或主管部门要广泛听取社会各界意见，在能够形成大多数人的意志的基础上，提出相关立法建议，提交立法机构进行审议，按法定程序来制定和实施，而不应在未做充分认证、未充分听取社会各界意见的情况下，单方面制定并实施时间表。

——我们的燃油汽车退市时间表要循序渐进，要稳而不乱，要有阶段性目标和安排。新能源汽车对传统燃油汽车的替代应该是一个循序渐进的过程，而不是一个断崖式的替代过程。一如我们长远来看终将走向以可再生能源、氢能源为主导的能源结构和能源体系一样，设定目标，不断趋近，背负压力，才能形成前进动力。

五 实现产业扶持政策的转型

近年来，产业生态的理念越来越深入人心。它突破了人们对经济活动中原有产业链和供应链的浅层理解，将人们对生态学的一系列理念和体系移植到产业发展领域，特别是将新技术、新产业的思维触角延伸到所有相关支撑性领域当中。就像一粒种子茁壮成长，既需要内在的优秀基因和良性循环，更需要外界充足的阳光、土壤、空气、水和各类营养物质，当然也会需要园丁定期去除杂草和修剪整理。

“生态系统”（ecosystem）这一概念最早是由英国生态学家 Arthur George Tansley 于 1935 年首先提出的。它是指在一定的时间和空间内，生物体（群落）与其外部环境之间，以及生物体与生物体之间，通过不断的物质循环、能量流动和信息交换，形成的一个相互作用、相互依存和动态均衡的功能体。

中国新能源汽车产业发展正进入一个涵养产业生态的阶段，除了自身的要有较强的生命力、免疫力，还需要有充足的阳光、空气、水分和土壤，这些种子才能生根发芽，抽枝散叶。

（一）摆脱“财税依赖症”，实现激励政策体系的转型

新能源汽车的无限风光首先要归功于政府的政策扶持，特别是财政补贴和税费减免政策，可以说是决定性因素。但反过来看，新能源汽车步入可持续发展轨道的最大隐忧，恰恰也是其对财政补贴和税费减免政策的严重依赖。在新能源汽车渗透度高的国家，政府补贴和税费减免对于撬动市场可以说是决定性的。在挪威这个新能源汽车渗透率最高的国家，政府提供的一揽子激励政策是具有相当大的诱惑力的，如购买纯电动汽车的消费者，可以免除各种税费（包括 25% 增值税和进口关税），也不用缴纳城市通行费和公共停车场的停车费，还可以使用公交专用车道。德国购买电动车的消费者可以获得 4000 欧元的补贴，购买混动车的消费者可以获得 3000 欧元的补贴，还

可与家中另一辆车共享车牌和保险。① 也正因为如此，一旦财政补贴退坡甚至取消，销量的迅速下滑将不可避免。西班牙为每辆新能源车消费者提供5500欧元的补贴，且免缴牌照注册税、减免大部分行驶税、畅行限行路段、室内停车场免费停车。瑞典对购买二氧化碳排放少于50g/km的插电式混合动力车的车主提供20000克朗（约合2123欧元）的补贴，纯电动车享受40000克朗的补贴。爱尔兰为购买新能源汽车的消费者提供最多5000欧元的补贴。葡萄牙对纯电动车消费者提供2250欧元补贴，对插电式混合动力车的购买者提供1125欧元补贴。

财税优惠政策有时候是一把双刃剑，用好了不容易。当进则进，当退则退，进退有序，方可见效。而真正当财政补贴全面退出的时候，我们就能够清楚地看到，是谁在裸泳。

对于政策制定者而言，掌握好政策力度和时机，一半是科学，一半是艺术。决策者担心失去政策扶持之后，国内新能源汽车销量会出现断崖式下滑。对于政策受益者而言，很容易患上政策依赖症。一旦优惠政策减弱甚至消失，既得利益者很容易产生抵触情绪。这正是大多数国家在新能源汽车政策上面临的两难境地。

中国新能源汽车销量之所以在补贴退坡之后依然保持了强劲增长的势头，很大程度上得益于京、沪、津、穗、杭等城市实行的燃油车限购限行。当然，企业技术进步特别是动力电池能量密度、续航里程、能耗、产品一致性等性能提高和成本下降，以及充电网络建设加快等也是重要因素。但我们仍然对2020年补贴取消之后市场销量是否会出现断崖式下滑表示担心，毕竟双积分政策只是针对生产厂商的政策，针对消费者的激励政策似乎只剩下减免车辆购置税等税费优惠了，其政策效果如何还有待考察。

因此，我们要制定并实施一揽子替代性的激励政策。财税政策转型是必要的，怎么转才更合理更有效，我们需要通过对“双积分”政策的实施效

① 售价6万欧元的车型方可享受补贴，且最多40万辆。补贴费用由车企和政府分摊（各6亿欧元）。在2016～2020年购买电动车，则可与家中另一辆车共享车牌，以节省保险费用。

果进行全面评估之后，再提出调整优化的方向与措施。[①]

“双积分”政策作为2020年财政补贴退出后的接续性政策，必将引导国内汽车厂商加大新能源汽车的战略投入，加速向新能源汽车提供商角色转型。特别是对于那些前期在新能源汽车发展上处于领先地位的厂商而言，新能源积分的自由交易将使其获得额外回报，继而筹集到更多研发资金。

但光有面向生产侧的“双积分”政策还不够，我们还应当制定实施一整套面向消费侧和使用环境的财税激励政策体系。

——消费者购买新能源汽车时免缴车辆购置税和消费税的税收鼓励政策应当长期坚持，以此向消费者释放长期的政策信号。

——对以新能源车来更新替代（包括报废更新）燃油车的消费者，应提供一定数额的财政补贴，补贴资金可同时来源于中央政府和地方政府，补贴强度由地方政府根据本地财政能力自己酌定。

——差异化的交通管理措施是一个行之有效的政策手段，也应当坚持下去并进一步优化。例如，有条件的城市可以考虑允许电动汽车等新能源汽车在城市上下班交通高峰时段使用公交车道；未来在交通拥堵的大城市尝试征收拥堵费时，对新能源汽车应考虑免缴。

——大城市核心区划定新能源汽车的专有停车位，并对违规在这些专有停车位上停放的燃油车进行高额罚款。

——城市建设部门规定对于新建居民住宅楼和商业楼宇，开发商必须高比例地配套建设新能源车停车位和充电设施，否则不予核准和颁发项目建设许可证。这些停车和充电设施必须对外部开放使用。

---

① 2017年9月28日，工业和信息化部、财政部、商务部、海关总署、质检总局联合公布了《乘用车企业平均燃料消耗量与新能源汽车积分并行管理办法》（通常称为“双积分”政策）。该政策规定，对传统能源乘用车年度生产量或者进口量达到3万辆以上的，从2019年度开始设定新能源汽车积分比例要求。2019年度、2020年度，新能源汽车积分比例要求分别为10%、12%。积分不达标又未抵偿负积分，车企将面临被暂停申报汽车目录、停止部分传统汽车车型生产或进口的处罚。2018年7月2日，乘用车企业平均燃料消耗量和新能源汽车积分交易平台上线运行，企业可在交易平台上通过竞价、定价和定向交易等形式进行积分交易和转让。

（二）从技术路线到创新政策：偏好与中立，红海与蓝海

国务院2012年颁布的《节能与新能源汽车产业发展规划（2012－2020年）》，明确提出以纯电驱动为新能源汽车发展和汽车工业转型的主要战略取向，并进一步指出近期重点推进纯电动汽车和插电式混合动力汽车产业化。在2017年4月6日工业和信息化部、发展改革委和科技部联合印发的《汽车产业中长期发展规划》中，以2020年为主要规划时间节点，指出重点围绕动力电池与电池管理系统、电机驱动与电力电子总成、电动汽车智能化技术、燃料电池动力系统、插电/增程式混合动力系统和纯电动力系统等6个创新链进行任务部署。2017年11月2日，中国汽车工程学会组织超过500位行业专家历时一年研究编制的《节能与新能源汽车技术路线图》正式发布，其中包括纯电动和插电式混合动力、动力电池和燃料电池汽车2020年、2025年及2030年技术发展目标。其中，对于燃料电池技术路径的表述之丰富和全面也是前所未有的。

过去6年的实践表明，将纯电驱动作为近中期中国新能源汽车主流技术路径是符合中国实际的，从实际效果来看也是成功的。特别是以磷酸铁锂电池为主要动力电池的纯电动汽车，驱动中国新能源汽车产业突飞猛进继而执世界牛耳。

但进入2018年以来，技术路线又一次回到了人们的讨论视野里，其原因是多方面的。其一是燃料电池技术商业化应用呈现加快态势。最具象征意义的标志性事件是国务院总理李克强2018年5月11日在日本首相安倍晋三的陪同下，参观考察了丰田汽车北海道厂区（见图1），并重点了解氢气压缩储存和加氢站布局等安全问题。这次访问在国内外汽车业界产生了一定的轰动效应，人们开始重新审视这个一度被认为是新能源汽车终极解决方案，但又遥遥无期的燃料电池技术。此前，人们普遍认为2030年甚至更晚时候，氢燃料电池汽车进入大规模商业化的可能性不大。

其二是纯电动汽车的商业模式出现了新的变化、新型业态，国内燃料电池技术及产业化进程并不是在李克强总理访日后才加快的。如果我们留心观察，还是可以看出一些端倪，例如在近两年新能源补贴政策退坡的背景下，

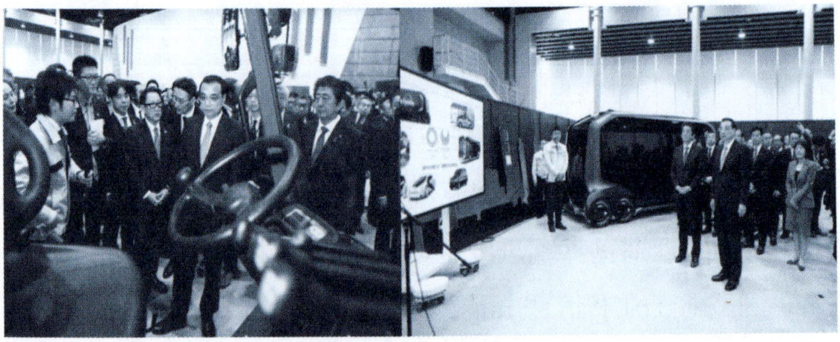

图1　李克强总理参观考察丰田汽车公司北海道工厂

国家对燃料电池汽车的补贴并未随之退坡，而是明确将延续至2020年；国内相关产业链和产业生态正加速形成，如上海市政府早在三年前就提出建设“国内领先的燃料电池汽车技术示范城市”目标[①]；长三角氢走廊建设项目在中国汽车工程学会牵头下正式启动，全国各地在建和规划建设的加氢站已经有20多座，有望实现2020年100座加氢站目标；全国已有包括张家口、武汉、大同、上海、佛山等在内的十余个城市建设或规划建设氢能园区，华北、华南、华东、华中产业集群初步显现；国内已涌现出十余家形成规模的燃料电池生产企业；燃料电池的质子交换膜、扩散层、膜电极、双极板等材料及部件国产化步伐加快，不少技术都取得重大突破，如中国已成为世界上唯一实现Ⅲ型35MPa车用氢气瓶规模化量产的国家[②]。

从全球范围来看，丰田、现代、奥迪等汽车公司开始发力燃料电池车。例如日本丰田汽车公司早在2015年初就宣布将无偿公开其持有的燃料电池车全部约5680项相关专利，希望吸引社会各界参与合作，加快燃料电池车的普及[③]。

---

① 根据上海市的相关规划，到2020年，上海燃料电池汽车全产业链年产值突破150亿元，在示范运行与推广层面，建设加氢站5～10座、乘用车示范区2个，运行规模达到3000辆。2018年全市还将有500～1000辆氢燃料电池货车投入使用。《燃料电池蓄势待发》，《中国能源报》2018年5月21日。

② 《燃料电池蓄势待发》，《中国能源报》2018年5月21日。

③ 《丰田全面开放燃料电池专利》，《人民日报》2015年1月12日。

通常，技术路线选择是一个为实现某种目标而采取何种特定技术手段的取舍问题。一旦选择了某种技术路径，通常就会因资产专用性强、转换成本过高而被锁定，即产生“路径依赖”效应。对于一个行业而言，勾勒和把握全行业共性技术的发展趋势，是为了聚集和引导全社会的创新资源进行高强度集中投入，以期在短时间内取得预期的成果，同时减少个体创新过程中的风险和不确定性。这是非常必要的，但同时，我们不能忽略这样的问题。

一是技术进步有时并不是以我们能够准确预见的轨迹演进的，有时实现同一功能产品的技术组合，可能是多元的和发散的，而不是唯一的和收敛的。即使是现在所谓的主流技术，将来未必就一定能成为主宰性技术，它也可能成为一种过渡性技术，湮没在滚滚而来的技术进步浪潮中。就好比十年前，等离子显示技术还一度被认为是优于液晶显示技术的主流显示技术，但今天，它已经彻底被后者打败。因此，归根结底，技术路线选择是一种市场选择过程。

二是技术路线可能是一个集体行动，如采取一致行动的产业联盟，也可能是个体的自主选择。对于一种能够引领和代表未来技术方向的战略性技术，走繁忙大路还是翻越鲜有人迹的山岭，应由创新主体自主选择。

无论如何，对于纯电动汽车特别是动力电池技术，以及氢燃料汽车技术，我们应参照智能网联汽车的创新模式，将其新一代动力电池、驱动电机、氢燃料电池技术等纳入正在建设中的国家制造业创新中心当中。国家除了投入研发资金，还应当利用专项产业基金等融资平台，为这些新技术的商业化应用提供支撑。

六　涵养产业生态，让颠覆性技术走向产业化

（一）涵养新能源汽车产业生态

将生态系统的理念延伸到新能源汽车产业经济全链条当中，就衍生出

“产业生态系统”的理念。所谓“产业生态系统”（Industrial Ecosystem），就是特定产业的所有经济活动主体在创造和分配价值的过程中，在产业链各环节之间（如生产、供应、消费、研发、融资、物流、营销等），以及与外部环境（包括基础设施等硬环境和法规标准等软环境）之间，通过人力、物质、资本、信息等要素流动与组合，形成的一个相对稳定、相互作用、相互依存和动态均衡的功能体。

当一项新技术步入商业化应用阶段时，就会逐渐衍生出一个全新的产业链、供应链和价值链，从而也会创造出一个全新的产业生态系统（见图2）。如果我们把新能源汽车技术比喻成一粒充满希望，能够生根发芽、增枝散叶乃至开花结果的优良种子，能够茁壮成长成为参天大树的幼苗，我们就需要为它培育出一个温度、湿度和养分适宜的生态环境，包括一个内生的优秀基因和良性生态循环，以及外界充足的阳光、土壤、空气、水和各类营养物质。当然，我们更需要园丁定期去除杂草和修剪整理。这应该是我们对待新技术及其产业化的应有逻辑和态度。

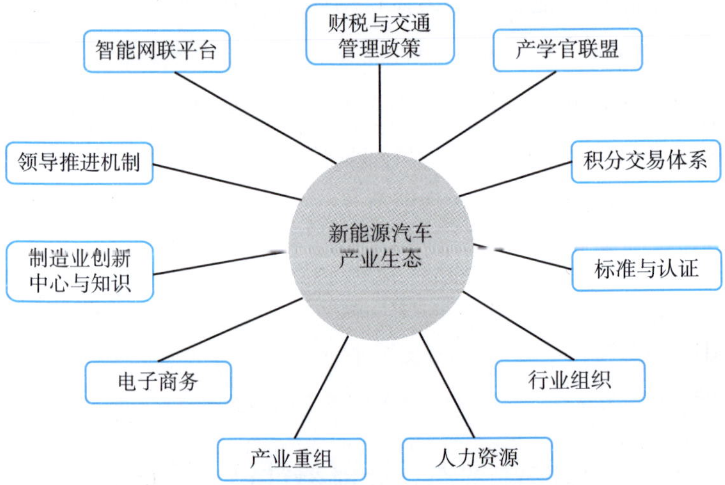

图2　新能源汽车产业生态的构成要素

历史地看，汽车产业的转型升级总是伴随、依托并催生着大规模的甚至是颠覆性的创新活动。从颠覆性理念到颠覆性创新活动，再到形成颠覆性产业，产生颠覆性效果，是一个循序渐进的过程，其中涉及创新理念与决策、技术研发与产业化途径、要素配置方式、产业组织、体制机制、商业模式、监管制度等方面的多种因素。

（二）让颠覆发生

新能源汽车技术，特别是纯电动汽车和氢燃料电动汽车等具有颠覆性意义的创新技术，从颠覆性技术到形成颠覆性产业，不会是轻而易举就能够实现的。政府所要做的是，促成或加快实现颠覆性技术的产业化进程。在此过程中，我们要把握好四个重要维度，或者说是四条途径：一是推动形成全新的技术路线；二是创造全新的价值网络；三是创新商业模式；四是颠覆既有竞争格局。

以上四条标准或者四个维度，是现阶段我们对颠覆性技术产业化进程的理解。虽然它有别于颠覆性创新理论开拓者的初始界定，即颠覆性创新来源于低端的边缘市场①，但是我们认为这样的理解具有深刻的现实意义。特别是对于中国新能源汽车产业而言，推动颠覆性技术向颠覆性力量转变，产生颠覆性效果，无论如何，都应当是决策者追求的目标。

——新技术孕育新潜能。从技术角度来看，新能源汽车技术具有研发周期长、投入强度大、成长性好、风险高、系统性强、标准架构尚未定型等特点，仅凭社会力量难以实现国家战略目标。因此，政府应当通过增加科技投入、进行战略布局、组建创新网络与创新联盟、夯实研发基础设施、推进重点试点示范工程建设、集聚优势资源、提供税收金融优惠、打造国家级科研团队、加大政府采购力度等体系化的创新政策来予以扶持。

——新产业依托新机制。像新能源汽车这种新技术只有发展壮大为新产业，才能良性发展循环，才能吸引多元社会投资，才能激发创新活动，才能造福更多民众。不能实现产业化的技术不是创新性技术，因为创新活动本身就是科研成果转化为经济价值的过程，就是技术与市场的结合。

---

① 关于颠覆性创新的讨论可以参阅 C. Cristensen 等人的文章《什么是颠覆性创新》。

——新平台承载新战略。新技术需要通过产业化来转化成果，新产业又需要新战略来明确目标和途径，而新战略又需要新平台来集聚资源和强化实施，这是目前汽车强国或大多数跨国汽车公司的基本逻辑与行动计划。

（三）为氢能社会的到来做好准备

正如本报告前面章节中所指出的那样，氢能与燃料电池既是我国能源技术革命的方向，也是创新战略和交通、制造业及汽车产业发展战略的重要组成部分。《国家创新驱动发展战略纲要》《“十三五”国家科技创新规划》《“十三五”国家战略性新兴产业发展规划》《汽车产业中长期发展规划》等战略规划都将燃料电池技术及产业化放在十分重要的战略地位来推进。中国汽车工程学会也在工信部的指导下组织国内专家制定了氢燃料电池技术的路线图。特别是《“十三五”国家战略性新兴产业发展规划》明确提出，要加强燃料电池基础材料与过程机理研究，推动高性能低成本燃料电池材料和系统关键部件研发。加快提升燃料电池堆系统可靠性和工程化水平，完善相关技术标准。推动车载储氢系统以及氢制备、储运和加注技术发展，推进加氢站建设。到 2020 年，实现燃料电池汽车批量生产和规模化示范应用。

在本报告中，课题组结合国内外氢燃料技术进步及产业化进程，描绘了未来氢能社会背景下燃料电池汽车的发展蓝图，认为燃料电池汽车与电动汽车将互补共存；燃料电池汽车未来将具备与传统车、纯电动汽车进行竞争的能力。课题组在本报告中提出了如下氢燃料电池汽车发展思路：

——创新研发组织模式，突破关键核心技术；

——抓关键领域补短板环节，培育壮大产业链；

——大力推进示范应用，以点带面有序推进；

——科学规划布局，建立氢能供给体系；

——大力推进国际化，整合对接全球资源；

——完善标准法规体系，提升测试评价能力；

——加强公众宣传教育，营造良好的发展环境。

在上述思路指导下，课题组提出了加大政策扶持力度、支持加氢基础设施建设、完善财税政策扶持体系、积极拓宽投融资渠道，以及加强行业管理与协同应用等政策措施。

认识到位后，我们需要的是切切实实的行动。正如课题组在本研究报告中指出的那样，实现燃料电池汽车大规模推广普及需要各方共同努力，单纯依靠任何一方的努力都是无法实现氢燃料汽车发展目标的，因为从一开始，氢燃料电池汽车就是氢能社会的重要组成部分。

七 加强顶层设计，提高领导力和执行力

新能源汽车发展需要一个好的顶层设计，从而为投资者、生产者、经营者、消费者和管理者等各利益主体指明方向，使其知道朝着哪个方向努力，知道前进过程中可能遇到什么风险和不确定性因素，因而提前采取战略性行动，以争取最大利益。当然，从理论上讲，这种分散决策的、争取各自利益最大化的过程最终会“意外地”促进了社会公共利益。

（一）构建完善的战略体系

好的顶层设计首先表现为一个好的战略思路，重点解决用什么手段来达到什么目的的认识问题，包括如何在决策层形成统一的战略意志，如何全面准确地分析判断战略环境，如何清醒地认识自身的战略能力，坚持何种战略原则，如何最大限度地发挥战略资源优势，如何把控战略风险，如何设计战略规划体系，如何安排战略优先序等内容。

好的顶层设计还体现为好的战略规划体系和战略执行能力，这是一个技术性很强的环节。战略规划体系需要好的初始设计方案，包括明确的战略目标、战略重点、战略步骤和路线图，还需要一个动态优化和评估机制，以保证战略实施过程不偏离预设轨道。战略执行能力既包括战略实施能力（如上传下达），也包括战略保障能力，还包括体制机制和政策保障

能力。

如果将上述思想融入中国新能源汽车产业发展的大思路当中，一个整体性、前瞻性和综合性的战略框架就会逐渐显现出来，包括总体思路、规划体系、远期目标、战略途径、战略重点、体制机制和政策保障等战略意图和举措都将清晰地向外界传达。

——战略环境。对于中国新能源汽车产业而言，我们确定战略目标必须要综合考虑：目前我们所处的国内外形势，面临的战略机遇与优势、困难与挑战；在技术、资源、市场、人才、资金和政策等方面的现实与潜在优势；战略推进能力、把控能力和优化能力；战略实施的路线图；战略收益与风险化解能力。

——战略目标。这是任何战略的核心所在。达到什么目标是为什么行动，以什么方式行动和采取什么步骤行动的决定性因素。既要有短期目标也要有中长期目标；既要有定性目标，如成为新能源汽车强国，也要有定量目标，如市场规模及增长率、国内外市场占有率、技术渗透率等；既要有总体目标，也要有阶段性目标和专项目标。

——战略步骤与优先序。产业发展战略的关键在于执行，特别是要有一个切实可行的实施步骤与优先序安排，例如，是一步到位还是渐次趋近目标；确定近期行动方案与中远期行动方向；在确定优先发展领域的基础上集中投入优势资源取得进展，还是平衡推进相关领域发展；此外，战略设计还应该根据随着时间演进、形势变化和战略进程进行动态调整。例如，我们要研究如何在插电式混合动力、纯电动和氢燃料电池汽车上进行优先序选择和战略安排。

——战略重点。要明确战略主攻方向在哪里，例如，是补足核心技术短板还是解决体制机制障碍，是培育不成熟的市场还是推进商业模式创新，是推动研发创新活动还是加快充电设施网络建设。对于可能出现的不公平竞争等市场失序行为，要弄清楚是法规标准的缺失问题还是有法不依和执法不严问题；是市场准入还是监管问题；是以政府大力扶持和培育为主，还是以市场力量为主；是投融资问题还是市场培育问题；是封闭发展自成体系，还是平台开放和合作互动；是以单个汽车企业或汽车集团为主体，还是形成政府社会伙伴关系等。

——战略依据。包括与新能源汽车发展直接和间接相关的综合性和专项性规划，例如节能与新能源汽车中长期规划、科技创新规划、战略性新兴产业规划等。当然，国内外成功经验乃至教训也可以作为战略参考依据。

——战略原则。无论以何种方式推动新能源汽车发展，都要遵循一些重要的行为准则，如坚持自上而下的顶层推进与自下而上的产业创新相结合；坚持理顺政府与市场的关系，特别是对于新兴产业而言，在发展初期政府的扶持是必要的，但要避免形成政策长期依赖；坚持规范试点与有序推广相结合。

——战略推进。从各国实践来看，新兴产业发展战略的推进主要依靠三方面力量共同发力，单纯依靠任何一个力量都难以在较短时间内完成雄心勃勃的战略目标。这三股力量就是：政府、市场和第三方组织。其中，政府的作用是多元的，既是规则制定者（制定法规、标准），也是规则的监督者（市场监管）和执行者。第三方组织（如战略联盟）是介于政府和市场的中间力量，它既可能是行业自律性组织，如行业协会，也可能是政产学研用等合作搭建的平台化组织，如德国工业4.0平台。

——战略保障。新能源汽车产业发展除了要有战略推进机制，还必须有保障性机制设计，包括决策支撑机制（如成立全国性高层级的战略委员会、指导委员会或领导小组，为战略制定与实施提供指导性意见）、投融资机制、创新激励机制、人才保障机制、创新基础设施保障机制（如公共实验室）、知识产权保护机制、市场监管机制、安全保障机制、数据管理机制、政产学研用多元合作机制和行业自律机制等。

——战略评估与优化。产业发展战略不是一个一劳永逸的事物，而是一个动态的、不断优化的过程。一方面，决策者需要对前一阶段的战略执行情况进行评估，总结成功经验，发现现实或潜在的问题，另一方面，对不适合的战略规划和行动方案进行及时调整。这一战略评估和战略校正过程，可以由政府主管部门来完成，也可以委托外部第三方咨询机构来完成。

新能源汽车发展战略的基本框架如图 3 所示。

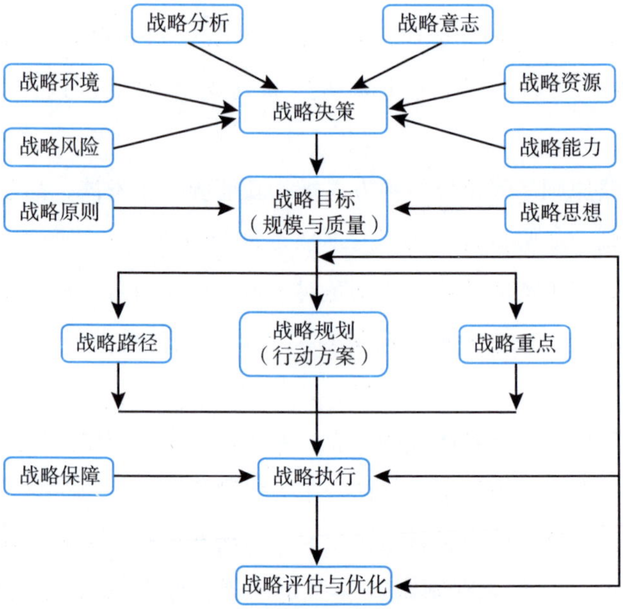

图 3　新能源汽车发展战略的基本框架

（二）提高领导力、协调力和执行力

要实现新能源汽车发展由追赶转向超越并最终引领的宏伟目标，强有力的领导机构、有效的协调机制和高效的执行体系，都是不可缺少的。

——强劲有力和执行高效的高层级领导与推进机制。参照“国家新材料产业发展领导小组”（2016 年成立）、“国家制造强国建设领导小组”等决策机制，在国务院领导下成立高层级的新能源汽车发展领导机构，负责审议新能源汽车产业发展的总体部署、重要规划，统筹研究重大政策、重大工程和重要工作安排，协调解决重点难点问题，指导督促各地区、各部门的工作，形成“领导有力、决策有效、协调有序、指导有方”的战略决策与领导机制。

专栏一　国家新材料产业发展领导小组

国务院2016年12月23日成立，目的是贯彻实施制造强国战略，加快推进新材料产业发展。主要职责：审议推动新材料产业发展的总体部署、重要规划，统筹研究重大政策、重大工程和重要工作安排，协调解决重点难点问题，指导督促各地区、各部门扎实开展工作。

国务院原副总理马凯任组长，副组长包括工业和信息化部部长苗圩、国资委主任肖亚庆、发展改革委副主任林念修、科技部副部长阴和俊及财政部副部长刘昆。

——集中统一和科学有效的现代监管体系。厘清行政主管部门、市场监管机构和行业中介组织之间的职责边界，形成事前、事中和事后监管有机统一的“职责清晰、分工明确、分类监管”的监管体制。规范市场准入管理，减少不必要的事前行政审批与核准，增加必要的事中一致性管理（如动力电池生产一致性）及事后责任追究（如出现系统性安全事故）和退市管理，利用现代信息技术特别是物联网、可视化、人工智能、大数据、区块链等技术手段，形成“事前准入管理＋事中一致性管理＋事后追责监管”的系统性新型监管体系，以及依法依规加强全链条、全方位、全实时的过程监控和质量安全管理，形成“智能制造＋智能服务＋全过程监管”多位一体的现代监管模式。

——开放协同和多元融合的创新体系。在创新政策上，既要鼓励联合创新，也要鼓励自主选择和试错；加强传统厂商与造车新势力、国内机构与国外机构的联合创新；鼓励开展“政府＋社会合作伙伴关系（PPP）”协同创新。例如，可以聚焦氢燃料电池领域的质子交换膜组、储氢罐等核心技术，以及加氢站建设过程中的氢气压缩机、加氢站不锈钢材料等难点，组织协同攻关。

——产业基金引导和社会深度参与的新型投融资机制。加大全社会对新能源汽车全产业链的投入，可以考虑由工业和信息化部牵头，参照国家集成电路产业投资基金的投入和管理模式，联合有关部委设立千亿级国家级

“国家新能源汽车专项投资基金”，编制好年度财政预算；后续根据产业发展需求，再有计划地编制并开展若干轮次公开的大规模社会性融资活动，吸收风险投资、天使投资等全社会各类战略投资的进入，最终形成万亿级产业投资基金。积极利用多层级资本市场的融资功能，促进形成“财政拨款 + 产业基金 + 风险投资 + 股权投资 + 债权融资”的多元化融资格局。

——推动形成“两个市场”和“两种资源”相结合的产业发展新格局。要抓住本轮国家在汽车准入方面深化对外开放的新机遇，积极扩大利用外资进入新能源汽车全链条的研发、制造和网络服务，积极寻求与国外汽车厂商、供应商和研发机构的合资合作，在满足国外法规和认证体系的基础上，进军国外新能源汽车市场，近期可以商用车为起点和重点，再逐渐延伸到乘用车领域；坚持“走出去”，以整车出口、国外设厂和建立海外研发中心，来带动国内新能源汽车产业链和创新链的升级。

（三）“三步走”路线图：阶段性目标与核心任务

根据面临的国内外形势、既有和潜在的优劣条件，以及面临的机遇与挑战，我们建议中国新能源汽车产业发展按“三步走”计划来推进。

——第一阶段（2018 ~ 2020 年）。核心任务是“补足短板，描绘蓝图，理顺体制，搭建平台，政策构建”。补足在软件和硬件方面的短板，特别是监管体制不完善、战略决策和执行机制迟缓、战略远景不清晰、法规标准体系不完备等问题，理顺行政管理和市场监管体系，搭建产业联盟或战略联合体，作为战略规划的推进平台。此外，探索构建符合国内现状又契合国际趋势的覆盖全产业链的政策支撑体系也是这一阶段的重要任务。

——第二阶段（2021 ~ 2025 年）。核心任务是“强基固本，强化监管，平台升级，全面推进，局部领先”。“强基固本”就是巩固第一阶段工作成果，夯实制度基础和产业基础，重点消除那些制约新能源汽车发展的法规、标准、体制、政策、技术、人才和产业配套等瓶颈，使得决定产业健康持久发展的制度性因素能够相对稳定下来，为全社会提供稳定的政策和市场信号。“强化监管”是基于前一阶段市场监管体系运行中发现的突出问题，如重事前审批、轻事中事后监管的监管“一头沉”现象，以及监管能力不足的问题，强化市场监管部门在机构编制、职能配置、技术规范、设施装备、信息系统、经费保障等方面的体系化能力，形成事前、事中和事后相结合的全过程监管能力，确保监管无死角。“平台升级”重点是提升产业链局部环节的协同创新平台或产业联盟，使创新联盟或产业联盟更加专业化、精细化和协同化，实现以民间力量为主体的产业创新平台与政府主导的信息化平台和监管平台的对接，搭建好行业自律平台。“全面推进”是推动新能源汽车领域的基础研究、应用研究、商业化示范运营等初期成果，扩散到全国、全产业链，形成全国布局、全面推进的格局。“局部领先”是力争使中国新能源汽车的国际竞争力持续提高，在全产业链上具备较强的国际竞争力，并能够掌握部分技术标准的国际话语权。

——第三阶段（2026～2030年）。核心任务是“做强做精，智能服务，繁荣生态”。“做强做精”强调产业发展进入高质量阶段，不再盲目追求市场规模的扩张，而是要将全球价值链的地位提升到新的高度，持续提高产业竞争力，包括创新能力、成果转化能力、信息化能力、监管能力、资源整合能力、满足跨境需求的能力；法规、标准和政策更加精准，除了基础性法律法规，大量支撑性的法规规章、监管办法和政策措施先后施行，相互协调、相互补充，由此形成严密完整的法规和政策体系。“智能服务”即借助于人工智能、互联网、大数据、云计算等现代信息技术手段，推进新能源汽车与智能网联汽车、智能制造等深度融合，实现新能源汽车的2.0时代。“繁荣生态”就是要让新能源汽车产业与外界形成信息、数据、市场、技术、资金、人员、标准等全方位的良性互动。

发展综述

Development Overview

B.8
2017年中国汽车产业发展综述

曹晓昂*

摘　要： 中国连续九年成为世界第一产销大国，汽车产业“由大变强”趋势明显。本文系统阐述2017年我国汽车行业发展态势和环境，详细剖析汽车产销、行业合作、新能源汽车、智能网联汽车、自主品牌等行业热点问题。总体来看，我国汽车市场进入平稳低速增长阶段，行业战略合作迈入开放、务实新阶段，双积分接力新能源汽车补贴政策将加快中国汽车产业电动化转型的进程，智能网联汽车得到政府和行业的高度关注但相关标准、法规有待完善。随着行业管理进一步完善和优化，汽车产业开放态势更加明显，长期必将促进中国汽车品牌高质量发展。

* 曹晓昂，中国汽车工程学会产业研究部项目总监，工商管理硕士，研究领域为汽车产业政策分析、汽车行业发展及战略规划。

关键词： 新能源汽车　补贴退坡　智能网联汽车　产业开放

2017年，汽车产业政策对于行业发展的影响力依然强大。

由于短期刺激性政策的退出，乘用车增速放缓，我国汽车市场进入平稳低速增长阶段。与此同时，受政策因素推动，此前持续低迷的商用车市场增长强劲，商用车销量创新高。此外，随着全球经济状况回暖，汽车商品进出口活跃，总体表现好于上年。汽车产业平稳增长对经济的拉动作用明显，但影响力开始减弱。汽车行业战略合作迈入开放、务实新阶段，激发了行业发展新动能。在新能源汽车领域，财政补贴退坡，"双积分"奠定"后补贴时代"新能源政策基础，接力推动新能源汽车增长，将加快中国汽车产业电动化转型的进程。2017年，智能网联汽车在政策法规、测试示范应用等方面取得了积极进展，但是在产业链培育、技术创新、大规模市场应用等方面依然面临很大挑战，仍需要持续高度关注。2017年，自主品牌的市场表现总体良好，市场销量、市场占比稳步提升，典型自主品牌产品的市场竞争力明显提升，但自主品牌的市场分化情况越来越明显，强者愈强，弱者愈弱，两者之间的差距越来越大。2017年，汽车产业的开放程度进一步扩大，重点是扩大投资、贸易市场开放，完善竞争政策，汽车产业管理进一步优化，更加科学合理。

中国已连续9年成为世界第一产销大国，市场化进程越来越快，汽车产业"由大到强"趋势明显，但也面临着巨大的挑战，"创新"成为汽车行业的主要课题。

一　汽车行业销量微增长，长期增长空间看好

（一）短期刺激性政策退出，乘用车增速放缓，我国汽车市场进入平稳低速增长阶段

2017年，我国汽车产销量分别为2901.5万辆和2887.9万辆，产销

同比分别增长3.2%和3.0%，这是自2009年起，我国连续第九年汽车产销量全球第一。2017年，全球销量第二的是美国，销量为1724万辆，我国汽车量销量已远超美国，在全球占据近1/3的份额。但与此同时，我国汽车产销量增速大幅度放缓，汽车产销量增速分别比上年同期回落11.3个和10.7个百分点，我国汽车市场进入平稳低速增长阶段。

造成2017年汽车产销量增速大幅下降的主要原因是国家汽车购置税优惠政策的退出，我国汽车市场在经过短期政策刺激后，汽车消费被提前透支。2008年受全球金融危机影响，国内汽车销量为938.05万辆，同比增长6.70%，相比2007年增幅回落15.14个百分点。为了应对全球金融危机，我国在2009年首次出台了汽车购置税优惠政策，将1.6L及以下排量的乘用车购置税从10%减到按5%征收。2009年国内汽车销量达到1364.48万辆，实现46.15%的爆发式增长，2010年国内汽车销量为1806.19万辆，同比增长32.37%。随着2010年该政策正式退出，2011年国内销量为1850.51万辆，同比增幅仅为2.5%。不过经历低谷后，汽车销量恢复增长，2012年为1930.64万辆，同比增长4.3%，2013年为2198.41万辆，同比增长13.9%。

随着国内经济转型升级，宏观经济增长速度放缓，中国汽车产销量增速自2014年开始出现明显下降，2014年销量为2349.19万辆，同比增长6.86%。2015年我国颁布了汽车购置税减半的政策措施，自2015年10月1日至2016年12月31日，对1.6L及以下排量的乘用车实施5%的购置税政策。2017年，这个政策调整为自2017年1月1日起至12月31日止，对于1.6L及以下排量的乘用车，按照7.5%的税率征收车辆购置税。受到购置税优惠政策等促进因素的影响，我国汽车产销量增速在2016年出现过明显的反弹，全国汽车产销量分别同比增长14.5%和13.7%。2017年我国汽车产销量约3%的同比增长率，是短期政策刺激后的调整。2010～2017年我国汽车产销量及增长情况如图1、图2所示。

截至2017年末，中国千人汽车保有量约为150辆①，汽车市场处于成熟

① 资料来源：德勤。

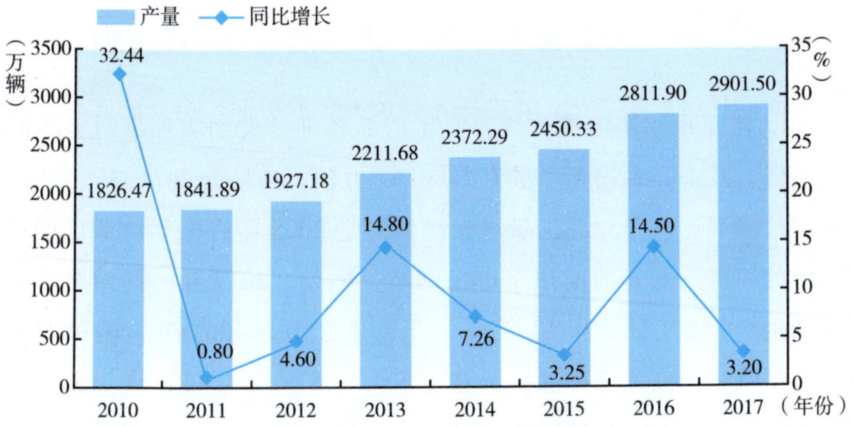

图1　2010～2017年我国汽车产量及增长情况

资料来源：中国汽车工业协会。

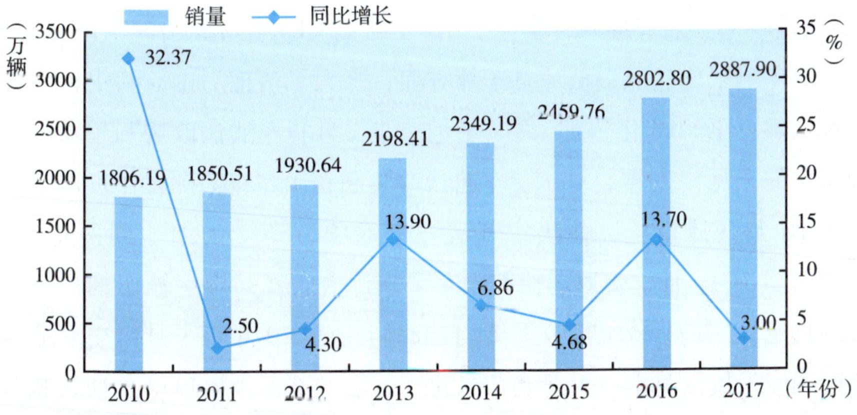

图2　2010～2017年我国汽车销量及增长情况

资料来源：中国汽车工业协会。

期的美国、日本、德国，2015年千人汽车保有量分别为821辆、609辆和593辆，世界平均水平为182辆。综合比较来看，中国汽车市场仍处于快速普及阶段，汽车市场容量远未饱和，未来仍具有较大增长空间。中国汽车市场经历周期高点后，将进入一个较长周期的平稳低速增长阶段。

（二）政策因素推动商用车销量创新高

2017 年车市整体增速放缓，汽车产品各细分类别表现出明显不同的发展趋势。其中，乘用车产量为 2480.67 万辆，销量为 2471.83 万辆，两者的增长率都比汽车总产销量增长率低，是 2008 年以来年度最低增长水平。但此前持续低迷的商用车市场则增长强劲，2017 年，商用车产销量同比分别增长 13.81% 和 13.95%，产销量分别为 420.87 万辆和 416.06 万辆，销量增速创 7 年来新高，其中重型货车产量为 114.97 万辆，同比增长 55.07%，销量为 111.69 万辆，同比增长 52.38%，产销量增幅超过 50%。

商用车销量大幅增长的主要原因是，2016 年国家管理部门针对重（轻）型商用车连续出台了措施严厉的政策法规，分别从统一执法标准（交通运输部、公安部联合实施 2016 年新版 GB1589）、治超治限、排放、危险品车辆限速、取消低速货车等方面，加大了治理力度。其中，主要的政策法规：①2016 年 7 月，《关于进一步做好货车非法改装和超限超载治理工作的意见》发布，对于货车非法改装和超限超载治理工作提出了四个方面 18 条具体措施，并决定开展三个专项行动（为期一到两年）；②2016 年 8 月 19 日，交通运输部颁布了修订后的《超限运输车辆行驶公路管理规定》，并自 2016 年 9 月 21 日起施行；③2016 年 8 月，交通运输部会同国家发展改革委、工业和信息化部、公安部、国家质检总局，联合印发《车辆运输车治理工作方案》，要求 2017 年完成 60% 不合规车辆运输车更新淘汰，2018 年 6 月 30 日前不合规车辆运输车要退出，随后，不合规车辆运输车的通行将全面禁止；④2016 年 7 月 26 日，新版 GB1589 - 2016《汽车、挂车及汽车列车外廓尺寸、轴荷及质量限值》正式发布实施，规定 2017 年 1 月 1 日起所生产的新车需符合新标准；⑤2016 年 8 月 18 日，《整治公路货车违法超限超载行为专项行动方案》发布，要求统一严格按照新修订的 GB1589 - 2016 执法；⑥发布《车辆生产企业及产品公告》，自2017年1月1日起，取消低速货车产品类别，相关企业应停止生产、销售低速货车产品，低速货车的退出为轻型卡车带来新的市场空间；⑦2017年7月1日，重型柴油车实施国五标准，2018年1月1日，轻型柴油车实施国五标准。上述各项政策因素的叠加，促进了商用车行业为符合新国标和新排放标准进行的新车置换，推高了2017年商用车尤其是重型卡车的销量。

（三）国内经济稳中向好，奠定汽车进口增长基础，自主品牌能力增强，出口表现活跃

2017年，国内经济稳中向好，为汽车进口增长奠定基础。同时，世界经济温和复苏，外部需求有所回暖，自主品牌发展能力增强，使得汽车出口表现活跃。2017年，汽车商品进口好于上年，累计进口金额882.7亿美元，同比增长10.7%，比上年提升7.6个百分点①（见图3、图4）。

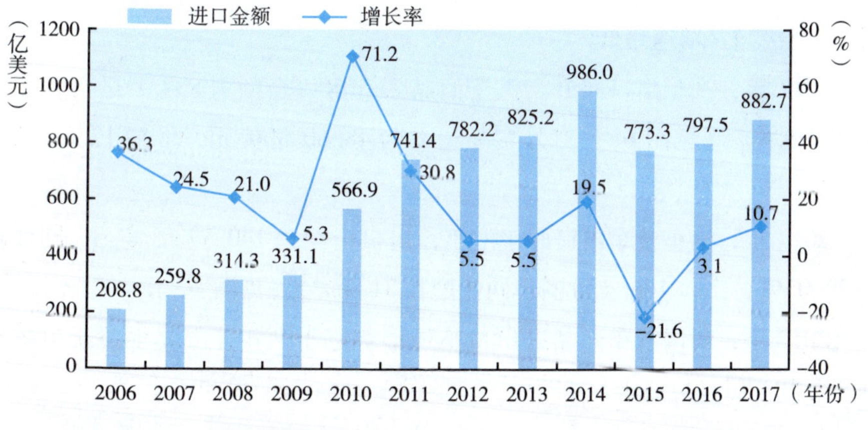

图3 2006～2017年汽车商品的进口金额及同比增长情况

① 资料来源：中国汽车工业协会。

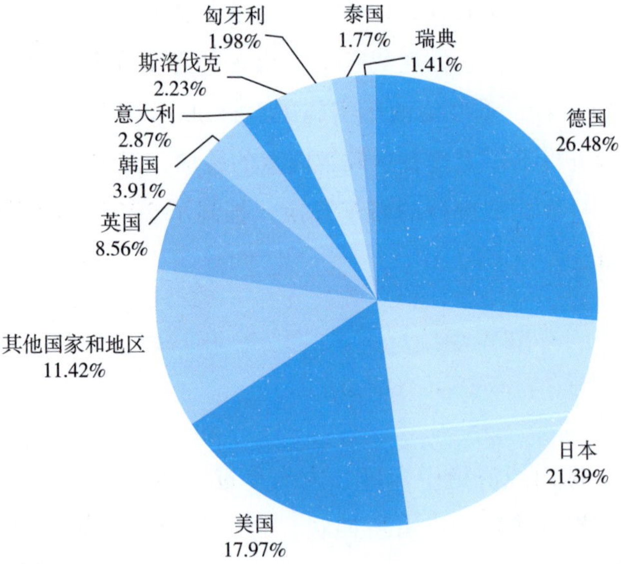

图4　2017 年前十名汽车商品进口来源国进口金额占比

2017 年我国汽车整车进口总量为 124.7 万辆（见图 5），进口金额为 510.30 亿美元，同比增长 13.54%①。其中，轿车和越野车进口呈较快增长，小型客车②增速略低。

2017 年，汽车出口回升。汽车商品累计出口金额为 834.1 亿美元，同比增长 8.8%（见图 6），对外贸易逆差为 48.60 亿美元，增加 17.68 亿美元③。

2017 年，汽车整车出口好于上年，出口金额达 140.57 亿美元，同比增长 23.05%，出口 106.4 万辆，同比增长 31.4%④（见图 7、图 8）。

2017 年，我国汽车商品进出口整体形势好于上年，主要得益于世界经济复苏和金融环境改善。

---

① 资料来源：中国汽车工业协会。

② 小型客车定义为乘客座位数超过 8 个，且最大总质量不超过 5 吨的载客客车（GB/T 15089－2001）。

③ 资料来源：中国汽车工业协会。

④ 资料来源：中国汽车工业协会。

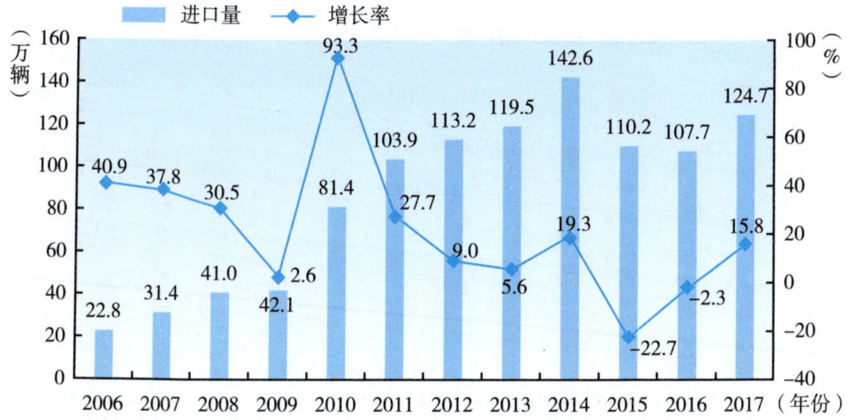

图 5　2006～2017 年汽车整车进口量及同比增长情况

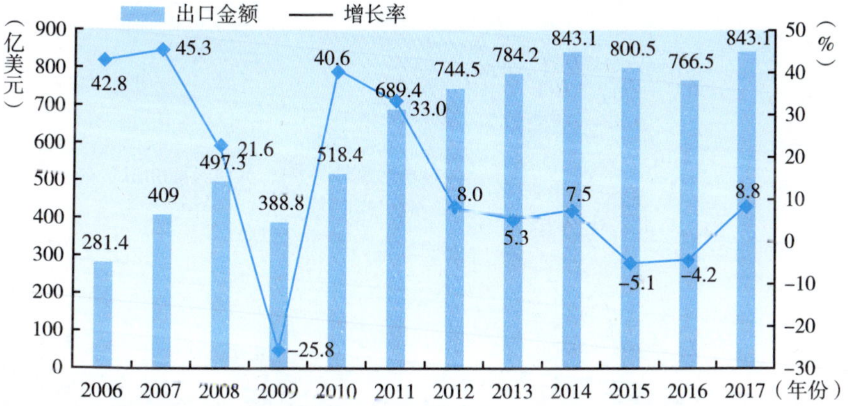

图 6　2006～2017 年汽车商品的出口金额及同比增长情况

尽管 2018 年世界经济复苏势头仍将延续，但是贸易保护现象抬头，而“一带一路”地区的发展仍然不够充分、不够均衡，将使我国汽车出口遭遇困难。

（四）汽车产业平稳增长对经济的拉动作用明显，但影响力开始减弱

中国汽车工业持续快速发展，在国民经济中的重要性不断增强，已经成为支撑和拉动中国经济持续快速增长的主导产业之一。虽然汽车产业的平稳

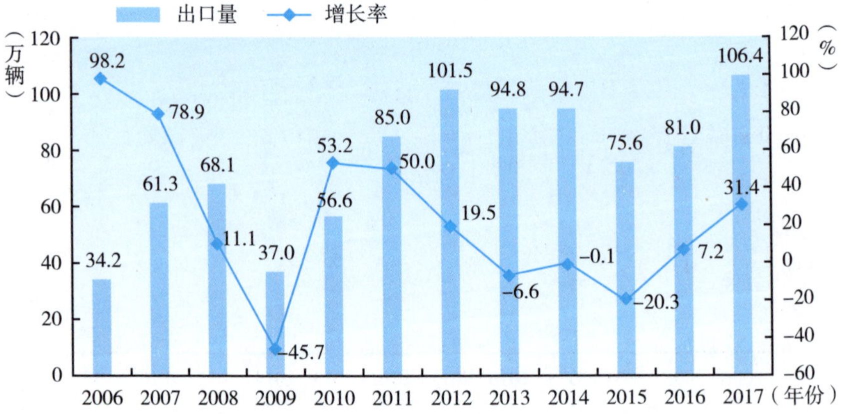

图 7　2006～2017 年汽车整车出口量及同比增长情况

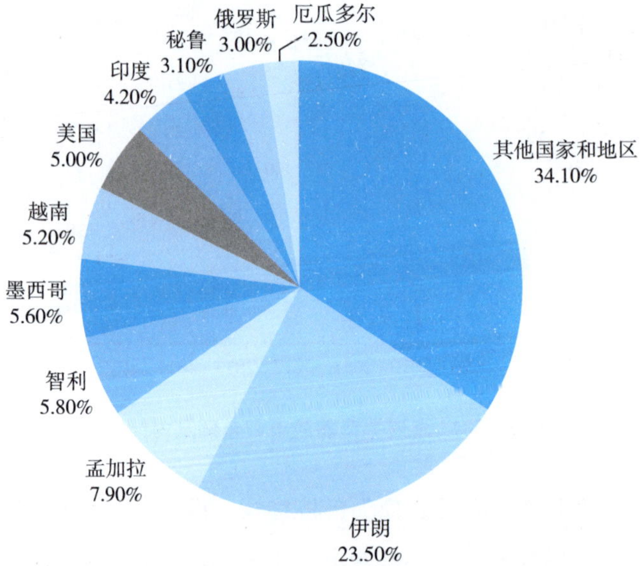

图 8　2017 年前十名汽车整车出口目的国出口量占比情况

增长对经济有很大的拉动作用，但其影响力开始减弱。2016 年，汽车工业总产值占国内生产总值（GDP）的比重已经超过 10%。2016 年，我国 GDP 为 743585 亿元，比上年增长 6.7%；2017 年我国 GDP 为 827122 亿元，比上年增长6.9%。与此同时，2017年，汽车行业整体经济运行增速放缓，主要经济指标增幅回落。而在此之前，汽车行业的增长与GDP呈现“正相关性”，也就是说，汽车行业已经不再是我国经济增长的“绝对拉动力”。

据国家统计局统计，“按可比价格计算，2015年全国规模以上工业增加值比上年增长6.1%。”① 2016年，全部工业增加值247878亿元，比上年增长6.0%。全年全社会固定资产投资606466亿元，比上年增长7.9%，扣除价格因素，实际增长8.6%，其中汽车制造业工业增加值同比增长15.5%。2017年全年，我国全部工业增加值279997亿元，比上年增长6.4%（见图9）。规模以上工业增加值增长6.6%，其中，汽车制造业工业增加值同比增长12.2%，高出同期规模以上工业增速5.6个百分点。2017年，汽车制造业规模以上企业主营业务收入85333.3亿元，同比增长10.8%；实现利润总额6832.9亿元，同比增长5.8%。

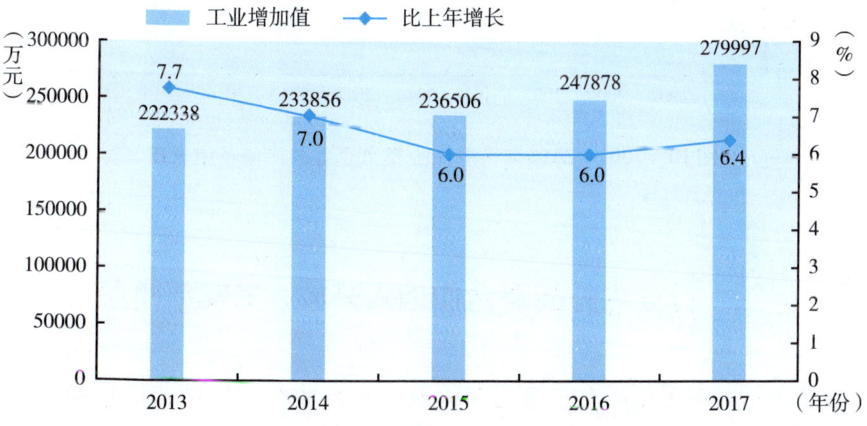

图9　2013～2017年全部工业增加值及增长速度

总体来看，2017年，汽车工业重点企业（集团）以“供给侧结构性改革”为主线，转换经济发展方式，调整经济结构，推进产业转型升级，强化科技创新。汽车企业产销由“规模化快速增长”转为“高质量平稳增

① 资料来源：国家统计局。

长”，行业效益由快速增长转为高质量平稳增长，经济运行增速趋缓，主要经济指标增幅有所回落（见图10）。

不过，汽车行业产业链长、覆盖面广、上下游关联产业众多，其中上游涉及钢铁、橡胶、石化、电子、机械、纺织等行业，下游涉及保险、销售、金融、维修、加油站等行业，在国民经济中依然发挥着十分重要的作用。

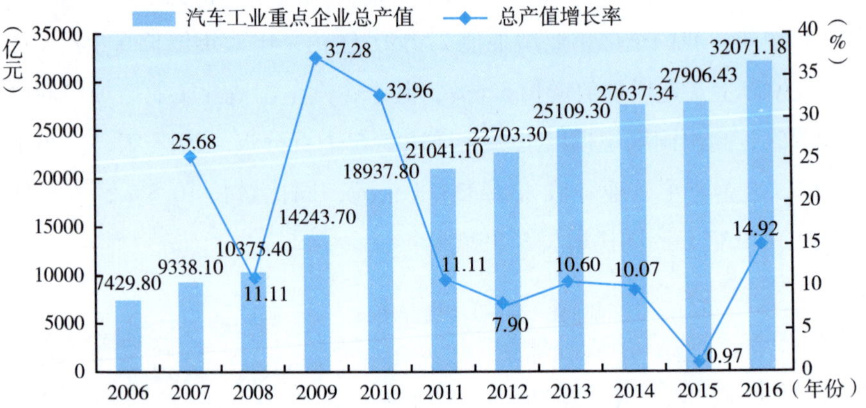

图10　2003～2016年汽车工业重点企业总产值及增长率

二　行业内外战略合作迈入开放、务实新阶段

2017年，在大型国有车企之间以及汽车行业与互联网、信息通信等领域，全方位战略合作进一步深化加强，汽车行业力图以此为契机创新发展模式，增强核心竞争力。

（一）大企业战略合作深度化、广泛化、常态化

首先是大型汽车企业间，在前瞻领域加强深度战略互动合作，其中，一汽、东风、长安等大型国有车企之间的合作进展尤为迅速。2017年2月，一汽与东风宣布共建“技术创新中心”；12月，一汽、东风和长安开展全方

位合作，三方签署了战略合作框架协议，加强在宏观政策及产业发展上的研究合作，并创新合作机制。①

2018年3月，一汽、东风、长安三方正式启动制造领域第一阶段6个合作项目。7月，按照“市场共和、信息共享、资源共用、平台共建、生态共融”五大原则，以“开放共享、互利共赢”为目标，一汽、东风、长安三方构建了T3物流企业战略合作新模式，通过全方位深化合作，增强各方的核心竞争力。此外，聚焦于新能源、智能网联、新商业模式三大领域，三方将共同出资建立新的平台公司，并展开深度合作。

（二）互联网造车新势力与传统车企建立联盟

在传统车企相互间强化联合合作的同时，互联网造车新势力，如蔚来汽车、小鹏汽车等也频频与传统车企进行战略层级的合作。除了与江淮继续在制造层面进行产业链合作之外，2017年4月，蔚来汽车与长安汽车展开战略合作，计划建立一个合资公司，在研发、制造、销售等方面全方位深入合作。12月，蔚来汽车与广汽共同投资12.8亿元，占比分别为55%和45%，设立注册资本5亿元的“广汽蔚来新能源汽车有限公司”，在智能网联新能源汽车产业技术研发、零部件生产、运营等方面展开合作。2017年10月12日，小鹏汽车在郑州海马汽车工厂内正式宣布与海马汽车进行战略合作，同时由海马汽车生产的小鹏汽车首批量产SUV车型也正式下线。

（三）跨界合作更频繁，汽车企业与互联网科技公司进入相互融合阶段

此外，汽车企业与互联网科技公司在安全、内容、大数据、云计算和人工智能等领域跨产业合作更加频繁。2017年7月，长安汽车与华为建立联合创新中心，在车载移动通信系统、多终端互联互通、车载操作系统开发、车机芯片开发、车联网评价体系标准建设及新能源技术方面探索合作。9

① 资料来源：东风汽车集团。

月，北汽新能源与华为基于彼此在汽车、通信领域的既有优势，利用各自现有的大数据、云计算、物联网技术平台等，在技术研发领域开展深度合作。10 月，北汽与百度达成集团层面战略合作，共同打造“AI + 汽车”生态体系。11 月，腾讯与广汽达成战略合作，在汽车前端和后端展开定制化开发，在广汽未来上市的多款车型上，搭载双方共同开发的车载智能网联终端产品——“AI in Car”系统。

2017 年 7 月，百度打造的 Apollo 生态合作伙伴联盟正式成立，首批 50 多家成员包括整车企业、汽车零部件企业，还有神州优车、Grab taxi 等出行服务商，以及高校和政府部门及机构。截至 2018 年 6 月底，百度已经与奇瑞、比亚迪、北汽、一汽、戴姆勒、福特等 100 多家车企达成战略合作。此外，阿里与上汽打造的斑马智行系统已经搭载在上汽的多款车型上；腾讯也与多家汽车企业签署了合作协议。

2018 年 4 月，滴滴出行发起成立了行业服务平台——洪流联盟，北汽、博世、比亚迪等 31 家来自汽车制造、零配件制造、新能源、数字地图、车联网等领域的企业成为首批“洪流联盟”成员。2017 年国内主要汽车企业跨界合作案例如表 1 所示。

表 1　2017 年国内主要汽车企业跨界合作案例

时间	事件
2017 年 1 月	百度与北汽共同开发量产 L3 级别自动驾驶汽车
2017 年 2 月	一汽与东风达成合作
2017 年 3 月	科大讯飞分别与奇瑞、长安达成合作
2017 年 4 月	长安与蔚来达成合作
2017 年 6 月	百度与奇瑞就智能网联汽车开发深化合作
2017 年 6 月	上汽、华为、中移动签署车联网合作协议
2017 年 6 月	华为与广汽达成战略合作
2017 年 7 月	一汽与百度启动自动驾驶等合作
2017 年 7 月	蔚来和联想合作开发智能汽车计算平台
2017 年 8 月	高德地图联手千寻位置
2017 年 8 月	百度与江淮汽车合作开发高精地图等技术

（四）平台间跨界创新合作影响力显现，激发行业发展新动能

在跨界资源整合上，针对共性技术和关键技术的研发，成立了多家有影响力的跨界创新平台联盟，以打通技术链、产业链，打造跨界协同的创新生态系统。

2015 年下半年以来，工信部在全国范围内积极推动智能网联汽车示范区建设，已构建“5+2”国家级智能网联汽车测试示范体系。“5”指武汉（工信部与湖北省人民政府共建）、重庆（工信部与重庆市人民政府共建）、浙江（工信部与浙江省人民政府共建）、北京－河北（工信部与北京市、河北省人民政府共建）、长春（工信部与吉林省人民政府共建）；“2”指上海（工信部与上海市共建）和无锡（工信部、公安部与江苏省人民政府共建的“国家智能交通综合测试基地”），旨在构建智能汽车与智慧交通关键技术、产品的工程化和产业化服务体系。

2017 年 6 月，由中国汽车工程学会和中国汽车工业协会联合汽车、通信、交通、互联网等领域的相关单位，成立“中国智能网联汽车产业创新联盟”，该联盟首批成员单位 98 家，包括一汽、长安、汽研中心、汽研院、清华大学、信通院、交通部公路院、公安部无锡所、百度等 9 家副理事长单位，上汽、东风、华为、中兴、高德等 32 家理事单位。2017 年 12 月，国汽智能网联汽车研究院有限公司宣布筹备，并于 2018 年 3 月注册成立。这是以车企为主的全产业链跨界合作，主要承担智能网联汽车行业共性技术和关键技术的研发和突破。2018 年 3 月，旨在打造世界新能源汽车技术创新策源地的国家新能源汽车技术创新中心在北京成立。

汽车产业正加速与信息、能源、材料等相关产业融合，在智能网联汽车和共享出行服务等跨界领域，涌现了大量技术和商业模式创新，产业链逐步从相对独立向融合和开放转变。平台间的跨界创新合作，可以强化开放共享，吸引集聚汽车领域优势力量，同时加强与现有各类创新平台和科研机制的衔接，充分融合，推动形成开放共享的大联合、大协同、大网络，辐射形成更加完善的产业创新生态，激发行业发展新动能。

三　财政补贴退坡，“双积分”奠定“后补贴时代”新能源政策基础，接力推动新能源汽车增长

2017年，我国新能源汽车产业从“补贴型”发展模式转变为以“双积分”政策倒逼企业，根据技术储备、资源优势和市场定位来调整的发展模式。我国汽车保有量已达2亿辆，且在未来较长一个时期仍将保持高速增长，为了应对由此带来的能源、环境压力，亟须加快新能源汽车发展，降低传统汽车能耗，推动产业转型升级，此前大规模补贴等财税政策已经不适应新能源汽车的快速发展。此外，《节能与新能源汽车产业发展规划（2012－2020年）》等产业政策规划也明确要求建立积分制度。

2017年9月28日，《乘用车企业平均燃料消耗量与新能源汽车积分并行管理办法》（以下简称“双积分”政策）发布。该政策的主要内容为：建立了积分核算制度和管理平台，明确了积分核算方法，并有条件地放宽小规模企业的燃料消耗量达标要求，还设立了新能源汽车积分比例要求的门槛，实行积分的并行管理，同时完善了监督管理制度。

此外，该政策也具有一定的灵活性，在负积分抵偿方面，需要在工业和信息化部发布的积分核算情况报告后90日内，完成负积分的抵偿归零；新能源汽车的正积分可以抵扣同等数量的平均燃料消耗量负积分。该政策的推出，充分体现了中国政府加快汽车产业转型发展的决心。

“双积分”政策接力财政补贴政策，将显著加快中国汽车产业电动化转型的进程。“双积分”政策的推出将带来多方面重要影响。首先，建立起节能与新能源汽车发展的长效机制。通过市场化的积分交易方式，促进汽车产业转型升级。其次，将加快节能与新能源汽车发展进程。平均燃料消耗量积分，将加快传统汽车节能技术的发展；另外，新能源汽车积分将推动企业发展新能源乘用车，使中国在全球新能源汽车行业的引领地位进一步巩固，中国汽车电动化转型进入加速发展通道。再次，将催生汽车组织和产品结构发生变化。“双积分”政策的实施，在产业组织结构方面，将促使不同积分企

业之间的兼并重组或合资合作，在汽车产品结构方面，新能源汽车和低能耗传统汽车的比例将持续扩大。最后，有利于汽车产业节能减排。据工信部测算，实施该办法后，到2020年，我国新能源乘用车预计将累计推广380万辆，乘用车平均油耗将达5.0L/100km。

2017年，新能源汽车补贴政策再次调整，补贴金额大幅度下降，地方配套补贴也相应下调，获取补贴的产品技术要求门槛抬高。国家层级的新能源汽车补贴额度比2016年降低了20%，新能源单车地补的总和不超过单车国补的50%，优惠政策向充电设施、路权使用等消费环节倾斜。

不仅政策性补贴力度下降，国家政府层面对于新能源汽车生产企业的审批管理也越来越严格。对2009版《新能源汽车生产企业及产品准入管理规则》进行修订后，2017年7月1日起，《新能源汽车生产企业及产品准入管理规定》正式实施，并升级为“管理规定”。该政策明确了新能源汽车的定义和范围，提高了准入门槛，强化了安全监管。①

四 智能网联汽车相关政策开始强化，各地方政府表现积极，但发展智能网联汽车面临挑战，仍需要持续高度关注

（一）政策环境不断完善，法规制定进程加快，引领产业健康发展

2017年，智能网联汽车已成国家重点扶持的领域，政策环境不断完善，法规制定进程加快，成为规范市场行为、引领产业健康发展的根本依据。

（1）在产业政策及标准法规方面

2017年6月，《国家车联网产业标准体系建设指南（智能网联汽车）（2017年）》（征求意见稿）公布，提出建立“智能网联汽车标准体系”。②

① 资料来源：《新能源汽车生产企业及产品准入管理规定》。

② 资料来源：工业和信息化部。

12月27日，《国家车联网产业标准体系建设指南（智能网联汽车）》由工信部和国家标准化管理委员会正式发布。

2017年9月，《合作式智能交通系统 车用通信系统应用层及应用数据交互标准》（T/CSAE 53－2017）正式发布，这是聚焦于V2X应用层面的团体标准，可推动V2X的大规模路试和产业化。2018年4月，《智能网联汽车道路测试管理规范（试行）》发布，要求各地开展智能网联汽车道路测试的具体工作。① 具体如表2所示。

表2 近年智能网联汽车相关政策文件统计

时间	文件/事件	主要内容
2015年	《中国制造2025》	国务院印发，明确了智能网联汽车的发展路径
2016年	《装备制造业标准化和质量提升规划》	提出开展智能网联汽车标准化工作
	《中国智能网联汽车技术发展路线图》	明确指出具体发展路径
2017年	《合作式智能交通系统 车用通信系统应用层及应用数据交互标准》（T/CSAE 53－2017）	规范数据集和数据交互接口
	全国汽标委筹建智能网联汽车分技术委员会	负责汽车驾驶环境感知与预警，驾驶辅助，自动驾驶以及与汽车驾驶直接相关的车载信息服务等领域的国家标准制定工作
	《新一代人工智能发展规划》	构建开放协同的人工智能科技创新体系，培育高端高效的智能经济，建设安全便捷的智能社会，明确提出发展自动驾驶汽车等智能运载工具
	《汽车产业中长期发展规划》	支持技术研发，协调相关标准法规的制定，推动建设宽带网络基础设施，促进多产业共建智能网联汽车大数据交互平台，加快网络信息安全和车辆行驶安全保障体系建设
	《国家车联网产业标准体系建设指南（智能网联汽车）》	确立“以汽车为重点和以智能化为主，兼顾网联化”的我国智能网联汽车发展总体思路，建立智能网联汽车标准体系，并逐步形成统一协调的体系架构

① 资料来源：《智能网联汽车道路测试管理规范（试行）》。

（2）在科技创新和示范方面

2017年6月，科技部发布《新能源汽车重点研发专项》，对电动汽车的智能化进行支持，将智能网联汽车关键技术纳入支持范畴。工信部提出了基于宽带移动互联网的智能汽车智能交通示范区的建设，构建“5+2”国家智能网联汽车示范体系。“5”指湖北、重庆、浙江、北京、吉林，“2”指上海和无锡。

各地陆续开始进行“无人驾驶车上路”的尝试。2017年12月2日，无人驾驶公交车在深圳进行了试运行。12月18日，《北京市关于加快推进自动驾驶车辆道路测试有关工作的指导意见（试行）》发布，表达了北京政府鼓励自动驾驶汽车研发的态度。无人驾驶汽车上路有法可依，这是对无人驾驶上路测试提出的指导性政策，对于行业意义重大。① 同时，各地纷纷发放智能网联汽车的道路测试牌照。上海市制定《上海市智能网联汽车道路测试管理办法（试行）》，2018年3月1日，上海对智能网联汽车发放了开放道路测试首批号牌，其中上海汽车集团股份有限公司和蔚来汽车有限公司获得第一批智能网联汽车开放道路测试号牌，成为全国首批取得智能网联汽车开放道路测试资格的车企。

2018年4月，《长春市智能网联汽车道路测试管理办法（试行）》发布，长春市对一汽集团的红旗H7轿车、奔腾X80多用途乘用车、解放J7牵引车等智能网联测试车辆颁发了临时行驶车号牌。5月，深圳市交通运输委员会联合深圳市交警局，向腾讯公司发放首份《智能网联汽车道路测试通知书》和首张智能网联汽车道路测试号牌（见表3）。

表3 智能网联汽车道路测试牌照发放情况（截至2018年6月）

北京	百度、北汽新能源、蔚来汽车
上海	上汽、蔚来、宝马中国
福建	百度、金龙客车
重庆	长安、百度、一汽、吉利、广汽、东风、福田
长春	一汽
深圳	腾讯

① 曹晓昂：《2017年智能网联汽车产业盘点》，《汽车纵横》2018年第1期。

多地政府也在积极推动智能网联汽车测试示范区建设，上海国际汽车城智能网联汽车试点示范区等的影响较大。2017 年 12 月 25 日，重庆宣布建设“首个全阶段智能网联汽车测试示范区”，近 4000 亩的封闭测试区涵盖了 90% 以上西部地区的道路场景和 85% 以上的全国交通环境。

2017 年 8 月，工业和信息化部、公安部与江苏省人民政府签订《共建国家智能交通综合测试基地协议》，同年 9 月举行揭牌仪式；2018 年 5 月 16 日，公安部交通管理科学研究所举行开工奠基仪式，正式启动综合测试基地项目建设。综合测试基地将利用内部封闭式场地和外部半开放式实际道路交通环境，构建自动驾驶汽车测试认证平台，重点解决我国自动驾驶技术、车联网技术发展应用过程中，所面临的事故责任认定、网络安全防护、电子身份管理、公共道路测试评估等核心问题。“测试示范区”建设热，反映了国内智能网联汽车产业发展的热度。具体如表 4 所示。

表 4　2017 年中国国家级智能网联汽车示范区综合情况

地点	规划时间	开园时间	面积和里程	道路类型及应用场景	功能	通信模式
上海	2015 ~ 2020 年	2016 年 6 月	计划规划面积 $150km^2$，里程 500km，已完成一期面积 $5km^2$，里程 15km	一期可模拟高速/城市/乡村封闭场景，未来可模拟高速/高架/城市/乡村等开放城际场景	技术研发、产品、技术测试认证及标准规范研究	LTE - V/ DSRC
无锡	2016 ~ 2019 年		规划面积 178 亩，规划测试道路总长 3.44km	高速公路、城市道路、快速路、农村公路、山区公路、隧道和临水道路等不同道路类型	产品、技术测试认证及标准规范研究	LTE - V/ DSRC/ NB - IOT
武汉	2016 ~ 2021 年	2017 年	先建成 $2km^2$ 封闭示范区，后续示范成果推广至 $90m^2$ 的示范区	开展多场景和各种天气状态下的常态化测试	开展智慧路网等多种应用示范	LTE - V/ DSRC

续表

地点	规划时间	开园时间	面积和里程	道路类型及应用场景	功能	通信模式
浙江	2015~2020年	2016年10月	规划面积10 km^2，里程30km。一期已完成3km^2，里程2.5km	一期模拟城市道路半开放场景，未来可模拟高速、城市、乡村等封闭、半开放、开放场景	智能网联汽车技术研发、产品功能验证及标准规范研究	LTE-V/DSRC
长春	2017~2020年	2017年	规划面积100km^2以上	长春是国家支持的唯一具备冰雪路面测试与示范环境的示范区	智能网联汽车技术研发、产品功能验证及标准规范研究	LTE-V/5G/DSRC
重庆	2016~2019年	2016年11月	计划规划103km^2，已完成一期403亩、里程6km	高速/城市/城镇/乡镇/乡村/高架与立交桥/隧道/桥梁等开放道路场景	智能网联汽车测试评价、认证服务及技术研究平台	LTE-V/5G/DSRC
北京	2016~2020年	2017年12月	计划规划1371亩，里程800km，一期计划里程42km	高速/城市/城郊等开放道路场景	智能驾驶、智慧交通综合试验平台	LTE-V/DSRC

（3）在组织协同方面

2017年9月，我国成立“国家制造强国建设领导小组车联网产业发展专项委员会”，将进一步加快推动车联网的创新发展，加强部门间的协同。

（4）在前瞻规划方面

2017年4月，工业和信息化部发布《汽车产业中长期发展规划》，该规划设置了“智能网联汽车推进工程”，提出重点支持传感器、控制芯片、北斗高精度定位、车载终端、操作系统等核心技术的研发及产业化。7月，国务院印发了《新一代人工智能发展规划》，对智能网联汽车技术创新进行支持。12月，工业和信息化部印发《促进新一代人工智能产业发展三年行动计划

(2018－2020年)》。

智能网联汽车不仅涉及汽车产业，更是推进整个社会智能化发展的重要内容，在加强交通安全、推动国家创新、塑造产业新生态、节能减排等方面具有重大战略意义。通过国家政策法规的战略指引，发挥汽车产业、通信网络等产业的能力和巨大的市场潜力，我国将迎来智能网联汽车发展的历史性机遇。

（二）发展智能网联汽车在产业链培育、技术创新、大规模市场应用等方面依然面临很大挑战，仍需要持续高度关注

综合2017－2018年智能网联汽车国际发展趋势以及中国发展现状，虽然在政策法规、辅助驾驶/特定场景市场应用等方面取得了积极成果，但是中国智能网联汽车在产业链培育、技术创新、大规模市场应用等方面依然面临很大挑战，仍需要持续高度关注。

(1) 从产业链培育角度看，中国智能网联汽车产业链从“中低端”向“高端”升级面临激烈的市场竞争

根据《智能网联汽车技术路线图》中提出的产业目标：“到2020年智能网联汽车应掌握传感器、控制器关键技术，产品质量达到国际先进水平。”尽管我国智能网联汽车总体发展态势良好，但从产业链整体看，目前我国智能网联汽车产业链依然处于中低端，感知、决策、控制等系统中价值链高端元器件与国外差尚有一定差距，为达到路线图中提出的目标，中国智能网联汽车产业链亟须从“中低端”向“高端”升级，在升级过程中产业竞争环境不容乐观。例如从车企角度看，目前乘用车TOP10的市场集中度从2013年的66%已上升到78%，接近80%，竞争十分激烈。从供应商角度看，中国智能网联汽车核心传感器、车载芯片、操作系统、线控执行等关键元器件高度依赖国外供应商。2017年，英国市场研究机构Technavio发布的中国汽车产业ADAS市场供应商报告显示，博世、大陆、德尔福、电装和Mobileye仍然是乘用车车企的主要供应商。未来，中国智能网联汽车产业升级还需要国家加大投入和行业协同创新，完善产业链薄弱环节，进一步突破国外大型企业的

产品、价格等壁垒。

（2）从技术创新角度看，中国智能网联汽车涉及的底层软硬件核心技术创新不足

目前，国内智能网联汽车相关企业在核心技术方面虽然已经取得一定的成果，但更多的是技术的整合、集成，没有真正属于自己的底层原创性技术。由于专利信息是各大企业对其发明创造、技术路线的记录，故可从专利角度进行分析。根据清华大学发布的《全球智能网联汽车专利分析》相关数据统计，截至目前，中国在智能网联汽车领域的专利数量为29676件，超过日本和美国。虽然中国企业在智能网联汽车领域的专利申请量已远超欧美发达国家，但在支撑智能网联汽车关键技术的核心专利上，中国与其他国家有着较为明显的差距。这说明国内企业虽然不断加大投入并加强布局，但在底层研发和基础共性技术突破等方面还有很大不足。不过，相信国家顶层规划的实施和相关产业的协同创新，能够以点带面带动各领域技术的突破，实现技术的全面提升。

（3）从新技术应用角度看，中国智能网联汽车大规模示范应用有待进一步加强

在智能网联汽车产业发展过程中，除政策法规研究、技术研发外，智能网联汽车作为一项新技术应用，其示范应用至关重要。从国外看，美国弗吉尼亚州早在2015年就开展了“自动驾驶汽车走廊”合作项目，为自动驾驶技术的生产商和零部件供应商提供了真实的道路环境，该合作项目整合了70英里长的高速公路、省级公路和城市街道资源，改善了道路标志、高清地图功能及专用短程通信技术，可在不同的道路环境下，充分测试自动驾驶汽车的表现能力。目前，国内虽然已有众多智能网联汽车、智慧交通应用等各类封闭示范区，一些地方如北京、上海、重庆还相继开放了一些公共道路，但尚缺乏城市级智能网联汽车大规模示范应用的支撑，未来雄安新区、无锡、浙江等地相关智能网联汽车的示范应用，将为中国智能网联汽车商业化应用提供很好的助力。

五 自主品牌总体竞争力提升，典型自主品牌产品竞争力明显提升，自主品牌车企表现分化

（一）市场表现总体良好

自主品牌在2017年市场表现总体良好，市场销量、市场占比稳步提升，典型自主品牌产品的市场竞争力明显提升，部分车企将互联网新兴科学技术和移动出行带来的商业模式变革转化为竞争优势，创造出市场旺销产品，并获得了市场的突破。据中国汽车工业协会统计，2017年，我国自主品牌乘用车共销售1084.67万辆，同比增长3.02%；占乘用车销售总量的43.88%，占有率提升0.69个百分点。市场份额由2014年的38.4%快速上升至2017年的43.6%，进步明显①（见图11）。自主品牌销量的提升，主要得益于其对本土市场需求的理解和迅速的响应能力，以及在营销方式上的积极创新。

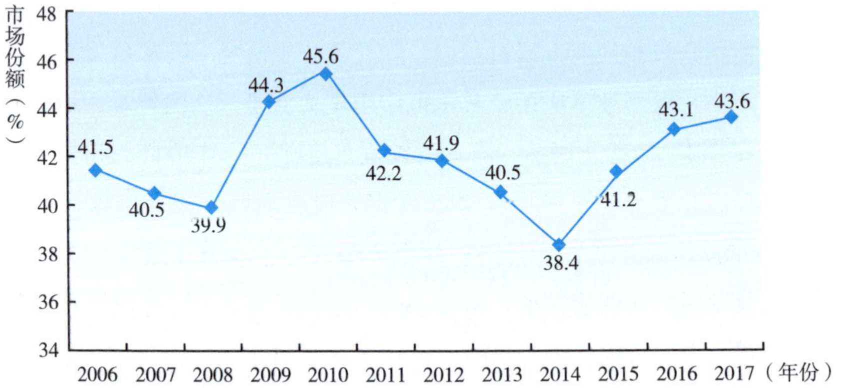

图11 2006~2017年自主品牌乘用车市场份额变化

① 资料来源：中国汽车工业协会。

其中，吉利的畅销 SUV 车型博越 2017 年全年销量达 286885 辆，同比大增 163%，成为吉利 2017 年最主要的营收增长点之一。

（二）自主品牌的市场分化情况越来越明显

在市场整体增速放缓的大环境下，2017 年自主品牌的市场分化情况越来越明显，强者愈强，弱者愈弱，两者之间的差距越来越大。吉利、长安、长城分别为自主品牌销量前三名，均在百万辆级以上规模，广汽传祺和上汽自主乘用车的销量达 50 万辆规模。其中，吉利累计销量超过 124.7 万辆，同比增长 63%；广汽自主乘用车累计销售 50.86 万辆，同比增长 36.70%；上汽自主乘用车累计销量 52.2 万辆，同比增长 62.27%。上汽推出的智能网联 SUV 荣威 RX5、广汽传祺的 GS8 和 GM8，以及长城的 WEY vv5 和 vv7 等典型产品的市场表现良好。优势自主品牌发展向好，不仅反映在销量和市场份额的爬升，还表现在产品价格区间的上移，吉利、上汽、广汽和长城在高端产品上均有突破，例如，吉利领克 02 的定价为 12 万元，长城 WEY 系列车型的价格区间从 15 万元起，广汽传祺 GS8 的市场价格接近 20 万元。上汽 2018 年 6 月发布的纯电动中型 SUV——荣威 MARVEL X 的补贴后价格范围为 30 万 ~46 万元。

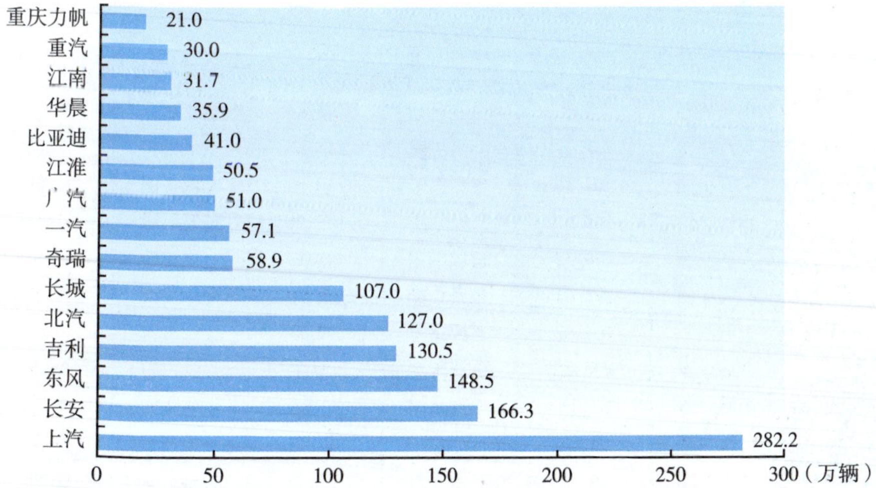

图 12　2017 年自主品牌汽车销量前 15 名企业（集团）

但同时，也有一些自主品牌车企的销量大幅度下降。中国汽车工业协会统计显示，2017 年，在 15 家销量居前的自主品牌汽车企业中，除了上汽、吉利、东风、广汽、东南、华泰 6 家企业销量实现同比增长外，长安、长城、北汽、奇瑞、华晨、江淮等 9 家汽车企业则出现程度不同的负增长（见图 12）。其中江淮汽车 2017 年全年共销售乘用车及商用车 50.5 万辆，乘用车累计销量为 22.22 万辆，累计同比下降 39.51%，江淮汽车曾经的销量支柱产品——SUV 车型累计销量为 12.13 万辆，同比下降 55.96%；海马汽车 2017 年总销量 14.03 万辆，同比下降 35%；比亚迪 2017 年总销量 40.47 万辆，同比下降 17.2%；奇瑞汽车 2017 年总销量 42.1 万辆，同比下降 10%。2017 年，北汽自主品牌产品销量下跌 48.4%，其中，北汽绅宝全年累计销量 10.5 万辆，与 2016 年 22.5 万辆的销量相比，减少了 12 万辆，下降幅度高达 53.3%；北汽威旺全年销量为 7.6 万辆，与 2016 年相比减少 8.2 万辆，下滑幅度高达 51.9%；昌河汽车 2017 年的销量仅为 6.5 万辆，2014 年、2015 年和 2016 年昌河汽车的销量分别是 14.1 万辆、10 万辆、11 万辆。虽然北汽越野车（北京 BJ 系列）销量同比翻番，但全年销量只有 2.7 万辆，甚至不如某些热销 SUV 的月销量。相关数据如表 5 所示。

表 5　2017 年自主品牌汽车企业销量

单位：万辆

排名	汽车		乘用车		商用车	
	企业名称	销量	企业名称	销量	企业名称	销量
1	上汽集团	282.22	上汽集团	244.88	东风集团	57.97
2	长安集团	166.28	吉利汽车	130.52	北汽集团	54.21
3	东风集团	148.48	长安集团	133.96	长安集团	43.31
4	吉利汽车	130.52	长城汽车	95.03	上汽集团	37.34
5	北汽集团	127.01	东风集团	95.51	中国一汽	31.42
6	长城汽车	107.02	北汽集团	72.8	中国重汽	30.01
7	奇瑞汽车	58.88	奇瑞汽车	57.76	江淮汽车	28.3
8	中国一汽	57.15	广汽集团	50.86	疝气集团	18.78
9	广汽集团	51.02	比亚迪汽车	40.97	力帆汽车	13.33
10	江淮汽车	50.52	湖南江南	31.7	长城汽车	11.98

综合而言，近几年自主品牌市场份额的提升，很大程度上得益于其较快的决策机制和产品投放速度，尤其是在SUV产品领域获得了较大突破，但2018年合资品牌开启新的产品周期，一大批SUV产品进入中国市场，自主品牌还未稳固的优势将面临冲击。预计从2018年起，自主品牌的外部竞争环境将变得更为复杂，产业政策、技术变革和消费方式的转变将成为引导产业发展的主要驱动力量。厂商之间的竞争更为激烈，产品战略的选择更为重要。

六　产业开放度扩大，汽车产业管理进一步优化，更加科学合理

（一）汽车产业开放程度进一步扩大

2017年，汽车产业开放程度进一步扩大，重点是扩大投资、贸易市场开放，完善竞争政策。这表现在两个层面，首先是对外开放，进一步取消外商投资限制；其次是对内开放，简政放权、放管结合，取消不必要的行政审批事项，加强事中事后监管。

在对外开放方面，2017年6月，《关于完善汽车投资项目管理的意见》发布，进一步放开了对于纯电动汽车企业的合资限制，明确提出纯电动汽车企业合资数量不受燃油车企业数量限制。2017年7月，国家发展改革委和商务部发布《外商投资产业指导目录（2017年修订）》，并于7月28日起施行。2017版目录对动力电池及汽车电子零部件取消外商投资限制，新建中外合资纯电动汽车生产企业则不受原有数量限制，燃料电池汽车关键零部件列入鼓励类，进一步扩大了鼓励类政策的范围，简化了外商投资审批程序，并全面推行负面清单管理制度，加强了关键零部件、报废回收环节的对外开放。2018年，中国汽车领域的多项开放政策正式落地。4月，发改委正式发布取消汽车企业外资股比限制时间表：2018年取消对新能源汽车的股比限制，2020年开放扩大至商用车，2022年扩展至范围更大的乘用车。

自2018年7月1日起，进口汽车及零部件关税税率正式下调，其中汽

车整车税率降至15%，汽车零部件税率降至6%。在新能源汽车领域，对外商股比和外商合资数量的要求，自7月28日起正式取消。“对外开放、去弱留强”是中国汽车产业当前的主基调。汽车进口关税的下调及整车企业股比的放开，将推动行业的整体发展，加快中国汽车市场的全球化进程，中国汽车产业的竞争将更加激烈。

在对内开放方面，2017年4月，商务部发布了新版《汽车销售管理办法》，并于7月1日起正式实施。“新办法”从根本上打破汽车销售品牌授权单一体制，推行多样化的销售模式。此外，打破区域销售限制，取消了总经销商和品牌经销商备案管理制度，进一步开放了汽车流通体系。① 2018年2月，江苏省商业厅发布了《江苏省汽车销售管理实施细则（试行）》

（二）企业层面“自下而上”地突破产业政策限制

除了在产业政策层面“自上而下”开放，在企业层面也开始“自下而上”地突破产业政策的限制，进一步开放合作。例如，江淮与大众的合作从新能源汽车扩展到多用途汽车，越来越“深入”和“广泛”。利用双方在新能源汽车领域的优势，江淮与大众2017年6月1日在柏林签订《合资合同》，成立“江淮大众汽车有限公司”，开展全方位合作。11月27日，江淮汽车与大众集团、大众（中国）签署三方谅解备忘录，共同开发、生产、销售多用途汽车（包括但不限于皮卡、MPV、商用车等），并将探索合资企业模式。②

江淮与大众的“新合资”，对于其他合资车企影响巨大：众泰与福特于2017年8月21日签署了《关于纯电动乘用车业务合作的谅解备忘录》，11月8日正式签署合资经营合同；12月7日，众泰与福特签署《福特与众泰纯电动乘用车合资公司金华整车工厂项目投资协议》，并将加快推进工厂建设等其他合作。

---

① 曹晓昂：《2017年国内汽车产业盘点》，《汽车纵横》2018年第1期。

② 《2017汽车产业盘点TOP10》，《汽车纵横》2018年第1期。

汽车产业的开放态势已经越来越明显，短期内也许会造成一定的冲击，但从产业本质和长期趋势来看，必将推动中国汽车产业和中国品牌汽车高质量发展。

附　　录

Appendix

B.9

附录一　汽车产业相关统计数据

产销量及保有量

表1　2002～2017年中国汽车产销量及占世界产销量比重

单位：万辆，%

年份	产量			销量		
	中国汽车产量	世界汽车产量	占世界总产量比例	中国汽车销量	世界汽车销量	中国占世界总销量比例
2002	325	5878	5.5	325	5763	5.6
2003	444	6058	7.3	439	5964	7.4
2004	507	6450	7.9	507	6403	7.9
2005	571	6655	8.6	576	6540	8.6
2006	728	6922	10.5	722	6800	10.4
2007	888	7327	12.1	879	7120	12.2

续表

年份	产量			销量		
	中国汽车产量	世界汽车产量	占世界总产量比例	中国汽车销量	世界汽车销量	中国占世界总销量比例
2008	935	7053	13.3	934	6810	15.1
2009	1379	6170	22.4	1364	6540	25.0
2010	1826	7761	23.5	1806	7460	24.2
2011	1842	7999	22.99	1851	7790	23.8
2012	1927	8414	22.90	1931	8170	23.6
2013	2212	8751	25.28	2198	8564	25.67
2014	2372	8975	26.43	2349	8824	26.62
2015	2450	9078	26.99	2460	8968	27.43
2016	2811	9498	29.60	2803	9386	29.86
2017	2902	9730	29.83	2888	9680	29.83

资料来源：中国汽车产销量数据 2002 ~ 2016 年来自《中国汽车工业年鉴》，2017 年来自《汽车工业产销快讯》2018 年第 1 期；世界汽车产销量数据 2002 ~ 2004 年来自 Automotive News，2005 ~ 2017 年来自国际汽车制造商协会。

表 2　2005 ~ 2017 年中国品牌轿车市场占有率

单位：万辆，%

年份	全国轿车销量	中国品牌销量	市场占有率
2005	276.77	72.66	26.25
2006	386.95	98.35	25.42
2007	479.77	124.53	25.96
2008	504.69	130.82	25.92
2009	747.10	221.73	29.67
2010	949.43	293.30	30.89
2011	1012.27	294.64	29.11
2012	1074.47	304.96	28.38
2013	1200.97	330.61	27.53
2014	1237.67	277.49	22.42
2015	1172.02	243.03	20.74
2016	1214.99	234.00	19.26
2017	1184.80	235.45	19.87

资料来源：相应年份《汽车工业产销快讯》。

表 3　2017 年中国汽车产量（含改装车）分地区构成

单位：万辆

地区名称	汽车产量	地区名称	汽车产量	地区名称	汽车产量
重庆	320.10	安徽	170.40	陕西	42.16
北京	311.38	辽宁	113.22	福建	25.66
广东	288.19	河北	136.73	山西	4.44
上海	260.77	天津	103.51	云南	15.15
广西	245.45	四川	131.10	内蒙古	9.87
湖北	270.90	浙江	120.52	黑龙江	8.19
吉林	253.99	河南	73.21	海南	6.72
山东	275.30	湖南	96.69	贵州	8.43
江苏	215.53	江西	53.70	新疆	2.17

资料来源：2017 年《中国汽车工业年鉴》（宁夏、青海、西藏、甘肃汽车产量均为 0）。

表 4　2017 年中国汽车分车型产销情况

单位：万辆，%

类别	产量	同比增长	销量	同比增长
汽车总计	2901.54	3.19	2887.89	3.04
其中:乘用车	2480.67	1.58	2471.83	1.40
其中:轿车	1193.78	1.43	1184.80	2.48
MPV	205.18	17.62	207.07	17.05
SUV	1028.70	12.39	1025.27	13.32
交叉型	53.03	-20.39	54.70	-19.97
其中:商用车	420.87	13.81	416.06	13.95
其中:客车	52.60	-3.81	52.72	-2.98
其中:客车非完整车辆	4.64	-15.97	4.65	-15.51
货车	368.27	16.87	363.34	16.91
其中:半挂牵引车	58.52	46.76	58.33	50.34
货车非完整车辆	50.98	46.87	45.79	32.32

资料来源：《中国汽车工业产销快讯》2018 年第 1 期。

表5　2001～2017年中国民用汽车保有量

单位：万辆，%

年份	汽车保有量	私人汽车		
		保有量	占全国汽车保有量比重	其中：轿车保有量*
2001	1802	771	42.8	—
2002	2053	969	47.2	—
2003	2383	1219	51.2	430
2004	2694	1485	55.1	600
2005	3159	1848	58.5	861
2006	3697	2333	63.1	1149
2007	4358	2876	66.0	1522
2008	5099	3501	68.7	1947
2009	6280	4575	72.85	2605
2010	7802	5939	76.12	3443
2011	9356	7327	78.31	4322
2012	10933	8839	80.85	5308
2013	12670	10502	82.89	6410
2014	14598	12339	84.53	7590
2015	16284	14099	86.58	8793
2016①	18559	16559	89.22	10152
2017①	20923	18695	85.98	11416

资料来源：2001～2015年数据来自相应年份《中国汽车工业年鉴》，*数据来自相应年份《国民经济和社会发展统计公报》

经济效益

表6　2001～2016年中国汽车工业总产值

单位：亿元，%

年份	汽车工业总产值（A）	全国工业总产值		机械工业总产值	
		产值（B）	A/B	产值（C）	A/C
2001	4433.2	95449.0	4.64	20391	21.74
2002	6224.6	110776.5	5.62	24110	25.82
2003	8357.2	142271.2	5.87	25625	32.61
2004	9463.2	201722.2	4.69	35045	27.00

续表

年份	汽车工业总产值（A）	全国工业总产值		机械工业总产值	
		产值(B)	A/B	产值(C)	A/C
2005	10223.3	251619.5	4.06	41787	24.47
2006	13937.5	316589.0	4.40	54907	25.38
2007	17242.0	386747.0	4.50	73567	23.44
2008	18780.5	507448.0	3.70	94040	19.97
2009	23437.8	48311.0	4.27	107484	21.73
2010	30248.6	698591.0	4.33	141583	21.36
2011	33155.2	844269.0	3.93	168871	19.63
2012	35774.4	869597.1	3.59	184131	19.43
2013	39225.4	1019405.3	3.85	—	—
2014	42324.2	1092198.0	3.88	—	—
2015	—	1104026.7	—	—	—
2016	—	1151950.1	—	—	—

注：①表中产值数据均为当年价；②2001～2006年的B数据为“全部国有及规模以上非国有企业”，2007年以后数据为“全国规模以上企业”；2013～2016年的B数据为工业销售产值。
资料来源：相应年份《中国汽车工业年鉴》《中国机械工业年鉴》《中国统计年鉴》。

表7　2001～2016年中国汽车工业增加值

单位：亿元，%

年份	汽车工业增加值(A)	全国GDP(B)	A/B	机械工业增加值(C)	A/C
2001	1055.6	110863.1	0.95	5270	20.03
2002	1518.8	121717.4	1.25	3799	39.98
2003	2153.4	137422.0	1.57	7034	30.61
2004	2187.8	161840.2	1.35	9088	24.07
2005	2209.9	187318.9	1.18	11012	20.07
2006	3362.7	219438.5	1.53	14407	23.34
2007	4141.4	270232.3	1.53	19533	21.20
2008	4104.1	319515.5	1.28	24450	16.79
2009	5378.7	349081.4	1.54	28043	19.18
2010	6759.7	413030.3	1.64	37400	18.07

续表

年份	汽车工业增加值(A)	全国 GDP (B)	A/B	机械工业增加值(C)	A/C
2011	7451. 7	489300. 6	1. 52	44345	16. 80
2012	7940. 4	540367. 4	1. 47	48069	16. 52
2013	8606. 2	595244. 4	1. 45	53309	16. 14
2014	9174. 3	643974. 0	1. 42	—	—
2015	10578. 0	685505. 8	1. 54	—	—
2016	12164. 7	743585. 5	—	—	=

资料来源：相应年份《中国汽车工业年鉴》《中国机械工业年鉴》《中国统计年鉴》。

表 8　2001 ~ 2016 年中国汽车工业利润及主营业务收入情况

单位：亿元

年份	主营业务收入	利润总额	利税总额
2001	4253. 7	204. 7	502. 1
2002	5947. 7	373. 8	752. 0
2003	8144. 1	556. 8	1032. 8
2004	9134. 3	575. 5	1063. 6
2005	10108. 4	430. 4	981. 9
2006	13818. 9	738. 2	1482. 3
2007	17201. 4	1027. 0	1916. 9
2008	18766. 9	923. 6	1821. 6
2009	23817. 5	1687. 7	3033. 9
2010	30762. 9	2598. 6	4205. 5
2011	33617. 3	2842. 1	4600. 2
2012	36373. 1	3166. 6	5063. 6
2013	37155. 3	2717. 1	4862. 2
2014	39942. 0	2844. 8	5135. 6
2015	44617. 5	3117. 5	5871. 5
2016	86553. 2	7248. 5	10228. 2

资料来源：相应年份《中国汽车工业年鉴》。

进出口

表 9　2001 ~ 2017 年中国整车产品出口量

单位：辆

年份	乘用车					商用车				
	总量	轿车	越野车	小客车≤9 座	其他	总量	载货车	客车>9 座	专用汽车	其他
2001	3579	763	853	69	1894	22494	8527	1091	767	12109
2002	2270	969	440	269	592	26375	10520	2076	1193	12586
2003	7795	2849	648	745	3553	37612	26142	2550	471	8449
2004	73213	9335	779	2840	60259	63045	52796	4784	1257	4208
2005	38785	31125	1844	5816	0	125473	100153	6439	1625	17256
2006	115467	93315	7984	14168	0	227912	163064	12917	4479	47452
2007	264501	188638	25671	43210	6982	349911	275806	41896	12261	19948
2008	318593	241316	24438	40523	12316	362415	287720	33928	14364	26403
2009	153005	102432	12280	17872	20421	217025	177926	23264	8912	6923
2010	282368	179940	22502	39918	40008	284285	232081	36517	8710	6977
2011	470090	372083	24309	64086	13212	379718	322053	42415	12845	2765
2012	587700	495456	4863	71201	16180	428029	355450	54450	16657	1472
2013	553339	424471	3063	103089	22716	395210	310673	63089	17328	4120
2014	507723	370943	5231	99346	32203	440186	329528	88071	17550	5037
2015	423433	307992	3020	59248	53173	331862	252108	59173	17116	3465
2016	423438	334068	2937	84510	1923	280735	205410	57908	14791	2626
2017	754719	507871	6241	96328	144279	304449	205319	56406	16874	25850

注：2005 年和 2006 年乘用车分类与其他年份有所不同。

资料来源：2001 ~ 2016 年数据根据相应年份《中国汽车工业年鉴》整理，2017 年数据来自《中国汽车工业产销快讯》2018 年第 2 期。

表 10　2001 ~ 2017 年中国整车产品出口贸易额

单位：万美元

年份	乘用车					商用车				
	总金额	轿车	越野车	小客车≤9 座	其他	总金额	载货车	客车>9 座	专用汽车	其他
2001	3273	1346	764	113	1050	18123	5530	5442	4740	2411
2002	3359	1675	1094	212	379	21418	7163	4846	5876	3533
2003	6118	3086	1376	368	1288	31074	15919	4304	7940	2911
2004	17214	8397	1458	1563	5796	48259	27501	8103	8451	4204
2005	32460	27058	2242	3160	0	118552	68199	19665	11783	18905
2006	83935	63038	9982	10915	0	229530	118198	41619	33237	36476
2007	208617	140184	27194	35307	5932	521951	325761	90098	95504	10588
2008	245917	179501	25726	32029	8662	717073	431579	108175	160233	17086
2009	110199	80379	11006	12747	6067	408838	254607	63812	79432	10987
2010	186099	127632	19362	29437	9668	512315	318382	103657	81577	8698
2011	333971	259750	22613	44195	7414	760615	481339	153639	118366	7272
2012	429025	358943	5425	52196	12461	943725	573217	193545	172786	4177
2013	410412	311264	4587	82578	11983	879367	484912	214205	171901	8349
2014	395343	293337	8298	83179	10529	984233	533020	281954	160215	9034
2015	357994	291740	8517	43599	14139	885112	480243	231141	166832	6897
2016	433700	284400	11300	134600	3400	696900	345000	217000	128300	6600
2017	656495	486445	16520	124647	28883	741163	306486	209432	120832	104413

注：2005 年和 2006 年乘用车分类与其他年份有所不同。

资料来源：2001 ~ 2016 年数据根据相应年份《中国汽车工业年鉴》整理，2017 年数据来自《中国汽车工业产销快讯》2018 年第 2 期。

表 11　2001 ~ 2017 年中国汽车产品（含整车和零部件）进出口贸易额

单位：亿美元，%

年份	进口额	出口额	全国货物出口总额	汽车出口贸易额占全国货物出口贸易总额比例
2001	47. 0	27. 1	2661. 0	1. 01
2002	65. 9	33. 6	3256. 0	1. 03
2003	148. 4	80. 3	4382. 3	1. 83
2004	168. 6	124. 2	5933. 2	2. 09
2005	154. 3	167. 7	7619. 5	2. 20

续表

年份	进口额	出口额	全国货物出口总额	汽车出口贸易额占全国货物出口贸易总额比例
2006	212. 7	289. 1	9689. 8	2. 98
2007	267. 7	412. 6	12204. 6	3. 38
2008	322. 3	476. 3	14306. 9	3. 33
2009	341. 9	383. 5	12016. 1	3. 19
2010	581. 9	541. 4	15777. 5	3. 43
2011	759. 9	719. 7	18983. 8	3. 79
2012	799. 2	800. 5	20487. 1	3. 91
2013	842. 2	850. 7	22090. 0	3. 85
2014	1004. 1	914. 9	23422. 9	3. 91
2015	788. 4	842. 1	22734. 7	3. 70
2016	813. 02	758. 79	20976. 3	3. 60
2017	882. 71	834. 11	—	—

资料来源：2001～2016年汽车进出口贸易额数据来自《中国汽车工业年鉴》，2017年汽车进出口贸易额数据来自《中国汽车工业产销快讯》2018年第2期，历年全国货物出口总额来自相应年份的《中国统计年鉴》。

表12　2016年与中国汽车进出口贸易额超过5亿美元的国家和地区

单位：万美元

国家或地区	进出口贸易总额	进口贸易额	出口贸易额
美国	3277566. 0	1463297. 0	1814268. 0
德国	2481688. 0	2209878. 0	271810. 9
日本	2320798. 0	1620751. 0	700046. 9
韩国	930731. 3	576778. 8	353952. 6
英国	860474. 9	667671. 8	192803. 2
墨西哥	420241. 3	150076. 7	270164. 6
泰国	264196. 3	101096. 4	163099. 8
伊朗	247266. 9	497. 3	246769. 7
意大利	236424. 4	134075. 7	102348. 7
越南	218288. 4	34160. 8	184127. 7
加拿大	214845. 2	69332. 1	145513. 1
斯洛伐克	205656. 7	190388. 5	15268. 2
俄罗斯联邦	190627. 0	686. 4	189940. 6

续表

国家或地区	进出口贸易总额	进口贸易额	出口贸易额
匈牙利	182710.1	159076.9	23633.2
印度	177786.7	10091.4	167695.3
法国	176976.0	98835.7	78140.4
菲律宾	160805.1	9543.6	151261.5
西班牙	157935.7	61319.0	96616.6
澳大利亚	139292.9	7819.1	131473.9
马来西亚	135815.1	17600.0	118215.1
荷兰	124481.1	34244.0	90237.1
中国香港	122630.3	539.4	122090.9
瑞典	121837.7	95812.7	26024.9
巴西	118359.1	7984.8	110374.3
中国台湾	116510.1	37262.5	79247.6
印度尼西亚	112530.8	11388.7	101142.2
阿拉伯联合酋长国	109548.0	1034.7	108513.3
沙特阿拉伯	108806.3	6.0	108800.3
波兰	105283.3	42169.2	63114.4
捷克	104360.9	81742.6	22618.3
缅甸	99053.3	0.1	99053.3
巴基斯坦	93752.3	8.5	93743.8
比利时	90189.3	47233.0	42956.3
尼日利亚	85282.2	0.2	85282.0
埃及	77260.3	75.9	77184.4
土耳其	74347.9	8977.9	65369.9
奥地利	74028.0	68872.7	5155.3
智利	71841.0	14.4	71826.5
南非	71047.9	3826.2	67221.7
阿尔及利亚	65126.0	31.5	65094.4
秘鲁	62713.7	11.7	62702.0
罗马尼亚	61047.7	22299.7	38748.0
哥伦比亚	58233.1	2.1	58231.1
哈萨克斯坦	51312.3	1.2	51311.0

资料来源：《中国汽车工业年鉴（2017）》。

表 13 2001～2017 年中国整车产品进口量

单位：辆

年份	乘用车					商用车				
	合计	轿车	越野车	小客车≤9 座	其他	合计	载货车	客车>9 座	专用汽车	其他
2001	61776	46632	10336	4551	257	9613	3138	4056	1171	1248
2002	115047	70329	32179	12348	191	13148	6692	3356	1112	1988
2003	153591	103017	39669	10812	93	18119	9862	4600	1285	2372
2004	162077	116085	35308	10510	174	13577	8078	2493	962	2044
2005	154835	76542	65966	12326	0	6490	3032	1336	552	1570
2006	218312	111777	86273	20262	0	9461	5582	1840	625	1414
2007	302096	139867	142228	19144	857	12034	9147	1558	435	894
2008	395799	154521	215062	24674	1542	13970	10171	2311	498	990
2009	409225	164837	207381	35693	1314	11471	8201	1902	375	993
2010	791126	343653	351408	89919	6146	22219	14977	5092	333	1817
2011	1011871	410270	430886	162911	7804	26751	19453	5196	214	1888
2012	1108730	446992	456362	179508	25868	23301	19452	2526	235	1088
2013	1179979	423439	505343	230915	20282	15061	11197	2386	224	1254
2014	1411561	469639	588921	344179	8822	14285	11501	1031	298	1455
2015	1091386	352460	471750	264340	2836	10380	7062	899	211	2208
2016	1062509	377373	465739	206190	13207	14395	11542	737	179	1937
2017	1228548	447740	528561	224798	27449	16786	9662	1073	170	5881

注：2005 年和 2006 年乘用车分类与其他年份有所不同。

资料来源：2001～2015 年数据根据相应年份《中国汽车工业年鉴》整理，2017 年数据来自《中国汽车工业产销快讯》2018 年第 2 期。

表 14　2001～2017 年中国整车产品进口贸易额

单位：万美元

年份	乘用车					商用车				
	合计	轿车	越野车	小客车≤9 座	其他	合计	载货车	客车>9 座	专用汽车	其他
2001	126095	94730	24556	6558	250	45144	12047	9276	18803	5018
2002	260588	161367	76738	22126	357	60351	25970	8606	18630	7145
2003	443757	308252	113634	21665	206	83835	42621	7554	23262	10398
2004	459487	326924	109418	22448	698	82131	40429	5705	25446	10551
2005	467495	259413	181941	26141	0	48879	19335	5002	16188	8354
2006	692752	399386	253832	39534	0	63376	33136	6887	16350	7003
2007	982770	500973	437365	42733	1699	117600	89497	5438	19610	3055
2008	1403259	635604	712064	52329	3262	123050	81353	8922	28041	4735
2009	1435439	656610	707877	67946	3006	111691	76770	8279	21994	4648
2010	2889909	1414774	1271141	185665	18329	188643	131584	23169	25763	8128
2011	4087090	1863024	1788509	416180	19377	241453	185280	25727	21359	9087
2012	4546811	1957018	2049518	477587	62688	221351	186311	14871	12210	7959
2013	4745328	1762141	2320267	603367	59553	154607	112266	12434	16325	13582
2014	5968675	2103598	2842405	968452	54220	123921	86611	6346	15882	15082
2015	4418170	1379684	2265379	752060	21047	90338	50051	4757	12368	23162
2016	4398816	1350029	2267617	689719	91451	95678	66116	3444	7518	18600
2017	4990693	1531306	2515753	746655	196979	95005	48366	4665	6784	39855

注：2005 年和 2006 年乘用车分类与其他年份有所不同。

资料来源：2001～2015 年数据根据相应年份《中国汽车工业年鉴》整理，2016 年数据来自《中国汽车工业产销快讯》2018 年第 2 期。

表 15　2001～2017 年中国除整车外汽车产品（含摩托车）进出口情况

单位：亿美元

年份	进口金额	出口金额	净出口额
2001	29.91	24.98	-4.93
2002	33.98	31.27	-2.71
2003	95.64	76.55	-19.09
2004	114.44	117.64	3.20
2005	102.63	148.54	45.91
2006	137.13	257.75	120.62
2007	157.64	339.58	181.94

续表

年份	进口金额	出口金额	净出口额
2008	169.67	379.95	210.28
2009	187.27	331.61	144.34
2010	274.00	471.55	197.55
2011	327.00	610.19	283.19
2012	322.43	663.24	340.81
2013	352.24	721.76	369.52
2014	394.81	777.01	382.20
2015	337.56	717.75	380.19
2016	363.57	645.73	282.16
2017	372.41	693.54	321.13

资料来源：2001～2016年数据来自相应年份《中国汽车工业年鉴》，2017年数据来自《中国汽车工业产销快讯》2018年第2期。

人员、研发及相关产业等

表16　2001～2015年中国汽车工业从业人数及劳动生产率（增加值）

单位：万人，元/人·年

年份	汽车工业年末从业人数	工程技术人员数	研发人员数	全员劳动生产率
2001	150.6	15.6	4.5	69269
2002	157.0	16.8	5.3	96342
2003	160.5	17.3	6.2	134301
2004	169.3	20.0	7.1	130451
2005	166.9	19.3	8.9	133549
2006	185.5	22.0	9.1	185255
2007	204.1	24.5	10.9	210166
2008	209.4	25.4	12.4	209256
2009	216.5	26.7	16.3	255947
2010	220.3	31.1	16.9	316725
2011	241.7	35.5	18.7	319684
2012	250.8	37.3	20.2	353077
2013	339.9	42.4	26.2	224532
2014	350.5	47.6	26.6	261731
2015	360.0	49.3	33.8	293808

资料来源：《中国汽车工业年鉴（2016）》和《中国汽车工业年鉴（2017）》。

表 17　2001～2016 年中国汽车工业完成固定资产投资总额

单位：亿元

年份	投资总额	汽车	汽车、摩托车配件
2001	194.3	121.1	48.1
2002	283.2	170.3	71.7
2003	498.6	313.1	122.6
2004	641.3	430.0	145.4
2005	734.2	396.2	209.9
2006	780.9	415.2	240.5
2007	867.9	476.6	253.8
2008	772.3	435.7	229.0
2009	921.8	524.5	277.3
2010	1278.1	708.3	430.4
2011	1398.8	702.8	554.4
2012	1509.3	758.3	598.6
2013	1456.4	828.6	446.8
2014	1554.0	884.2	476.8
2015	11859.03	2728.75	8471.17
2016	12338.91	2724.16	8937.21

资料来源：相应年份《中国汽车工业年鉴》。

表 18　2001～2016 年中国石油消费量及进口量

单位：万吨

年份	石油消费量	石油进口量
2001	22956.4	9118.2
2002	24823.6	10269.3
2003	27583.1	13189.6
2004	32072.9	17291.3
2005	32547.0	17163.2
2006	34930.8	19453.0
2007	36654.5	21139.4
2008	37332.9	23015.5
2009	38671.4	25642.4
2010	44101.0	29437.2
2011	45619.5	31593.6

续表

年份	石油消费量	石油进口量
2012	47797.3	33088.8
2013	49970.6	34264.8
2014	51814.4	36179.6
2015	55160.2	39748.6
2016	56402.9	44502.9

资料来源：《中国能源统计年鉴（2017）》。

世界汽车工业

表 19　2001～2017 年世界主要汽车生产国汽车产量

单位：万辆

年份	美国	德国	法国	意大利	英国	日本	韩国	印度	全球总计
2001	1143	569	363	158	169	978	295	85	5577
2002	1227	547	369	143	182	1026	315	89	5878
2003	1211	551	362	132	185	1029	318	116	6058
2004	1199	557	367	114	186	1051	347	151	6449
2005	1198	576	355	104	180	1080	370	163	6647
2006	1129	582	317	121	165	1148	384	202	6922
2007	1078	621	302	128	175	1160	409	225	7327
2008	871	604	257	102	165	1156	381	231	7053
2009	573	521	205	84	109	793	351	264	6170
2010	776	591	223	86	139	963	427	354	7761
2011	865	631	224	79	146	839	466	394	7999
2012	1033	565	197	67	158	994	456	415	8414
2013	1108	573	174	66	159	963	452	389	8751
2014	1166	591	182	70	160	977	452	384	8993
2015	1208	603	197	101	168	928	456	412	9078
2016	1220	606	208	110	182	920	423	449	9498
2017	1119	565	223	114	175	969	411	478	9730

资料来源：2001～2016 年数据来自相应年份《中国汽车工业年鉴》，2017 年数据来自国际汽车制造商协会。

表 20　2001～2017 年世界主要汽车生产国汽车销量

单位：万辆

年份	美国	德国	法国	意大利	英国	日本	韩国	印度
2001	1747	363	275	264	277	591	145	82
2002	1713	355	261	257	289	579	162	88
2003	1697	350	244	249	294	583	132	108
2004	1729	356	247	252	296	584	109	134
2005	1744	362	255	248	283	585	114	144
2006	1705	377	249	259	273	574	116	175
2007	1645	348	258	279	279	535	122	199
2008	1349	343	257	243	248	508	124	198
2009	1060	405	269	236	222	461	146	226
2010	1177	319	271	217	231	496	157	304
2011	1304	351	269	194	219	421	159	329
2012	1479	339	233	153	234	537	156	358
2013	1588	326	221	142	260	538	154	324
2014	1693	331	218	146	284	556	166	318
2015	1783	356	236	172	304	505	192	342
2016	1786	371	248	205	312	497	191	367
2017	1758	381	260	219	295	524	180	402

资料来源：相应年份《中国汽车工业年鉴》，2016、2017 年数据来自国际汽车制造商协会。

表 21　2001～2017 年世界主要汽车生产国整车出口情况

单位：万辆

年份	美国	德国	法国	西班牙	英国	日本	意大利	韩国	巴西
2001	1146. 2	391. 6	373. 5	—	98. 6	41. 6	—	150. 1	38. 6
2002	165. 9	387. 5	391. 7	232. 7	119. 7	469. 9	73. 4	150. 6	41. 5
2003	161. 4	393. 6	404. 6	249. 5	123. 6	475. 6	70. 4	181. 5	53. 5
2004	179. 4	392. 4	426. 9	247. 9	130. 8	495. 8	59. 6	237. 9	64. 8
2005	206. 4	408. 1	431. 9	224. 7	131. 6	505. 3	49. 8	258. 6	89. 7
2006	205. 5	418. 3	312. 6	227. 3	124. 2	596. 7	59. 6	264. 8	63. 4
2007	239. 6	466. 4	469. 7	238. 9	131. 7	654. 9	65. 1	284. 7	64. 4

续表

年份	美国	德国	法国	西班牙	英国	日本	意大利	韩国	巴西
2008	196.6	450.0	432.2	218.1	125.4	672.7	56.1	268.4	56.9
2009	110.7	358.4	388.3	188.3	82.9	361.6	38.3	214.9	47.5
2010	150.2	448.1	478.6	208.0	104.7	484.1	44.02	277.2	76.7
2011	172.8	482.7	489.3	212.1	119.4	446.4	42.4	315.2	57.9
2012	194.1	—	440.4	172.9	127.5	480.4	40.7	317.0	47.3
2013	209.1	440.5	437.3	187.9	124.9	467.4	39.3	308.9	59.1
2014	222.8	466.6	—	206.0	123.0	446.6	43.9	306.3	33.4
2015	211.7	465.0	—	227.4	127.5	457.8	67.6	297.4	41.7
2016	207.1	498.7	—	243.2	140.9	463.4	—	262.1	52.0
2017	211.1	—	—	—	—	470.6	—	253.0	78.5

资料来源：2001～2013 年数据来自相应年份的《中国汽车工业年鉴》，2014～2017 年数据来自北京富欧睿。

表 22　2014 年部分汽车整车和零部件企业研发投入情况

单位：百万欧元，%

公司名称	国别	研发投入	同比增长	销售额	研发投入占销售额比例
VOLKSWAGEN 大众	德国	13672.0	0.4	217267.0	6.3
GENERAL MOTORS 通用	美国	7684.3	8.0	157840.8	4.9
DAIMLER 戴姆勒	德国	7536.0	15.4	153261.0	4.9
TOYOTA MOTOR 丰田汽车	日本	7500.1	-12.5	224150.8	3.3
FORD MOTOR 福特	美国	6925.3	9.0	144009.1	4.8
ROBERT BOSCH 博世	德国	5587.0	7.4	73129.0	7.6
HONDA MOTOR 本田	日本	5360.0	-8.3	113704.7	4.7
BMW 宝马	德国	5164.0	-0.1	94163.0	5.5
FIAT CHRYSLER AUTOMOBILES 菲克	意大利	4219.0	2.7	111018.0	3.8
NISSAN MOTOR 日产	日本	3983.1	-7.8	95192.9	4.2
DENSO 电装	日本	3323.8	2.5	36770.5	9.0
CONTINENTAL 大陆	德国	2917.4	15.4	40549.5	7.2
RENAULT 雷诺	法国	2690.0	19.9	51243.0	5.2
PEUGEOT (PSA) 标致－雪铁龙	法国	2269.0	1.1	54030.0	4.2
ZF 采埃福	德国	1893.0	40.2	35166.0	5.4
HYUNDAI MOTOR 现代	韩国	1762.7	10.7	73563.5	2.4
TATA MOTORS 塔塔	印度	1528.2	-35.1	37194.6	4.1
AISIN SEIKI 爱信精机	日本	1362.3	3.1	28584.5	4.8

续表

公司名称	国别	研发投入	同比增长	销售额	研发投入占销售额比例
KIA MOTORS 起亚	韩国	1204.7	7.3	41407.2	2.9
VALEO 瓦莱奥	法国	1140.0	19.5	16519.0	6.9
DELPHI 德尔福	英国	1138.4	0.0	15879.9	7.2
SUZUKI MOTOR 铃木	日本	1068.1	0.4	25743.8	4.1
MAZDA MOTOR 马自达	日本	1049.4	133.2	26107.8	40.0
BRIDGESTONE 普利斯通	日本	774.9	0.4	27104.0	2.9
YAMAHA MOTOR 雅马哈	日本	770.4	3.9	12206.4	6.3
MAHLE 马勒	德国	753.3	14.7	11486.1	6.6
MICHELIN 米其林	法国	718.0	4.2	20907.0	3.4
HELLA 海拉	德国	675.0	1.9	6584.7	10.3
AUTOLIV 奥托立夫	美国	588.9	24.0	9556.6	6.2
HYUNDAI MOBIS 现代摩比斯	韩国	495.6	8.7	30055.5	1.6
DONGFENG MOTOR 东风汽车	中国	491.0	24.3	16711.1	2.9
MITSUBISHI MOTORS 三菱	日本	468.5	28.1	15486.1	3.0
GREAT WALL MOTOR 长城汽车	中国	431.9	14.6	12889.2	3.4
GOODYEAR 固特异	美国	368.1	1.6	14380.0	2.6
BORGWARNER 博格华纳	美国	325.6	11.6	8605.4	3.8
TOYOTA BOSHOKU 丰田纺织	日本	307.7	-1.5	11029.3	2.8
TOYOTA INDUSTRIES 丰田工业	日本	300.9	-32.6	13605.9	2.2
GKN 纳铁福	英国	296.4	13.9	10295.8	2.9
JOHNSON CONTROLS 江森自控	爱尔兰	294.1	46.2	35740.4	0.8
GEELY AUTOMOBILE 吉利汽车	中国	281.8	36.0	7333.2	3.8
VISTEON 伟世通	美国	279.9	0.3	2998.8	9.3
KOITO MANUFACTURING 小糸制作所	日本	278.0	4.9	6834.5	4.1
GUANGZHOU AUTOMOBILE 广州汽车	中国	276.8	19.4	6745.7	4.1
RHEINMETALL 莱因金属	德国	258.0	7.9	5602.0	4.6
JIANGLING MOTORS 江铃汽车	中国	256.8	5.0	3470.2	7.4
NEXTEER 耐世特汽车系统	开曼群岛	231.4	15.8	3645.0	6.3
TOYODA GOSEI 丰田合成	日本	220.6	-4.4	6137.2	3.6
PIRELLI 倍耐力	意大利	228.1	6.4	6058.4	3.8
TOKAI RIKA 东海理化	日本	208.5	2.7	3728.7	5.6
TOFAS 托发斯	土耳其	204.2	31.1	3933.6	5.2
SUMITOMO RUBBER INDUSTRIES 住友橡胶	日本	197.0	3.8	6146.1	3.2
ZHENGZHOU YUTONG BUS 郑州宇通	中国	195.9	19.2	4624.1	4.2

续表

公司名称	国别	研发投入	同比增长	销售额	研发投入占销售额比例
ZHEJIANG WANFENG AUTO WHEEL 浙江万丰奥威	中国	194.3	49.7	1761.0	11.0
MAHINDRA & MAHINDRA 马恒达	印度	188.8	-28.3	10330.7	1.8
TAKATA 高田	日本	167.0	-16.9	5381.2	3.1
HARLEY - DAVIDSON 哈雷戴维森	美国	163.5	6.9	5688.7	2.9
NINGBO JOYSON ELECTRONIC 宁波均胜电子	中国	154.7	114.4	2489.8	6.2
ASTON MARTIN 英国阿斯顿·马丁	英国	148.6	-4.0	692.6	21.5
EBERSPAECHER 埃贝赫	德国	147.3	-1.5	4623.6	3.2
CHENG SHIN RUBBER INDUSTRY 正新橡胶	中国台湾	141.9	11.7	3448.1	4.1
LEAR 李尔	美国	136.3	13.1	17605.2	0.8
AMERICAN AXLE & MANUFACTURING 美国车桥	美国	132.6	22.7	3745.4	3.5
LIFAN INDUSTRY 力帆实业	中国	131.1	41.2	1471.9	8.9
NHK SPRING(汽车弹簧)	日本	131.0	-1.2	5092.2	2.6
WABCO 威伯科	美国	129.1	-4.0	2665.8	4.8
FORD OTOMOTIV(汽车)	土耳其	120.7	37.4	4925.8	2.4
HANKOOK TIRE 韩泰轮胎	韩国	120.5	2.9	5201.5	2.3
YOKOHAMA RUBBER 横滨轮胎	日本	117.6	1.9	4842.4	2.4
WEBASTO 伟巴斯特	德国	114.9	5.5	2942.2	3.9
RED BULL TECHNOLOGY 红牛技术	英国	114.7	21.6	275.0	41.7
STANLEY ELECTRIC 斯坦雷电气	日本	112.1	149.7	3156.0	3.6
COOPER - STANDARD HOLDINGS 库博标准汽车配件	美国	111.7	8.3	3294.7	3.4
HYSTER - YALE MATERIALS HANDLING(叉车及售后配件)	美国	101.5	21.2	2437.8	4.2
WEICHAI POWER 潍柴动力	中国	100.7	26.1	12380.5	0.8
SHOWA 昭和	日本	90.0	2.5	2100.8	4.3
GENTEX 金泰克斯	美国	89.4	6.6	1592.8	5.6
MANDO 万都	韩国	89.2	13.0	4608.2	1.9
AISAN 爱三	日本	88.7	0.6	1655.1	5.4
BENTELER INTERNATIONAL 本特勒国际	奥地利	87.9	4.6	7423.4	1.2

续表

公司名称	国别	研发投入	同比增长	销售额	研发投入占销售额比例
NISSAN SHATAI 日产湘南工场	日本	84.7	11.0	4595.7	31.7
TOYO TIRE 东洋轮胎	日本	85.1	2.7	3099.7	2.7
ELRINGKLINGER(油封产品)	德国	83.0	-8.8	1557.4	9.0
DONGFENG AUTOMOBILE 东风汽车	中国	82.1	8.1	2068.9	5.8
XIAMEN JINGLONG MOTOR 厦门金龙	中国	79.7	-6.4	2841.7	2.8
CHINA MOTOR 中华汽车	中国台湾	78.6	9.4	1196.5	6.6
DANA 德纳	美国	76.8	8.0	5527.0	1.4
FAW CAR 一汽轿车	中国	76.6	31.6	2598.7	2.9
GENTHERM 捷温	美国	69.2	22.3	870.5	7.9
NOK(密封行业)	日本	67.2	8.4	5792.3	1.2
MERITOR 阿文美驰	美国	64.5	-1.4	3034.8	2.1
SANDEN 三电	日本	64.2	16.8	2291.0	2.8
GRAMMER 格拉默	德国	62.5	13.5	1695.5	3.7
MODINE MANUFACTURING 摩丁制造	美国	61.1	5.4	1425.9	4.3
AUTONEUM HOLDING 欧拓控股	瑞士	60.1	6.3	2006.4	3.0
WANXIANG QIANCHAO 万向钱潮	中国	59.9	10.4	1379.2	4.3
SOGEFI 索格菲	意大利	56.8	8.1	1574.1	3.6
U SHIN 有信制造	日本	55.1	5.4	1250.0	4.4
LINGYUN INDUSTRIAL 凌云工业	中国	54.4	33.8	1177.8	4.6
ASHOK LEYLAND 阿斯霍克雷兰德	印度	53.7	17.6	2913.9	1.8
MINTH 敏实	中国	53.3	18.1	1283.1	4.2
COOPER TIRE & RUBBER 库伯轮胎与橡胶	美国	52.7	7.2	2774.8	1.9
IMMSI	意大利	50.1	7.0	1383.8	3.6
APOLLO TYRES 阿波罗轮胎	印度	48.1	22.1	1823.6	2.6
NEXEN TIRE 耐克森轮胎	韩国	47.1	-7.9	1488.3	3.2
EXEDY 爱思帝	日本	46.8	7.2	2161.5	2.2
TPR	日本	43.3	12.6	1424.6	3.0
ANHUI ZHONGDING SEALING PARTS 中鼎密封件	中国	40.8	19.8	1105.5	3.7
NISSIN KOGYO 日信工业	日本	38.5	2.4	1355.5	208.0
NINGBO HUAXIANG ELECTRONIC 宁波华翔电子	中国	37.4	-1.4	1628.3	2.3
STONERIDGE 石通瑞吉	美国	37.1	1.7	660.3	5.6

续表

公司名称	国别	研发投入	同比增长	销售额	研发投入占销售额比例
MIBA(粉末冶金制品)	澳大利亚	35.2	22.3	719.1	4.9
TACHI S 泰极爱思	日本	33.5	-3.4	2294.7	1.5
NGK SPARK PLUG(火花塞)	日本	33.2	-82.3	3028.9	1.1
UNIPRES 优尼	日本	31.0	4.6	2608.6	1.2
TAIHO KOGYO(发动机轴承)	日本	28.8	4.4	884.9	3.3
AEOLUS TYRE 风神轮胎	中国	27.2	-1.5	979.2	2.8
THULE 拓乐	瑞典	26.8	23.1	587.4	4.6
F TECH 伟福	日本	26.3	-1.7	1607.7	1.6
FUTABA INDUSTRIAL 双叶产业	日本	26.3	5.1	3349.5	0.8
TENNECO 天纳克	美国	24.7	-25.7	8157.7	0.3

资料来源：欧盟 Economics of Industrial Research Innovation。

B.10

附录二　2017年度发布或开始实施的部分汽车政策法规

序号	发布(实施)时间	发布单位	名称	内容要点
1	2017 年 1 月 5 日	国家发展改革委	关于重庆金康新能源汽车有限公司年产 5 万辆纯电动乘用车建设项目核准的批复	关于重庆金康新能源汽车有限公司年产 5 万辆纯电动乘用车建设项目核准的批复
2	2017 年 1 月 6 日	工业和信息化部	新能源汽车生产企业及产品准入管理规定	旨在落实发展新能源汽车的国家战略，规范生产活动，促进产业可持续发展。规定了所需的申报材料及对材料的要求，规定指出，工信部负责实施全国新能源汽车生产企业及产品的准入和监督管理
3	2017 年 1 月 11 日	交通运输部	关于做好 2017 年度公路甩挂运输试点专项资金申报工作的通知	此通知为对于 2014 年 11 月 6 日按照财政部、交通运输部、商务部联合印发的《车辆购置税收入补助地方资金管理暂行办法》(财建〔2014〕654 号)的要求，旨在有序推进公路甩挂运输试点工作开展。包括专项资金申报工作的项目范围，项目验收审查要求、材料要求和时间要求
4	2017 年 1 月 13 日	工业和信息化部办公厅、公安部办公厅、交通运输部办公厅、工商总局办公厅、质检总局办公厅	关于开展货车非法改装专项整治行动的通知	旨在加大对货车非法改装行为的打击力度，遏制货车违法超限超载行为。通知对工信部，公安厅(局)，交通运输厅(局、委)，工商行政管理局，质量技术监督局(市场监督管理部门)的职责分工和执法流程进行了严格规定

续表

序号	发布(实施)时间	发布单位	名称	内容要点
5	2017年1月13日	国家能源局、国资委、国管局	关于加快单位内部电动汽车充电基础设施的通知	旨在贯彻落实《国务院办公厅关于加快电动汽车充电基础设施建设的指导意见》(国办发[2015]73号)要求,加快单位内部充电设施建设。通知对相关部门的职责分工做了详细说明,要求相关部门组织有条件的公共机构与国有企业编制单位内部充电设施示范建设工作方案,并于2017年5月底前报送国家能源局、国家机关事务管理局,力争2018年6月底完成示范项目建设
6	2017年1月20日	工业和信息化部	关于做好甲醇汽车试点验收准备工作的通知	通知指出,要求甲醇试点城市在试点运营工作结束后,按要求完成各项相关检测工作,并在2017年3月底前向所在地省级工业和信息化主管部门正式提出验收申请,分别由省级工业和信息化主管部门及工业和信息化部组织预验收及正式验收
7	2017年1月25日	国家发展改革委	关于福建省汽车工业集团云度新能源汽车股份有限公司纯电动乘用车项目核准的批复	核准批复了福建省汽车工业集团云度新能源汽车股份有限公司纯电动乘用车项目
8	2017年1月25日	国家发展改革委	关于国能新能源汽车有限责任公司新能源汽车建设项目核准的批复	核准批复了国能新能源汽车有限责任公司新能源汽车建设项目
9	2017年2月8日	环境保护部	关于支持铅蓄电池回收试点委员会建设的复函	函复国家环境保护铅酸蓄电池生产和回收再生污染防治工程技术中心的《关于成立铅蓄电池回收试点委员会的请示》,支持中心联合相关单位成立铅蓄电池回收试点委员会
10	2017年2月9日	交通运输部	关于印发《道路运输车辆卫星定位系统车载终端和平台标准符合性技术审查工作规范》的通知	旨在规范道路运输车辆卫星定位系统车载终端和平台标准符合性技术审查工作并确保其顺利实施。明确了标准审查工作程序;检测机构资质;申请单位需要提交的材料及实物;检测机构、通信信息中心、交通运输部的工作职责等

续表

序号	发布(实施)时间	发布单位	名称	内容要点
11	2017 年 2 月 14 日	交通运输部	关于征求《机动车驾驶培训网络远程理论教学技术规范(征求意见稿)》意见的通知	要求各省、自治区、直辖市、新疆生产建设兵团道路运输管理局(处)于 2017 年 3 月 10 日前将意见反馈至交通运输部运输服务司
12	2017 年 2 月 20 日	工业和信息化部、国家发展和改革委员会、科学技术部、财政部	关于印发《促进汽车动力电池产业发展行动方案》的通知	旨在加快提升中国汽车动力电池产业发展能力和水平,推动新能源汽车产业健康可持续发展。行动方案中提出了总体要求、发展方向、主要目标、重点任务和相关的保障措施。其中发展方向提出,大力推进新型锂离子动力电池研发和产业化,2020 年实现大规模应用;着力加强新体系动力电池基础研究,2025 年实现技术变革和开发测试
13	2017 年 2 月 28 日	交通运输部	关于征求《公路电子不停车收费技术标准》(征求意见稿)意见的函	要求各省、自治区、直辖市、新疆生产建设兵团交通运输厅(局、委)于 2017 年 3 月 24 日前意见反馈至交通运输部公路局
14	2017 年 3 月 16 日	商务部、公安部、环境保护部	关于请提供取消二手车限制迁入政策落实情况的函	通知要求除北京、天津、河北、上海、江苏、浙江除外各地区在 2017 年 4 月 14 日前将取消二手车限迁政策落实情况和相关材料分别报商务部、公安部、环境保护部。除国家明确的大气污染防治重点区域,不得对环保检验合格的车辆设定限制迁入措施
15	2017 年 3 月 16 日	国家发展改革委	关于北京新能源汽车股份有限公司纯电动乘用车建设项目核准的批复	核准批复了北京新能源汽车股份有限公司纯电动乘用车建设项目
16	2017 年 3 月 28 日	国家发展改革委	关于河南速达电动汽车科技有限公司年产 10 万辆电动汽车项目核准的批复	核准批复了河南速达电动汽车科技有限公司年产 10 万辆电动汽车项目

续表

序号	发布(实施)时间	发布单位	名称	内容要点
17	2017 年 4 月 14 日	商务部	汽车销售管理办法	旨在促进汽车市场健康发展,维护公平公正的市场秩序,保护消费者合法权益。办法适用在境内销售汽车的供应商、经销商、售后服务商
18	2017 年 4 月 19 日	国家发展改革委	国家发展改革委关于浙江合众新能源汽车有限公司年产 5 万辆纯电动乘用车建设项目核准的批复	核准批复了浙江合众新能源汽车有限公司年产 5 万辆纯电动乘用车建设项目
19	2017 年 4 月 24 日	交通运输部、公安部、工业和信息化部	关于做好车辆运输车第二阶段治理工作的通知	旨在完成《车辆运输车治理工作方案》(交办运〔2016〕107 号)的部署,第一阶段“双排车”变“单排车”的治理目标已完成,第二阶段治理工作重点是在 2018 年 6 月 30 日前分期退出在用不合规车辆运输车,全面完成“单排车”变“标准车”的工作目标
20	2017 年 4 月 25 日	工业和信息化部、国家发展改革委、科技部	关于印发《汽车产业中长期发展规划》的通知	旨在推动汽车强国建设。中长期规划提出了基本原则、规划目标、重点任务及保障措施。在重点任务中,对创新中心建设工程、关键零部件重点突破工程、智能网联汽车推进工程、先进节能环保汽车技术提升工程、”汽车 +”跨界融合工程、汽车质量品牌建设工程、海外发展工程至 2020 及 2025 年提出了阶段性规划目标
21	2017 年 5 月 11 日	工业和信息化部	关于开展第二批锂离子电池行业规范公告申报工作的通知	旨在加强锂离子电池行业管理,推动产业转型升级发展。规定了所需的申报材料种类和对申报材料的要求
22	2017 年 5 月 11 日	国家发展改革委	关于广东陆地方舟新能源电动车辆有限公司纯电动乘用车建设项目核准的批复	核准批复了广东陆地方舟新能源电动车辆有限公司纯电动乘用车建设项目
23	2017 年 5 月 18 日	国家认监委	国家认监委关于调整汽车产品强制性认证依据标准的公告	旨在加强汽车产品质量监管,确保强制性产品认证有效性和公信力。公告要求指定认证机构将相关标准纳入认证实施并出具认证证书。并在 2017 年 6 月 30 日前,按照公告修订实施细则、新纳入标准检测能力情况及获得实验室资质认定的情况报国家认监委备案

续表

序号	发布(实施)时间	发布单位	名称	内容要点
24	2017年6月4日	国家发展改革委、工业和信息化部	关于完善汽车投资项目管理的意见	旨在完善汽车投资项目管理,促进汽车产业健康有序发展。意见要点:①优化传统燃油汽车产能布局,促进新能源汽车健康有序发展。②严格控制新增传统燃油汽车产能,明确跨细分类等投资项目核准条件;规范新能源汽车企业投资项目条件。③加强汽车产能监测预警。④规范汽车产业监督管理
25	2017年6月28日	国家发展改革委、公安部、环境保护部、商务部、国资委、工商总局、质检总局、国家能源局	关于普通柴油质量升级的公告	旨在推进成品油质量升级,改善空气质量。公告要求,自2017年7月1日起,全国全面供应硫含量不大于50ppm的普通柴油,同时停止国内销售硫含量大于50ppm的普通柴油;鼓励有条件地区提前供应硫含量不大于10ppm的普通柴油
26	2017年7月27日	环境保护部	关于发布国家环境保护标准《在用柴油车排气污染物测量方法及技术要求(遥感检测法)》的公告	旨在贯彻落实《中华人民共和国环境保护法》和《中华人民共和国大气污染防治法》,规范在用柴油车环境监督管理
27	2017年8月4日	交通运输部、住房城乡建设部	关于促进小微型客车租赁健康发展的指导意见	旨在推动移动互联网与小微型客车租赁的融合发展,满足人民群众多层次出行需求。要求有关单位夯实安全管理基础、提升服务能力、营造良好发展环境
28	2017年8月21日	商务部	关于做好2018年度汽车和摩托车出口资质申报工作的通知	旨在进一步规范汽车、摩托车出口秩序。规定了所需的申报材料的种类的对申报材料的要求
29	2017年8月31日	商务部	关于启动二手车交易信息采集工作的通知	旨在做好二手车交易信息采集工作。通知商务主管部门组织、督促二手车经营者相关信息及时录入全国汽车流通信息管理系统,该系统于2017年9月1日起试运行

续表

序号	发布(实施)时间	发布单位	名称	内容要点
30	2017 年 9 月 14 日	交通运输部	关于印发《智慧交通让出行更便捷行动方案(2017 ~ 2020年)》的通知	旨在推动企业为主体的智慧交通出行信息服务体系建设,促进"互联网 +"便捷交通发展。行动的主要内容包括提升城际交通出行、城市交通出行及城乡和农村客运智能化水平,不断完善智慧出行发展环境。其中道路运输中,加快推进 ETC 拓展应用,鼓励灵活、快速、小批量的道路客运定制服务,推进国际道路客运信息化建设等
31	2017 年 9 月 19 日	交通运输部、国家发展改革委、教育部、工业和信息化部、公安部、财政部、人力资源和社会保障部	交通运输部等十四个部门关于印发促进道路货运行业健康稳定发展行动计划(2017 ~ 2020年)的通知	旨在促进道路货运行业健康稳定发展。2017 ~ 2020 行动计划的主要任务是减轻道路货运经营负担、促进货运行业创新发展、维护公平竞争市场环境、改善从业人员生产经营条件、强化行业稳控综合治理
32	2017 年 9 月 25 日	国家发展改革委、公安部、环境保护部、商务部、国资委、工商总局、质检总局、国家能源局	关于全国全面供应硫含量不大于10ppm 普通柴油的公告	旨在推进成品油质量升级,改善空气质量。公告要求自 2017 年 11 月 1 日起,全国全面供应硫含量不大于 10ppm 的普通柴油,同时停止国内销售硫含量大于 10ppm 的普通柴油
33	2017 年 9 月 27 日	工业和信息化部、财政部、商务部、海关总署、质检总局	乘用车企业平均燃料消耗量与新能源汽车积分并行管理办法	旨在提升乘用车节能水平,建立节能与新能源汽车管理长效机制。管理办法界定了传统乘用车、新能源乘用车概念及管理办法适用的企业,规定了平均燃料消耗量、新能源汽车积分核算方法,并要求企业于每年 12 月 20 日前,向工信部提交下一年度预报告,工信部则于每年 4 月 10 日前进行社会公示
34	2017 年 9 月 27 日	环境保护部	关于汽车修理企业检测机动车产生的噪声适用环境标准问题的复函	函复了上海市环境保护局《关于汽车修理企业检测机动车产生的噪声适用环境标准问题的请示》,《工业企业厂界环境噪声排放标准》(GB 12348 ~ 2008)适用于汽车修理企业

续表

序号	发布(实施)时间	发布单位	名称	内容要点
35	2017 年 10 月 10 日	环境保护部	关于征求《汽车加速行驶车外噪声限值及测量方法(中国第三、四阶段)(征求意见稿)》意见的函	要求各有关单位于 2017 年 11 月 24 日前将意见反馈至环境保护部
36	2017 年 10 月 16 日	中国人民银行、中国银行业监督管理委员会	关于调整汽车贷款有关政策的通知	政策要点:①规定了自用及商用的传统动力、新能源汽车贷款最高发放比例,以及二手车贷款最高发放比例。②金融机构根据借款人信用状况、还款能力等合理确定汽车贷款比例并加强汽车贷款全流程管理
37	2017 年 11 月 2 日	工业和信息化部、商务部、海关总署、质检总局	关于 2016 年度、2017 年度乘用车企业平均燃料消耗量管理有关工作的通知	通知指出,《乘用车企业平均燃料消耗量与新能源汽车积分并行管理办法》将于 2018 年 4 月 1 日起实施,为做好 2016 年度、2017 年度乘用车企业平均燃料消耗量管理工作,对相关情况做了详细说明
38	2017 年 11 月 13 日	公安部交通管理局	关于做好《机动车运行安全技术条件》(GB7258－2017)贯彻实施工作的通知	通知要求相关部门对出厂日期在 2018 年 1 月 1 日之后的车辆,严格按照《机动车运行安全技术条件》(GB7258－2017)国家标准执行
39	2017 年 11 月 20 日	商务部	公布《2018 年成品油(燃料油)非国营贸易进口允许量申领条件、分配原则和相关程序》	公布了 2018 年燃料油非国营贸易进口允许量及燃料油非国营贸易进口资质条件,并要求新申请企业按照有关规定,向省级商务主管部门提交 2018 年燃料油非国营贸易资质申请,省级商务主管部门则于 2018 年 3 月 31 日和 2018 年 9 月 30 日前将企业名单及有关材料汇总并报送商务部
40	2017 年 12 月 11 日	环境保护部	关于发布《机动车污染防治技术政策》的公告	政策要点:①提出机动车在全生命周期内污染的防治策略和方法,对源头进行控制;②加强"车、油、路"统筹,综合防治大气污染,噪声污染防治,废水、固体废物处理处置;③鼓励研发排放控制和测试技术及设备;④加严新生产及在用机动车污染物排放限值,强化新车达标监管

续表

序号	发布(实施)时间	发布单位	名称	内容要点
41	2017年12月19日	交通运输部、公安部、质检总局	关于加快推进道路货运车辆检验检测改革工作的通知	通知指出,推进货车检验检测依法合并,切实减轻检验检测费用负担;采取多项措施,改进货车检验检测便民服务;加强机动车检验检测机构管理,严格落实检验检测机构主体责任
42	2017年12月26日	财政部、税务总局、工业和信息化部、科技部	关于免征新能源汽车车辆购置税的公告	公告称,自2018年1月1日至2020年12月31日,对购置的新能源汽车免征车辆购置税,免征车辆购置税的新能源汽车,通过发布《免征车辆购置税的新能源汽车车型目录》实施管理。2017年12月31日之前已列入《目录》的新能源汽车,对其免征车辆购置税政策继续有效
43	2017年12月27日	工业和信息化部、国家标准化管理委员会	关于印发《国家车联网产业标准体系建设指南(智能网联汽车)》的通知	旨在推动标准在车联网产业生态环境构建中的顶层设计和引领规范作用。指南中,根据标准化主体对象和行业属性分为总体要求、智能网联汽车、信息通信、电子产品与服务等部分
44	2018年1月11	科学技术部	科技部关于支持建设国家新能源汽车技术创新中心的函	政策要点:①原则同意《国家新能源汽车技术创新中心建设方案》。②体现国家战略导向,突出高端引领作用。③突出体制机制创新,完善"共商、共建、共治、共享、共用"的开放运行机制。④建立联合工作机制,充分发挥各方面的重要作用。⑤科技部将大力支持国家新能源汽车技术创新中心建设工作
45	2018年1月26	工业和信息化部	工业和信息化部、科技部、环境保护部、交通运输部、商务部、质检总局、能源局关于印发《新能源汽车动力蓄电池回收利用管理暂行办法》的通知	旨在加强新能源汽车动力蓄电池回收利用管理,规范行业发展,推进资源综合利用,保护环境和人体健康,保障安全,促进新能源汽车行业持续健康发展
46	2018年2月9	交通运输部	交通运输部办公厅关于做好推进道路货运车辆检验检测改革工作的通知	公告称:自2018年起,货车的综合性能检测、安全技术检验实行统一的检验检测周期,货车10年以内每年检验1次,超过10年的,每6个月检验1次,具体以该车辆的安全技术检验周期时间为准,检验检测完成时间以全部检验检测项目完成的当日核定

续表

序号	发布(实施)时间	发布单位	名称	内容要点
47	2018年2月12	工业和信息化部	关于调整完善新能源汽车推广应用财政补贴政策的通知	政策要点:①调整完善推广应用补贴政策,提高技术门槛要求,完善新能源汽车补贴标准,分类调整运营里程要求;②进一步加强推广应用监督管理,加快完善信息化监管平台,建立与补贴挂钩的整车和电池"一致性"抽检制度,拓宽监督渠道,夯实监管责任;③进一步优化推广应用环境,破除地方保护,建立统一市场,落实生产者责任,提高生产销售服务管理水平
48	2018年2月13	海关总署	海关总署关于进一步做好汽车平行进口试点工作的通知	旨在落实《商务部等8部门关于促进汽车平行进口试点的若干意见》(商建发〔2016〕50号)等汽车平行进口试点相关政策,规范汽车平行进口试点保税仓储业务管理
49	2018年2月22	工业和信息化部、科学技术部、环境保护部、交通运输部、商务部、国家质量监督检验检疫总局、国家能源局	工业和信息化部、科技部、环境保护部、交通运输部、商务部、质检总局、能源局关于组织开展新能源汽车动力蓄电池回收利用试点工作的通知	旨在贯彻落实《新能源汽车动力蓄电池回收利用管理暂行办法》,探索技术经济性强、资源环境友好的多元化废旧动力蓄电池回收利用模式,推动回收利用体系建设,工业和信息化部、科技部、环境保护部、交通运输部、商务部、质检总局、能源局将组织开展新能源汽车动力蓄电池回收利用试点工作
50	2018年2月26	交通运输部办公厅	交通运输部办公厅关于印发《网络预约出租汽车监管信息交互平台运行管理办法》的通知	旨在加强网络预约出租汽车监管信息交互平台(简称网约车监管信息交互平台)的运行管理工作,规范数据传输,提高网约车行业监管效能,营造良好的营商环境,根据《网络预约出租汽车经营服务管理暂行办法》(交通运输部、工业和信息化部、公安部、商务部、工商总局、质检总局、国家网信办令2016年第60号)等相关规定,制定本办法

续表

序号	发布(实施)时间	发布单位	名称	内容要点
51	2018年2月27	交通运输部	交通运输部关于发布《营运货车安全技术条件 第1部分:载货汽车》等26项交通运输行业标准、废止《交通行业职业技能要求 港口 第1部分 内燃装卸机械司机》等63项交通运输行业标准的公告	《营运货车安全技术条件 第1部分:载货汽车》等26项交通运输行业标准(2018年第1批,见附件1)业经审查通过,现予发布。发布的标准均为推荐性标准。标准由人民交通出版社出版,并在中华人民共和国交通运输部网站上公告。 根据《深化标准化工作改革方案》(国发〔2015〕13号)和《推荐性标准集中复审工作方案》(国标委综合〔2016〕28号),交通运输部组织开展了交通运输推荐性标准集中复审工作。根据复审结论决定废止《交通行业职业技能要求 港口 第1部分 内燃装卸机械司机》等63项交通运输行业标准(见附件2),废止的标准自本公告发布之日起停止施行
52	2018年3月9	工业和信息化部、商务部、海关总署、质检总局	中华人民共和国工业和信息化部、商务部、海关总署、质检总局公告	根据《关于2016年度、2017年度乘用车企业平均燃料消耗量管理有关工作的通知》(工信部联装〔2017〕266号)要求,现将2016年度中国乘用车企业平均燃料消耗量与新能源汽车积分情况予以公告
53	2018年3月20	交通运输部办公厅、公安部办公厅	交通运输部办公厅、公安部办公厅关于切实做好出租汽车驾驶员背景核查与监管等有关工作的通知	依据《网络预约出租汽车经营服务管理暂行办法》(交通运输部、工业和信息化部、公安部、商务部、工商总局、质检总局、国家网信办令2016年第60号)等规定,旨在便利服务、规范管理,将出租汽车驾驶员(含巡游出租汽车驾驶员和网络预约出租汽车驾驶员,下同)背景核查等有关事项明确并通知
54	2018年3月29	商务部、海关总署	商务部、海关总署公告2018年第35号、关于调整部分汽车产品自动进口许可实施机关的公告	根据《中华人民共和国对外贸易法》、《中华人民共和国行政许可法》、《中华人民共和国货物进出口管理条例》和有关规章,现决定将部分由商务部实施自动进口许可的汽车产品(详见附件),调整为委托地方、部门机电产品进出口办公室实施。 本公告自2018年4月1日起执行

续表

序号	发布(实施)时间	发布单位	名称	内容要点
55	2018 年 4 月 3	工业和信息化部、公安部、交通运输部	工业和信息化部、公安部、交通运输部关于印发《智能网联汽车道路测试管理规范(试行)》的通知	工信部、公安部、交通部三部委联合印发《智能网联汽车道路测试管理规范(试行)》(以下简称《规范》),要求相关主管部门可以根据当地实际情况,制定实施细则,具体组织开展智能网联汽车道路测试工作
56	2018 年 4 月 8	交通运输部办公厅	交通运输部办公厅关于做好交通运输行业标准《营运货车安全技术条件 第 1 部分:载货汽车》(JT/T1178.1-2018)实施工作的通知	为进一步加强营运货车安全技术管理,有效遏制因车辆安全性能不足导致的运输安全事故,交通运输部制定发布了交通运输行业标准《营运货车安全技术条件 第 1 部分:载货汽车》(JT/T 1178.1-2018,以下统称 JT/T 1178.1 标准),2018 年 5 月 1 日起正式实施
57	2018 年 4 月 17	交通运输部办公厅	交通运输部办公厅关于开展模块化中置轴汽车列车示范运行工作的通知	旨在深入贯彻落实《国务院办公厅关于进一步推进物流降本增效促进实体经济发展的意见》(国办发〔2017〕73 号)和《交通运输部等十四个部门关于印发促进道路货运行业健康稳定发展行动计划(2017~2020 年)的通知》(交运发〔2017〕141 号)关于推广使用中置轴汽车列车等先进车型的有关要求,促进道路货运车辆标准化、厢式化、轻量化发展,提升道路货运车型标准化水平,促进物流业"降本增效",经交通运输部同意,在全国开展模块化中置轴汽车列车示范运行工作
58	2018 年 5 月 22	国务院关税税则委员会	国务院关税税则委员会关于降低汽车整车及零部件进口关税的公告	为进一步扩大改革开放,推动供给侧结构性改革,促进汽车产业转型升级,满足人民群众消费需求,自 2018 年 7 月 1 日起,降低汽车整车及零部件进口关税
59	2018 年 5 月 22	工业和信息化部、国家税务总局	关于撤销《免征车辆购置税的新能源汽车车型目录》车型的公告	根据《中华人民共和国工业和信息化部、财政部、国家税务总局公告》(公告 2018 年 17 号)的要求,工业和信息化部会同国家税务总局对 2017 年 1 月 1 日以前列入《免征车辆购置税的新能源汽车车型目录》的车型的产量或进口量进行了核查,对无产量或进口量的车型予以撤销

续表

序号	发布(实施)时间	发布单位	名称	内容要点
60	2018年6月5	交通运输部、中央网信办、工业和信息化部、公安部、中国人民银行、税务总局、国家市场监督管理总局	《关于加强网络预约出租汽车行业事中事后联合监管有关工作的通知》	为贯彻落实《国务院办公厅关于深化改革推进出租汽车行业健康发展的指导意见》(国办发〔2016〕58号),规范网约车行业健康发展,近日,交通运输部、中央网信办、工业和信息化部、公安部、中国人民银行、税务总局和国家市场监督管理总局等七部门,联合印发了《关于加强网络预约出租汽车行业事中事后联合监管有关工作的通知》
61	2018年6月15	交通运输部办公厅、公安部办公厅、商务部办公厅	交通运输部办公厅、公安部办公厅、商务部办公厅关于公布城市绿色货运配送示范工程创建城市的通知	按照《交通运输部办公厅、公安部办公厅、商务部办公厅关于组织开展城市绿色货运配送示范工程的通知》(交办运〔2017〕191号),经城市申报、各省初选推荐和专家评审,并经交通运输部、公安部、商务部研究同意,确定天津、石家庄、邯郸、衡水、鄂尔多斯、苏州、厦门、青岛、许昌、安阳、襄阳、十堰、长沙、广州、深圳、成都、泸州、铜仁、兰州、银川、太原、大同等22个城市为绿色货运配送示范工程创建城市
62	2018年6月27	工业和信息化部	《车联网(智能网联汽车)直连通信使用5905-5925MHz频段的管理规定(征求意见稿)》	为促进智能网联汽车在中国的应用和发展,满足车联网等智能交通信息系统的发展需要,工业和信息化部无线电管理局研究起草了《车联网(智能网联汽车)直连通信使用5905-5925MHz频段的管理规定(征求意见稿)》,现向社会公开征求意见
63	2018年6月28	国家发展和改革委员会、商务部	发展改革委、商务部令2018年第18号、外商投资准入特别管理措施(负面清单)(2018年版)	自2018年7月28日起,汽车领域,2018年取消专用车、新能源汽车整车制造外资股比限制,2020年取消商用车外资股比限制,2022年取消乘用车外资股比限制以及合资企业不超过两家的限制

皮书起源

“皮书”起源于十七、十八世纪的英国，主要指官方或社会组织正式发表的重要文件或报告，多以“白皮书”命名。在中国，“皮书”这一概念被社会广泛接受，并被成功运作、发展成为一种全新的出版形态，则源于中国社会科学院社会科学文献出版社。

皮书定义

皮书是对中国与世界发展状况和热点问题进行年度监测，以专业的角度、专家的视野和实证研究方法，针对某一领域或区域现状与发展态势展开分析和预测，具备原创性、实证性、专业性、连续性、前沿性、时效性等特点的公开出版物，由一系列权威研究报告组成。

皮书作者

皮书系列的作者以中国社会科学院、著名高校、地方社会科学院的研究人员为主，多为国内一流研究机构的权威专家学者，他们的看法和观点代表了学界对中国与世界的现实和未来最高水平的解读与分析。

皮书荣誉

皮书系列已成为社会科学文献出版社的著名图书品牌和中国社会科学院的知名学术品牌。2016 年，皮书系列正式列入“十三五”国家重点出版规划项目；2013~2018 年，重点皮书列入中国社会科学院承担的国家哲学社会科学创新工程项目；2018 年，59 种院外皮书使用“中国社会科学院创新工程学术出版项目”标识。

S 基本子库
UB DATABASE

中国社会发展数据库（下设 12 个子库）

全面整合国内外中国社会发展研究成果，汇聚独家统计数据、深度分析报告，涉及社会、人口、政治、教育、法律等 12 个领域，为了解中国社会发展动态、跟踪社会核心热点、分析社会发展趋势提供一站式资源搜索和数据分析与挖掘服务。

中国经济发展数据库（下设 12 个子库）

基于“皮书系列”中涉及中国经济发展的研究资料构建，内容涵盖宏观经济、农业经济、工业经济、产业经济等 12 个重点经济领域，为实时掌控经济运行态势、把握经济发展规律、洞察经济形势、进行经济决策提供参考和依据。

中国行业发展数据库（下设 17 个子库）

以中国国民经济行业分类为依据，覆盖金融业、旅游、医疗卫生、交通运输、能源矿产等 100 多个行业，跟踪分析国民经济相关行业市场运行状况和政策导向，汇集行业发展前沿资讯，为投资、从业及各种经济决策提供理论基础和实践指导。

中国区域发展数据库（下设 6 个子库）

对中国特定区域内的经济、社会、文化等领域现状与发展情况进行深度分析和预测，研究层级至县及县以下行政区，涉及地区、区域经济体、城市、农村等不同维度。为地方经济社会宏观态势研究、发展经验研究、案例分析提供数据服务。

中国文化传媒数据库（下设 18 个子库）

汇聚文化传媒领域专家观点、热点资讯，梳理国内外中国文化发展相关学术研究成果、一手统计数据，涵盖文化产业、新闻传播、电影娱乐、文学艺术、群众文化等 18 个重点研究领域。为文化传媒研究提供相关数据、研究报告和综合分析服务。

世界经济与国际关系数据库（下设 6 个子库）

立足“皮书系列”世界经济、国际关系相关学术资源，整合世界经济、国际政治、世界文化与科技、全球性问题、国际组织与国际法、区域研究 6 大领域研究成果，为世界经济与国际关系研究提供全方位数据分析，为决策和形势研判提供参考。

法律声明